MINERVA
人文・社会科学叢書
204

中東秩序をめぐる現代トルコ外交
―平和と安定の模索―

今井 宏平 著

ミネルヴァ書房

　　　　　　　　はしがき

　昨今，トルコに対する注目が高い。中東情勢，国際情勢を不安定化させているシリア内戦と「イスラーム国」の台頭を論じる際，必ずといって良いほど，隣国トルコの動向がクローズアップされる。単純化を恐れずに述べれば，トルコは国際社会と中東の安定化の鍵を握っている国家と言えるだろう。また，日本との関連で言えば，2020年のオリンピックを東京と争ったのもイスタンブルであったし，2013年には日本の三菱重工がフランスのアレバ社とトルコの原発建設を受注したことが記憶に新しい。トルコを訪れる日本人観光客も年々増加している。

　このように，注目度が高い現在のトルコであるが，こと研究となると，日本では意外なほど現代トルコに関するものは少ない。オスマン帝国史の研究が盛んなのとは対照的である。

　本書は2つの点で，これまでの研究の空白を埋めることを試みたい。第1に，日本国内における現代トルコ外交研究の発展に寄与することである。邦語文献でトルコ外交を扱ったものは，28年前に出版された，松谷浩尚氏の『現代トルコの政治と外交』（勁草書房，1987年）が唯一の業績となっている。しかし，冷戦体制の崩壊やアメリカ同時多発テロについて触れるまでもなく，28年前と2014年現在では，トルコを取り巻く状況が全く異なる。そのため，ポスト冷戦期のトルコ外交を考察するうえで，基礎となる研究の必要性が叫ばれていた。本書は，冷戦後のトルコ外交に焦点を当てた研究書としては国内で最初の著作（冷戦後のトルコ内政を扱った研究としては，澤江史子氏の『現代トルコの民主政治とイスラーム』〔ナカニシヤ出版，2005年〕）であり，ポスト冷戦期のトルコ外交を検討するうえで1つの道しるべとなるだろう。

　本書の2つ目の学術的貢献は，分析の手法である。本書は，国際関係理論の枠組み（危機の分析として「脅威の均衡」に代表される構造的リアリズムの枠組み，平時の説明として内政と外交を組み合わせた2段階モデルの枠組み）からトルコを分析または説明するというスタイルをとった。現代トルコ外交のみならず，日本では，中東

研究全般が地域研究として発展してきたため，これまで社会科学的な見地からの分析は少なかった。近年，比較政治学の枠組みから中東政治を分析する業績は見られ始めたが，国際関係理論の枠組みによる検証（欧米においては，例えばStephen Walt, *The Origins of Alliances,* Ithaca: Cornell University Press, 1987. などがある）はほとんど見られない。本書が国際関係の理論的枠組みを有効に使用できているがどうかは心許無いが，その判断は読者の皆様に委ねることにしたい。その一方で，本書はトルコ語，英語の資料と現地の新聞，そしてインタビューを用いた「厚い記述」を目指したため，冷戦後のトルコを扱った地域研究の書物としても耐えうる内容となっている。

　筆者にとっては初の単著であり，分析が粗い部分や生煮えの部分も散見されるが，読者の方々から忌憚のないご意見・ご叱責を頂ければ幸いである。

中東秩序をめぐる現代トルコ外交
——平和と安定の模索——

目　　次

はしがき

中東・トルコ地図

序　章　冷戦後のトルコ外交と中東 …………………………………… 1
　　1　中東への関与を強めるトルコ ……………………………………… 1
　　2　本書の主題と目的 …………………………………………………… 5
　　3　トルコの中東外交に関する先行研究 ……………………………… 7
　　4　国際関係論と地域研究の交差 ……………………………………… 11
　　5　本書の構成 …………………………………………………………… 14

第 I 部　危機に際してのトルコ外交

第 1 章　構造的リアリズムとリベラリズムの分析アプローチ ……… 25
　　はじめに ………………………………………………………………… 25
　　1　構造的リアリズムの因果関係と国家行動分析 …………………… 26
　　2　リベラリズムの因果関係と国家行動分析 ………………………… 36
　　おわりに ………………………………………………………………… 47

第 2 章　湾岸危機をめぐるトルコ外交 ………………………………… 57
　　はじめに ………………………………………………………………… 57
　　1　冷戦終結による極性の変化とトルコの位置付け ………………… 58
　　2　湾岸危機に対するトルコの対応 …………………………………… 62
　　3　アメリカへの「バンドワゴニング」の誤算 ……………………… 66
　　4　湾岸危機におけるトルコの対応の評価 …………………………… 74
　　おわりに ………………………………………………………………… 76

第 3 章　イラク戦争をめぐるトルコ外交 ……………………………… 83
　　はじめに ………………………………………………………………… 83
　　1　イラク戦争に対するトルコの対応 ………………………………… 83

2　イラク戦争後の北イラク情勢 ……………………………………… 91
　　　3　イラク戦争におけるトルコの対応の評価 ………………………… 94
　　おわりに ……………………………………………………………………… 97

第4章　シリア内戦をめぐるトルコ外交 ………………………………… 103
　　はじめに ……………………………………………………………………… 103
　　　1　シリア内戦に対するトルコの間接的な関与 ……………………… 104
　　　2　シリア内戦に対するトルコの直接的な関与 ……………………… 106
　　　3　アメリカとの関係強化 ……………………………………………… 117
　　　4　シリア内戦におけるトルコの対応の評価 ………………………… 120
　　おわりに ……………………………………………………………………… 122

　　　　　第Ⅱ部　トルコ外交の新しいアイディアと内政の状況

第5章　90年代の地域中心主義外交 ……………………………………… 133
　　はじめに ……………………………………………………………………… 133
　　　1　物理的環境とその変化 ……………………………………………… 134
　　　2　伝統的な外交アイディア …………………………………………… 137
　　　3　オザルの機能主義外交 ……………………………………………… 139
　　　4　エルバカンのイスラーム共同体設立構想 ………………………… 143
　　　5　ジェムの機能主義外交 ……………………………………………… 146
　　おわりに ……………………………………………………………………… 150

第6章　公正発展党の外交アイデンティティの形成 …………………… 157
　　はじめに ……………………………………………………………………… 157
　　　1　1997年2月28日キャンペーンの経験 …………………………… 157
　　　2　トルコのEU加盟交渉 ……………………………………………… 160
　　　3　トルコ型民主主義の概要 …………………………………………… 163
　　　4　グランド・ストラテジーとしての「ダーヴトオール・ドクトリン」…… 164

5　「新オスマン主義」概念の登場 ······································· 174
　　おわりに ··· 181

第7章　公正発展党の外交と内政のリンケージ ····················· 189
　　はじめに ··· 189
　　1　公正発展党と3回の総選挙 ··· 189
　　2　軍部の影響力低下 ··· 200
　　おわりに ··· 205

第Ⅲ部　公正発展党の外交戦略

第8章　公正発展党の貿易国家化と機能主義 ························· 213
　　はじめに ··· 213
　　1　貿易国家化するトルコ ·· 213
　　2　文明間の同盟におけるトルコの活動 ··························· 219
　　3　イラク周辺国会議におけるトルコの活動 ···················· 228
　　4　その他の機能主義外交・提携外交 ······························ 231
　　おわりに ··· 233

第9章　公正発展党の調停・仲介外交 ··································· 241
　　はじめに ··· 241
　　1　トルコの第2次レバノン紛争に対する調停 ················· 241
　　2　トルコのイスラエルとシリアに対する仲介 ················· 247
　　3　トルコのイラン核開発に関する仲介 ··························· 253
　　おわりに ··· 259

第10章　公正発展党のデモンストレーション外交 ················ 269
　　はじめに ··· 269
　　1　拡大中東・北アフリカ・イニシアティヴ ···················· 269

　　　　　　　　　　　　　　　　　　　　　　　　　　　　　目　次

　　2　「アラブの春」と「トルコ・モデル」……………………………………… 273
　　3　イスラエルとの関係……………………………………………………… 279
　　4　クルド人との和解に向けた試み………………………………………… 289
　おわりに………………………………………………………………………… 296

終　章　トルコの中東外交の盛衰……………………………………………… 307
　　1　トルコの中東政策……………………………………………………… 307
　　2　トルコ外交の分析枠組み……………………………………………… 310

参考文献　　317
あとがき　　363
関連年表　　369
図表一覧　　371
略語一覧　　374
人名索引　　377
事項索引　　382

中東・トルコ地図

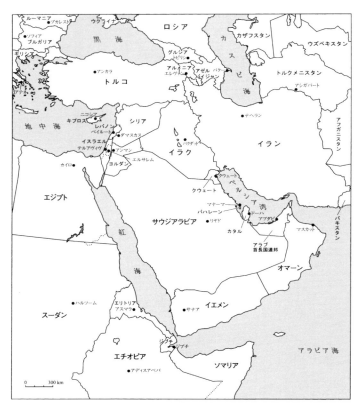

（出所）　末近浩太『イスラーム主義と中東政治』名古屋大学出版会，2013年，viiiページ。

中東・トルコ地図

(出所)大村幸弘・永田雄三・内藤正典（編著）『トルコを知るための53章』明石書店、2012年、12ページ。

序　章
冷戦後のトルコ外交と中東

1　中東への関与を強めるトルコ

　アメリカのジョージ・H・W・ブッシュ（George H. W. Bush）大統領とソ連のミハイル・ゴルバチョフ（Mikhail Gorbachev）書記長が冷戦の終結に合意した1989年12月2日から3日にかけてのマルタ会談，もしくは1991年12月25日のソ連邦解体によって始まったポスト冷戦期において，中東が国際政治上で最も不安定な地域の1つであることに異論はないであろう。1990年8月2日のイラクによるクウェートへの侵攻に端を発する湾岸危機，サウジアラビア出身のウサーマ・ビン・ラーディン（Osama Bin Laden）とエジプト出身のアイマン・ザワーヒリー（Ayman Zawahiri）をはじめとして，多くの中東出身者から形成される急進的なジハード主義組織アル・カーイダによる2001年アメリカ同時多発テロ（以下9・11テロ），アル・カーイダとのつながりと大量破壊兵器の存在を理由に始められた2003年のイラク戦争とその後のアメリカの占領政策の失敗，2006年の第2次レバノン戦争，イスラエルによる2度のガザ攻撃，民主化を標榜して始められた，いわゆる「アラブの春」による一連の運動の行き詰まりと挫折がその理由である。

　また，逆説的であるが，中東は冷戦後の世界でアメリカが国際政治上で圧倒的な軍事力によって安定に寄与する覇権国であることをアピールする格好の場であった。しかし，イラク戦争後の占領政策の失敗とイラク戦争による「アンチ・アメリカニズム」の高まりは，アメリカの覇権の衰退，少なくとも中東地域における影響力の低下を露呈することとなった。2013年9月にバラク・オバマ（Barack Obama）大統領が化学兵器の使用を理由にシリアに攻撃すると宣言しながら，結局，国連安全保障理事会の常任理事国であるロシアの妥協案に譲歩し，攻撃を実

図序-1 トルコ政治を牽引するエルドアン氏
（出所）tccb. gov. tr

行しなかったことは，この事実を決定的なものにした。

　イラク戦争後のアメリカの覇権の衰退は，中東におけるアメリカの同盟国であるエジプトとサウジアラビアの影響力も相対的に低下させた。また，ヨルダンやシリアは絶対的な指導者であったフセイン1世（Hussein bin Talal）が1999年に，ハーフィズ・アサド（Hafez al-Assad）が2000年に相次いで死去し，後任にはそれぞれ息子のアブドゥッラー（Abdullah II）とバッシャール（Bashar Hafez al-Assad）が就くことになった。両者は若い指導者であり，まずは国内の安定と基盤作りを徹底した。こうした背景により，2003年以降，中東は「覇権の真空」と表現できるような状況にあった。

「覇権の真空」が生まれた中東に影響力を行使することに成功したのは，ハマース（ハマス）やヒズブッラー（ヒズボラ）といった非政府組織と，トルコとイランという中東における「非アラブ周辺国」であった。ハマースやヒズブッラーはパレスチナ自治政府やレバノン政府の手が行き届かない社会福祉分野において草の根運動を展開することでその不足を埋め，軍事的にはイスラエルに対する抵抗運動を展開することで，国内だけでなく地域の民衆の支持を獲得した。イランはイラク戦争によるイラクの弱体化，一般民衆の急進的なジハード主義者への失望，一連の核開発によって，マフムード・アフマディネジャド（Mahmoud Ahmadinejad）の大統領就任以降，安全保障的側面，象徴的側面から中東におけるアメリカへの抵抗の庇護者という立場を強めた。トルコは2002年11月3日に実施された総選挙において，イスラーム政党である公正発展党（Adalet ve Kalkınma Partisi，英語名 Justice and Development Party）が勝利して単独与党となった。公正発展党は，内政においては新自由主義経済に対する対応と福祉政策の充実，外交においては欧州連合（European Union，略称 EU）加盟交渉の進展と「ゼロ・

プロブレム外交 (Sıfır Sorun Diplomasi)」に代表されるアフメット・ダーヴトオール (Ahmet Davutoglu: 2003〜2009年, 首相の外交アドヴァイザー, 2009〜2014年, 外務大臣, 2014年8月に首相に就任) が主導する地域秩序の安定化を試みる一連の「ダーヴトオール・ドクトリン」を展開した。

トルコ共和国が中東地域に

図序-2 公正発展党の外交を取り仕切ってきたダーヴトオール氏
(出所) basbakanlik.gov.tr

積極的に関与するようになったのは、ポスト冷戦期になってからの新しい現象であるといって差し支えないであろう。民衆レベルにおいて、オスマン帝国の中東統治の時代からアラブ人にとってトルコ人は「恐ろしいトルコ人 (Terrible Turk)」という言葉に代表されるように脅威の対象であった。トルコ人にとっても第1次世界大戦後のオスマン帝国崩壊の要因の1つが「アラブ人の裏切り」によるという意識が定着していた。

国家レベルにおいてもトルコと中東の関係は希薄であった。1923年にトルコ共和国を建国したムスタファ・ケマル (Mustafa Kemal) は、近代化の名の下、一連の改革によってイスラームを公共の場から極力遠ざけた。そして、外交においては西洋諸国との関係を重視し、第2次世界大戦前はイギリス、フランス、ドイツ、第2次世界大戦後はアメリカとの関係をその中心に据えた。西洋諸国との密接な関係に比して、中東に対する基本方針は、「できるだけ (中東の) 問題に関与しないこと」であった。サヤル (Sabri Sayarı) は、冷戦期におけるトルコの中東政策の特徴を、①中東和平問題には関与しない、または最小限の関与に留める、②地域の全ての国々と良好な関係を保つ、③中東においてイニシアティヴを取り、積極的な役割を果たすことを避ける、④トルコは中東において1948年にイスラエルを承認した最初の国であったが、次第にその立場を親パレスチナへと移した、とまとめている。また、カラオスマンオール (Ali Karaosmanoğlu) は、冷戦期においてトルコのナショナリズムと宗教が中東に対する政策と無関係であったことを

3

指摘している。[10]

　冷戦の終結は，トルコにとって西側諸国との関係を最優先し，北大西洋条約機構（North Atlantic Treaty Organization，略称NATO）加盟国の中で唯一ソ連に陸続きで国境を接する国家として，ソ連に対する「防波堤」の役割を演じていればよかった時代の終りを意味していた。トルコは中東，バルカン半島，中央アジア，南コーカサスといった周辺地域との関係を強化，そこでの諸問題に対応せざるを得なくなった。特に中東に対しては，湾岸危機とそれに伴う北イラク・クルド人問題，シリアがクルディスタン労働者党（Partiye Karkeran Kürdistan，略称PKK）の党首，アブドゥッラー・オジャラン（Abdullah Öcalan）を匿っていたことに端を発する1998年10月の危機とその後の両国の和解，公正発展党による「ダーヴトオール・ドクトリン」の展開によって，関与の度合いを深めた。

　トルコはその歴史と地政学的特徴から，複合的な対外的国家アイデンティティを有している。それらはヨーロッパ，アジア，中東，バルカン半島，南コーカサス，東地中海，黒海，の国家としての意識である。ただし，この複合的な対外的国家アイデンティティは裏を返せば，どの地域の中心にも位置付けられていないことを意味している。中東に関しては，地理的に「アフガニスタンまたはイランを東端，北アフリカのモーリタニア，セネガルを西端とし，最北端はトルコ，最南端はスーダン南部」と定義されるが，その中心はアラブ諸国であり，トルコは周辺である。中東に焦点を当てた研究においてもトルコは対象国から除外されることが少なくなかった。[11]

　「なぜ公正発展党政権期になってトルコの中東地域に対する外交は活発化したのか」という問いに対しては，しばしば3通りの説明がなされる。第1の説明は，「公正発展党は穏健派イスラーム政党と認知されており，イスラーム教を国教としている諸国家またはムスリムが人口の多数を占める諸国家に対してシンパシーを抱いている」というものである。第2の説明は，「中東地域は歴史的にオスマン帝国の領土であり，オスマン帝国の後継国家を自負するトルコが『新オスマン主義（Yeni Osmanlıcılık）』に基づく政策を展開し，この地域に影響力を行使しようとしている」というものである。第3の説明は，「公正発展党が中東地域という不安定な地域の問題解決に貢献することで，地域だけでなく国際社会での影響力も高めようとしている」というものである。第1と第2の説明は公正発展党の

イスラーム・アイデンティティ，オスマン帝国・アイデンティティに説明の拠り所を求めるのに対し，第3の説明は公正発展党の外交戦略にその焦点を当てている。第3の説明は，外交政策決定者であるダーヴトオールとレジェップ・タイイップ・エルドアン（Recep Tayyip Erdoğan: 2003～2014年，首相，2014年8月から大統領）が地域秩序の安定に向けて積極的にトルコが中東に関与する姿勢を打ち出したことで，トルコは中東の「基軸国家（Pivotal State）」と呼ばれるまでに中東の地域秩序に影響力を行使するアクターとなったというものである。[12]

本書は，第1と第2の説明を考慮したうえで，とりわけ第3の説明で取り上げられた外交戦略に着目し，公正発展党の中東地域に対する外交について考察する。

2　本書の主題と目的

本書は，ポスト冷戦期（1990～2013年）[13]におけるトルコの中東地域に対する外交を，国際関係論の構造的リアリズム（ネオリアリズム）とリベラリズムに依拠した分析枠組みを用いて検証する。冷戦期におけるトルコの外交戦略とその目的は，「陸続きでソ連に接する唯一のNATO加盟国[14]として西側諸国との同盟関係維持に努めることで，トルコにとって最大の脅威と政策決定者によって考えられていたソ連に対する安全保障を達成する」というものであった。[15]これは国際関係論の用語で言い換えれば，「脅威の均衡（Balance of Threat）」政策であり，現状維持を志向するトルコの分析には，構造的リアリズムの枠組みが有効であった。しかし，冷戦が終結し，ソ連が崩壊したことで，トルコの外交戦略は根本から見直しを図る必要性に迫られた。その中で，トルコの外交と安全保障の争点として浮上したのが中東地域であった。1990年8月に湾岸危機が起こった際に大統領職を務めていたトゥルグット・オザル（Turgut Özal: 1983～89年に首相，1989～1993年に大統領）は，中東地域の安全保障政策に貢献することで，アメリカをはじめとした西側諸国との関係維持を図ろうと画策した。

しかし，イラク1国では西洋諸国にとってそれほどの脅威には映らず，また，北イラク・クルド人の処遇をめぐってアメリカとトルコの意見は対立した。湾岸危機は，米ソ対立を軸とした冷戦期においては機能していた「脅威の均衡」が有効な政策でなくなったという現実をトルコに突きつけた。次第にトルコは，周辺

地域や宗教的・民族的価値を共有する国々と関係を改善したり，関係を深めたりすることによって，隣接地域と国際社会の両方で影響力を高める政策を取るようになった。オザルの機能主義的外交，90年代に首相を務めたネジメッティン・エルバカン（Necmettin Erbakan）のムスリム諸国との連帯強化，ビュレント・エジェヴィト（Bülent Ecevit）の「地域中心外交（Bölge-Merkezli Dış Politika）」などがその先駆けであったが，隣接地域との関係強化をより包括的に政策として提示したのが公正発展党であった。

　ソ連という明確な脅威が消失したポスト冷戦期におけるトルコ外交に関して，アナーキーを特徴とする国際構造下で各国間のパワー配分とそれに基づく勢力均衡，最も脅威認識が高い国に対抗する「脅威の均衡」を含む，構造的リアリズムの枠組みだけで説明することは困難となってきている。そのため，本書では国際構造に強く規定される構造的リアリズムだけでなく，「国家の物理的環境や社会的環境という国家の内部の諸要因をより考慮したうえで，国家は外交政策を選択している」と主張するリベラリズムの考えも分析の枠組みとして採用する。構造的リアリズムの分析枠組みが危機における事例検証を扱うのに対し，リベラリズムや80年代から国際関係論における有力な枠組みとして台頭したコンストラクティヴィズムなどは，対外政策の経路，利益がどのように構成されるのかといった点を扱い，検証よりも説明により力点を置いている。

　ポスト冷戦期におけるトルコの中東に対する外交を明らかにするために，本書が主たる考察の目的とするは次の3つの点である。第1に，ポスト冷戦期に中東で発生した3つの危機——1990〜91年にかけての湾岸危機，2003年のイラク戦争，2011年に始まったシリア内戦——に対するトルコの政策を「脅威の均衡」の枠組みから明らかにすることである。加えて，イラク戦争後の北イラクに対するトルコの対応も分析の射程に入れる。トルコが危機に際してどのような政策を取ったのか，そして危機に直面するという非日常的な状態での外交では，「脅威の均衡」がいまだに有効な分析枠組みとなるのかを検証する。なぜこの3つの事象を選択したかという点であるが，中東地域で勃発し，トルコにとって脅威と成り得た紛争はここで挙げた事例以外に存在しない。第9章で扱う第2次レバノン紛争と第10章で扱うガザ支援船団攻撃事件もトルコが深く関与した事例だが，トルコの領土が直接的に脅かされるものではなかった。

第２に，構造的リアリズムの枠組みでは捉えられない，ポスト冷戦期のトルコの中東外交に影響を及ぼした，学習，アイディア，内政の諸要因を明らかにすることである。デーヴィッド（Steven David）やアイユーブ（Mohammed Ayoob）は，第三世界の諸国家のような，「弱い国家」を分析するうえで国家内部の要因を無視することはできないと主張したが[16]，トルコにもこの命題はあてはまるだろう[17]。冷戦期のトルコ外交の分析は，あまりにも冷戦構造という外部の拘束が強調されすぎていた。

　第３に，公正発展党が採用した新たな外交戦略とは何かを明らかにすることである。公正発展党は中東地域に対して貿易国家アプローチ，機構や提携を促進する機能主義アプローチ，調停，仲介，民主化のモデルを提示するデモンストレーション効果，を戦略として精緻化・採用してきた。

　これら３つの目的を検証することで，ポスト冷戦期におけるトルコの中東外交の全容を把握することができ，不安定化する中東においてトルコがどのように秩序を安定化しようと取り組んだのかを理解することが可能になる。「脅威の均衡」による危機の分析が枠組みの検証であるのに対し，国家内部の要因に注目する枠組みは，理論の検証ではなく，枠組みの構築を目指すものである。

3　トルコの中東外交に関する先行研究

　ポスト冷戦期のトルコの中東外交に関する研究は，公正発展党の政策に関するものが中心となっている。湾岸危機，北イラク・クルド人問題を扱った研究，エルバカンの外交政策を扱った研究を除けば[18]，90年代のトルコの中東政策は公正発展党の中東政策との比較で「再発見」されたと言える。公正発展党は2002年11月から12年以上にわたって単独与党の座に就いており，公正発展党政権下でのトルコ外交を論じた研究がこれまでにも数多く出版されている[19]。公正発展党の外交政策について論じた先行研究は，①公正発展党の外交アイデンティティまたはトルコ外交の系譜における位置付けについて論じたもの，②外交政策の指針とその具体的な政策について論じたもの，に大別される。

　①の外交アイデンティティまたは外交の系譜における位置付けに関しては，デュラン（Burhanettin Duran）の「変容のエージェントとしての公正発展党とその

外交政策」(2006)、アルトゥンウシュク (Meliha Benli Altunışık) の「中東における世界観とトルコ外交」(2008)、ウズゲル (İlhan Uzgel) とヤラムシュ (Volkan Yaramış) の「オザルからダーヴトオールに至るトルコの新オスマン主義」(2010) などが代表的な研究である。デュランは内政と外交の連続性を強く意識し、公正発展党が外交政策においても内政で用いた「保守民主主義 (Muhafazakâr Demokrasi)」の考えを実践していると強調した。そして、内政同様、外交にもEU加盟交渉による影響が強いことを指摘している。アルトゥンウシュクは、オザル、イスマイル・ジェム (İsmail Cem: 1997～2002年に外相)、公正発展党、特にダーヴトオールの政策は、冷戦期の現状維持と西洋化とは異なり、歴史的特徴、地政学的特徴によって周辺諸国に影響力を拡大しようとする政策を展開したので、トルコ外交の「非伝統主義者の見方 (alternative view)」から分析することでより良く理解できると指摘している。アルトゥンウシュクによると、「伝統主義者の見方 (traditional view)」または「新伝統主義者の見方 (neo-traditional view)」とは、冷戦期から継続するリアリズムの見方、特に一部の世俗主義エリートと軍部に焦点を当てる見方である。それに対して「非伝統主義者」の見方は、リベラリズムとコンストラクティヴィズムが注目する、非軍事的分野やアイデンティティに注目し、ポスト冷戦期におけるトルコ外交の変化を捉えようとするものである。ウズゲルとヤラムシュは「新オスマン主義」という概念がポスト冷戦期におけるトルコ外交の特徴的な志向であるとし、オザル、エルバカン、ダーヴトオールの新オスマン主義的政策について検証した。デュラン、アルトゥンウシュク、ウズゲルとヤラムシュの研究に共通しているのは、公正発展党はトルコ外交に明確な変化をもたらしている点、そしてその変化はオザルの時代から始まっている点、である。

②の外交政策の指針とその具体的な政策について論じた研究としては、キリシジ (Kemal Kirişci) の「トルコ外交の変容——貿易国家の台頭」(2008)、「トルコのデモンストレーション効果と中東の変容」(2011)、アルトゥンウシュクの「中東におけるトルコのソフトパワーの可能性と限界」(2008)、「トルコ外交とその地域的意味合い」(2011)、カルダシュ (Şaban Kardaş) の「トルコ外交の基軸はずれたのか？」(2011)、イェシルタシュ (Murat Yeşiltaş) の「トルコ外交におけるソフト・バランシング——2003年のイラク戦争を事例として」(2009)、カナト

(Kılıç Buğra Kanat)の「トルコ外交の変容の理論化」(2014)がある。キリシジとアルトゥンウシュクの研究は、公正発展党が伝統的なリアリストとしての外交政策から自由主義的諸政策を前面に押し出すリベラリストとしての外交政策を展開するようになったことを強調し、その自由主義的諸政策を検証している。

キリシジは、ローズクランス (Richard Rosecrance) が提唱した貿易国家 (Trading State) とハンチントン (Samuel P. Huntington) が『民主化の第三の波』で提唱したデモンストレーション効果に着目した。アルトゥンウシュクはナイ (Joseph Nye) のソフトパワーに相当する公正発展党の政策として、民主化に成功した穏健派イスラーム主義政党としてのデモンストレーション効果と地域における紛争の仲介者の役割をあげている。

一方、カルダシュとイェシルタシュは、公正発展党は依然として伝統的なリアリズムの範疇で行動している点を強調している。カルダシュは公正発展党の政策が「伝統的なトルコ外交の基軸の1つであった西洋化または西洋重視の姿勢から中東重視の姿勢に転じている」という議論に対して、基軸は変化していないと主張する。ただし、カルダシュは、トルコ外交の伝統的な基軸は西洋化または西洋重視の姿勢ではなく、国益を獲得するためにその地政学的特徴を活かす、という点であったと強調する。つまり、トルコは状況に応じて外交が西洋寄りになったり、中東寄りになったりすることはあるが、それは特別なことではなく、地政学的特徴を最大限生かすための方法であると考えるのである。

この点は、ダーヴトオール自身もその著書『戦略の深層 (Stratejik Derinlik)』の中で、「トルコは中東を含むアジアにおいてどのように弓を引くかで、ヨーロッパやアメリカに対して放つ矢の距離が決定するのである。その逆も然りである」と述べており、現代トルコ外交研究の第一人者であるロビンス (Philip Robins) も「トルコ外交は、地政学のレベルではEUと中東という『2つの引力 (double gravity)』によって規定される」と記しており、カルダシュと同様の見解を示している。イェシルタシュは、2003年のイラク戦争における公正発展党の外交に焦点を当て、トルコはリアリズムの外交戦略の1形態である「ソフト・バランシング (Soft Balancing)」を取ったと説明した。「ソフト・バランシング」とは、通常バランシングの理論で想定されていた武力による「ハード・バランシング (Hard Balancing)」に対して、非安全保障の分野における、より間接的で多面的

な政策によって超大国の行動を規制しようとするものである。

イェシルタシュによると,「ソフト・バランシング」は主に,①制度を活用してアメリカの行動をコントロールする,②領域の使用を許可しない(例えば,アメリカに対して領内にある基地の使用を許可しない),③超大国の政策を制限するために経済的な力を行使する,④物理的な力ではなく,他国から正当性を得ることで同盟を形成する,という4つに分類される。トルコはイラク戦争に際して,制度の活用と領域の使用を許可しないことでアメリカに対してバランシングした,とイェシルタシュは結論づけている。カナトは公正発展党の12年間の外交政策をレビューしたうえで,「何がどのように変化したのか」という点に関して,国際システムからのマクロな視点と,対外政策決定論に依拠したミクロな視点を組み合わせて理解しようと努めている。カナトは対外政策決定に関しては,エルドアンとダーヴトオールという首相と外相の影響力が大きく,組織や官僚制よりも個人の役割が大きいと結論付けた。

日本における公正発展党の外交に関する研究は,今井(2007, 2012, 2013),佐原(2008),澤江(2006/2007, 2012),鶴見(2010),八谷(2007),Sawae and Matsuzato(2013)などがある。今井(2012),佐原,鶴見はダーヴトオールの外交政策について扱い,澤江(2006/2007)と八谷はトルコとEUの関係,今井(2007, 2013)と澤江(2012)はトルコの中東地域に対する政策に焦点を当てている。八谷の編著はトルコとEUの関係を包括的に検証している。他の分野ではそのような包括的な研究の蓄積はなされていないのが現状である。Sawae and Matsuzato(2010)は公正発展党の公的な外交ではなく,宗務庁の中央アジアに対する草の根外交に焦点を当てており,公正発展党のマルチ・トラック外交の事例の1つとして学問的価値が高い研究である。

このように,公正発展党の外交政策に関してはトルコを中心に量的には研究の蓄積がみられるものの,いまだに次のような課題が残されている。第1に,イェシルタシュの研究のように個々のケースでは優れた分析が存在するが,いくつかのケースを1つの分析枠組みを使用して分析し,比較した研究はいまだに皆無である。第2に,アルトゥンウシュクがオザルからエルバカン,ジェムを経て公正発展党の外交政策を分析するうえで用いた「非伝統主義者」の見方を,具体的な事例を交えてより詳細に検討する必要がある。第3に,キリシジやアルトゥンウ

シュクが別々に提示したリベラリズムの考えの基礎とする外交戦略を統合して，公正発展党の外交におけるリベラリズムの潮流を明らかにすることである。第4に，構造的リアリズムの分析枠組みの妥当性である。平時における分析に関しては構造的リアリズムでは対応できないが，イェシルタシュの研究にみられるように，危機の分析としてはいまだにその有効性を有している。また，カルダシュが主張する地政学の重要性も考慮すべき視点である。第5に，公正発展党政権の外交政策の変遷に関してもオーズル（Tarık Oğuzlu）の研究を除いて解明がなされていない。カナトが指摘した公正発展党の対外政策決定の傾向，つまり個人が大きな影響力を持つことを考慮すると，ダーヴトオールが主導する外交（以下「ダーヴトオール・ドクトリン」）の指針を検証すれば，公正発展党がその時々の状況に合わせて外交指針を修正，変更していることが確認できるのではないかと考えられる。

4　国際関係論と地域研究の交差

　本書は，「国際関係論の理論によって地域研究の資料を説明する」という分析手法をとる。
　冷戦期におけるトルコ外交は，前述したように構造的リアリズムの枠組み，特に「脅威」（トルコにとってはソ連）に対してバランシングするという「脅威の均衡」によって説明されてきた。前節の繰り返しとなるが，リアリズムの理論はその究極の目的が生存であるため，安全保障を重視する。そのため，冷戦期のように恒常的に危機が差し迫った状況では有効な分析枠組みとなるが，恒常的な危機が存在しない場合はその有効性を失う。トルコ政治の文脈では，冷戦の崩壊でソ連の脅威がなくなり，90年代後半にはシリア，ギリシャとの関係改善，トルコがテロ組織と位置付けているPKKのオジャラン党首の逮捕を通じて，恒常的な脅威は存在しなくなった。そのため，2003年のイラク戦争や2011年から続いているシリア内戦のような危機に際しての外交以外，「脅威の均衡」の分析枠組みからトルコ外交を分析することが困難になった。
　そのため，ポスト冷戦期のトルコの常態的な外交を分析，説明するために，「脅威の均衡」とは異なる分析枠組みを用いる必要性が生じた。こうした中で注

目されたのがアイデンティティに焦点を当てる分析である。例えば、ボズダールオール（Yücel Bozdağlıoğlu）は西洋化とイスラームという2つのアイデンティティから、キョセバラバン（Hasan Kösebalaban）は西洋化とイスラーム、ナショナリズムとリベラリズムという4つのアイデンティティから、トルコ外交の分析を試みた。ボズダールオールとキョセバラバンが内政におけるアイデンティティを外交の分析にも適用したのに対し、ムーリンソンは外交におけるアイデンティティ、つまり、国際社会におけるトルコの位置付け、役割に着目してトルコ外交を分析した。ただし、アイデンティティを分析枠組みとしてトルコ外交を検証した研究者たちは、内政におけるアイデンティティを外交におけるアイデンティティと区別せずに使用したり、逆に外交アイデンティティを地域と国際社会に対する側面で分割したりするなど、アイデンティティの使用に関して混乱がみられる。

そもそも、常態的な外交を1つの枠組みから分析、説明することは困難な作業である。本書はこの点を考慮し、1つの枠組みからポスト冷戦期のトルコ外交の分析を試みるのではなく、トルコ外交の複数の行動様式を検証することでトルコ外交を説明する新たな枠組みの構築を目指すこととする。

本書では、国際関係論のリベラリズムの潮流に位置付けられ、構造的リアリズムとリベラリズムの統合（いわゆるネオ・ネオ統合）による分析を試みたモラフチーク（Andrew Moravcsik）の2段階モデルを援用し、新たな分析枠組みの構築を試みる。国際関係理論の文脈では、ネオ・ネオ統合の合理主義の方法論に焦点が当てられ、批判理論やコンストラクティヴィズムといった理論と対比された。その後、ネオ・ネオ統合の理論自体、注目されることが少なくなった。それでは本書でこの枠組みをあえて適用する理由は何だろうか。モラフチークの分析モデルの特徴は、端的に述べると、国内要因が外交を拘束または促進し、外交政策の選好に大きな影響を与える、という点である。具体的には、個人のアイディア、国家のイデオロギー、経済団体や非政府組織（Non-Governmental Organization、略称NGO）といった国内アクターの行動が及ぼす影響に着目する。加えて、国際組織や地域機構といった国際アクターの行動が及ぼす影響、国家としての経験、も考慮される。ロバート・パットナム（Robert Putnam）が提唱した「ツーレベル・ゲーム」も国内要因と国際要因の架橋を試みているが、パットナムが交渉に焦点を当てたのに対し、モラフチークの枠組みは交渉に限定せず、外交政策全般に国内要

因との密接なつながりが見られるとする点で違いが見られる。デーヴィッドの「オムニ・バランシング」やローズ（Gideon Rose）が提唱し，その後，事例研究に適用されている「ネオクラシカル・リアリズム」(36)とも親和性がある。ただし，両アプローチが構造的リアリズムを基盤としてそのうえで国内的要因を媒介変数として加えているのに対し，モラフチークの枠組みは国際政治の構造的要因と国内要因を並列に扱う点でそのアプローチが異なっている。とりわけ，本書では国家の外交に影響を及ぼす個人のアイディアと国家としての経験を取り上げる。本書では，コンストラクティヴィズムのアプローチは複数の事例を検証するものではなく(37)，個別の事例を分析する手段として有効と考え，アイデンティティ，学習，経験といった点に着目して考察を行うが，枠組みとしては採用しない。

整理すると，本書は，ポスト冷戦期におけるトルコの中東外交に関して，第Ⅰ部で危機に際した場合の外交を「脅威の均衡」の枠組みから検証し，第Ⅱ部と第Ⅲ部で内政を重視するモラフチークが提示した構造的リアリズムとリベラリズムの2段階の説明を修正した枠組みを援用しながら，トルコの平時の外交を説明するための枠組みの構築を試みる。

本書で用いた一次資料は，トルコ大国民議会（Türkiye Büyük Millet Meclisi）の議事録，トルコ共和国官報（T.C. Resmi Gazete），トルコ外務省の外交文書，さらに政治家が発表している論文である。これらは各ウェブサイトにて閲覧可能である。しかし，トルコ外務省の外交文書に関して，その開示は限定的であるため，これを補うために関係者または有識者へのインタビュー調査（参考文献にリストを提示），二次資料であるトルコで発刊されているトルコ語と英語の新聞（トルコ語新聞：*Hürriyet, Milliyet, Radikal, Zaman*，英語新聞：*Hürriyet Daily News, Today's Zaman*など），トルコ語，英語，日本語の研究書，学術論文を使用した。資料収集とインタビュー調査は主にトルコ政府奨学金の助成を受け2006年10月から2007年6月までトルコのビルケント大学に留学した期間と，2007年9月から2011年8月までトルコの中東工科大学（2008年9月〜2011年8月まで平成20年度文部科学省・大学教育の国際化加速プログラム〔長期海外留学支援プログラム〕助成を受ける）に留学した期間に実施したものである。

5　本書の構成

　本書は，10章から構成されている。まず，第1章で本書の分析枠組みを提示し，第2章から第4章まではポスト冷戦期において中東地域で発生した危機に際してのトルコ外交，第5章から第7章まではポスト冷戦期のトルコ外交に関するアイディア，経験，公正発展党の国内統治の影響，第8章から第10章までは公正発展党の中東地域に対する外交戦略を考察する。

　第1章では，構造的リアリズムとリベラリズムの方法論を概観したうえで，国家の行動を分析する枠組みとして危機においては構造的リアリズムに基づく「脅威の均衡」，平時においては，モラフチークが提唱した，構造的リアリズムとリベラリズムの2段階モデルに修正を加えたモデル（以下修正2段階モデル）が有効と考え，これらの枠組みについて説明する。修正2段階モデルの外交戦略としては，貿易国家論，機能主義，調停，仲介，デモンストレーション効果を取り上げる。「脅威の均衡」は分析枠組みとして確立されているので，危機の際に当てはめて検証する。一方で修正2段階モデルは検証よりも外交政策の経路を説明することにより主眼に置く。

　第2章から第4章は，ポスト冷戦期においてトルコが直面した危機に対する外交を扱い，「脅威の均衡」を中心とした構造的リアリズムの枠組みから検証を行う。第2章では，トルコの湾岸危機とその後の北イラク・クルド人地域に対する政策を「脅威の均衡」の枠組みから分析し，トルコがアメリカをはじめとした西側諸国との同盟を強化した理由は，イラクの脅威ではなく，同盟からの「見捨てられる恐怖」を考慮したバンドワゴニングであったと結論付ける。また，大統領であるオザルが主導した湾岸危機における政策決定の過程と，湾岸危機参戦の結果，北イラク・クルド人への対応に関して生じたアメリカとの見解の違いについて明らかにする。

　第3章では，公正発展党が単独与党となってすぐに対応に追われたイラク戦争という危機と，北イラクへの越境攻撃についての分析を行う。イラク戦争への参戦に関する決定過程においては，参戦を支持する党首のエルドアンを中心する派閥と，当時首相の座に就いていたアブドゥッラー・ギュル（Abdullah Gül）を中

心とする参戦に反対する派閥の間の駆け引きがどのように展開されたのかを考察する。トルコのイラク戦争への対応を分析し，2000年代においてトルコとアメリカが共通の脅威認識を有していなかったことを明らかにする。そのため，「脅威の均衡」よりも「ソフト・バランシング」や歴史の教訓からの説明が可能であったと結論付ける。一方で，北イラクにおけるPKKへの越境攻撃に関しては，アメリカとトルコの利害が一致し，テロ対策ではアメリカとの協力が欠かせなかったことを論じる。加えて，PKKは国内脅威という側面もあるので，「オムニ・バランシング」からの説明も試みる。

第4章では，いわゆる「アラブの春」の一環として起こったものの，熾烈な内戦へと陥ったシリアに対するトルコの外交を考察する。まず，シリアにおける「アラブの春」が失敗した理由について概観し，トルコがシリアにおける民主化要求運動が起こってからどのように対応したのかを時系列的に検討する。そして，シリア内戦の脅威への対応として，トルコがアメリカとの関係を再強化したことを指摘し，分析する。地域の秩序安定化を目指した公正発展党政権も切迫した脅威に対しては，脅威に対してバランシングしたことを実証する。また，トルコの脅威に対するバランシングは，アメリカにとってはトルコをパートナーとした「オフショア・バランシング」であったことにも付言する。

第5章から第10章では，ポスト冷戦期におけるトルコの平時の中東外交について検討する。第5章では，まず，トルコの地政学的特徴と伝統的な外交方針について概観する。次に1990年代に生じた国際政治と地域政治の物理的環境の変化である冷戦の終結とシリアとの関係改善について検証する。そのうえで，周辺地域を重視する外交を展開したオザル，エルバカン，ジェムのアイディアと政策について考察する。

第6章では，2002年11月に単独与党として政権の座に就いた公正発展党がいかにこれまでの経験から政治的に学習し，また新しいアイディアを取り入れたかを検証する。政治的学習の事例としては，エルバカン政権の退陣の原因となった1997年2月28日キャンペーンと，EU加盟交渉を取り上げる。2月28日キャンペーンの事例は，公正発展党がこの事件を教訓に世俗主義に関して注意深い政策を展開していること，そしてEU加盟交渉の事例は，公正発展党が軍部の力を制限するためにEU加盟交渉とその国内的適用を効果的に使用していることを明らか

にする。新しいアイディアとしては，トルコ型民主主義，「ダーヴトオール・ドクトリン」，「新オスマン主義」に着目する。トルコ型民主主義は，内政で提唱された「保守民主主義」の概念を主に中東地域に対してモデルとして提示することを念頭においたアイディアである。前外務大臣で現首相のダーヴトオールによって提唱されている一連の「ダーヴトオール・ドクトリン」は公正発展党の外交の基軸となっているアイディアである。「新オスマン主義」は，オザルの時代に外交に一定の影響を及ぼしたが，その後退潮したアイディアである。公正発展党，特にダーヴトオールは「新オスマン主義」という用語は使用していないが，オスマン帝国時代の歴史の重要性にたびたび言及しており，批判も込めて「新オスマン主義者」と呼ばれることがある。ここではオザルの時代に提唱された「新オスマン主義」と公正発展党の外交でしばしば指摘される「新オスマン主義」について概観する。

第7章では，政策形成過程を検討するうえで不可欠な公正発展党政権期における内政の状況に関して，公正発展党が勝利した3回の総選挙と政軍関係に焦点を当て，概観する。公正発展党が外交においてフリーハンドで行動できる背景には，安定した内政基盤と，軍部の行動を抑制的にする措置があることを明らかにする。また，軍部が2000年代後半の一連の不祥事でその影響力を後退させた点も併せて確認する。

第8章から第10章では，公正発展党がリベラリズムの手法を取り入れ，展開した新たな外交戦略について概観する。ここでのリベラリズムの意味は，パワーと安全保障ではなく，貿易の活性化による相互依存の深化，制度や機構の構築，紛争の調停や仲介，民主化の1つの成功例を提示するといった方法により，国家だけでなくNGOや経済団体と連携して影響力を高めること，である。第8章では，貿易国家と制度や機構を構築する機能主義という2つの戦略について実証的に考察する。貿易国家戦略に関しては，公正発展党の新自由主義経済への対応を確認したうえで，トルコ商工会議所連合（Türkiye Odalar ve Borsalar Biriigi，略称TOBB）が主導したエレツにおける工業団地計画に端を発する一連のアンカラ・フォーラム，トルコ，シリア，レバノン，ヨルダンの4ヵ国で経済強化と文化の統合を目指すことを目的に設立された「レバント・カルテット」について検証する。機能主義に関しては，「文明間の同盟」，イラク周辺国会議，第4回国連後発

開発途上国（Least Developed Country，略称LDC）会議を事例として取り上げ，そこにおけるトルコの役割を中心に考察する。

第9章では，公正発展党の第2次レバノン紛争に際しての調停努力と，イスラエルとシリアの間接協議の実施，イランの核開発に関する仲介の3つを事例に，トルコの調停と仲介に関して考察する。トルコの調停と仲介は，当該問題を解決するうえで大きな貢献を果たせなかったが，その試みにより，地域と国際社会におけるトルコのソフトパワーは高まった。

第10章では，イラク戦争後の拡大中東・北アフリカ・イニシアティヴ（Broader Middle East and North Africa Initiative，略称BMENA），イスラエルとの関係，「アラブの春」における「トルコ・モデル」の言説，国内でのクルド問題解決に向けて打ち出した教訓に関して考察を行う。トルコはこれらの事例を通して，デモンストレーション効果を試みた。デモンストレーション効果は，地域秩序の安定化を目指していたダーヴトオール主導のトルコの外交政策を，より国際秩序を考慮したものへと変化させる主要因であった。

終章では，第1に，ポスト冷戦期におけるトルコの中東地域に対する外交を分析するために用いた2つの枠組みである構造的リアリズムの枠組みと，国家の物理的環境と社会的環境，そして外交の政策形成過程を考慮した修正2段階モデルの有効性とその課題について検討する。第2に，ポスト冷戦期においてトルコが採用した地域秩序の安定化を試みる外交戦略の成果と課題についてまとめる。

注

(1) ジハードの語源は，クルアーンにおける努力の必要性に由来する。ムハンマドの時代のジハードは，「防衛的ジハード」と呼ばれ，ウンマの領土保全のために行われた。その後，中世の神学者イブン・タイミーヤ，ワッハーブ派，20世紀のサイード・クトゥブらが暴力的・革命的意味をこの概念に付与し，非イスラーム圏まで攻め込む「戦闘的ジハード」の概念が確立された。攻撃的ジハードの詳細に関しては，小杉泰『9・11以後のイスラーム政治』岩波現代全書，2014年，28-37頁。また，「ジハード主義者」と近い言葉としてしばしば「サラフィー主義者」という言葉が使用される。「サラフィー主義者」は預言者ムハンマドに従ってイスラーム共同体を築いたムスリム第1世代を指す「サラフ」に由来し，最も正しいムスリムとされるムスリム第1世代の時代を目標とする人々である。その目標を戦闘的ジハードによって達成しようと

する人々がジハード主義者である。サラフィー主義者に関する詳細は，例えば，森山央朗「シリア『内戦』とイスラーム主義」平成24年度国際問題調査研究・提言事業「『アラブの春』の将来」報告書，日本国際問題研究所，2013年3月，59-63頁。

(2) コヘイン（Robert Keohane）とカッツェンスタイン（Peter Katzenstein）によると，「アンチ・アメリカニズム」とは広義に「アメリカとアメリカ社会一般に対する否定的な見方を抱く心理的な傾向」と定義される。「アンチ・アメリカニズム」はアメリカ建国後から存在するため新しい現象でないが，イラク戦争後に特に中東，北アフリカ，パキスタンなどで急激に高まった。コヘインとカッツェンスタインはアメリカの外交と当時のジョージ・W・ブッシュ（George. W. Bush）大統領に対する否定的な見方がその要因となったと指摘している。Peter Katzenstein and Robert Keohane (eds.), *Anti-Americanism in World Politics*, Ithaca: Cornell University Press, 2007, p. 12 and p. 15.

(3) 本書では，「影響力」を因果関係に注目したダールの分析に依拠し，「ある国家の行動が他国にそれに対応する行動を取らせること」と定義する。詳細はロバート・A・ダール（高畠通敏訳）『現代政治分析』岩波書店，1999年，37-47頁。

(4) Tareq Ismael and Glenn Perry, "Toward a framework for analysis" in Tareq Ismael and Glenn Perry (eds.), *The International Relations of the Contemporary Middle East: Subordination and beyond*, London: Routledge, 2013, p. 3.

(5) ハマースに関しては，例えば，錦田愛子「ハマースの政権掌握と外交政策」『国際政治』第177号，2014年，98-112頁を参照されたい。ヒズブッラーに関する包括的な研究としては，末近浩太『イスラーム主義と中東政治』名古屋大学出版会，2013年。

(6) 澤江が指摘しているように，トルコにおけるイスラーム政党は，当初有していた世俗主義への敵意や反西洋的言動が次第に薄れ，現実の政治，社会，経済に適切に対応するプラグマティックな政党へと変容してきた。その特徴は90年代初頭の福祉党時代から見られ始め，公正発展党において確立したと言える。よってここでのイスラーム政党は，世俗主義を打倒し，シャリーアに基づくイスラーム体制を築こうという政党を意味しない。澤江史子『現代トルコの民主政治とイスラーム』ナカニシヤ出版，2005年，262-263頁。

(7) Dietrich Jung, "Turkey and the Arab World: Historical Narratives and New Political Realities", *Mediterranean Politics*, Vol. 10, No. 1, 2005, pp. 1-17.

(8) この時期のトルコとアラブ諸国の関係を扱ったものとして，例えば，Ömer Kürkçüoğlu, *Türkiye'nin Arap Ortadoğu'suna Karşı Politikası (1945-1970)*, Ankara: Sevinç Matbaası, 1972. ただし，1960年代から70年代までの冷戦のデタント期にアメリカとの関係が悪化したトルコは，アラブ諸国との関係を強化した。

(9) Sabri Sayarı, "Turkey and the Middle East in the 1990s", *Journal of Palestine Studies,* Vol. XXVI, No. 3, 1997, pp. 44-45.

(10) Ali Karaosmanoğlu, "Turkey's Security and the Middle East", *Foreign Affairs,* Vol. 62, No. 1, 1983, p. 166-167.

(11) 中東という地域概念に関しては以下を参照されたい。酒井啓子「中東の国際政治——他者に規定される地域と紛争」国分良成・酒井啓子・遠藤貢編『日本の国際政治3　地域から見た国際政治』有斐閣，2009年，117-119頁。例えば，ブザン（Barry Buzan）とウェーヴァー（Ole Wæver）の「地域安全保障複合体（Regional Security Complex）」による中東の分析では，トルコは中東に含まれず，中東とヨーロッパの間に位置し，中東には限定的な関与しかできない「絶縁体国家（Insulator State）」とされている。Barry Buzan and Ole Wæver, *Regions and Powers: The Structure of International Security,* Cambridge: Cambridge University Press, 2003, p. 41.

(12) Mohammed Ayoob, "The Arab Spring: Its Geostrategic Significance", *Middle East Policy,* Vol. 19, Issue. 3, 2012, pp. 91-92.

(13) 近年，冷戦体制が崩壊した89年または91年から2001年9月11日のアメリカ同時多発テロまでをポスト冷戦期，2001年9月11日から現在までをポスト・ポスト冷戦期とする区分も見られるが，本書では89年12月3日のマルタ会談から2014年現在までを一貫してポスト冷戦期として扱う。

(14) トルコは1952年の第1次NATO拡大でギリシャとともにNATOに加盟している。

(15) William Hale, *Turkish Foreign Policy since 1774（Third edition）,* New York: Routledge: 2013, p. 79.

(16) Steven R. David, "Explaining Third World Alignment", *World Politics,* Vol. 43, No. 2, 1991, pp. 233-256; Mohammed Ayoob, *The Third World Security Predicament: State Making, Regional Conflict, and the International System,* Boulder: Lynne Rienner, 1995.

(17) 「弱い」国家とは，国家のアイディア，物理的基盤，制度的要素が脆弱な国家のことを指す。一方，「強い」国家とは，アイディアが豊富で物理的基盤と制度的要素が頑強な国家のことを指す。「弱い」国家と「強い」国家に関しては，例えば，Barry Buzan, *People, States and Fear: An Agenda for International Security Studies in the Post-Cold War Era, 2nd ed.,* Brington: Harvester Wheatsheaf, 1991, pp. 57-111を参照されたい。

(18) 例えば，湾岸危機に関してはMustafa Aydın, *Ten Years After: Turkey's Gulf Policy（1990-91）Revisited,* London: Frank Cass, 2002．北イラク・クルド人問題に関しては，Baskın Oran, *Kalkık Horoz: Çekiç Güç ve Kürt Devleti（Genişletilm-*

iş İkinci Basın), Ankara: Bilgi Yayınevi, 1998. を参照されたい。

(19) 公正発展党の外交政策を検証する論文は，主として Turkish Studies 誌，Insight Turkey 誌，Middle Eastern Studies 誌などに掲載されている。

(20) Burhanettin Duran, "JDP and Foreign Policy as an Agent of Transformation" in Hakan Yavuz (ed.), *The Emergence of A New Turkey: Democracy and the AK Parti*, Salt Lake City: University of Utah Press, 2006, pp. 281-305; Meliha Benli Altunışık, "Worldviews and Turkish foreign policy in the Middle East", *New Perspectives on Turkey*, No. 40, 2008, pp. 169-192; İlhan Uzgel ve Volkan Yaramış, "Özal'dan Davutoğlu'na Türkiye'de Yeni Osmanlıcı Arayışlar", *Doğudan*, Mart-Nisan, 2010, pp. 36-49.

(21) Altunışık, *ibid*, p. 170.

(22) *Ibid*, pp. 170-171.

(23) Kemal Kirişci, "The transformation of Turkish foreign: The rise of the trading state", *New Perspectives on Turkey*, Vol. 40, Spring, 2008, pp. 29-56; Kemal Kirişci, "Turkey's Demonstrative Effect and the Transformation of the Middle East", *Insight Turkey*, Vol. 13, No. 2, 2011, pp. 33-55; Meliha Benli. Altunışık, "The possibilities and limits of Turkey's soft power in the Middle East", *Insight Turkey*, Vol. 10, No. 2, 2008, pp. 41-54; Meliha Benli. Altunışık, *Turkish Foreign Policy and its Regional Implications, Emirates Lecture Series* No. 87, 2011, pp. 1-41; Şaban Kardaş, "Türk Dış Politikasında Eksen Kayması Mı?", *Akademik Orta Doğu*, Cilt. 5, Sayı. 2, 2011, pp. 19-42; Murat Yeşiltaş, "Soft Balancing in Turkish Foreign Policy: The Case of the 2003 Iraq War", *Perceptions*, Spring-Summer, 2009, pp. 25-51; Kiliç Buğra Kanat, "Theorizing the Transformation of Turkish Foreign Policy", *Insight Turkey*, Vol. 16, No. 1, 2014, pp. 65-84. また，Turkish Studies 誌の2009年第1号でトランス・リージョナルアクターとしてのトルコ，2011年第4号でトルコと中東，2013年第4号でトルコの台頭と西洋，Insight Turkey 誌の2008年春号ではトルコ外交のソフトパワー，2011年冬号ではトルコ外交のリベラリズム的側面に関する特集が組まれている。

(24) Ahmet Davutoğlu, *Stratejik Derinlik*, Istanbul: KÜRE yayınları, 2001, p. 562.

(25) Philip Robins, "The 2005 BRISMES Lecture: A Double Gravity State: Turkish Foreign Policy Reconsidered", *British Journal of Middle Eastern Studies*, Vol. 33, No. 2, 2006, pp. 210-211.

(26) Yeşiltaş, *op. cit.*, pp. 32-33.

(27) Kanat, *op. cit.*, pp. 79-82.

(28) 今井宏平「アメリカの中東政策とトルコ外交――「ミドル・パワー」の機能と限界」『国際政治』第150号，2007年，186-202頁．今井宏平「『ダーヴトオール・ドクトリン』の理論と実践」『海外事情』第60巻9号，2012年9月，16-31頁．佐原徹哉「隣国との問題ゼロ――トルコが進める地域的秩序の自立構想」『情況』2008年12月号，6-14頁．澤江史子「トルコのEU加盟改革過程と内政力学」『中東研究』No.494，2006/2007，94-110頁．澤江史子「クルド問題をめぐるトルコの外交――紛争制御から包括的予防へ」吉川元・中村覚編『中東の予防外交』信山社，2012年，241-259頁．鶴見直人「トルコ外交の変容とその基軸――「深奥」に沈み行く国益？」『情況』2010年11月号，82-94頁．八谷まち子編『EU拡大のフロンティア――トルコとの対話』信山社，2007年．

(29) Tarık Oğuzlu, "The 'Arab Spring' and the Rise of the 2.0 Version of Turkey's 'zero problems with neighbors' Policy", *SAM papers*, No. 1, 2012, pp. 1-16.

(30) 例えば，Stephen Walt, "Testing theories of alliance formation: the case of South West Asia", *International Organization*, Vol. 42, No. 2, 1988, pp. 275-316.

(31) Yücel Bozdağlıoğlu, *Turkish Foreign Policy and Turkish Identity: A Constructivist Approach*, New York: Routledge, 2003.

(32) Hasan Kösebalaban, *Turkish Foreign Policy: Islam, Nationalism, and Globalization*, New York: Palgrave, 2011.

(33) Alexander Murinson, *Turkey's Entente with Israel and Azerbaijan: State identity and security in the Middle East and Caucasus*, London: Routledge, 2010.

(34) 1990年代における国際関係論の方法論に関する包括的な論文として，Peter J. Katzenstein, Robert O. Keohane, and Stephen Krasner, "International Organization and the Study of World Politics", *International Organization*, Vol. 52, No. 4, 1998, pp. 645-685.

(35) Robert Putnam, "Diplomacy and domestic politics: the logic of two-level games", *International Organization*, Vol. 42, No. 3, 1988, pp. 427-460.

(36) 今野の定義に基づくと，「ネオリアリズムの国際システムの制約に関する洞察を犠牲にすることなく，対外政策の実施を制約する複雑な国家・社会関係を単純化した形で組み入れた理論であり，基本的には，国際システムの状態（相対的なパワーの分布など）を独立変数，国内要因（国内政治構造，指導者の認識，政府の資源動員能力，戦略文化，イデオロギー，ナショナリズムなど）を媒介変数，対外政策の決定や戦略的選択（同盟・提携行動，戦争，軍備拡張，模倣，革新など）を従属変数とする」リアリズムの理論とされる．今野茂充「ネオクラシカル・リアリズムの対外政策理論」『法学研究』第83巻3号，2010年，398頁．ネオクラシカル・リアリズムに関する議論

は，Gideon Rose, "Neoclassical Realism and Theories of Foreign Policy", *World Politics,* Vol. 51, 1998, pp. 144-172. が発端となっている。また，事例研究を交えて包括的にネオクラシカル・リアリズムを検討した研究として，Steven Lobell, Norrin Ripsman, Jeffrey Taliaferro, *Neoclassical Realism, the State, and Foreign Policy,* Cambridge: Cambridge University Press, 2009.

(37) コンストラクティヴィストの中で，例外的に汎用性の高い枠組みは，規範の伝播に関するフィネモアとシキンクのものである。Martha Finnemore and Kathryn Sikkink, "International Norm Dynamics and Political Change" *International Organization,* Vol. 52, No. 4, 1998, pp. 887-917.

第Ⅰ部
危機に際してのトルコ外交

第1章
構造的リアリズムとリベラリズムの分析アプローチ

はじめに

　本章では，本書で用いる2つの分析枠組み——「脅威の均衡」モデルと修正2段階モデル——について説明する。第1節では，ウォルト（Stephen Walt）が提唱した同盟の起源についての枠組みである「脅威の均衡」を中心に，構造的リアリズムの因果関係と国家行動の分析——具体的には，「バンドワゴニング」，「オムニ・バランシング」，「ソフト・バランシング」，「オフショア・バランシング」——について論じる。第2節では，モラフチークの2段階モデルについて概観したうえで，そのモデルに修正を加えた枠組みを中心に，リベラリズムの因果関係と国家行動の分析について論じる。リベラリズムの国家行動としては，貿易国家，機能主義，紛争の調停または仲介，デモンストレーション効果を取り上げる。

　ウォルツ（Kenneth N. Waltz）によると，国際関係の理論において，国際政治の諸事象を理解することと各国の対外政策を理解することは別の問題とされる。[1] 本書で扱う枠組みは，ウォルツの区分に従えば，対外政策の分析に主眼を置いたものである。また，構造的リアリズムのモデルが危機における国家の行動を対象とし，その説明がアナーキーという国際政治の秩序原理が国家の行動を決定する「トップ・ダウン型」であるのに対し，リベラリズムのモデルは平時における国家の行動を対象とし，その説明は内政を重視した「ボトム・アップ型」である。リベラリズムのモデルは内政という各国間で異なる要素を考慮に入れるため，モデルとしての簡潔性は構造的リアリズムに対して劣るが，各国別で異なったモデルを提供することが可能である。本書では「脅威の均衡」を中心とした構造的リアリズムを危機における分析，リベラリズムに依拠する修正2段階モデルを平時

の外交の説明に適用していく。

1　構造的リアリズムの因果関係と国家行動分析

構造的リアリズムの因果関係

　冷戦期のトルコ外交を説明するための枠組みとしてしばしば引用されてきたのが，ウォルトの「脅威の均衡」である。この枠組みは，「国際政治のアクターである諸国家が同盟を締結する理由は，差し迫る脅威をバランシング（balancing）によって克服するためである」[2]と説明される。本来，「脅威の均衡」は同盟の起源に関する理論であり，国家の行動を説明するための枠組みではないが，トルコが西洋化と現状維持を外交の主要目的としていたこと，冷戦期にはソ連という脅威が常態化していたことから，「脅威の均衡」はトルコの行動を分析する枠組みとして有用であった。

　国際関係論の分析枠組みで重要なのは，理論の軸となる因果関係である[3]。国際関係論でこの点を強調した著作が，1979年に刊行されたウォルツの『国際政治の理論』である。ここでウォルツは，アナーキーという国際システムが諸国家の行動を規定し，ユニット（アクター）である諸国家間の関係はパワーの配分によって決定するとした[4]。主権国家というユニットの行動よりもアナーキーという秩序原理を国際システムの核に据え，それによって構造が決定し，ユニットの行動もそれに依拠するとしたので，「構造的」リアリズムと呼ばれている。また，理論において簡潔性を求めるウォルツは「ユニットである主権国家はパワーの配分によってその強弱が分かれるが，機能的には全て同じである」と仮定したため，主権国家の内政にも注意を払わなかった。

アナーキー　　アナーキーとは「無政府状態」のことであり，「無秩序状態」ではない[5]。構造的リアリストたちは，アナーキーを国際関係の諸事象を説明するうえでの独立変数と考えている。例えば，ウォルツはアナーキーを秩序原理そのものとし，アナーキー下のユニットである主権国家が，自らの安全を維持するための「自助を行動原理とする」[6]と説明している。ミアシャイマー（John J. Mearsheimer）は，この点をより明確に「アナーキーである国際システムの構造こそが自国の生き残りを確保したいという欲望を刺激し，国家を侵略的な

第1章　構造的リアリズムとリベラリズムの分析アプローチ

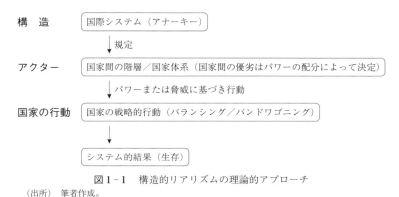

図1-1　構造的リアリズムの理論的アプローチ
(出所)　筆者作成。

行動へと駆り立てるのだ」と述べている。アナーキーはしばしば国内政治の秩序原理であるハイアラーキーと区別される。ウォルツによると、「主権国家というユニットまたはアクターは同一の機能を持ち（機能的同質性）、国際政治の秩序原理であるアナーキーに影響を与えることはできない」とされる。その一方で、アクター間は能力配分によってハイアラーキーな関係があり、それが極性（polarity）につながる。

国際政治の体系と国家間階層　構造的リアリストとネオリベラリストの両者が考慮に入れているのが、国際政治の体系である。前述したように、ウォルツに代表される構造的リアリストは、「アクターである主権国家はシステム原理としてのアナーキーを変容することは絶対にできない」と仮定する。変化するのは各アクターの能力配分であり、それに伴って極性も変化する。この各アクターの能力配分による極性が国際政治の体系である。この見方は、古くはオーガンスキー（A. F. K. Organski）、最近ではレイク（David Lake）や山本が指摘した階層的な（ハイアラーキカルな）国際秩序観と親和性がある。

　第1次世界大戦後の戦間期から今日に至るまで、国際政治の体系は単極、緩やかな双極、多極、またはこれらが重複した状態のどれかとなっている。戦間期は先進資本主義国であるイギリス、アメリカと、後発資本主義国であるドイツが国際政治上の覇権をめぐる多極体系の時代であった。冷戦期はカプラン（Morton Kaplan）が定義したことで有名な「緩やかな双極体系」であった。これは、アメリカを中心とした西側陣営とソ連を中心とした東側陣営への拘束力が強いシステ

第Ⅰ部　危機に際してのトルコ外交

```
戦間期    ┌多極体系（3ヵ国以上の大国が存在）┐
              ↓
冷戦期    ┌緩やかな双極体系（基本的に2つの超大国が凌ぎを削る）
          │冷戦構造の発展期（1945年～1962年頃）→双極への拘束力が強い
          │デタント期（1962年～1979年）→双極への拘束力が弱い
          │新冷戦期（1979年～1990年前後）→双極への拘束力が強い
              ↓
ポスト冷戦期①（90年～01年）　単極・多極体系（アメリカといくつかの大国）

ポスト冷戦期②（01年～現在）　単極・多極体系（次第にアメリカの影響力弱まる）
```

図1-2　戦間期から現在までの国際体系
（出所）Hansen（2000），Huntington（1999），Kaplan（2005），ウォルツ（2010），ミアシャイマー（2007），滝田（1993）を参照し，筆者作成。

ムであった。第2次世界大戦後に独立を達成したアジアとアフリカの諸国家が第三世界を形成したことで「緩やかな」という表現が加えられた。西側と東側の同盟諸国にとって脅威認識が高かった冷戦構造の発展期（1945～62年）と新冷戦期（1979～冷戦体制の崩壊）は，アメリカとソ連への拘束力が強く，逆に脅威認識が緩んだデタント期は拘束力が弱かった。冷戦構造が崩壊した後は，唯一残ったアメリカという超大国による単極体系と，多くの大国が国際政治上で覇権を目指す多極体系が入り混じった体系となった。2001年の9・11テロ以前は，アメリカの単極体系の様相が濃かったが，9・11テロ以後，特にイラク戦争後は中東地域を中心にアメリカの超大国としての正当性に陰りが見え始めた。それにより，多極的な特徴が色濃い体系となっている。

　それでは，多極，緩やかな双極，単極の特徴はどのようなものだろうか。多極体系下での各国の行動パターンに関して，ミアシャイマーは，①各国が大国の行動に拘束されにくい，②各国が国益を優先した行動を起こしやすい，③各国がバランスを取りにくくなる，④各国の行動を拘束するルールや制度が重要となる，という4点を特徴として論じており，ルールや制度が強固でない場合，国際政治は不安定化すると主張した。一方，双極体系化での行動パターンに関して，ウォルツは，その特徴を①各国が大国の行動に拘束されやすい，②対立する大国間同士が熱戦にならないよう配慮する，③各国は2つの陣営に分かれ，勢力均衡がとりやすい（不確実性が少ない）という3点にまとめ，双極体系は国際政治に安定を

第１章　構造的リアリズムとリベラリズムの分析アプローチ

もたらすと主張した。ポスト冷戦期の単極・多極体系は単極体系と多極体系の両方の特徴がみられる。多極体系が前述したように国際政治を不安定化させるのに対し、単極体系は双極体系と同様、国際政治を安定化させると説明される。ハンセン（Birthe Hansen）は単極体系の特徴について、超大国に対する「フロッキング（Flocking）」（バンドワゴニング）、超大国との関係を強化するためのハードワーク、超大国の戦略への拘束、超大国に対してその行動を制限するためのソフト・バランシング、と４点にまとめている。さらにハンチントンは、１つの超大国といくつかの大国が存在し、地域大国が当該地域において自由に行動できる、単極と多極の混合体系を主張した。

ポスト冷戦期の単極・多極体系の特徴についてもう一度まとめると、①多極体系の様相が強まるにつれ、各国がそれぞれの国益に基づいた行動をとるようになる。特に地域大国が当該地域において自由に行動できるようになる、②各国は一定程度超大国に「バンドワゴニング」したり従順な行動をとるが、超大国の行動を制限するために「ソフト・バランシング」する場合もある、③国際政治の安定のためには、各国の行動を拘束するルールや制度が重要になる、ということになる。国際政治上の諸アクター（構造的リアリズムは主権国家を想定）は、地域によって強弱はあるものの、その行動が国家体系によって制約される。

「脅威の均衡」による国家行動の説明

ウォルトはバランシングを「脅威となっている国家からの攻撃を抑止するため、また脅威となっている国家を倒すため、そうした国家へ対抗するために団結する行動」と定義している。同盟の起源に関して、ウォルトが提唱した「脅威の均衡」と、ウォルツが提唱したアナーキー下で諸国家が通常選択すると考えられてきた「勢力均衡（パワーへの均衡）」との違いは、次の３点である。第１に、同盟の対象である。「勢力均衡」は、「国際政治上で最も強い国家」に対して実施されるが、「脅威の均衡」は「当該国家が最も脅威と考える国家」に対して実施される。第２に、同盟または協力する国家に関する違いがあげられる。「勢力均衡」が「当該国家よりも弱い国家と協力する」と説明されるのに対し、「脅威の均衡」は「当該国家よりも強い国家と協力する」とされる。第３に、行動の源泉に関して、「勢力均衡」は国家の総合的な能力（aggregate power）の優劣のみを行動の

源泉としているのに対し,「脅威の均衡」は総合的な能力の優劣に加えて,地理的近接性（geographic proximity）,攻撃能力（offensive capabilities）,好戦的な意図（aggressive intentions）によって行動が決定するとされる。[17]

ウォルトが提示した脅威の源泉に関して,もう少し詳しくみていきたい。[18] 総合的な能力とは,人口,軍事力,経済力,技術的優越性の総和とされる。[19] 他の条件が一緒の場合,総合的な能力が高い方がより脅威となる。地理的近接性とは,諸国家は通常,地理的に遠い諸国家の動きよりも地理的に近い諸国家の動きにより敏感であり,脅威を感じるということである。攻撃能力とは,利用可能な費用で諸国家の致命的な利益,主権,領土的一体性を損なわせる能力である。総合的な能力と密接な関係にあり,さまざまな要因によって総合的な能力が攻撃能力に転化する場合がある。また,総合的な能力が高くない諸国家であっても,好戦的な意図が強ければ,不安を駆り立てられた他国は安全を確保するために同盟を組みたいという衝動に駆られる。例えば,ヴィルヘルム２世（Wilhelm II）やヒトラー（Adolf Hitler）が統治したドイツ,カッザーフィー（Muammaral Qadhāfī）（カダフィ）政権下のリビアなどが好戦的な意図が強い国家の例としてあげられる。このように,ウォルトの「脅威の均衡」は,諸国家が「脅威をどのように認識するか」に力点が置かれている。

ウォルトは1987年に刊行した『同盟の起源』で中東地域を「脅威の均衡」の事例として取り上げ,1988年に刊行した「同盟形成の理論の検証——南西アジアを事例として」という論文でイラン,トルコ,インド,パキスタンを事例として取り上げた。1988年の論文の中で,ウォルトはソ連の脅威に対抗するためのトルコの西側との同盟形成を「バランシングの明確な事例」[20] と表現している。ウォルトによると,トルコはイランとともに,第2次世界大戦後,ソ連の脅威を理由に西側諸国に対して無条件で団結した。この無条件の団結は,デタントによるソ連の脅威の減退と,「ジョンソン書簡」に代表される対米不信の高まりによって次第に弱くなった。しかし,1979年のソ連のアフガニスタン侵攻で再びトルコの脅威認識が高まると,西側への団結も再度強まることとなった。ウォルトは,トルコの行動に関して,「トルコはデタント期において経済分野でソ連との関係を強化したものの,西側との安全保障に関する同盟関係も継続していたため,ソ連にバンドワゴニングしたわけではない」[21] と説明している。また,対象とした国々の行

動が,アメリカに対する信頼性の低下,国際政治よりも周辺地域の諸要因に強く規定されることについても指摘している(22)。

バンドワゴニングによる国家行動の説明

　勢力均衡や「脅威の均衡」の基礎となるバランシングとともにリアリズムが想定するもう1つの戦略が,バンドワゴニングである。ウォルファーズ（Arnold Wolfers）によると,バンドワゴニングは「いくつかの弱小国が安全を確保するために,完全な服従は避けつつ,かつて友人であった強大な国家の側につく政策」とされる(23)。ウォルツもウォルファーズに従い,バンドワゴニングを「どこかの国が勝者と映るようになると,他国が力を獲得することを防ぐために,ほぼ全ての国々がそれまでの同盟を継続するのではなく,勝者に対して勝ち馬に乗ろうとするようになる(24)」と述べている。2人のリアリズムのパイオニアによると,バンドワゴニングは通常,単極または双極構造において弱小国家によって選択される政策でパワーの非対象性がその源泉にある。一方でウォルトは,「脅威の均衡」と同様に,バンドワゴニングの起源も脅威に求め,バンドワゴニングの対象は最も脅威となっている国家に付く政策,つまり「脅威へのバンドワゴニング」にも言及した(25)。

　バンドワゴニングに関するより詳細な分析は,シュウェラー（Randall Schweller）の研究にみられる。シュウェラーは,バンドワゴニングの目的は安全保障と利益の両方から検討するべきであると指摘した。シュウェラーはバンドワゴニングを,利益追求行動に基づき,ジャッカル・バンドワゴニング（Jackal Bandwagoning）と積み重ねバンドワゴニング（Piling Bandwagoning）に分類するとともに,ジャングルの比喩を用いて,国際政治がジャングル,覇権国をライオン,弱小国を羊,修正主義国家を狼（大国）,ジャッカル（中小国）に重ね合わせた(26)（Schweller 1994: 100-104）。シュウェラーの比喩に基づくと,ライオンは彼らの高い能力に基づき,高いコストを払いながらジャングルの平穏を目指し,現状維持志向が強い。一方の狼とジャッカルは利益を得るためにジャングルにおいて現状維持ではなく,修正主義的政策を志向する。ここで2つのバンドワゴニングが生じる。ライオンが築いている現状維持を支持することで利益を得る「積み重ねバンドワゴニング」と,狼が現状を打破した場合にそこに自己の利益を獲得す

表1-1 バランシングとバンドワゴニングによる同盟形成

要因＼政策	バランシング	バンドワゴニング
パワー	勢力均衡（パワーへの均衡） ⇒支配的国家に対抗するため，力の弱い側につく ⇒現状維持志向	パワーへのバンドワゴニング ⇒生存確保と利益追求のために力の強い側につく ⇒現状維持／現状打破志向
脅威	脅威への均衡 ⇒最も脅威と考えられる国家に対抗するため，脅威が少なく当該国家よりも力の強い側につく ⇒現状維持志向	脅威へのバンドワゴニング ⇒生存確保と利益追求のために脅威となっている側につく ⇒現状維持／現状打破志向

（出所）　土山（2014）を参考に筆者作成。

るために群がるジャッカルに見立てた「ジャッカル・バンドワゴニング」である。

　トルコは冷戦期，ソ連の脅威に対抗するため，超大国であるアメリカの側に付くことで，ソ連に対してバランシングした，というウォルトの説明だけでは，トルコがアメリカから安全保障を確保する以外の利益を得ていたことが説明できない。トルコはアメリカから経済援助を受け，アメリカの対外援助も得ていた。その意味では，トルコの西側との同盟形成はソ連の脅威に端を発しているが，「積み重なりバンドワゴニング」の視点からも補足できるだろう。

　土山が提示した表を参考にバランシングとバンドワゴニングによる同盟形成についてまとめると，表1-1のようになる。

　バンドワゴニングに関連して，多極体系における連鎖的行動（Chain gang）と責任転嫁（Buck passing）が構造的リアリストの中から指摘された。連鎖的行動とは，多極体系において「ある国家が攻勢に出ると他の国家もその行動に追随する」という戦略である。一方，シュウェラーの定義によると，責任転嫁とは「脅威に晒されている国が，脅威と同等かそれ以上の力を持つ，他の諸国が作り上げた同盟によるバランス状態にただ乗りすること」である。クリステンセン（Thomas J. Christensen）とスナイダー（Jack Snyder）はこのただ乗りの原因を「どの国も同盟の責任をとらない受身の行動」に求めている。なぜなら，どの国も同盟に不必要なコストをかけることを望んでいないためである。また，同盟の最前線に立つ他国と脅威となる国の双方が国力を消耗することで，国際システム

における自国の相対的地位向上を望んでいるためである。

　第2章で詳しく述べるが，他国およびトルコの政策決定者は，トルコを国際社会における「ミドルパワー」と認識してきた。ミドルパワーやさらに規模と能力が脆弱な小国は，バランシングにしろ，バンドワゴニングにしろ，他国と同盟を締結した後も安全保障確保のために常に「同盟のディレンマ」に悩まされることになる。その代表的なものが，同盟締結後，または同盟関係が強く認識される危機に際して生じる，「巻き込まれる恐怖」と「見捨てられる恐怖」の間のディレンマである。「巻き込まれる恐怖」とは，同盟を理由にある国家が利益を共有していない，または部分的にしか共有していないにも関わらず紛争に引きずり込まれることである。一方，「見捨てられる恐怖」とは，自国が危機に陥った際に，①当該国家と同盟を結んでいる他国が同盟の再結成を行う，②同盟関係が廃止となる，③明確な同盟の遵守に失敗する，④不測の事態においてサポートの獲得に失敗すること，を指す。リアリズムの視点では，中小国は常にこの同盟のディレンマに直面しながら生存を模索することになる。

オムニ・バランシングによる国家行動の説明

　バランシングとバンドワゴニングは構造的リアリストによって，諸国家の同盟に関する行動パターンとして通常論じられてきた。これに対して，デーヴィッドは第三世界の国々の提携や再編の行動パターンとして「オムニ・バランシング」を提唱した。デーヴィッドは，政情が不安定な第三世界のリーダーたちが大国とのバランシングする理由は，「当該国家を取り巻く国際政治上での脅威に対抗するためだけではなく，国内政治の脅威にも対抗するためである」と主張し，むしろ国内脅威への対抗こそ優先的な安全保障上の課題とした。「オムニ・バランシング」の特徴として，デーヴィッドは，①国家元首が国内での影響力維持を目指し（国内で最も脅威となるアクターに対抗するため），国内で二番目に脅威となるアクターと同盟を結ぶ，②国内における敵対勢力と同盟を結ぶ諸国家を説得する，③対外的な国益を犠牲にしても，国内での権力維持を図る，という3点を掲げた。

　デーヴィッドは「オムニ・バランシング」の対象を第三世界と限定しているが，その理由として，主に①第三世界で最も多い体制変換の手法が強制的な変革によるため，②国内の諸アクターが国家利益よりも民族，宗教，宗派，地方などサブ

ナショナルなレベルでの利益を優先するため，言い換えると，国家としての正統性，統一性，一体性が低いため，③統治方法が権威主義的ルールに基づいており，対抗勢力との関係が悪化し，紛争に至る可能性が高いため，④第三世界の国々は，権力を維持するために，とりわけ軍事分野で対外国家の援助に依存することが多いため，⑤国家の利益が特定の個人の利益に収斂されているため，という点を掲げている。

トルコは通常，第三世界の国家とは見なされないが，1980年代から武力によるトルコからの分離独立を目指すPKKと衝突を繰り返しており，クルド人の分離独立に対する脅威認識は高かった。例えば，1970年代に外務政務次官，1979年から89年までアメリカ大使を務めたシュクル・エレクダー（Şükrü Elekdağ）は，1996年にトルコ外務省付属の戦略研究センターから刊行された論文で，「トルコの脅威は2（ギリシャとシリア）と2分の1（国内脅威としてのPKK）である」と強調している。そのため，「オムニ・バランシング」の説明はトルコにも適用可能であると考えられる。

ソフト・バランシングによる国家行動の説明

冷戦崩壊後，アメリカを中心とした単極・多極体系が顕在化するにつれ，これまで軍事同盟によって安全保障を担保する手段であったバランシングの考え方にも変化がみられた。軍事力に基づく従来の「ハード・バランシング」よりも，超大国であるアメリカの能力が優れていることを受け入れたうえで，他国がアメリカのパワーの乱用に警鐘を鳴らす，またはその能力を制限しようとし，強引な単独行動を減じさせることを目的として主に非安全保障分野においてバランシングを行う「ソフト・バランシング」がバランシングの主流となった。この定義に基づくと，理論上，超大国が強引な単独行動を行わなければ，他国による「ソフト・バランシング」は展開されない，または少なくとも控えめになる，と考えられる。

ポール（T. V. Paul）は「ソフト・バランシング」の主体を，とりわけ国際政治上で顕在的または潜在的にバランシングを通してアメリカに対抗できる第2層の諸大国，具体的には中国，ロシア，日本，イギリス，フランス，ドイツ，インドに限定している。一方，パップ（Robert Pape）は第2層の諸大国に加えてトルコ

第 1 章　構造的リアリズムとリベラリズムの分析アプローチ

やブラジルといった地域大国も「ソフト・バランシング」を展開するアクターとみなしている。(42)

「ソフト・バランシング」の行動は，主に，①地域機構の結成や定期的に開催される首脳会談，または非公式の協約などによってアメリカのパワーの行使を限定する，②国連や国際制度を活用してアメリカの行動をコントロールする（バインディング），③領域の使用を許可しない（例えば，アメリカに対して領内にある基地の使用を許可しない）（ボーキング），④軍事力ではなく，経済的な力を行使する，⑤他国から正当性を得る，という5つに分類される。(43)

パップの分類では，トルコはアメリカに対して「ソフト・バランシング」を行使する主体とみられており，序章でレビューしたイェシルタシュの論文で論じられているように，イラク戦争における有志連合への不参加と基地の不提供は，「ソフト・バランシング」の事例として説明できる。

オフショア・バランシングによる国家行動の説明

「ソフト・バランシング」がアメリカの行動を制限するアメリカ以外の諸大国，または地域大国の政策だったのに対し，「オフショア・バランシング」の主体はアメリカである。(44) ただし，「オフショア・バランシング」にはアメリカの要求を受け入れ，特定の地域において負担を請け負う国家の存在が不可欠である。アメリカはブッシュ・シニア政権・クリントン（Bill Clinton）政権において，2国間・多国間同盟を通し，アメリカが当該地域に大規模な軍事力を展開し，アメリカの国益が脅かされる事態に際して行動するという，「選択的関与」と呼ばれる政策を展開してきた。一方でブッシュ・ジュニア政権は，中東地域に対して「選択的」ではなく，「全面的」な関与を展開した。これまでの政権の反省を踏まえ，オバマ政権が，中東地域への直接的な展開は極力避け，同盟や多国間主義を通してアメリカの目的を達成するとともに影響力を維持するために注目したのが「オフショア・バランシング」である。

「オフショア・バランシング」の目的として，レイン（Christopher Layne）は，①将来ユーラシア大陸で起こる可能性のある大国間戦争からアメリカを隔離する，②アメリカが不必要な戦争に関与することを避ける，③アメリカ本土のテロリズムに対する脆弱性を減らす，④国際システムにおけるアメリカの相対的な地位と

35

表1-2 構造的リアリズムの国家行動の分類

行動形態　　　項目	行動の対象	分野	主体
勢力均衡	対外パワー	軍事	大国（一般的）中小国
脅威の均衡	対外脅威	軍事	脅威を受ける国家
バンドワゴニング	対外パワーまたは脅威	軍事	弱い国家　脅威を受ける国家
オムニ・バランシング	対外・内政パワーまたは脅威	軍事	第三世界に属する国家
ソフト・バランシング	対外パワーまたは脅威	非軍事	第二層の国家　地域大国
オフショア・バランシング	対外パワーまたは脅威	軍事	超大国（アメリカ）

（出所）関連文献・論文をもとに筆者作成。

戦略的な行動の自由を最大化する，⑤海軍力と空軍力に最大限依拠し，可能なかぎり陸軍（の関与）は避ける，ことをあげている。レインによると，「オフショア・バランシング」は多極構造において，アメリカが同盟国と責任や負担を分担するのではなく，他国に責任と負担を委譲する戦略であるとされる。

冷戦体制崩壊以後，アメリカは中東地域において，イスラエルを除き，エジプト，サウジアラビア，トルコを同盟国と見なしてきた。アメリカが同盟に求めるのは，①既存の国際秩序の維持・回復，②そのための負担を同盟国と分担し，自らへの過度な負担を避ける，③価値観の共有（民主主義），である。トルコはアメリカにとっての中東における同盟国として，この3つの要求をみたしている国家であり，「オフショア・バランシング」の有力な対象国であった。

2　リベラリズムの因果関係と国家行動分析

リベラリズムの因果関係

国際関係論におけるリベラリズムは，主権国家以外のアクター（主権国家より上位の国際機構と下位のNGOや知識人共同体，経済団体など）をその分析の射程に収めてきた。リベラリズムがしばしば多元主義と言われる所以である。リベラリズムは1980年代に1つの転機を迎える。それは多元主義的な枠組みを維持しつつ，構造的リアリズムが提唱する国際システム，つまりアナーキーとの融合を図ったのである。これが「ネオ・ネオ統合」と呼ばれたリベラリズムとリアリズムの方

第 1 章　構造的リアリズムとリベラリズムの分析アプローチ

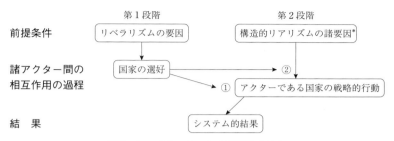

図 1-3　モラフチークの 2 段階モデル

(注)　モラフチークはリベラリズムと制度主義の諸要因として，パワーの配分と情報をあげたが，本書ではこれらを構造的リアリズムの諸要因としてまとめることとする。

(出所)　Andrew Moravcsik, "Taking Preferences Seriously: A Liberal Theory of International Politics", *International Organization*, Vol. 51, No. 4, 1997, p. 545. を一部修正し，筆者作成。

法論的接近である。「ネオ・ネオ統合」の理論的長所は，国際システムの構造を重要とする点，構造的リアリズムが説明できない国内要因を考慮に入れている点，安全保障以外のいわゆるローポリティックスと呼ばれる分野の分析も可能である点，政策の決定の過程を考慮に入れている（国家を所与の合理的アクターとしない）点である。「ネオ・ネオ統合」を主張した識者の 1 人が，国家の「選好（preference）」に注目してリベラリズムと構造的リアリズムを融合したモラフチークである。

　モラフチークは，リベラリズムの国際関係論を「国際政治における国家の行動に根本的なインパクトを与える内政と，トランスナショナルな国家・社会関係を詳しく検討する理論である。社会的なアイディア，利益，制度は国家の選好を形作ることによって，国家の行動に影響を与える。つまり，根本的な社会の目的は政府の戦略的見通しに内在される」ことを強調する。モラフチークは選好を「世界における状態」とし，「因果的に他のアクターの戦略から独立し，外的脅威，誘引，情報操作などの戦術を含む具体的な国家間の政治的相互作用を優先するもの」と定義している。つまり，モラフチークは選好を，各国の戦略的行動（例えばバランシング）を受けて行われるのではなく，諸国家の政策決定者がアナーキー，国家の能力，脅威認識といった戦略を立てる前提条件とみなしている。ただし，「国家の選好」は歴史的にも争点別に異なるとされる。本書で扱う争点は，序章でも強調したように，「トルコの中東に対する外交」である。「国家の選好」

に着目してモラフチークが提唱したのが,「国家の行動に関する2段階モデル(A two-stage model of state behavior)」である。[56]

第1段階では,リベラリズムの視点から内政または国際機構が選好に与える影響を検討し,第2段階では,第1段階を考慮したうえで,構造的リアリズムの視点から諸国家がとる(戦略的)行動を検討する。第2段階ではパワーの配分と情報が重視された。この2段階モデルはレグロなどによっても検討されたが,モラフチークの2段階モデルの特徴は,国家の選好を考慮し,第1段階が第2段階における戦略的行動(図1-3の①)だけではなく,国家がある行動をとるためにアナーキーをどのように認識しているかという戦略的行動への間接的な影響(図1-3の②)についても検討した点である。[57]

モラフチークの2段階モデルの再検討

モラフチークの国家行動の2段階アプローチは,内政と国際機関の国家の選好に与える影響力を枠組みに取り込み,リアリズムとリベラリズムの方法論を統合した点で理論的な汎用性を広げたことは評価されるべきであろう。本章の「はじめに」の部分の繰り返しとなるが,構造的リアリズムが「トップ・ダウン型」の理論でその結果の説明に焦点を当てているのに対し,リベラリズム,コンストラクティヴィズム,スナイダー(Richard Snyder)やアリソン(Graham Allison)がパイオニアとなって発展させた対外政策決定論などは,アクターの対外政策の形成や決定の過程を分析する枠組みであり,「ボトム・アップ型」の理論と言える。「ボトム・アップ型」の理論は汎用性が高いため,「トップ・ダウン型」に比べると,節減性(parsimony)は低いものの,危機以外の各国個別の対外行動の意図と行動パターンを説明するモデルを提示することが可能である。モラフチークの2段階モデルは,汎用性が高いが,地政学的な要因が考慮に入れられていない点,「地域(region)」の動向が分析できない点,フィードバックや政治的学習が見られないため,1度きりの行動しか説明できない点など,モデルの範疇に含まれない要素もあった。本書では,モラフチークの2段階モデルを評価する一方で,いくつかの要素を組み込むことで,さらに2段階モデルの説明能力が高まると考え,部分的に修正を試みたい(図1-4参照)。

まず,1つ目の段階であるリベラリズムの段階には,国家の選好に至る過程を,

第 1 章　構造的リアリズムとリベラリズムの分析アプローチ

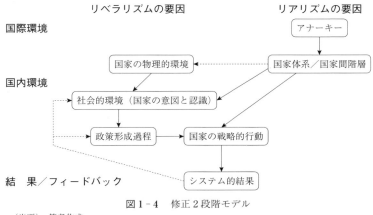

図1-4　修正2段階モデル

(出所)　筆者作成。

物理的環境，社会的環境（国家の意図と認識），政策形成過程に区別するとともに，国家の選好を政策形成過程という言葉に置き換えた。物理的環境は，諸国家が政策決定を行う際に考慮すべき環境，つまり国際政治における各国の地政学的位置のことである。社会的な環境とは，物理的環境を前提とするものであり，「政策決定者が国際政治，地域政治における当該国家の位置をどのように認識しているのか」という，当該国家の認知的位置のことである。フランケル（Joseph Frankel）は社会的な環境を「国際的な環境」と述べているが，むしろ社会的環境は「国内環境」であり，政策決定者が何らかの意図または目的のために，国際政治，周辺地域政治，内政の状況を認識して国家の選好を確定する段階である。この点についてもう少し詳しく論じていきたい。

　外交上の目的（意図）は，端的に述べると「何らかの手段に基づく国益の増進」である。ウォルファーズは，外交政策の目的を「所有目的」と「環境目的」に区分し，「所有目的」は「領土拡張や国連機関への加盟，関税特恵によって価値の付与を目指す」のに対し，「環境目的」は「国際政治上の環境を変化させることを望む」と定義した。つまり，「所有目的」が基本的に現状維持される環境の中で何らかの方法によって影響力拡大を求めるのに対し，「環境目的」は何らかの形で現状の環境を変化させることを望むものである。「環境目的」はさらに物理的に環境を変化させるものと，認識的な環境を変化させるもの，とに区分す

39

ることができる。

　国際政治の文脈において，認識に関しては通常，当該アクターの国際環境と国内環境に関する自己認識と，他の諸アクターが当該アクターの国際政治上での行動を認識する他者認識の2つが想定される。政策形成に関してより考慮されるのは，国際政治上での当該国家の立場という自己認識である。アクターが国際政治上において，環境の変化を受けて自己認識を行う際に手掛かりとなるものは伝統的な戦略文化である。しかし，環境の変化によって，伝統的な戦略文化が効果的でなくなったり，不適合となったりした場合，伝統的な戦略文化を部分的に修正するか，あるいは新しい戦略文化を採用する必要がある。その際，重要な役割を果たすのが政策決定者の新しいアイディアと学習または経験である。

　ゴールドステイン（Judith Goldstein）とコヘイン（Robert Keohane）は，アイディアを「世界観（world view）」，「原則信条（principled beliefs）」，「因果信条（causal beliefs）」に区分している。[63] 世界観は，宗教観のようにかなり大きな規模で一般個人または集団が共有するアイディアである。原則信条は，善悪の判断基準を伴うような規範的なアイディアである。因果信条は，一部のエリートが共有するアイディアで，政策決定に最も影響を与えやすいアイディアである。ゴールドステインとコヘインは，因果信条の役割に関して，「ロードマップ」，「フォーカルポイント」，「組織的持続性」の3つを指摘している。[64] ロードマップは政治的な目標を達成するための指針，フォーカルポイントとは政策のための期待が収斂する点（いわゆる落としどころ），組織的持続性は，過去のロードマップが組織に埋め込まれた状態を指し，革新的な考えよりも以前からの考えが優先されやすい。アイディアに関しては，さまざまな形態が考えられるが，本書では伝統的アイディアと新しいアイディアとに分類する。新しいアイディアとは，該当する政策決定者，または政策決定に影響を及ぼす人物が採用する伝統的な戦略文化とは異なるアイディアのことである。ゴルバチョフ（Mikhail Gorbachev）の「新思考外交」を分析した逸見は，「新思考外交」を「言説レベルと行動レベルがセットとして機能するもの」と定義している。[65] 本書においても，新しいアイディアの採用とは「伝統的な戦略文化とは異なる言説とそれに基づく行動が展開されること」と定義したい。

　経験は，モラフチークのモデルには含まれていなかったが，国家の行動は1度

第1章　構造的リアリズムとリベラリズムの分析アプローチ

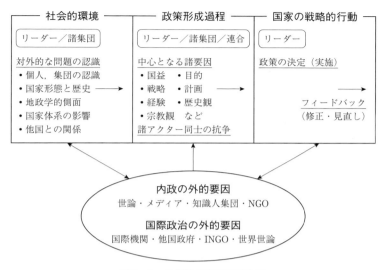

図1-5　政策決定過程の概念図

(出所)　Philip Zelikow,"Foreign Policy Engineering-From Theory to Practice and Back Again" *International Security*, Vol. 18, No. 4, 1994, p. 158; Margaret Hermann, "How Decision Units Shape Foreign Policy: A Theoretical Framework", *International Studies Reviews*, Vol. 3, No. 2, 2001, p. 52. をもとに筆者作成。

きりのものではなく、継続するものである。古典的にはメイ (Ernest May) などが『歴史の教訓』や『時間の中で考える──政策決定者の歴史の活用』で経験の重要性を指摘した。80年代後半にはナイが「研究または経験によって発達した知識」と定義した政治的学習の過程に注目した。政治的学習を分析の射程に収めるには、結果のフィードバックが重要となる。結果は社会的環境と外交の拘束・促進要因の両方にフィードバックする。経験をフィードバックすることで、「諸国家がどのように自分たちの国際秩序における立ち位置を見ているのか」という自己意識と他者意識の両方から構成される外交アイデンティティが問題となる。外交アイデンティティは結果のフィードバックによって、次第に自国の政策形成、他国の認識に浸透する。

　国家の選好を政策形成過程に置き換えた理由は、対外政策論のモデルを取り入れた方が、どのように選好が形作られるかの過程がより可視化されると考えたためである。ここではゼリコー (Philip Zelikow) とハーマン (Margaret Hermann)

41

のモデルに依拠し，対外政策を①社会的環境（入力）→②対外政策形成→③国家の戦略的行動（出力，繰り返される）という3つのプロセスに大別し，各段階で考慮される諸点を示した（図1-5参照）。

モラフチークは2つ目の段階である構造的リアリズムの段階において，アナーキー，国家体系・国家間の階層を区別していなかった。アナーキーは秩序原理であり，全ての主権国家に影響を与えるが，その影響の受け方は，国家体系とパワーによる国家間階層で異なる。この点を考慮し，アナーキーと国家体系・国家間の階層を区別した。

2段階モデルを修正するかたちでトルコの中東地域に対する外交を分析するうえでの枠組みを提示したので，次にリベラリズムが想定する国家行動についてみていくこととする。

リベラリズムによる国家行動の説明

冷戦期におけるトルコの対外政策は，「脅威の均衡」によって説明された。その一方で，ソ連という脅威が消滅したポスト冷戦期においては「脅威の均衡」だけでトルコの外交戦略を分析することが難しくなった。

トルコの新たな外交戦略の先駆けとなったのが，オザルの新たに独立した中央アジアや黒海沿岸諸国に対する外交であった。オザルは，中央アジアに対しては「共通のトルコ性」というアイデンティティを背景に，トルコ国際協力機構（Türk İşbirliği ve Kalkınma İdaresi Baskanlığı，略称 TİKA）による援助外交や，企業，宗教グループ，メディアといった民間を動員して，いわゆるローポリティックスの分野の協力を模索した。また，オザルは，黒海沿岸諸国に対して黒海経済協力機構（Black Sea Economic Cooperation，略称BSEC）の設立を提唱し，92年6月にイスタンブルでBSEC協定が調印された。BSECも経済活動を中心としたローポリティックスを軸とする地域レジームであったが，定期的な会合と経済的な枠組み作りによって，各国の相互監視と信頼醸成を深めた。この点に関しては第5章の第1節で詳しく論じる。

中東地域に関して，1990年代後半まで北イラク・クルド問題と，PKKと水問題を背景としたシリアとの対立によって安全保障問題がトルコにとって中心課題であり続けた。しかし，1998年10月にシリアとの間でアダナ合意を締結し，中東

第 1 章　構造的リアリズムとリベラリズムの分析アプローチ

地域での安全保障問題が一段落したことで，トルコは中東地域においても地域レジームの構築やローポリティックスに注目する外交を志向し始めた。公正発展党政権では，ダーヴトオールの下，リベラリズムの外交手法を活用することで，中東地域と国際社会の両方に貢献する行動パターンがみられるようになった。それでは，「リベラリズムにもとづく外交」とはどのようなものだろうか。

　ジャクソン（Robert Jackson）とソーレンセン（Georg Sørensen）は，国際関係論におけるリベラリズムを，社会学的リベラリズム，（経済）相互依存的リベラリズム／商業的リベラリズム，制度的リベラリズム，共和的リベラリズムという4つの潮流に分類している。(71) 社会学的リベラリズムは，特に主権国家だけでなく国際機構，NGO，知識人共同体などを含め，多様なアクター間の多様な関係性に注目する。相互依存的リベラリズムは，国際政治のアクターが安全保障だけではなく，経済も国益の重要な要素と考えており，各アクターが経済的な相互依存関係を深めることに注目する。制度的リベラリズムは，とりわけ多国間協定，国際機構といった制度に着目し，こうした制度，さらに組織が主権国家間の協調を促進すると考える。こうした協調行動がアクター間の信頼を高め，アナーキー下で安定した関係を構築できると説明される。共和的リベラリズムは，民主主義が他の政治形態よりも平和的で法に則っていると考え，民主主義国間同士は戦争を行わないと主張する。

　本書における「リベラリズムにもとづく外交政策」は，上述したリベラリズムの4つの潮流に依拠し，貿易国家（trading state）としての行動，制度と機構構築に向けた行動および国連における活動の活発化といった機能主義的行動，紛争の調停または仲介，デモンストレーション効果，という4つに分類する。

貿易国家としての行動　　「貿易国家」の概念は，相互依存的／商業的リベラリズムの潮流に位置付けられる。この概念は，ローズクランスによって提示されたもので，国家間の機能的違いを背景に「自国の置かれた立場と国内の資源配分状況を，国際的な相互依存の枠組みの中で改善していこうとする」国家のことを指す。(72) 自国の安全を保障するために軍事力を重視するリアリズムの世界観に対して，貿易国家の世界観は相互依存の世界において貿易を通して自国と他国の両方の国益を実現するものとされる。そして，国際社会における地位向上の方法として，リアリズムが領土の獲得を想定するのに対し，貿易

国家は自国の経済開発と貿易を通して，それを達成するとされる[73]。

この貿易国家の視点からトルコ外交を分析したのがキリシジである。キリシジは，1980年代にオザルが首相，その後大統領に就任して以降，トルコ外交が経済を重視する政策に転換し，経済団体を外交で活用するようになったこと，この外交姿勢の転換がその後の公正発展党にも影響を与えていることを指摘した[74]。また，この冷戦期のリアリズムからポスト冷戦期のリベラリズムへの外交姿勢の転換によって，これまでの安全保障と生存を追求していたトルコが紛争解決と平和構築に貢献する政策を打ち出す背景となったと論じた[75]。

機能主義的行動　リベラリズムの潮流において，制度および国際・地域機構の重要性を提唱したのが，機能主義である。機能主義はミトラニー（David Mitrany）の機能的国際主義とホームズ（John W. Holmes）の機能的演出とに大別することができる。国際関係理論として機能主義を発展させたのは，ミトラニーである。ミトラニーはその著書『実働的平和システム』において，政治的機構と非政治的機構を区別した。そして，「非政治的分野における協力の発展が，平和的変革の基礎になる」として，以下のように論じた。「機能主義アプローチでは，共通の要求指数が強調される。大変多くの要求が国境を横断する。かなり多くの要求が普遍的なものであるため，利益に基づく国際共同体を構築するための効果的な始まりは，そうした共通の要求を扱うための共同機関を設立することである[76]」。このようにミトラニーは，平和的な変革は主権国家という枠組みに囚われない国際機構が共通の要求を集結させることによって達成されると考えた。また，ミトラニーは，国際機構を通じた平和的な変革への段階も提示した[77]。第1段階は，技術的または機能的な目的に関していくつかの（小規模な）グループが協調する段階である。第2段階は，機能的な機関のいくつかのグループが協調する段階である。第3段階は機能的な機関のための国際的な計画の段階である。そして，第4段階は，政治的権威が国際的な計画に沿って，機能的な機関を操作する段階である。そして，協調行動により，戦争の誘引である国益の追求を放棄させることが最終的な狙いであった[78]。

ミトラニーの機能主義に対して，ホームズは機能主義を「国際機構を通じて国際問題に対処することで国家の威信を高めること」と定義している。ホームズが主導したカナダの機能主義外交は，「中・小国が役割を発揮できるような国際政

治制度を構築し，そこで各国家がそれ相応の資源を拝受し，責任を伴った行動をとること」と説明される。特にカナダ，オーストラリア，北欧諸国のようなミドルパワーは国連の非政治的分野または非重要な分野で積極的な役割を果たすことで，国際政治の平和的変革に貢献してきた。さらに安全保障理事会のような政治的分野を扱う機構においてもロビー活動を活発に行っている。これらの諸国家は国連をはじめとした国際機構における特定の分野で影響力を行使し，それによって国際政治上で一定の地位を確立し，大国からも一目置かれる存在となった。カナダ的なミドルパワー外交が，国連を中心に国際社会への貢献を目指す傾向が強かったのに対し，オーストラリア的なミドルパワー外交は，より地域に密着した政策を志向する。端的に述べれば，カナダ的な外交が普遍的な規範に焦点を当てていたのに対し，オーストラリア的な外交は，逆に地域的な特殊性を強調する。オーストラリアは多国間主義と地域主義に基づき，同じ目的を持った国家（like-minded state）と提携する提携外交を提唱している。

トルコは9・11テロ以降，「文明の衝突」を防ぐための国連の試みに協力している。国連を重視する姿勢は公正発展党政権下で強まり，「文明の衝突」を防ぐ枠組みである「文明間の同盟」の共同議長就任や低開発諸国を援助する「LDC会議」の開催国となっている。

一方でトルコは，オーストラリア型の提携外交も展開している。例えば，イラク戦争の開戦を防ぐための「イラク周辺国会議」を実施したり，「アラブの春」に端を発するシリア内戦においては2012年8月のイスラーム諸国会議機構（Organization of Islamic Cooperation，略称OIC）の緊急サミットにおいて提唱された「シリア・コンタクト・グループ」にイラン，エジプト，サウジアラビア（その後脱退）と共に参加したりしている。

紛争の調停または仲介　紛争の調停と仲介もリベラリズムに基づく外交の1つである。特に仲介に関しては多くの研究蓄積がある。仲介者とは，「紛争の当事者ではなく，紛争の調停と平和構築に向けて努力しているアクター」のことを指す。仲介において重要なのは，仲介の目的と動機，紛争の段階，仲介者がどのような役割を果たすのか，仲介がどのような成功を収め，他のアクターにどのように評価されたのか，という点である。トゥーヴァル（Saadia Touval）とザートマン（William Zartman）は，国際政治における仲介の目的を「仲介国が仲介

の対象となる2国の関係悪化によって，脅威に晒されている場合，その脅威を取り除くこと，または仲介国となることで国際システムと地域における影響力を高める」と定義している[81]。そして，「特にミドルパワーは，仲介国となることで彼らの影響力と品格（威信）を高めたいという意欲が見える」と指摘している[82]。

トゥーヴァルとザートマンは，仲介国が果たすべき役割を，2ヵ国間の情報伝達者，問題解決の手続き推進者，交渉のマニピュレーターに区分している[83]。情報伝達者の役割は，文字通り紛争勃発によって途絶えた2国間にコミュニケーション・チャンネルを提供することである。ただし，基本的に情報伝達者の役割は受身である。問題解決の手続き推進者の役割は，対立する2国間の会合を企画することである。この役割は情報伝達者に比べて紛争解決により関与できる。マニピュレーターはその影響力，権力資源，説得によって，2ヵ国から紛争解決に向けた同意を得ることを役割とする。マニピュレーターの役割は，基本的に大国または超大国が担うことになる。

トゥーヴァルとザートマンの3つの役割をより詳細に検討したのがバーコヴィッチ（Jacob Bercovitch）である。バーコヴィッチは情報伝達の役割を，①関係者と連絡をとる，②関係者との信頼醸成を行う，③関係者同士の相互交流を手配する，④問題と利益を明確化する，⑤現状を明らかにする，⑥どちらか一方に加担することを避ける，⑦関係者同士の親密さを向上させる，⑧不足している情報を補充する，⑨理解のための枠組みを発展させる，⑩有益なコミュニケーションを促進する，⑪肯定的な評価を提供する，⑫全ての関係者の利益が討議されることを許可する，と定義している[84]。一方，手続き推進者の役割を，①会合の場所を選択する，②会合のペースと公式性を統制する，③施設の提供など，物理的環境を統制する，④プロトコール（外交儀礼・慣習の成文化）を成立させる，⑤進行を促進する，⑥共通の利益を強調する，⑦緊張を和らげる，⑧タイミングを調整する，⑨まず単純な問題を扱う，⑩構造的な課題（を検討する），⑪参加者を会合に参加させ続ける，⑫関係者の面目を保つ，⑬問題に取り組みつづける，と定義している[85]。マニピュレーターの役割に関しては，①関係者の期待を変更させる，②譲歩の責任を請け負う，③現実的な提案を行う，④関係者に合意に達しない場合のコストを理解させる，⑤情報の提供，情報の取捨選択を行う，⑥関係者が実現できる譲歩を提案する，⑦原則を緩め，交渉を手助けする，⑧関係者の譲歩を賞賛す

第1章　構造的リアリズムとリベラリズムの分析アプローチ

る，⑨受諾可能な結果のための枠組み作りを手助けする，⑩関係者に柔軟な姿勢を見せるよう催促する，⑪援助を約束したり，取消のリスクを理解させたりする，⑫合意の遵守を検証することを伝える，と定義している。[86]

　公正発展党政権下においてトルコは，シリアとイスラエル，パレスチナにおけるファタハとハマース，イランの核開発問題に関する仲介を志向した。どの仲介の事例も成功とは言い難かったが，トルコが進んで仲介者としての役割を果たしたことで，国際社会におけるトルコの存在感は増した。言い換えれば，仲介を試みたことで，トルコのソフトパワーが高まったのである。加えて，トルコは第2次レバノン紛争の調停にも尽力した。

デモンストレーション効果　トルコは公正発展党政権下でEU加盟交渉をスタートさせ，その加盟交渉を通して軍部との力関係を逆転させることに成功した。そのため，トルコは中東地域における民主化，または穏健なイスラーム政党のモデルとして，他の中東諸国から認識されるようになった。欧米諸国も欧米との関係が深いトルコを中東におけるモデルとして評価する発言が目立った。トルコの政策決定者たちもトルコがモデルとして中東地域に影響力を行使する方法を模索した。トルコ政府が，この「中東におけるモデル」を政策として推し進めたのは，とりわけ「アラブの春」が起こり，政権交代が実現したチュニジアとエジプトにおいてであった。

　トルコのモデル政策は「デモンストレーション効果（Demonstration Effect）」と言い換えることができよう。デモンストレーション効果とは，もともと「購買意欲や購買活動が他者からの影響を受けること」という経済学の概念であったが，ハンチントンが（民主化の）『第三の波』の中でそれを援用し，ある成功例が，①類似の問題を抱える国家の先例となる，②問題を解決する処方箋となりうることを示唆する，③強固で魅力的な政治文化のモデルとみなされる，と政治学的に定義し直した概念である。[87]

おわりに

　本章では，本研究の2つの枠組みである，構造的リアリズムとリベラリズムについて検討した。構造的リアリズムに関しては，その理論的な因果関係について

確認したあとで、本書の構造的リアリズムの枠組みであり、バランシングの1つのパターンである「脅威の均衡」、加えて「脅威の均衡」以外の行動である「バンドワゴニング」、「オムニ・バランシング」、「ソフト・バランシング」、「オフショア・バランシング」といった国家行動について概観した。リベラリズムの枠組みに関しては、モラフチークの2段階モデル、そしてそれを修正したモデルについて検討した。そのうえで、社会学的リベラリズム、（経済）相互依存的リベラリズム／商業的リベラリズム、制度的リベラリズム、共和的リベラリズムというリベラリズムの4つの潮流に依拠し、貿易国家としての行動、機能主義的行動、紛争の調停または仲介、デモンストレーション効果、という国家行動についてまとめた。

以下の章では、第2章から第4章において1990年から91年にかけての湾岸危機とその後の北イラク・クルド問題、2003年のイラク戦争、2011年以降のシリア内戦という「危機」に焦点を当て、「脅威の均衡」を中心とした構造的リアリズムの枠組みによる説明を試みる。

一方、モラフチークが提案した、「ネオ・ネオ論争」を受けての構造的リアリズムとリベラリズムの2段階モデルから着想を得た修正2段階モデルは、諸国家の平時の外交を説明しようとするものである。5章から7章においては、とりわけ内政に注目し、外交の学習と個人のアイディアについて概観し、8章から10章で公正発展党の外交戦略について考察する。修正2段階モデルは、個々の事例を当てはめて検証するのではなく、連続する平時での政策決定における経路を明らかにするものである。

注
(1) ケネス・ウォルツ（河野勝・岡垣知子訳）『国際政治の理論』勁草書房、2010年、160-162頁。ウォルツは前者を国際政治の理論としている。
(2) Stephen Walt, *The Origin of Alliances,* Ithaca: Cornell University Press, 1987, p. 5. ウォルトはウォルツのパワーに対するバランシングを批判的に発展させることを目的とし、脅威に対するバランシング、つまり「脅威の均衡」を提示した。
(3) 因果関係に着目して国際関係論を含めた社会科学全般における理論について論じたものとして、例えば、スティーヴン・ヴァン・エヴァラ（野口和彦・渡辺紫乃訳）『政治学のリサーチ・メソッド』勁草書房、2009年、7-50頁。

(4) ウォルツ，前掲書，105-133頁。
(5) 例えば，吉川直人・野口和彦編『国際関係理論』勁草書房，2006年，127頁。
(6) ウォルツ，前掲書，146頁。
(7) ジョン・ミアシャイマー（奥山真司訳）『大国政治の悲劇——米中は必ず衝突する』五月書房，2007年，86頁。
(8) A. F. K. Organski, *World Politics,* New York: A. A. Knopf, 1958; David A. Lake, *Hierarchy in International Relations,* New York: Cornell University Press, 2009; 山本吉宣『国際レジームとガバナンス』有斐閣，2008年。
(9) Morton Kaplan, *System and Process in International Politics,* Colchester: ECPR Press, 2005（Original 1957）, pp. 112-115.
(10) 冷戦の時期区分に関しては，例えば，滝田賢治「冷戦概念と現代国際政治史——日米における議論を基礎に」細谷千博・丸山直起編『ポスト冷戦期の国際政治』有信堂，1993年，2-24頁。
(11) ミアシャイマー，前掲書，434-442頁。
(12) ウォルツ，前掲書，213-255頁。
(13) 「フロッキング」とは，バンドワゴニングとほぼ同様の行動様式であり，単極世界において，超大国以外の国々が超大国のまわりに集まる行動様式のことを指す。ハンセンによると，諸国家が超大国にフロッキングする理由は，①敵国に直面しなければならないという危機において，超大国から安全保障の支援を得るため，②超大国は余乗の安全を提供するため，③内政に他国が必要以上に関与することで余乗の安全が損なわれないように，諸国家は同盟国を近隣諸国以外に求めるため，とされる。Birthe Hansen, *Unipolarity and the Middle East,* Richmond: Curzon, 2000, pp. 63-68.
(14) Samuel P. Huntington, "The Lonely Superpower", *Foreign Affairs,* Vol. 78, No. 2, 1999, pp. 35-49.
(15) Walt, 1988, *op. cit.,* p. 278.
(16) *Ibid.,* p. 280.
(17) Walt, 1987, *op. cit.,* pp. 21-16.
(18) 脅威に関しては，他にコペンハーゲン学派の代表的な論者であるブザンが国家に焦点を当てた初期の著作『人間・国家・恐れ』（1983年／1991年）で，脅威を軍事的脅威・政治的脅威・社会的脅威・経済的脅威・生態学的脅威という5つの部門に分類している。軍事的脅威とは，伝統的なハードパワーに基づく脅威である。政治的脅威とは，諸国家の組織的な安定性を損なわせるために分離主義者を扇動したり，政治機構を混乱させたりする脅威である。社会的脅威とは，一般市民が被る社会レベルでの脅威であり，物理的なもの，心理的なもの，文化的なものまでさまざまな形態が考えら

第Ⅰ部　危機に際してのトルコ外交

れる。経済的脅威も非常に多様な形態が考えられるが，端的に述べれば，諸国家の経済や市場に悪影響を及ぼす脅威である。生態学的脅威は，国家に物理的な損害をもたらし，国家のアイディアや国家機構を機能不全にする脅威である。具体的には災害などが考えられる。ブザンは「5つの脅威は，相互依存関係にあり，密接に関連するもの」とみなしている。ブザンはこうした「複合的な脅威」に対応するために複合的安全保障の必要性を強調した。Buzan, *op. cit.*, pp. 116-134. ブザンは，1998年に刊行したウェーヴァーとウィルデ（Jaap de Wilde）との共著である『安全保障——分析のための新しいフレームワーク』において，生態学脅威を環境脅威へと名称を変更しているが，脅威の内容に変化はない。ただし，1998年の著作においては，安全保障の対象を1国だけでなく，2ヵ国または3ヵ国における安全保障の相互依存関係に焦点を当てている。Barry Buzan, Ole Wæver, and Jaap de Wilde, *Security: A New Framework for Analysis,* Boulder: Lynne Rienner Publishers, 1998, p. 15.

(19)　Walt, 1987, *op. cit.*, pp. 21-22.

(20)　Walt, 1988, *op. cit.*, p. 292.

(21)　*Ibid.*, p. 296.

(22)　*Ibid.*, pp. 310-311.

(23)　Arnold Wolfers, *Discord and Collaboration: Essays on International Politics,* Baltimore: The Johns Hopkins Press, 1962, p. 124. バンドワゴニングに関する最初の指摘は，クインシー・ライト（Quincy Wright）の『戦争の研究』においてだったというのが通説である。ただし，ウォルツによるとバランシングの対概念としてバンドワゴンの使用を提唱したのはヴァン・エバラ（Stephen Van Evera）とされる。

(24)　ウォルツ，前掲書，166頁。

(25)　Walt, 1987, *op. cit.*, pp. 21-22.

(26)　Randall Schweller, "Bandwagoning for Profit: Bringing the Revisionist State Back In", *International Security,* Vol. 19, No. 1, 1994, pp. 100-104.

(27)　アメリカとイギリスはとりわけ，ソ連と陸続きのトルコに対する軍事面での援助に力を入れた。イギリスは第2次世界大戦によって疲弊していたため，アメリカが主導的に援助を実施した。トルコに対する軍事トレーニング援助の計画は，国務・陸軍・海軍三省調整委員会（State-War-Navy Coordinating Committee，略称SWNCC）によって7月23日に正式に承認され，「トルコ援助アメリカ使節団本部（Chief of the American Mission for Aid to Turkey，略称CAMAT）」が設立された。CAMATの任務は，①トルコ政府と協議の上，トルコに対するアメリカの援助を進展させ，期間と条件を含め，どのような援助が必要かを最終的に援助プログラムの決定を行う国務省に提案する。②援助プログラムの実行に沿ってトルコ政府に情報と助言を与え，

第1章 構造的リアリズムとリベラリズムの分析アプローチ

トルコに必要な援助を提供する。③2国間に関する外交情勢、アメリカ市民とトルコ市民に完全な情報を公開する。(アメリカの)新聞、ラジオによってトルコ政府の進展状況を報告する。また、大統領と国務大臣のレポートに基本的な情報を盛り込む。④援助法に対するトルコ政府の実行力を観察する。CAMATはアメリカの派遣に反する行為が行われた場合など、状況に応じて援助を停止する権力を持つ、というものであった。要するに、CAMATはトルコにおけるアメリカの援助政策(文民と軍人の両方の政策)で全権を握る機関であった。1948年3月にアメリカは最初のトレーニング部隊をトルコに派遣した。このトレーニング部隊は、51人の文民、71人の陸軍軍人、34人の空軍軍人、13人の海軍軍人から構成されていた。彼等が提供したトレーニングの分野は、補給、コミュニケーション、軍需品の取り扱い、軍機の飛行と手入れ、健康管理、道路建設、機械の取り扱いであった。CAMATは1949年2月に「トルコ援助アメリカ使節団(American Mission for Aid to Turkey、略称AMAT)」と名称を変更し、さらに同年10月に再編成され、「トルコに対するアメリカ軍事援助合同使節団(Joint American Military Mission for Aid to Turkey、略称JAMMAT)」となった。JAMMATの部隊はイスタンブル(現場実習、海軍)、コンヤ、エルズルム(現場実習)、イズミル(空軍)に派兵された。JAMMATは1958年にもう一度名称が変更され、「トルコに対するアメリカ合衆国軍事援助合同使節団(Joint U. S. Military Mission for Aid to Turkey、略称JUSMMAT)」となる。JUSMMATの任務は、①アメリカ軍の指針と手順に則り、トルコ軍に対して、戦術、技術、組織、管理、ロジスティックス、訓練に関する適切な計画、計画の策定、監督、訓練の実施を行う、②陸軍、海軍、空軍に対して軍事援助プログラム(Military Assistance Program、略称MAP)に則り、計画とその策定、監督、訓練の実施のアドバイスを行う。また、MAPを支えるために必要なプログラミング、収益、必要な装備の最終品目の効率化をアメリカの指針に則り、技術と戦略のトレーニングのアドバイスを行う、というものであった。U. S. Department of State, Foreign Relations of the United States (FRUS): Diplomatic Papers, 1947, Vol. V: The Near East and Africa (Washington, D. C. 1971), pp. 49-50: p. 256; U. S. Department of State, Foreign Relations of the United States (FRUS): Diplomatic Papers, 1949, Vol. V: The Near East, South Asia and Africa (Washington, D. C. 1977), p. 1641; George McGhee, *The US-Turkish-NATO Middle East Connection: How the Truman Doctrine and Turkey's NATO Entry Contained the Soviets*, Houndmills: The Macmillan Press, 1990, pp. 43-44; Nur Bilge, Criss, "U. S. Forces in Turkey" in Simon Duke and Wolfgang Krieger (eds.), *U. S. Military Forces in Europe: The Early Years, 1945-1970*, Boulder. CO: Westview Press, 1993, p. 343; *40th Anniversary of Mili-*

tary Assistance to Turkey, 11 August 1987, Ankara, Turkey.
(28) 土山實男『安全保障の国際政治学——焦りと傲り（第2版）』有斐閣，2014年，291頁．
(29) Thomas J. Christensen and Jack Snyder, "Chain Gangs and Passed Bucks: Predicting Alliance Patterns in Multipolarity", *International Organization*, Vol. 44, No. 2, 1990, pp. 140-141.
(30) ランドル・シュウェラー「同盟の概念」船橋洋一編著『同盟の比較研究——冷戦後秩序を求めて』日本評論社，2001年，266頁．
(31) Christensen and Snyder, *op. cit.*, p. 141.
(32) 同盟のディレンマに関しては，例えば土山，前掲書，第9章「なぜ同盟は形成され，存続するのか——同盟のディレンマと同盟外交」(283-314頁) を参照．
(33) Glenn Snyder, "The Security Dilemma in Alliance", *World Politics*, Vol. 36, No. 4, 1984, p. 467.
(34) *Ibid.*, p. 466.
(35) David, *op. cit.*, p. 235. 中村は「オムニ・バランシング」をより詳細に検証し，「修正オムニ・バランシング」を提唱した．詳細は中村覚「オムニバランシング論の研究——第三世界諸国の勢力均衡パターンの理論的考察」国際政治学会2010年札幌大会ペーパー．
(36) David, *ibid.*, p. 236.
(37) *Ibid.*, pp. 238-245.
(38) クルド人はトルコの人口の約18％を占めると言われている．CIA World Fact Book "Turkey" (https://www.cia.gov/library/publications/the-world-factbook/geos/tu.html)，2014年6月14日閲覧．
(39) Sükrü Elekdağ, "2 1/2 War Strategy", *Perceptions*, March-May 1996, pp. 33-57.
(40) Robert Pape, "Soft Balancing against the United States", *International Security*, Vol. 30, No. 1, 2005, pp. 7-45.
(41) T. V. Paul, "Soft Balancing in the Age of U. S. Primacy", *International Security*, Vol. 30, No. 1, 2005, p. 46.
(42) Pape, *op. cit.*, p. 8.
(43) *Ibid.*, pp. 36-37; Stephen G. Brooks and William C. Wohlforth, "Hard Times for Soft Balancing,", *International Security*, Vol. 30, No. 1, 2005, pp. 83-106; クリストファー・レイン（奥山真司訳）『幻想の平和——1940年から現在までのアメリカの大戦略』五月書房，2011年，314-315頁．また，ウォルトは「ソフト・バランシング」に近い戦略として超大国の期待を裏切るボーキングや国際機関の力によって超大国を拘

第1章　構造的リアリズムとリベラリズムの分析アプローチ

束するバインディング，脅迫をあげている。一方，超大国の側に付く戦略として地域バランシングとボンディング（アメリカとの関係を強化し，その力を自国に有利なように仕向ける戦略）があげている。スティーヴン・ウォルト（奥山真司訳）『米国世界戦略の核心――世界は「アメリカン・パワー」を制御できるか？』五月書房，2008年，180-189頁，200-226頁，269-279頁。

(44)　「オフショア・バランシング」以外に大国が用いる戦略として，ミアシャイマーは，戦争，脅迫（Blackmail），戦争に最後まで関与せず他国を消耗させる作戦（Bait and Bleed / Bloodletting）をあげている。Bait and Bleedはライバル国に戦争を始めるよう大国が誘導する戦略であるのに対し，Bloodlettingは戦争を始めたライバル国に戦争が長引くように仕向ける戦略とされる。ミアシャイマー，前掲書，197-208頁。

(45)　レイン，前掲書，347頁。Christopher Layne, "The Global Power Shift from West to East", *National Interest*, May / June 2012, pp. 30-31.「オフショア・バランシング」が最初に示唆されたのは以下のレインの論文においてである。Christopher Layne, "From Preponderance to Offshore Balancing: America's Future Grand Strategy", *International Security*, Vol. 22, No. 1, 1997, pp. 86-124. オフショア・バランシングに関してはレイン以外に，ミアシャイマー，ウォルト，パップ，バリー・ポーゼン，アンドリュー・ベースヴィッチなどが言及している。

(46)　レイン，同上書，365-366頁。

(47)　アメリカの中東に対する「オフショア・バランシング」に関しては，例えば，立山良司「オバマ政権の「中東離れ」と増大する域内の不安」『国際問題』2014年4月号，16-25頁。アメリカの中東に関する関与の歴史に関しては，例えば，小野沢透「米・中東関係――パクス・アメリカーナの蜃気楼」五十嵐武士編『アメリカ外交と21世紀の世界――冷戦史の背景と地域的多様性をふまえて』昭和堂，2005年，129-173頁。

(48)　石川卓「超大国アメリカにとっての同盟――理論的分析への試論」日本国際問題研究所（監修）久保文明編『アメリカにとって同盟とは何か』中央公論社，2013年，66頁。

(49)　構造的リアリズムとリベラリズムの統合の代表的な著作として，Robert Keohane, *After Hegemony: Cooperation and Discord in the World Political Economy*, Princeton: Princeton University Press, 1984.

(50)　「ネオ・ネオ統合」に関しては，例えば，David Baldwin, *Neorealism and Neoliberalism: The Contemporary Debate*, New York: Columbia University Press, 1993. また，理論の「対話」と「統合」に関して，International Studies Review誌のVol. 5, No. 1（2003）で特集が組まれている。その中でも理論の「統合」に関しては，Andrew Moravcsik, "Theory Synthesis in International Relations: Real Not Meta-

physical", *International Studies Review*, Vol. 5, No. 1, 2003, pp. 131-136.
(51) 国際関係論の視点から国家の「選好」に注目したのはもちろんモラフチークが初めてではない。モローは社会的選択の視点から，レグロは国内組織の選好の視点から，国家の協調を分析した論文がある。James D. Morrow, "Social Choice and System Structure in World Politics", *World Politics*, Vol. 41, No. 1, 1988, pp. 75-97; Jeffrey W. Legro, "Culture and Preferences in the International Cooperation Two-Step", *The American Political Science Review*, Vol. 90, No. 1, 1996, pp. 118-137.
(52) Andrew Moravcsik, "Taking Preferences Seriously: A Liberal Theory of International Politics", *International Organization*, Vol. 51, No. 4, 1997, p. 513.
(53) *Ibid.*, p. 519.
(54) *Ibid.*, p. 544.
(55) アンドリュー・モラフチーク／フランク・シメルフェニヒ「リベラル政府間主義」アンツェ・ヴィーナー／トマス・ディーズ編（東野篤子訳）『ヨーロッパ統合の理論』勁草書房，2010年，101頁。
(56) Moravcsik, 1997, *op. cit.*, pp. 544-545.
(57) モラフチークが提示したモデルは，1954年にスナイダーが中心となり，『対外政策決定——国際政治学における1つのアプローチ』を発表して以来，国際関係理論の潮流の1つをなしている対外政策分析（foreign policy analysis）との高い親和性が見られる。対外政策分析の中心的な問いは「政策決定者が国際環境と国内環境の影響をどのように認知，解釈し，決定を下したり政策を形成したりするか」であり，スナイダーはその過程を①国際環境と国内環境の変化のインプット，②政策形成における認識・解釈，③形成した政策や決定を政策としてアウトプットする，という3つの過程で説明している。この3つの過程は，前述したモラフチークの前提条件，諸アクター間の相互作用の過程，結果とほぼ同じである。
(58) ジョセフ・フランケル（河合秀和訳）『外交における政策決定』東京大学出版会，1970年，74頁。
(59) 地政学的重要性に関しては，ミアシャイマーやレインなどの構造的リアリストやネオクラシカル・リアリストも重視している。
(60) フランケル，前掲書。
(61) 滝田賢治「東ユーラシア国際関係と地政学——歴史的事例と現状分析」滝田賢治編『21世紀東ユーラシアの地政学』中央大学出版部，2012年，10頁。
(62) Wolfers, *op. cit.*, pp. 73-74.
(63) Judith Goldstein and Robert Keohane, "Ideas and Foreign Policy: An Analytical Framework" in Judith Goldstein and Robert Keohane (eds.), *Ideas and For-*

eign Policy: Beliefs, Institutions, and Political Change, Ithaca: Cornell University Press, 1993, pp. 8-10.
(64)　*Ibid.*, pp. 12-13.
(65)　逸見勉「アイデア・制度的環境・政策転換──ソ連ゴルバチョフ政権における『新思考』外交の分析」『東京都立大学法学会雑誌』第45巻2号，2005年，277-278頁。
(66)　アーネスト・メイ（進藤栄一訳）『歴史の教訓──アメリカ外交はどう作られたか』岩波書店，2004年。
(67)　リチャード・ニュースタット・アーネスト・メイ（臼井久和・滝田賢治・斎藤元秀・阿部松盛訳）『ハーバード流歴史活用法──政策決定の成功と失敗』三嶺書房，1996年。
(68)　Joseph Nye, "Nuclear Learning and U.S-Soviet Security Regimes", *International Organization*, Vol. 41, No. 3, 1987, p. 378.
(69)　Jeffrey Legro, "The Plasticity of Identity under Anarchy", *European Journal of International Relations*, Vol. 15, No. 1, 2009, p. 38. ここでの自己意識と他者意識は，国家の行動を決定する政策決定者の意識である。
(70)　今井宏平「ポスト冷戦期におけるトルコのユーラシア外交──安全保障共同体モデルを枠組みとして」『中央大学政策文化総合研究所年報』第15号，2012年，60-63頁。
(71)　Robert Jackson and George Sorensen, *Introduction to International Relations: Theories and Approaches (Second edition)*, Oxford: Oxford University Press, 2003, p. 108. コヘインやモラフチークもリベラリズムを分類しているが，ジャクソンとソーレンセンの分類が最も網羅的である。
(72)　リチャード・ローゼクランス（土屋政雄訳）『新貿易国家論』中央公論社，1987年，35頁。
(73)　同上書，59頁。
(74)　Kirişci, 2008, *op. cit.*, pp. 41-42.
(75)　*Ibid.*, p. 42.
(76)　David Mitrany, *A Working Peace System*, Chicago: Quadrangle Books, 1966, p. 159.
(77)　*Ibid.*, pp. 73-75.
(78)　木下郁夫「ミトラニーの機能主義国際機構論──知識政治学からの分析」『早稲田政治公法研究』第59号，1998年，42頁。
(79)　ジョン・ホームズ（奥田和彦訳）『カナダとアメリカ──同盟国の政治と外交』勁草書房，1987年，192頁。
(80)　具体例としては，オーストラリアのケアンズ・グループ，アジア太平洋経済協力会

議（Asia-Pacific Economic Cooperation, 略称 APEC），カンボジア紛争に対する協力があげられる。カナダやオーストラリアの外交戦略は，主に大国が手を出さないような分野に焦点が当てられたため，隙間（ニッチ）外交とも呼ばれる。オーストラリアの元外相，エヴァンス（Gareth Evans）は，隙間外交を「……ミドルパワーにとって，多くの主要な問題を同時に追求することには限界がある。そのため，選択的な隙間外交は良い戦略であり，現実的に必要な戦略でもある」と述べている。また，ヘンリクソン（Alan Henrikson）は隙間外交を「隙間という用語の核心的な意味は，ある国家が事実上，永続的に有する特権的状況，特別な能力，独自の商品による長所から生み出される優位または独占である」と定義している。Gareth Evans and Bruce Grant, *Australia's Foreign Relations: In the World of the 1990s*, Melbourne: Melbourne University Press, 1991, p. 324; Alan Henrikson, "Niche Diplomacy in the World Public Arena: the Global Corners of Canada and Norway" in Jan Melissen (ed.), *The New Public Diplomacy: Soft Power in International Relations*, Hampshire: Palgrave, 2005, p. 71.

(81) Saadia Touval and William Zartman (eds.), *International Mediation in Theory and Practice*, Boulder: Westview Press, 1985, pp. 8-9.

(82) *Ibid.*, p. 252.

(83) *Ibid.*, pp. 11-13.

(84) Jacob Bercovitch, "Mediators and Mediation Strategies in International Relations", *Negotiation Journal*, Vol. 8, No. 3, 1992, p. 104.

(85) *Ibid.*, pp. 104-105.

(86) *Ibid.*, p. 105.

(87) サミュエル・ハンチントン（坪郷實・中道寿一・藪野祐三訳）『第三の波――20世紀後半の民主化』三嶺書房，1995年，98頁。

第2章
湾岸危機をめぐるトルコ外交

はじめに

　序章と第1章で繰り返し述べてきたように，ウォルトの「脅威の均衡」は恒常的な危機が存在した冷戦という「緩やかな双極体系」においては，各国の対外行動を説明する有効な枠組みであった。とりわけトルコは，ソ連という超大国に陸続きで接しており，脅威認識が他国に比して高かったために，この枠組みが有用であった(1)。しかし，脅威の源泉であったソ連が崩壊し，「緩やかな双極体系」が変容したことにより，トルコの脅威認識は低下した。これにより，ウォルトの「脅威の均衡」もトルコ外交を説明する枠組みとして，理論上は限定的な役割しか果たさなくなった。限定的としたのは，トルコの脅威認識が高い時期には，アメリカとの同盟関係を強めており，トルコ外交を説明する枠組みとしていまだに「脅威の均衡」が有効である可能性があるためである。それでは，ポスト冷戦期においてトルコの脅威認識が高かった時期はいつだろうか。ポスト冷戦期において，トルコの脅威認識が高まった最初の事例は，1990年から91年にかけて，トルコの隣国であるイラクがクウェートに侵攻して起こった湾岸危機である。湾岸危機は，ポスト冷戦期の危機に際してのトルコ外交の試金石であった。本章では，冷戦終結による国際体系の変化とそこにおけるトルコの位置付けを概観したうえで，1990年8月から91年3月までの湾岸危機とその後の北イラク・クルド人問題(2)について考察し，ポスト冷戦期におけるトルコ外交を説明するうえでの「脅威の均衡」モデルの有効性とその限界について検討していく。

第 I 部　危機に際してのトルコ外交

1　冷戦終結による極性の変化とトルコの位置付け

双極構造から単極・多極構造への変化

　冷戦体制の崩壊は，国際体系の変化をもたらした。滝田は冷戦体制の崩壊を，①社会主義イデオロギーを標榜していたソ連を中心とした国々が消滅し，それらの国々が自由民主主義，資本主義に移行する可能性が高くなった，②アメリカは唯一の超大国となったが，その圧倒的なパワーは地域紛争の解決に有効ではなかった，③ソ連ブロックはもちろん，NATOとアジア太平洋のハブ・スポーク型同盟も変容を迫られた，④核兵器を含む大量破壊兵器の拡散が懸念されるとともに，アメリカは非対称な戦争を戦うことになった，⑤地域統合の動きが加速する一方，分離独立運動が高まった，⑥冷戦構造下で実施されていた大国からの援助がなくなり，一部の国々は「破綻国家」化したり，テロリストの温床となったりした，⑦これまで機能不全に陥りがちであった国連安保理の活性化が期待された，現象であると説明している。[3]

　また，マグルー（Anthony McGrew）は冷戦体制崩壊の影響を以下の4点にまとめている。[4] 第1に，ウェストファリア体制の変容である。マグルーは，ウェストファリア体制の中心原理は領域性・主権性・自律性・合法性から成り立つとしている。ポスト冷戦期においては冷戦期に絶対的なアクターであった主権国家以外に，国際機関，（I）NGO，シンクタンクといったアクターが登場し，大きな影響力を有するようになるとともに，これまでの内政不干渉の原理も絶対的なものではなくなってきている。一方で，依然として多くの主権国家が中心的なアクターとして現存し，冷戦期以上にその存在感を示す場が増えたことという逆説的な現象も見られるとマグルーは付言している。第2に，「孤独な超大国」となったアメリカは，軍事面で覇権的性格を強める一方，国際公共財を担保しない姿勢や明らかな「ダブル・スタンダード」外交により，覇権国家としての正当性，「ソフト・パワー」を減退させた。第3に，インターネットを媒介として，人・物・金・情報の大量かつ瞬時の移動を特徴としたグローバリゼーションの進展が，国際政治の変容を促している。第4に，国際システムにおけるサブシステムとして，地域主義が冷戦期以上に重要になった。この背景には，既存の国家主権を乗り越

表2-1 トルコへのアメリカの軍事援助・経済援助（1980〜1991年）

(単位：100万ドル)

援助の形態		1980	1981	1982	1983	1984	1985	1986	1987	1988	1989	1990	1991
軍事	無償	—	—	57	110	130	215	206	312	312	410	412	500
	有償	208	250	343	290	585	485	409	178	178	90	86	50
経済		198	201	300	245	175	185	119	100	32	60	14	250

（出所）Baskın Oran (ed.), *Türk Dış Politikası Cilti 2: 1980-2002*, İstanbul: İletiişm, 2001, p.54.

えようとする，革新的な地域機構としてEU，APEC，北米自由貿易協定（North American Free Trade Agreement，略称NAFTA）といった機構が台頭したこと，冷戦体制崩壊前後に盛んになったコンストラクティヴィズムの議論が，地域という単位でのアイデンティティや行動様式・文化に注目したことがあげられる。

第1章で述べたように，ポスト冷戦期は単極と多極の混合体制と言える状況である。ソ連の崩壊により，アメリカは少なくとも自由民主主義というイデオロギー的側面においては勝利の美酒に酔った。アイケンベリー（John Ikenberry）は冷戦体制崩壊直後の時期を「自由の瞬間」と形容しているが，この「自由の瞬間」は長続きしなかった。湾岸危機，そしてこれまで「緩やかな双極体制」によって封じ込められていた民族間の争いがバルカン半島において勃発したことで，アメリカの勝利の雰囲気は消し飛ぶことになった。一方，ミアシャイマーなど，構造的リアリストに分類される学者たちは，双極という極性が崩れることで西側の同盟も機能しなくなると予見したが，湾岸危機やNATO拡大に見られるように，同盟は維持された。

これはトルコの事例においても例外ではなかった。トルコにとって冷戦体制の崩壊は，脅威の源泉であるソ連が消滅し，もはや西側との同盟関係を必要としない状況になったことを意味した。それにもかかわらず，1980年代後半から90年代前半にかけて，内政で大きな権限を有していたオザルは，アメリカとの関係をポスト冷戦期においても引き続き重要な同盟と見なしていた。オザルは，ソ連の消滅によって，冷戦期にトルコが有していた地政学的特徴が失われ，アメリカとの同盟関係が衰退すること，すなわち同盟から「捨てられる」ことを危惧していた。80年代後半，アメリカとソ連の緊張が緩和されるに従い，アメリカのトルコに対する軍事・経済援助は次第に先細りになっていたことも，こうしたオザルの懸念

を後押しした（表2-1参照）。トルコがこうした懸念を抱く中で起こったのが湾岸危機であった。

国家政治におけるミドルパワーとしてのトルコ

リアリズムの分析においては、パワーの配分による国際体系上での国家の階層が重要な要素の1つとなる。トルコは、国際体系において、しばしばミドルパワーとして定義されてきた。[7] ミドルパワーは、その能力と行動によって定義が異なるが、リアリズムの文脈においてはその能力に焦点が当てられる。一般に国際政治史の文脈で、ミドルパワーは大国（グレートパワー）ほどの権力行使と影響力はもたないが、小国（スモールパワー）ほど脆弱ではなく、国際政治上のキャスティング・ボートを握る存在とされ、その国力（能力）、規模、位置に焦点が当てられてきた。例えば、ワイト（Martin Wight）は中級のパワーという点を重視し、「ミドルパワーとは、平時において大国がそれらの国を支持することを約束し、戦時には大国に勝利する見込みはないが、大国に攻撃するよりも同盟または中立を志向させる程度の軍事力、資源、戦略的位置を保持している国家」と定義している。[8] ホルブラード（Carsten Holbraad）は、ワイトの考えをヒントに1984年に『国際政治におけるミドルパワー』を著し、一極集中、双極、三極、多極といった国際政治の体系において、どのようにミドルパワーが行動するのかについて検証した。ホルブラードのミドルパワーの選定基準は、勢力均衡（バランス・オブ・パワー）における役割と国民総生産（Gross National Product, 略称GNP）のランキングに基づいている。ホルブラードは、「ミドルパワーはパワーの行使に限定的な役割しか果たせないため、国際システム上で自立的な行動がとれず、その行動がシステムに制約される。そのため、冷戦構造が弛緩したデタント期においてミドルパワーはより自由な行動をとることが可能となり、スウェーデン、ユーゴスラビア、インドのような諸国家の中立政策や非同盟政策が注目を集めた」[9] と説明している。ウッド（Bernard Wood）もホルブラードと同様に、ミドルパワーの選定基準をGNPのランキングに求めた。ウッドはGNPランキングの16～36番目の国々をミドルパワーと定義している。[10]

表2-2、表2-3のように、トルコのGDPの数値と軍事力の数値はウッドが提示したミドルパワーの範疇に位置しており、能力の側面でトルコはミドルパワ

第 2 章　湾岸危機をめぐるトルコ外交

表 2-2　ポスト冷戦期におけるトルコの GDP とその順位

(単位：10億 US ドル)

年	1990	1991	1992	1993	1994	1995	1996	1997	1998	1999	2000
GDP	202.376	202.718	213.579	242.142	174.448	227.513	243.895	255.074	269.125	249.816	266.439
順位	19	19	21	17	24	23	23	19	20	21	18
年	2001	2002	2003	2004	2005	2006	2007	2008	2009	2010	2011
GDP	195.545	232.280	303.262	392.206	482.685	529.187	649.125	730.318	614.417	735.487	778.089
順位	26	21	21	17	16	17	17	17	17	17	18

(出所)　IMF のウェブサイトを参照し，筆者作成。

表 2-3　ポスト冷戦期におけるトルコの軍事費とその順位

(単位：10億 US ドル)

年	1990	1991	1992	1993	1994	1995	1996	1997	1998	1999	2000
GDP	13.865	14.243	14.997	16.572	16.206	16.648	18.640	19.420	20.348	22.466	21.743
順位	19	18	18	18	18	18	18	17	15	13	14
年	2001	2002	2003	2004	2005	2006	2007	2008	2009	2010	2011
軍事費	19.932	21.207	19.141	17.468	16.557	17.755	16.533	16.767	17.966	17.649	18.687
順位	16	12	13	14	15	14	15	16	15	15	15

(出所)　http://milexdata.sipri.org/result.php4, SIPRI report 1999, 2002 をもとに筆者作成。

図 2-1　アクブルト首相（左），オザル大統領（中央），トルムタイ統合参謀総長（右）

(出所)　aa. com. tr (10 Mart 1990).

ーと分類される。ミドルパワーに分類されたトルコは、システムに拘束され、限定的なパワーの行使しかできないため、大国や超大国の脅威に晒された際は、他の大国または超大国と同盟することによる脅威へのバランシング、もしくは脅威と映っている大国または超大国へのバンドワゴニングが基本的な外交選択となる。

2　湾岸危機に対するトルコの対応

　1990年8月2日にイラクがクウェートに侵攻し、湾岸危機が勃発すると、オザルは大統領声明で、イラクに対して遺憾の意を表明し、アメリカを中心とする国際社会と行動を共にすることを発表した。そして国際社会に協力する見返りとして、①サッダーム・フセイン（Saddam Hussein）の排除、②中東の勢力地図の書き換え、③中東の将来を決める会議へのトルコの参加、④トルコが湾岸危機で被った支出を中東諸国が負担する、⑤西洋諸国に対してトルコの重要性を再認識させる（特にEC加盟を前進させる）、という5点を主張した。湾岸危機を「捨てられる恐怖」から脱却するためのチャンスと捉えていたオザルであったが、同時にこの危機を、地域大国のライバルとなりうるイラクの台頭を防ぎ、中東地域に影響力を行使する絶好の機会とも捉えていた。湾岸危機への積極的な介入に関しては、同胞のムスリムを攻撃することを懸念する多くの与野党議員、中東への介入を伝統的に控えてきた軍部からの反対にあったが、オザルはアメリカをはじめとした国際社会の意向を優先し、独断的な決定を行った。軍部は湾岸危機に際して、①イラク軍をトルコ領内に引き出すため、トルコ南部に増兵したり、国境付近で作戦を行ったりすることはない、②湾岸地域に陸軍または海軍を派兵しない、③陸軍による北イラクへの侵攻は実施しない、④アメリカとの防衛・経済協力協定（Defence and Economic Cooperation Agreement、略称DECA）の範囲を超えたインジルリク基地の使用は認めない、ことを政府に伝えている。

　オザルは国内政治においては独断的な決定を行う一方、対外政策に関しては、アメリカとの関係を重視した。8月6日に国連安保理決議661が採択されたことを受け、翌7日にオザルは、①イラクとの間の石油パイプラインの1本を閉鎖、②イラクの資産凍結、③イラクの原油積み出し禁止、という制裁をイラクに対して発表した。7日の制裁の決定の背後にはブッシュ大統領からの圧力があったと

表 2-4　湾岸危機における主要な国連安保理決議

採 択 日	決議の番号	決 議 の 内 容
1990年8月2日	660	平和の破壊が存在すると決定．イラク軍のクウェートからの即時無条件撤退を要求
8月6日	661	憲章第41条に基づく対イラク経済制裁
9月24日	669	イラクに対する制裁で経済的影響を受ける国への支援
11月29日	678	イラクが91年1月15日までに従来の諸決議を履行しない場合，「全ての必要な手段」を採る権限をクウェート政府と協力する国に付与
1991年4月5日	688	イラク政府による一般市民，特にクルド人に対する攻撃を非難。その中止と国際人道機関の援助を要求
4月9日	689	非武装地帯への国連監視団（UNIKOM）派遣に関する事務総長報告を承認

（出所）　Security Council Resolution 660, 661, 669, 678, 688, and 689 を参照し，筆者作成。

言われる。

　翌8日にオザルはベーカー（James A. Baker）米国務長官と会談し，改めて国際社会と行動を共にすることを約束するとともに，トルコ内のNATO基地使用，トルコ軍の多国籍軍への参加などについて話し合った。これらの議題は大国民議会でも議論が紛糾した。8月12日に行われた議会において，トルコ軍の派兵に関しては，与党であり，オザルが党首を務めていた祖国党（Anavatan Partisi）内からも反対意見が出たが，オザルは多国籍軍と行動を共にする措置を進めた。8月12日に出された「憲法第92条による政府への許可に関して」という大国民議会の決議107では，

　　「イラクのクウェートへの侵攻とその後発生したトルコ周辺での出来事によって，トルコ共和国の主権が脅威に晒される事態には断固反対である。憲法第117条に基づき，国家安全保障とトルコ軍の祖国防衛準備に関して大国民議会に対して責任を負う政府は，我が国への攻撃が発生した場合，すぐに報復措置を行えるよう，一定期間戦時であることを宣言する。そして，トルコ軍の使用，トルコ軍を他国へ派兵，他国の軍隊のトルコへの駐留を，憲法第92条によって許可する」[16]

という決定が行われた。これによって，内閣が軍の使用権限を握ることとなった。9月5日の大国民議会で再度決議108が出され，改めて内閣が軍の使用権限を持

つことが確認された。[17]オザルはアリ・ボゼル（Ali Bozel）外相とともに，9月中旬から1週間アメリカを訪問し，ブッシュ，ベーカーなどと会談した。このオザルとボゼルの渡米は，トルコの湾岸危機への決意を示すことと共に，期限が切れるアメリカとのDECAの延長を締結するためであった。結果的にオザルはDECAの1年延長，トルコにおけるF16増産許可，トルコ産織物品の輸入増加に成功した。[18]

このように，イラクの脅威に対抗するため，アメリカとの同盟強化を徹底したオザルであったが，国内の反発は予想以上に強かった。これは世論だけではなく，アクブルト（Yıldırım Akbulut）政権の閣僚たちも例外ではなかった。まず，10月11日にボゼル外相が突然辞任を発表した。ボゼルは，外相であるにもかかわらず，ブッシュとオザルの会談の際には控え室で待機させられており，次第にオザルへの不信感が強まったことが辞任の理由であったと言われている。[19]ボゼル外相の辞任は，個人的な意見の食い違いだけではなく，オザルと外務省という組織の対立も浮かび上がらせた。後任の外相にはアフメット・クルトジェベ・アルプテモチン（Ahmet Kurtcebe Alptemoçin）が就任した。[20]

これに追い討ちをかけたのが10月18日のサファ・ギライ（Safa Giray）国防相の辞任である。[21]軍部に近く，外務省とともに国家安全保障を担う国防省のトップの辞任は政府内の意見対立と溝が深く，政権内がばらばらであることを世間に知らしめた。後任の国防相選びは難航したが，ヒュスニュ・ドアン（Hüsnü Doğan）が就任した。[22]

更に12月3日に，ネジェップ・トルムタイ（Necep Torumtay）統合参謀総長が辞任を発表した。このトルムタイの辞任は国内に大きな反響を与えた。なぜなら，トルコにおいてこれまで統合参謀総長が辞任した前例はなかったためである。[23]トルムタイは軍部が統合参謀総長に推したのではなく，当時首相であったオザルが支持した統合参謀総長であった。そのため，トルムタイはオザルにかなりの配慮を持っていた人物と見られていた。そのトルムタイが辞任するほどにオザルとその他の官僚，閣僚との間に意見の相違があることが改めて浮き彫りとなった。野党や軍部はオザルがあまりにもアメリカに近づきすぎていること，戦争に積極的に介入しようとする姿勢を「冒険主義」として批判した。トルムタイは自身の回顧録の中で，1つの章をこの湾岸危機における辞任の経緯について割いている。

そこで主張しているのは、湾岸危機における国家の政策決定メカニズム、特に大統領であるオザルの強権に関する異議であった[24]。トルムタイが批判しているのは、オザルが大統領であるにもかかわらず、政府の決定を取り仕切っていたこと、政権内や統合参謀本部における話し合いよりも外国のメディアや他国の政策決定者との電話会談における見解を重視していたことであった[25]。とりわけ、オザルが軍事的な議題に関しても、軍の規範と戦略的な観点を無視し、北イラクへの防波堤としてトルコ軍を派兵することを示唆、または要求するようになったことにトルムタイは不満を抱いていた[26]。トルムタイは、「軍は民主主義の最後の砦である」というトルコ軍の伝統的な思考を持っており、自身が辞任することでオザルに民主的な政策決定をとるよう促したかったことを示唆している[27]。そして上述したように12月3日にトルムタイは、「私が信じてきた原則と政府の理解との間に相違が見られ、統合参謀総長の職を続けることが不可能になったため、辞任する」という辞表を提出した[28]。オザルとアクブルトは留意したが、トルムタイの意志は固く、辞任に至った。

オザルは閣僚たちが反発して辞任しても、その方針を変えることはなかった。90年11月29日の国連安保理決議678において、①イラクに対して決議660以下の全ての理事会決議の完全な遵守を要求しながら、「善意の猶予」としてイラクに諸決議を遵守する「最後の機会」を与える、②クウェート政府と協力する加盟国に対して、イラクが第1項で規定する旨を1991年1月15日までに実施しないならば、決議660およびそれ以後の全ての関連諸決議を支持および実施、ならびにこの地域における国際の平和および安全を回復するために、必要な全ての手段を行使する権限を付与する、③すべての国家に第2項に従ってとられる行動に適切な支援を与えるように要請する、④関係諸国に対して、第2項および第3項に従ってとられる行動の進展について理事会に定期的に報告するように要請する、ことが決定した[29]。この決議がイラクに対する事実上の最後通告となった。

91年1月17日に大国民議会で決議126が承認され、議会はオザルが全権を掌握することを正式に許可し、湾岸危機に端を発する湾岸戦争への参加は決定的となった。この決議の投票には399名の議員が参加し、賛成250、反対148、棄権1という結果となった[30]。翌18日にはトルコがどのように戦争に介入するかが審議された。オザルは湾岸戦争への直接的な関与を主張したが、議会で148もの反対票が

投じられたため、断念せざるを得なかった。よって間接的に多国籍軍を支援することになったが、その支援の内容は、多国籍軍に基地使用を許可、抑止を目的としたイラク国境付近への軍配備（9万5,000人）、であった。同日、イラクはトルコと隣接する村ハーブールの国境を閉鎖し、翌日トルコのアダナ基地から米軍機がイラクに向けて飛び立ち、湾岸戦争が始まった。結局、戦争は短期間で終了し、イラクは3月2日にクウェートから撤退した。フセインを排除することはできなかったが、オザルのアメリカとの同盟強化は成功したかに見えた。しかし、オザルのアメリカへの「バンドワゴニング」は、以下の4つの要因によって結果として失敗に終わるのであった。

3　アメリカへの「バンドワゴニング」の誤算

北イラク問題への巻き込まれ

　湾岸戦争終結後、フセイン政権崩壊を確信した北イラクに住むクルド人たちが、独立国家建設を目指し、フセイン政権に対して武装蜂起した。しかし、余力を残していたフセイン政権は逆に反撃し、毒ガスなどを使用してクルド人の村を襲撃したため、多くのクルド人が難民としてトルコ国境に押し寄せた。

　オザルは80年代後半から人権政策などでクルド人に対して配慮を示していたが、クルド人の国家建設には断固反対の立場を示していた。オザルは当初、北イラクからのクルド難民の援助、受け入れに消極的であった。オザルが北イラクのクルド難民の援助、受け入れに対して、消極的だった理由は以下の3点に起因していた。第1に、難民を保護することで、トルコに多くの負担がかかる点であった。80年代からトルコにはさまざまな難民が流入していた。トルコ政府は、イラン・イラク戦争による両国からのそれぞれの難民、イラクが88年にクルド人に対して実施したハラブジェ大虐殺の際に流入した5万人のクルド人、ブルガリアで起こったトルコ人排斥運動によってブルガリアを追われた30万人のトルコ人、そして長期に渡ったソ連のアフガニスタン侵攻に伴うアフガニスタン難民を受け入れていた。第2に、難民流入による経済的な圧迫があげられる。トルコは89年から慢性的な赤字に苦しんでおり、多くの石油を輸入していたイラクとの関係も断絶したトルコにとって、多くの難民を受け入れるだけの経済的余裕はなかった。第3

第2章　湾岸危機をめぐるトルコ外交

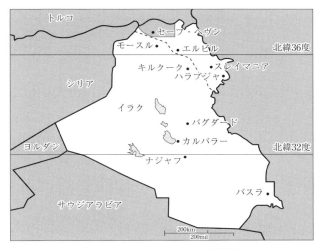

図 2-2　セーフ・ヘヴンの施行範囲
（出所）　Oran, 1998, op. cit., p. 320.

に，北イラクのクルド人が流入し，長期滞在することで，トルコ国内に住むクルド人の独立運動が活発化し，国内情勢が不安的化することを政府が憂慮したことがあげられる。

　これらの理由からトルコは当初，クルド難民の受け入れを拒否していた。しかし，各国政府・国際世論の圧力が強まったため，4月2日と4日にトルコ政府とフランス政府が，また4月3日と4日にイラン・イスラーム共和国が国連安全保障理事会に対して，クルド難民に関する非公式協議の実施を提案し，4月5日に受理された。そして，国連安保理決議688によって，①安保理は国際的な平和と安全のために国連憲章の下，義務と責任を負う用意がある，②クルド人地区を含むイラクの大部分の一般市民が抑圧によって，多くの難民が国境に向かう，または国境を越えており，地域における平和と安全の脅威となっていることを深刻に受け止める，③すべての安保理メンバーはイラクと周辺諸国の主権，領土的一体性，政治的な独立を尊重する，ことを確認した。4月7日からトルコ政府は難民に対して食料・水・衣類・日用品など総額2億9,800万ドルの緊急援助を実施するとともに，オザルが北イラクに「セーフ・ヘヴン（Tampon Bölge もしくは Güvenlik Bölge）」と呼ばれる保護区を建設することを提案した。この提案が米英

67

両国に受け入れられ，9日に国連に提出された。「セーフ・ヘヴン」の内容は，多国籍軍の保護下で，イラクの脅威が及ばない北イラク・クルド人の半自治区を作るものであった。しかし，この保護区は一時的なもので，イラクの脅威が減退した後，難民は帰還する決まりであった（図2-2参照）。

ただし，帰還した難民に対して，フセイン政権が存続したイラクが再び攻撃を加える可能性があった。こうした危険を予防するための活動が安寧供給作戦（Operation Provide Comfort，略称OPC）であった。「セーフ・ヘヴン」が政治的なプロセスであったのに対し，OPCは多国籍軍主導の軍事活動であった。OPCに基づき，91年5月末までに，北イラク・クルド人地域にアメリカ（9,493名），イギリス（2,947名），オランダ（838名），フランス（677名），ドイツ（201名），カナダ（101名），スペイン（101名），イタリア（89名）の兵士が配備された。こうした保護の下，6月中旬までにほとんどのクルド人が北イラクに帰還し，7月にはOPCも縮小，北イラクからトルコ南部へと配置換えが行われた。

湾岸危機で国内世論を無視し，ほぼ独断的な政策決定を敢行したオザルは，国際システムの変容と湾岸危機の勃発を新たな，そしてより強固な西洋諸国との同盟関係を取り結ぶチャンスと認識していた。そのため，「中東地域にはできる限り介入しない」という伝統的な外交方針を破り，直接軍を派遣しなかったものの，多国籍軍に全面的に協力した。オザルのアメリカとの同盟強化は，北イラク・クルド人問題という余期せぬ結果をもたらしたが，湾岸危機の勃発からOPC実施期にかけて，トルコとアメリカの利害はほぼ一致していた。具体的には，両国ともにイラクにおけるサダム・フセインの排除を目指し，クルド人の北イラク地域への帰還を支持していた。

予想外に少なかった経済援助

湾岸危機はイラクからの石油輸入停止を招いたため，トルコに大きな経済的損失を与えた。トルコとイラクの経済関係は65年に結ばれたトルコ・イラク通商同盟が基盤であった。その後，トルコは70年代の石油危機で深刻な石油による経済危機に直面し，石油資源を求めてイラクとの関係強化に乗り出した。65年から73年にかけて両国の貿易量が次第に増加し，74年に輸入額がほぼ10倍に急増した（3億5,700万ドル）。77年に両国間に石油パイプラインが建設されると，輸入額が

第2章 湾岸危機をめぐるトルコ外交

表2-5 湾岸危機後のトルコに対する各国の支援

国 名	補償の種別	年	金 額（100万ドル）
クウェート	贈与	1990	300
クウェート	贈与	1991	900
クウェート	贈与	1991	200
サウジアラビア	贈与（原油による現物支給）	1990	1,160
サウジアラビア	贈与（原油による現物支給）	1991	1,000
UAE	贈与	1990	100
ドイツ	贈与	1990	73
ドイツ	贈与	1991	90
オランダ	贈与	1990	11
オランダ	贈与	1991	7
米 国	贈与	1991	200
小　計			4,041
日 本	借款	1990	218
日 本	借款	1991	400
ベルギー	借款	1991	9
フランス	借款	1991	30
Ｅ Ｃ	借款	1991	195
Ｅ Ｃ	借款	1991	48
小　計			900
合　計			4,941

（出所）　Aydın, *op. cit.*, p.9をもとに筆者作成。

さらにその2倍（6億9,400万ドル）に達した。80年にイラン・イラク戦争が勃発した後もトルコとイラクの良好な関係は続いた。

　当時のイラクは国家収入のほぼ96％を石油の輸出に依存していたが，イラン・イラク戦争によって湾岸ルートの閉鎖を余儀なくされ，船による石油の安全な輸送が不可能となった。トルコ以外の隣国と関係が悪化したイラクにとって，石油輸出先はトルコとサウジアラビアのみとなった。イラクのトルコへの石油輸出は，パイプライン経由でイラクからトルコのアダナ県の港，ユムルタルクまで運ばれた。元々1本だけだったパイプラインも84年に2本目のパイプラインが，そして湾岸危機直前の90年に3本目のパイプラインが建設された。89年時点ではトルコの石油輸入の63.8％をイラクの石油が占める状態であった。また，88年当時，イラク国内では約3万8,000人のトルコ人労働者が働いており，両国は経済において幅広い協力を展開していた。トルコはイラクとの密接な経済協力のため，イラ

69

表2-6　トルコの対イラク貿易（1985～1991年）

	輸出		輸入	
	総額（千米ドル）	%	総額（千米ドル）	%
1985	961,374	12.08	1,136,753	10.02
1986	553,273	7.42	768,703	6.92
1987	945,262	9.28	1,154,016	8.15
1988	986,118	8.46	1,436,502	10.02
1989	445,301	3.83	1,649,750	10.45
1990	214,501	1.66	1,046,532	4.69
1991	122,398	0.90	492	0.00

（出所）　Aydın, op. cit., p.9を参照し，筆者作成．

ン・イラク戦争においてもバース党のイデオロギーに反対の立場をとらず，日和見主義的な態度をとった。トルコはイランとの関係を維持しつつ，イラクからの石油を確保したため，この戦争における「静かな勝者」と評された[43]。

このように石油の貿易を通じてイラクとの関係を強化してきたトルコにとって，湾岸危機に伴うイラクへの経済制裁は苦渋の決断であった。この決断の背景にはアメリカやクウェートからトルコに対する経済援助が期待できるというトルコ政府の目論見があったが，予想に反してトルコは十分な経済援助を得ることができなかった（表2-5参照）。トルコは湾岸危機によって短期的に90億ドル，長期的に350億ドルの経済損失を出した[44]。

総選挙における祖国党の敗北

オザルにとって大きな打撃となったのは，1991年10月20日に行われた総選挙でオザルの出身政党である祖国党が敗北し，与党の座から滑り落ちたことであった（表2-7参照）。祖国党の敗北要因の1つは，湾岸危機に際して，オザルが国内世論を無視して独断的な決定を行ったことであった。オザルは大統領であったが，オザルの独裁に対する国民の嫌悪感が「オザルの政党」というイメージを払拭できなかった祖国党の得票に影響した[45]。新たに第一党（得票率27％）となったスレイマン・デミレル（Süleyman Demirel）率いる正道党（Doğru Yol Partisi）は，祖国党の経済政策の失敗を批判し，「国民第一」という姿勢を徹底した[46]。また，タンス・チルレル（Tansu Çiller）のような在野の若手を積極的に重用した。祖国党はかろうじて第2党（得票率24％）となったが，野党に転落し，オザルの政策へ

表2-7 1991年総選挙の結果

政党名 \ 項目	獲得議席数	得票率
正道党	178	27.0%
祖国党	115	24.0%
社会民主国民党	88	20.8%
福祉党	62	16.9%
民主左派党	7	10.7%

（出所）Altunışık and Tür, *op. cit.*, p.50をもとに筆者作成。

の介入は減少した。

北イラク・クルド人をめぐるトルコとアメリカの足並みの乱れ

　オザルが主導したアメリカとの同盟再強化によるもう1つの誤算は、アメリカが北イラク・クルド人に対して寛容な政策を取ったことである。クルド難民の帰還が完了したものの、フセイン政権のクルド人攻撃の可能性はその後も否定できなかったため、多国籍軍はその動きを抑止する必要があった。こうした考えの下、7月24日にOPC Ⅱが開始された。OPC Ⅱは、シロピに陸軍、インジルリック基地に空軍、バトマンに支援部隊を配備し、イラク軍を抑制、空爆を予防するための非飛行地域設立を目的とした。(47) OPC Ⅱへの参加国はアメリカ、イギリス、フランス、トルコと、OPCに比べて大幅に縮小した。(48)

　トルコはOPC Ⅱによる北イラク・クルド人政策に対して、次のような懸念を抱いていた。(49) 第1に、北イラク・クルド人が自治政府、さらには国家建設を目指す点を危惧していた。北イラクに自治政府ができれば、トルコ内のクルド人も独立の動きを強めることは確実であった。こうしたトルコの懸念は現実のものとなる。北イラクのクルド人地域には、元々マスード・バルザーニー（Masud Barzani）率いるクルディスタン民主党（Kurdistan Democratic Party, 略称KDP）とジェラル・タラバーニー（Jelal Talabani）率いるクルディスタン愛国者連合（Patriotic Union of Kurdistan, 略称PUK）という2つの組織が存在した。湾岸危機後、イラク政府と北イラク・クルド人勢力との交渉が不調に終わった結果、92年5月にクルド人地域内で選挙が実施された。選挙の結果、2つの政党が権力を分け合い、イラク内にクルド人の「連邦」を作ることを目標に掲げた。

第2に，PKKが北イラクという権力の空白地域を利用する可能性が高かった点である。92年3月，クルド人の新年祭（ネブルーズ）において，PKKの支持者とトルコ軍との軍事衝突が起き，湾岸危機以来，比較的平穏であったトルコ政府とPKKとの関係が再び悪化した。PKKは93年春に一旦停戦を宣言したが，直後の93年6月，トルコ東部の都市ビンギョルにおいて，33人のトルコ人兵士がPKKによって殺害される事件が起きるなど，停戦は守られなかった。

　トルコの不安の第3点目は，アメリカをはじめとした西洋諸国が，こうしたトルコの不安に無関心なことであった。加えて，北イラク・クルド人に対して寛容な政策を実施してきたオザルが93年に急死したことにより，トルコにおいてアメリカとの協力，北イラクへの関与に否定的な意見が大勢を占めるようになった。特にイスラーム政党である福祉党（Refah Partisi）と中道左派政党である民主左派党（Democratic Sol Partisi）が強くOPC IIに反対した。

　しかし，こうした批判にもかかわらず，OPC IIへのトルコの関与は継続した。その理由として，アルトゥンウシュクは，OPC IIが北イラク難民の流入を防止できる点，アメリカ，北イラク・クルド人勢力に対する重要な交渉カードであったという点，オザルの死後，大統領に就任したデミレルと首相のチルレルがアメリカとの同盟を損なうリスクを冒さなかった点を指摘している。OPC IIへの関与に限れば，トルコはアメリカへのバンドワゴニングを継続していた。

　一方で，94年以降，トルコはアメリカの北イラク政策に対して反対する姿勢をより一層強めた。その背景には，北イラクにおけるKDPとPUKの軍事衝突があった。トルコはKDPとPUKのどちらがPKKと結びつくことを危惧し，停戦調停に乗り出した。両者は94年6月に一旦停戦したが，94年12月に再び軍事衝突が勃発し，事態は95年3月にトルコ軍が3万5,000人の兵士を6週間北イラクに駐留させるまでに発展した。この軍事衝突によってKDPとPUK合わせて2,000人以上の死者を出したと言われる。KDPがトルコ政府との協調を重視していたのに対し，PUKはトルコ政府からPKKとの関係を指摘されており，関係が悪化していた。95年1月にトルコが停戦に乗り出した際も，タラバーニーはトルコ政府の要請を不公平だとして拒否している。

　95年，OPC IIの期限延長が問題となった際，トルコはアメリカに対してOPC IIをよりトルコの意向が反映された，新たな形に刷新することを提案した。特に

野党の民主左派党が，国会で過半数を確保できなかった与党の正道党と祖国党の連立政権に対し，「エジェヴィト・プラン」と呼ばれるOPC Ⅱの役割をより拡大し，地域安全保障とイラクの領土的統合を目標とする提案を行った。また，軍部も現行のOPC Ⅱに反対し，独自の北イラク復興プランを持っていたと言われている。

KDPとPUKの内戦を懸念したアメリカは，95年8月から9月にかけて，ダブリンにタラバーニーとバルザーニーを呼び出し，会談させることに成功した。協定を結ぶには至らなかったものの，トルコも会談にオブザーバーを送るなど積極的に関与した。しかし，北イラクの内戦はその後泥沼化し，周辺国のトルコ，イラク，イランを巻き込むことになった。具体的にKDPはトルコ，イラク，イラン・クルディスタン民主党（Kurdistan Democratic Party of Iran，略称KDPI）と非公式に同盟を結び，PUKはイラン，PKKから支援を受けた。こうした泥沼化した状態を断ち切るため，トルコは96年9月に「安全保障地域」を，北イラクを一部含んだ，トルコ国境付近に設立した。さらに97年5月と10月の2度にわたり，95年3月の駐留を上回る兵士を北イラクに駐留させるとともに，PUKとPKKに対して空爆を実施した。

トルコにおいて福祉党と正道党による連立内閣が成立し，エルバカンが首相に就任すると，それまでの親西洋路線から親イスラーム路線へと急激に舵を切った。96年12月にOPC Ⅱの更新が問題となった際，エルバカン政権は更新に踏み切ったものの，その活動規模を縮小した。OPC Ⅱは，97年1月に名称を「北方監視作戦（Northern Watch）」へと変更するとともに，フランスが離脱し，アメリカ，イギリス，トルコのみの参加となった。北方監視作戦において，トルコは軍人を派遣せず，作戦に関してトルコの領土と領空の使用を許可したのみであった。

一方で，トルコは北イラクに関して独自の動きも見せた。1992年11月，潜在的敵国であるイラン，シリアと3ヵ国会談を行い，北イラク問題について話し合った。また，イラク政府との関係修復にも乗り出し，1992年には国連が承認した医療品・食料品を輸出し，イラクへの輸出額は約9,900万ドルとなった。さらに93年9月に両国は貿易協定を結び，石油パイプラインの使用が部分的に再開された。トルコはイラクに対する国連決議687と833の緩和も国連に要請した。

北イラクの対応に関して，トルコとアメリカの間で次第に認識の違いが見られ

始めた。特に93年,アメリカ大統領にクリントンが就任すると,この傾向はより顕著になった。クリントン政権は,OPC Ⅱを中東における重要な作戦であると位置付け,イラクとイランの「二重封じ込め（Dual Containment）」において有用であると認識していた。[58] アメリカは,両国の根本的な変革と中東地域の安定化・民主化を目指した。一方,トルコはOPC Ⅱの役割として,イランやイラクという隣国よりもむしろ,いかにトルコ内のクルド人,特にPKKの勢力を拡大させないかに力点を置いていた。[59] 冷戦体制崩壊による国際システムの変容は,冷戦期に封じ込められていた問題を顕在化させ,トルコの安全保障政策は次第に内政に拘束されることが多くなった。安全保障に関しては外交と内政との区別がつきにくくなった。こうした状況下において,トルコは周辺の潜在的対立国の抜本的変革よりも現状維持を保つため,アメリカとの部分的な協力関係を志向した。

4　湾岸危機におけるトルコの対応の評価

　湾岸危機という危機は「脅威の均衡」によってどの程度説明できるのだろうか。第1章で確認したように,ウォルトの定義に従うと,脅威は①地理的近接性,②攻撃能力,③好戦的な意図,④総合的な能力の優劣によって決まる。

　まず,①地理的近接性に関して,イラクはトルコの隣国であり,十分に地理的な近接性はあった。ただし,イラクが侵攻したクウェートはイラク北部のトルコ国境とは距離が離れており,イラクが南部と北部の2正面作戦を取れるだけの軍事力があるかは疑問であった。

　②の攻撃能力について考えてみたい。ストックホルム平和研究所（Stockholm International Peace Research Institute, 略称SIPRI）が刊行している年次報告書（SIPRI Yearbook）の1991年度版を見ると,トルコとイラクの1982年から1990年にかけての軍事支出は表2-8のようになっている。イラクはイランとイラン・イラク戦争を戦っていたこともあるが,1990年時点で軍事支出はトルコの3倍に上っており,イラクはトルコにとって潜在的脅威と言えた。また,イランとの8年に渡る戦争,1988年3月に実施されたクルド人の掃討を目的とした「アンファル作戦」でマスタードガスを使用し,多くの一般市民が犠牲になった事件によって,イラクの攻撃能力は高いと認識されていた。また,北イラクのクルド人に対する

表2-8　1982〜1990年にかけてのイラクとトルコの軍事支出

(単位：100万ドル)

国＼年	1982	1983	1984	1985	1986	1987	1988	1989	1990
イラク	21,952	28,596	31,590	23,506	16,531	17,073	12,868	10,720	9,268
トルコ	2,528	2,393	2,325	2,467	2,772	2,647	2,664	3,082	3,725

(出所)　*SIPRI Yearbook 1991:* World Armaments and Disarmament, Stockholm: Almqvist & Wiksell, 1991, pp. 259-260を参照し，筆者作成。

攻撃は，北イラクのクルド人のトルコへの流入，さらにトルコにおけるPKKの活動を刺激する可能性があるので，領土的一体性を損なわせる脅威と捉えられた。

③の好戦的な意図に関して，クウェートに侵攻したイラクの好戦的な意図は高いと見られていた。しかし，当時統合参謀総長であったトルムタイが回顧録で，「確実に当時のイラクはトルコを攻撃する状態にはなかった」と記しているように，トルコ軍部はイラクがトルコを攻撃する可能性は低いと考えていた。

④の総合的な能力に関して，アメリカ中央情報局（Central Intelligence Agency，略称CIA）のThe World Factbookによると，2013年7月におけるイラクの人口は3,185万8,481人，一方トルコは8,069万4,485人となっており，また，90年代初頭においてもトルコの人口が圧倒的に多数であったと推測される。経済力も，1989年のイラクのGDPが約380億ドルなのに対し，トルコの1990年のGDPは表2-2のように約2,020億ドルとなっており，トルコがイラクを圧倒している。

このように，トルコにとってイラクは地理的近接性，攻撃能力，好戦的な意図から脅威と見なされていた。しかし，トルムタイが述べているように，トルコの安全保障がすぐに脅かされるほどイラクが切迫した脅威とは考えられていなかった。そのため，「脅威の均衡」だけでは，湾岸危機におけるトルコのアメリカとの同盟強化の理由を説明するのは不十分である。湾岸危機に関しては，イラクという一定の脅威に均衡することに加え，「半大統領制」に近い権力を握っていたオザルが，冷戦体制の崩壊によってアメリカをはじめとした西側諸国の同盟から「見捨てられるかもしれない」と考え，アメリカに対してバンドワゴニングしたという「見捨てられる恐怖」による説明も可能である。

オザルは1989年に大統領となる以前は，湾岸危機当時に与党であった祖国党の党首であり，さらに統合参謀総長であるトルムタイもオザルに推薦された経緯があり，内閣と軍を束ねる統合参謀本部がオザルの意見に反対できない状況であっ

た。つまり，トルムタイの回顧録にあるように，湾岸危機当時は，オザルが政策決定に関する権限を独占していた。そのオザルが重視していたのが，西洋諸国との関係である。アメリカとの同盟を重視するとともに，1980年の軍事クーデタによって関係が悪化した欧州共同体（European Community，略称EC）との関係改善，さらにEC加盟に向けた働きかけを積極的に行った[64]。しかし，表2－1にあるように，とりわけ経済分野でのアメリカのトルコに対する援助は80年代後半に大きく減退し，89年末にEC加盟申請が棄却された。

　このように，アメリカの援助が減り，EC加盟申請が棄却され，ECとの溝が埋まらない中での冷戦体制の崩壊は，西洋諸国がより一層トルコに関心を持たなくなり，それが安全保障分野と経済分野における発展を停滞させるという脅威認識をオザルに抱かせた。湾岸危機は，オザルにとってこの「見捨てられる恐怖」を払拭するための絶好の機会に映ったのである。こうして，イラクという「脅威に対する均衡」と，西洋諸国から「見捨てられる恐怖」にもとづき，アメリカを中心とした多国籍軍にバンドワゴニングしようとして，オザルは湾岸危機への関与を決定した。しかし，北イラク問題への巻き込まれ，予想外に少ない経済援助，祖国党の選挙での敗北，北イラクに対するアメリカとの足並みの乱れという結末に至り，オザルの湾岸危機への関与は失敗だったと評価できよう。

おわりに

　本章では，冷戦終結による国際体系の変化とそこにおけるトルコの位置付けを概観したうえで，1990年8月から91年3月までの湾岸危機とその後の北イラク・クルド人問題について考察し，ポスト冷戦期におけるトルコ外交を説明するうえでの「脅威の均衡」の有効性について検討した。国際体系が冷戦期の緩やかな双極から単極と多極の入り混じった状況へと変化し，ソ連という明確な脅威が消失したことで，トルコと西側諸国の双方が，同盟を締結する必要性がなくなった。同盟の存在意義が問われる中で起きた湾岸危機は，隣国イラクの行動だったため，トルコにとって懸念はあったものの，新たな「脅威」の出現で西側諸国に対して同盟の必要性を再認識させるチャンスでもあった。結果的に湾岸危機後もトルコと西側諸国の同盟は継続することになったが，一方で湾岸危機はトルコにこれま

第2章　湾岸危機をめぐるトルコ外交

でと同じ外交戦略（脅威に対抗するためのバランシング）だけでは，ポスト冷戦期の外交戦略として不十分であることを露呈させた。トルコは全ての事象が冷戦構造とそれに基づく体制に結び付けられる二元論的な価値観で行動することはもはや不可能となり，周辺地域に独自の戦略を展開する必要に迫られた。国際的な脅威であった大国ソ連と比べ，イラクに対する各国の脅威認識は危機時には高かったものの，危機後には急速に薄れた。また，トルコの湾岸危機への協力はイラクに対する脅威認識というよりも，第4節でまとめたように「見捨てられる恐怖」にもとづくバンドワゴニングであった。そのため，「脅威の均衡」はトルコの危機に対する分析において，ソ連という明確な脅威が存在した冷戦期ほど有効な枠組みとならなかった。

注
(1) ウォルト自身が「脅威の均衡」の検証のための事例としてトルコを取り上げている。Walt, 1988, *op. cit.*
(2) 本書では，1990年8月2日にイラクがクウェートに侵攻してから撤退する1991年3月2日までの期間を広義に「湾岸危機」，多国籍軍がイラクを攻撃した1991年1月18日から3月2日までの時期を狭義に「湾岸戦争」とし，区別する。
(3) 滝田賢治「序論　冷戦後世界とアメリカ外交」『国際政治』第150号，2007年，7-11頁。
(4) アントニー・マッグルー「グローバリゼーションと領域的民主主義」マッグルー編（松下冽監訳）『変容する民主主義』日本経済評論社，2003年，4-6頁。
(5) John Ikenberry, "The restructuring of international system after the Cold War" in Melvyn Leffler and Odd Arne Westad (eds.), *The Cambridge History of the Cold War: Volume III*, Cambridge: Cambridge University Press, 2010, pp. 257-258.
(6) オザルは1927年10月13日にトルコのマラティヤ（Malatya）で生まれ，アナトリア地域の小学校・高校を経て，1945年にイスタンブル工科大学に入学した。ここで電気工学の学士号と理系的なプラグマティズムの考え方を習得し，この考え方が後の経済政策に反映されたと言われている。大学卒業後，アンカラにある電力庁に入り，先輩でオザルの後に大統領に就任するデミレルとともに働くこととなった。その後，国費で英語能力と経済学に関する素養を養うため，アメリカに1年間留学，帰国後は再び電力庁で働く。その間，保守的な宗教官僚やデミレルが党首となった公正党（Adalet

Partisi）の関係者と交流を持った。デミレルが1967年に首相になると，オザルは国家計画庁長官に任命され，71年4月までその職を務めた。その後，1972年から2年間，オザルはワシントンで世界銀行の一員として働いた。帰国後はデミレルと袂を分かち，結局エルバカン率いる国民救済党（Milli Selamet Partisi）から国政選挙に出馬するも落選している。その後，80年クーデタ後の軍政期において，世界銀行での実績を買われたオザルは副首相を務め，経済政策の立て直しに尽力した。82年に経済スキャンダルによって副首相の座を辞職するが，その後1983年に祖国党を創設し，11月の選挙で勝利し，首相に就任（1989年10月まで）する。そして1989年から1993年4月17日に66歳で急死するまで大統領を務めた。詳細は，例えば，Feride Acar, "Turgut Özal: Pious Agent of Liberal Transformation" in Metin Heper and Sabri Sayarı (eds.), *Political Leaders and Democracy in Turkey*, Lanham: Lexington Books, 2002, pp. 163-180.

(7) Hale, *op. cit.*, pp. 1-2.

(8) Martin Wight (Hedley Bull and Carsten Holbraad), *Power Politics*, New York: Continuum, 1995, p. 65.

(9) Carsten Holbraad, *Middle Powers in International Politics*, London: Macmillan Press, 1984, p. 68.

(10) Bernard Wood, *The Middle Powers and the General Interest: Middle Powers in the International System*, Ottawa: The North-South Institute, 1988, pp. 17-18. 以下，本書ではGNPの代わりに国内総生産（Gross Domestic Product，略称GDP）を用いる。

(11) Aydın, *op. cit.*, p. 3.

(12) DECAは1980年3月29日に締結された。協定の内容は，安全保障と経済の両面においてアメリカの意図が強く反映されており，安全保障に大きな比重が置かれた。アメリカがトルコに対して防衛設備，サービス（公益事業），軍事トレーニングの供給とトルコの経済政策を援助し，その代わりにトルコに配備されているNATO基地において共同で防衛対策を実施することなどが中心となった。5年間の協定であったが延長が見込まれていた。協定の再締結には時間を要し，87年までその締結はずれ込んだものの，ほぼ当初の協定と変わらない補足条項が締結され，DECAは91年まで延長された。

(13) Necip Torumtay, *Orgeneral Torumtay'ın Anıları*（*2. Baskı*）, İstanbul: Milliyet Yayınları, 1994, p. 108.

(14) 国連安保理決議は，イラクがクウェートに侵攻した8月2日にまず決議660が出された。決議660では，イラクのクウェート侵攻を憲章及国際法に違反するものとし

て非難し，イラク軍の即時無条件撤退を要求，更に両国間の紛争は交渉によって解決されるべきとされた。交渉においては，特にアラブ連盟に加盟している諸国家が重要な役割を果たすとされた。続く決議661では，決議660が履行されなかったことを深く憂慮し，①イラク・クウェート原産の全ての商品及び産品の輸入を禁止する，②イラク・クウェートからの全ての商品または産品の輸出または積み替えを促進するような活動及び取引の禁止する，③武器や軍備を含む全ての商品または産品（厳密に医療目的及び人道的事情がある場合の食料を除く）のイラク・クウェートへの販売または供給，及びこのような販売または供給を促進するような全ての活動の禁止する，④全ての国家はイラク政府またはイラク・クウェート企業への資金その他の経済的資源の移転を禁止する，⑤全ての諸国家がこの決議を履行することを要求する，⑥この決議とその実施に関する事務総長の報告を検討し，全ての国家からその実施のためにとった行動に関する情報の提供を受ける目的で安保理の全理事国からなる委員会を設立（制裁委員会の発足）する，ことなどを決定した。この決議によって決議660のようにアラブ連盟に加盟している諸国だけが解決に当たるのではなく，国際社会が解決に乗り出すことが明確になった。また，その後の決議669では，国連憲章第50条に基づく援助の要請を検討し，適切な行動をとるための勧告を安保理議長に行う権限を，正式に決議661で発足した制裁委員会に委託した。詳細は，*Security Council Resolution 660, 661, and 669*; 松井芳郎『湾岸戦争と国際連合』日本評論社，1993年，28, 47-51頁を参照されたい。

(15) William Hale, "Turkey, the Middle East and the Gulf Crisis", *International Affairs*, Vol. 68, 1992, p. 684.

(16) *T. C. Resmi Gazete*, 14 Ağustos 1990, Sayı 20605, Karar No. 107. トルコ憲法第117条は「国家安全保障」の中の「総司令官と統合参謀総長」に関するもので，総司令官については「総司令官は，トルコ大国民議会の精神に則り，大統領がその職を担う。国家安全保障とトルコ軍の祖国防衛準備の観点から，トルコ大国民議会に対して，内閣が責任を負う」と規定されている。トルコ憲法第92条は「戦時の宣言とトルコ軍使用の許可について」であり，その内容は「国際法に抵触しない範囲で，戦時の宣言と，トルコが関係する国家間の協定または国家間の制度の範囲外でトルコ軍を他国に派兵または他国の軍隊のトルコへの駐留の許可の権限は，大国民議会が有する。トルコ大国民議会の閉会時または中断時において，国家への突然の攻撃への安全保障とそのための軍の使用に関する即時の決定が不可避な場合は，大統領がトルコ軍の使用の決定を行うことができる」である。*Türkiye Cumhuriyeti Anayasası ve İnsan Hakları*, Ankara: Yetkin Yayınları, 2008.

(17) *T. C. Resmi Gazete*, 5 Eylül 1990, Sayı 20628, Karar No. 108. ここでは政府の権

限に関して，決議107では使用されなかった，「包括的」または「総合的」を意味する şümul という語が使用されており，政府の権限をより強く認める決定となっている。

(18) *The Washington Post*, 22 September, 1990 ; *Cumhuriyet*, 14 ve 21 Eylül, 1990.
(19) *Cumhuriyet*, 11 Ekim, 1990 ; Hale, 1992, *op. cit.*, p. 686.
(20) *Cumhuriyet*, 14 Ekim, 1990.
(21) *Cumhuriyet*, 19 Ekim, 1990.
(22) ドアンも91年2月に辞任し，その後のメフメット・ヤザル（Mehmet Yazar），バルラス・ドゥ（Barlas Doğu）もそれぞれ4ヵ月，5ヵ月で辞任した。
(23) Hale, 1992, *op. cit.*, p. 686.
(24) Torumtay, *op. cit.*, p. 107.
(25) *Ibid.*, p. 108.
(26) *Ibid.*, pp. 108-109.
(27) *Ibid.*, p. 126.
(28) *Ibid.*, p. 130.
(29) *Security Council Resolution 678*; 松井，前掲書，69-70頁。
(30) *T. B. M. M. Tutanak Dergisi*, Dönem 18, Cilt 55, 5 Yasama Yılı, 66 ncı Birleşim, 17 Ocak 1991.
(31) Aydın, *op. cit.*, p. 33.
(32) *Ibid.*, pp. 37-38.
(33) オザルは，87年に欧州人権委員会のクルド人に対する申し立てを承認，88年に拷問廃止に関するヨーロッパ協定と国連文書に署名，90年に欧州人権会議における第9追加条約原案を批准した。また，湾岸危機後にも，公の場でのクルド語使用を禁じていた2932法を廃止するなどの改革を行った。詳しくは Muhıttın, Ataman, "Ozal Leadership and Restructuring of Turkish Ethnic Policy in the 1980s", *Middle Eastern Studies*, Vol. 38, 2002, pp. 135-137. を参照されたい。
(34) *Security Council Resolution 688*.
(35) Oran, *op. cit.*, p. 61. 援助の初日には14.5トン，最初の一週間で768トンの物資が提供された。
(36) Aydın, *op. cit.*, pp. 39-40.
(37) Oran, *op. cit.*, pp. 66-67.
(38) Ramazan Gözen, "The Turkish-Iraqi Relations: From Cooperation to Uncertainty", *Foreign Policy* (Ankara), No. 3/4, 1995, p. 56.
(39) *Ibid*.
(40) *Ibid.*, p. 54.

(41) *Ibid.*, pp. 54-55.
(42) *Ibid.*, p. 55.
(43) Henri J. Barkey, "The Silent Victor: Turkey's Role in the Gulf War" in Efraim Karsh (ed.), *The Iran-Iraq War: Impact and Implications*, Houndmills: Macmillan, 1987, p. 133.
(44) Amikan Nachmani, *Turkey: Facing a New Millennium: Coping with Intertwined Conflicts*, Manchester: Manchester University Press, 2003, p. 24.
(45) Ersın Kalaycıoğlu, "The Motherland Party: The Challenge of Institutionalization in a Charismatic Leader Party" in Barry Rubin and Metin Heper, *Political Parties in Turkey*, London: Frank Cass, 2002, p. 51.
(46) Meliha Benli Altunışık and Özlem Tür, *Turkey: Challenges of continuity and change*, London: Routledge, 2005, pp. 50-51.
(47) OPC Ⅱ はアメリカでは Operation Poised Hammer（クルド人復興作戦）、イギリスでは Operation on Warden（ワーデン作戦）、フランスでは Aconit、トルコでは元のまま OPC と呼ばれた。Oran, *op. cit.*, p. 100.
(48) *Ibid.*, p. 101.
(49) Kemal Kirişci, "Turkey and the Kurdish Safe-Haven in Northern Iraq", *Journal of South Asian and Middle Eastern Studies*, Vol. XIX, No. 3, Spring, 1996, p. 23; Meliha Benli Altunışık, "Turkish-American Security Relations: The Middle East Dimension" in Mustafa Aydın and Çağrı Erhan (eds.), *Turkish-American Relation; Past, Present and Future*, London: Routledge, 2004, pp. 159-161.
(50) Altunışık, *ibid.*, p. 161.
(51) *Ibid.*
(52) William Hale, *Turkish Foreign Policy: 1774-2000* (Second edition), London: Frank Cass, 2002, p. 227.
(53) *Ibid.*, pp. 310-311.
(54) Sean Boyne, "Arguments in Favour of Turkey's Continuing Support for Operation Northern Watch", *Perceptions*, Vol. II, No. 4.
(55) *Ibid.*
(56) 一方でイランとシリアは、トルコが PKK 対策だけでなく、キルクーク油田があるモースル地域に進出しようとしているのではないかと疑っており、トルコの行動を抑止する目的を持っていたと言われる。Hale, 2002, *op. cit.*, p. 309.
(57) Mahmut Bali Aykan, "Turkey's Policy in Northern Iraq, 1991-95", *Middle Eastern Studies*, vol. 32, No. 4, 1996, p. 358.

⒅　イランとイラクに対する2重の封じ込め政策におけるトルコの役割に関しては，Aysegül Sever, "Turkey's Stance on 'Dual Containment'", *Journal of South Asian and Middle Eastern Studies*, Vol. 26, No. 2, 2001, pp. 52-62. を参照されたい。

⒆　トルコとイランの対立点は，PKKへの支援，イスラム原理主義の拡大，中央アジア地域に対する地域覇権争いなどであった。90年代前半におけるトルコとイランの関係は良好とは言えなかったが，両国ともバランスを崩すほどの関係悪化は望んでいなかった。シリアとの対立点はPKKへの支援とチグリス川・ユーフラテス川の水資源問題という2点であった。

⒇　Torumtay, *op. cit.*, p. 113.

(21)　(https://www.cia.gov/library/publications/the-world-factbook/) 2013年9月1日閲覧。

(22)　(https://www.cia.gov/library/reports/general-reports-1/iraq_wmd_2004/chap2_annxD.Html) 2013年9月1日閲覧。

(23)　「半大統領制」とはデュヴェルジェ（Maurice Duverger）がドゴール（Charles de Gaulle）のフランス第5共和制に適用した概念で，①国家元首の公選，②国家元首は憲法上，他に依存せずに自由に権力を行使できるという権限を有する，③首相及び内閣は議会の信任に依存する，という諸点を特徴とした。山崎博久は，半大統領制における大統領のリーダーシップを大統領統治型，大統領主導型，分担統治型，首相主導型，首相統治型という5つに，政権のタイプも多数政権型，競合政権型，少数政権型に分類している。山崎の分類に基づくと，当時のトルコは大統領統治型と多数政権型の組み合わせであった。多数政権型とは，大統領，首相，内閣が同じ党派に属し，議会で多数を占めるパターンである。祖国党は89年当時与党で450議席中292議席を持ち，議会の約62％を占めていた。そして，祖国党の首相であったオザルが大統領に就任する際にアクブルトを後任に指名したので，オザルの権力は絶大であった。山崎博久「半大統領制とは何か」片岡寛光編『現代行政国家と政策過程』早稲田大学出版部，1994年，68-86頁。

(24)　トルコは1959年9月に欧州経済共同体の準加盟国となり，1963年9月にはアンカラ協定に調印した。しかし，63年以降，オザルが87年4月にECの正式加盟に申請するまで，トルコ政府はEC加盟交渉をほとんど進めなかった。

第3章
イラク戦争をめぐるトルコ外交

はじめに

　本章では，公正発展党の初期の外交である2003年のイラク戦争への対応と，イラク戦争後の北イラクへの対応，特にPKKへの越境攻撃について考察し，「脅威の均衡」の有効性について検証する。第1節のイラク戦争に対するトルコの対応では，公正発展党の党首であったエルドアンと首相であったギュルとの間の意見対立と，両派閥のアメリカとの関係について論じる。そのうえで，2003年3月1日の大国民議会でイラクへの派兵を断念する決定が可決された諸要因について，湾岸危機の教訓を踏まえて論じる。第2節ではイラク戦争後の北イラクとの関係，具体的にはクルディスタン地域政府（Kurdistan Regional Government，略称KRG）と北イラクに潜伏していたPKKに対する越境攻撃に焦点を当てる。とりわけPKKへの越境攻撃に関しては，アメリカとの協調行動が決定的な役割を果たしたことを指摘する。最後に，トルコのイラク戦争への対応とPKKへの越境攻撃に関して，「脅威の均衡」の枠組みから説明する。イラク戦争への対応とその後の北イラクへの対応を通して，公正発展党にとってイラクという近隣国が，さらにはトルコとイラクの国境沿いで活動するPKKが，トルコの安全保障上どのような存在であったかを検証したい。

1　イラク戦争に対するトルコの対応

イラク戦争に対する公正発展党内部の駆け引き
　公正発展党政権発足後，最初の試練はイラク戦争への対応であった。イラク戦

図3-1　エジェヴィト首相とブッシュ大統領
（出所）　tr. wikipedia. org

争へのトルコの参加に関しては，公正発展党が政権に就く以前の民主左派党を中心とした連立政権時からすでにアメリカが強く要求していた。2002年1月16日には当時首相のエジェヴィトがアメリカを訪問し，ブッシュ大統領，チェイニー（Dick Cheney）副大統領，ドナルド・ラムズフェルド（Donald Rumsfeld）国防長官などと会談した。イラクに関して，エジェヴィトは，①サダム・フセイン政権の不支持，②イラクの国家としての一体性の保持，③イラクへの軍事介入に関しては極めて慎重であること，④北イラクのクルド人の独立の不承認，という4点を強調した。また，チェイニーが同年3月にトルコを訪問した際も，エジェヴィトはイラクへの軍事作戦について強く反対した。

2002年11月の総選挙で公正発展党が単独与党となったが，イラクに対する武力制裁が近づく中，公正発展党はその政策決定過程が2分されていた。その理由は，公正発展党党首のエルドアンが当時は謹慎中であったために首相はギュルが務めていたからである。エルドアンがアメリカを支持し，イラク戦争へのトルコ軍派兵に前向きだったのに対し，ギュルは派兵に反対していた。以下では，この2つの政策決定経路のイラク戦争への対応について見ていきたい。

エルドアンと当時エルドアンのアドバイザーであったジュネイト・ザプス（Cüneyt Zapsu），エゲメン・バーシュ（Egemen Bağış），オメル・チェリク（Ömer Çelik）は，有志連合への参加がトルコの国益になると考えていた。彼等は，「トルコはアメリカと協力して戦争に参加する以外に道はない」と考え，ポール・ウ

ォルフォヴィッツ（Paul Wolfowitz）国防副長官など，ブッシュ政権の中枢と協力関係をとっていた。この背景として，トルコが脅威に晒されているというよりも，イラク戦争後に中東においてトルコが影響力を拡大したいという考えと，トルコが中東地域の民主主義のモデルになれるという考えがあった。[3]

2002年にウォルフォヴィッツとマーク・グロスマン（Marc Grossman）国務副長官が2度，トルコを訪問し，イラク戦争における「十分かつ完全な協力」を求めた。[4] 1度目の両者の訪問は，公正発展党政権成立以前の7月中旬で，トルコ経済社会研究所（Türkiye Ekonomi Politikaları Araştırma Vakfı, 略称 TESEV）で講演し，その中で「イラクにクルド人国家が建国されることをアメリカは承認しない」と断言し，トルコにイラク戦争への協力を促した。また，12月初旬の2度目[5]の訪問時にはイラク戦争におけるトルコ参戦の必要性を詳細に記したリストを提示した。このリストには，①インジルリック基地をはじめとしたトルコ国内にある複数の空軍基地の使用許可，②輸送目的のために複数の港の使用許可，③軍人と文民のアメリカへの協力，④トルコ国内の複数の基地への米軍駐留，⑤トルコの南東部に3万5,000人〜4万人の部隊を派遣，⑥アメリカ・イギリスによる1万2,000人の戦闘員配備などが記されていた。[6] ウィキリークスではアメリカ政府のトルコに対する7つの要求が明らかになっている。それらは，①トルコ軍とアメリカ軍の間でイラクに対する（軍事）計画に関する話し合いを再開する，②トルコにおける実地調査の指揮と専門的なトルコ軍施設の設立準備を始める，③トルコ軍の北イラク地域における作戦への参加，④有志連合における役割を含む，提供した軍隊リストの受諾，⑤北方監視作戦の制限の撤廃，⑥トルコ領空の侵犯の許可，⑦もし必要であれば北イラクにおけるテロ対策のサポート，であった。[7]協議では，もしトルコが有志連合に基地や港を提供するとしたら，どの基地や港をどのような基準で提供するかについて話し合われた。

ウォルフォヴィッツはトルコの対イラク軍事協力を3段階に分けて考えていた。[8]第1段階は，トルコの基地，港，通信施設をアメリカの偵察チームが使用できるよう調整することであった。第2段階は，基地，港，コミュニケーション施設をアメリカ軍が使用することをトルコ政府に承諾させ，準備することであった。第3段階は，アメリカの空軍と陸軍がトルコの基地と港に配備されることであった。第1段階は，2003年1月13日に実現し，150名のアメリカの偵察団がトルコに到

着した。
　一方，トルコ側も11月末には，駐アメリカ・トルコ大使ファルク・ローオール（Faruk Loğoğlu）がアメリカ側の要求をいち早くトルコ政府に伝えており，大統領府で国家安全保障会議が開かれ，アメリカの要求に対する検討が行われた。12月10日にエルドアンがアメリカを訪問し，国家安全保障会議も12月27日にアメリカとイラクの戦争に関して，正式に交渉を行うことを決定し，イラクに対する「レッドライン（超えてはならない一線）」を設定した。「レッドライン」の内容は，①イラクの領土的一体性を維持，②北イラクにおけるクルド人の独立国家設立の不承認，③イラクに住むトルコマン民族の安全確保，④キルクークとモースルは（北イラクのクルド人ではなく）イラク政府が管理，⑤石油に関するイラク政府の支配は継続，であった。アメリカは金融危機の回復に苦しむトルコに対して，①もしトルコがイラク戦争に参加した場合，対外軍事売却融資プログラム（Foreign Military Sales Financing，略称FMF）と経済支援基金プログラム（Economic Support Fund，略称ESF）を含む年間20億ドルの援助を2年間提供する，②他国から10億ドル分の石油を提供する，③アメリカ軍は5億ドルまでトルコからの地方調達を行う，という援助を実行することを持ちかけた。さらにブッシュ政権はトルコが戦争に参加した場合，より多くの援助をトルコに提供するよう，議会に働きかけるとトルコ側に通達した。
　エルドアン派とは対照的に，ギュルとそのアドバイザーであったダーヴトオールは，理想主義的なアプローチ，つまりイラク戦争の勃発を何とか避けようという立場を追求した。彼らが試みたのは，トルコと他の近隣諸国とが，提携して戦争を防ぐという案であった。ギュルは，2003年1月にシリア，エジプト，サウジアラビア，イラン，ヨルダンと共にイラク戦争を防止するためのイラク周辺国会議を立ち上げた。そして各国首脳とこの問題を話し合うために，ギュルは2003年1月4日にシリア，エジプト，サウジアラビアを歴訪した。
　イラク戦争への参加の是非をめぐり，現実主義的なアプローチをとるエルドアンと理想主義的なアプローチをとるギュルの考えは対立した。公正発展党政権が単独与党となった後，アメリカはまずギュルを中心とする派閥を支持したが，2002年12月10日のエルドアンのアメリカ訪問を境に，次第にエルドアンの派閥を支持するようになった。アメリカの支持を失ったギュルを中心としたグループは，

第3章　イラク戦争をめぐるトルコ外交

図3-2　2003年3月1日の議会におけるエルドアンとギュル
（出所）cnnturk.com（11 kasım 2010）

トルコ国内と中東諸国において戦争反対の世論を拡大させることによって，イラクへの攻撃を遅らせようとした。トルコにおいても中道右派の政治家たちはエルドアンの親アメリカ路線を支持したのに対し，公正発展党の中の元福祉党出身者や，クルド人政党である人民の民主党（Halkın Demokrasi Partisi）はギュルの戦争に反対する路線を支持した。ギュル派の外交上のゴールは，①新しい国連決議なしには戦争に参加しない，②明確な参加表明をできるだけ遅らせる，③戦争が起こった場合，最大限安全保障が確保されるよう努める，というものであった。エルドアン派も新しい国連決議なしにイラクを攻撃することは，国内世論の反対を考慮して難しいと考えていた。一方のギュル派は，戦争に代わるより平和的な解決を目指し，できる限り時間稼ぎするよう努めた。国家安全保障会議も，新たな国連決議と国際法の正当性が平和的な解決のために必要であることを強調し，戦争を回避したい考えを示していた。

　2003年2月から3月にかけて，大国民議会でイラク戦争に関する2度の協議が行われた。まず，2月6日にアメリカの技術者と軍人が（イラク戦争のために）3ヵ月間にわたってトルコの基地，港，軍事施設の近代化，発展，建築を実施することを認めるかどうかの協議が行われた。この議題は，510議席中308議席の賛成（反対193，棄権9）で可決された。これによって，トルコはウォルフォヴィッツが示した協力の3つの段階の内，2つ目の段階まで満たした。これに加えて，ヤシ

ャル・ヤクシュ（Yaşar Yakış）外務大臣とババジャン（Ali Babacan）国務大臣が渡米し，戦争に参加した場合にトルコが被る経済的損失を補完するための協議をアメリカと行った。トルコはイラク戦争によって被る経済的損失を，初年度で約210億ドルと見積もっていた。こうしたトルコの見解を受けたアメリカは，もしトルコがイラク戦争に参加した場合，約40億ドルから60億ドルを経済的損失の補完のために援助し，最大で200億ドルの融資を行うことを約束した。

3月1日に大国民議会において，トルコが正式にアメリカを中心とする有志連合に参加するか否かの投票が実施された。具体的な内容は，トルコ軍をイラクに派遣すること，トルコ国内の軍事施設に関して6ヵ月間他国の使用を許可すること，そしてトルコへの駆逐艦の寄港を許可すること，であった。全533議席の内，267議席を確保すれば賛成多数であったが，結果は賛成264議席（反対250，棄権19）により否決された。

この決定はアメリカとトルコの関係を悪化させただけではなく，有志連合にとってイラクとの戦争に際しての北層のオプションが消滅したことを意味した。この結果は，当然のことながらアメリカ政府を激怒させた。しかし，結果として新たな国連決議も行われないまま，国連安保理決議1441を根拠に有志連合は戦争を遂行したため，イラク戦争の正当性は乏しかった。トルコの決定は，中東諸国の人々に肯定的な印象を与えた。たしかにエルドアン派とギュル派の対立はあったものの，どちらのグループも経済的損失，湾岸危機後に北イラク・クルド人の活動を活発化させた「湾岸危機シンドローム」を払拭することができなかった。一方で，トルコはその後アメリカとの関係修復に奔走することになるが，アメリカ政府は北イラク・クルド人勢力を重宝したため，トルコ政府は難しい対応を迫られた。

イラク戦争への不介入決定の諸要因

イラク戦争におけるトルコの対応を左右した要因をもう一度整理すると，以下の6点が指摘できる。第1に，イラクを攻撃するための国連決議の正当性が希薄であった。湾岸危機でアメリカは正当なプロセスを踏み，国連決議（特に決議661）によって戦争を遂行したが，イラク戦争に関しては，「偽装」多国間主義とも呼ばれた国連安保理決議1441により，強引に戦争が推し進められた。

第2に，国内世論への配慮があげられる。湾岸危機において，多くのムスリムが住む隣国イラクへの派兵に対して国内世論や野党から多くの反対があり，オザルがそれらの声を無視した結果，翌91年の総選挙では祖国党が政権を失った。2002年に政権の座についた公正発展党の中核は，敬虔なムスリム層や中級ムスリム実業家であり，世論への配慮は非常にセンシティブな問題であった。90％以上の国民がイラク戦争に反対していたと言われており，特にイスラームに好意的なカナル7やSTVといったテレビ局，イェニシャファック（Yeni Şafak）紙，ヴァキット（Vakit）紙，ザマン（Zaman）紙といった新聞はイラク戦争反対のキャンペーンを張った。さらに当時のアフメット・ネジデット・セゼル（Ahmet Necdet Sezer）大統領も戦争に反対の姿勢を示した。ピュー・リサーチ・センターが2002年12月4日に刊行した「2002年において世界は何を考えたか」というレポートの世論調査の結果でも，イラクへの武力行使に関して，トルコ国民は賛成が13％，反対が83％，どちらとも言えないが4％という結果になっている。

第3に，与党である公正発展党の外交問題に関する経験不足が指摘された。公正発展党は発足して1年足らずの政党であり，中心となっている若手の福祉党政権出身者はこれまで大きな政策決定に関わってきた経験がほとんどなかった。元外交官であるヤクシュを外務大臣に任命したり，2003年1月に国際政治の専門家であるダーヴトオールを首相の外交アドバイザーに任命したりした背景には，こうした経験不足を補う狙いがあった。

第4に，湾岸危機の教訓が指摘できる。第2章で見たように，湾岸危機におけるトルコ・イラク間の石油パイプライン封鎖とイラクに対する経済制裁で，トルコは経済的に大きなダメージを被った。また，クルド人問題の顕在化は安全保障問題に大きな影響を及ぼした。こうした過去の教訓もイラクへの介入を躊躇させる要因であった。ただ，公正発展党には湾岸危機当時，オザルの祖国党に所属していた議員も多くいたが，彼らは有志連合への参加を主張した。

第5に，トルコは2000年と2001年に金融危機が発生した影響で，経済が停滞しており，アメリカや国際機関から援助を引き出したいという思いがあった。2000年11月と2001年2月の「双子の危機」は国民生活に大きな被害をもたらした。エジェヴィト首相は世界銀行で働いていたケマル・デルヴィシュ（Kemal Derviş）を国家経済大臣に指名し，経済の立て直しを図った。公正発展党もデルヴィシュ

の立て直し政策を引き続き採用した。しかし，少しでも早く金融危機を乗り切るために，公正発展党内でもイラク戦争に協力してアメリカからの援助を引き出すべきであるという考えが見られた。

　第6に，2002年の夏以降，北イラク・クルド人の間でイラク戦争後に独立を模索する動きが見られ始めた点があげられる。KDPの代表であるバルザーニーは2002年8月に連邦イラクの憲法案を作成したが，そこではクルド人がかなりの程度の自治権を有し，キルクークを支配下に置くと記載されていた。トルコは，これに反発し，北イラクにつながるハーブール地区の国境を閉鎖し，KDPの収入源であるトルコへのディーゼルガスの輸出を停止させた。さらにKDPとPUKはバルザーニーが提案し，その後修正された憲法案に合意し，共に自治拡大を目指す目的で一致した。これに対し，エジェヴィト首相は，「我々は北イラクにクルド人自治政府ができることが正しいとは思わない。イラクの領土的一体性は保たれなければならない。……もし，より正式なレベルでクルド人自治政府ができるということになれば，トルコはあらゆる措置をとる準備をすることになるだろう」と警告した。

　加えて，軍部がイラク戦争の政策決定にほとんど関与しなかった。第2章で見たように，湾岸危機においては，オザルが政策決定を独占したことに抗議して当時のトルムタイ統合参謀総長が辞任していた。また，公正発展党の母体と言える穏健派イスラーム政党の福祉党の党首であったエルバカンが1997年2月28日にクーデタ未遂で首相の座を降りており，軍部がイラク戦争の政策決定に口を挟まなかったことは奇妙に感じられる。オズジャン（Nihat Ali Özcan）は，イラク戦争時に軍部が政策決定に関与しなかった理由を次の2つに求めている。第1に，2002年8月に開かれた高等軍事評議会（Yüksek Askeri Şura, 略称YAŞ）において，統合参謀総長がヒュセイン・クブルクオール（Hüseyin Kıvrıkoğlu）からヒルミ・オズキョク（Hilmi Özkök）に交代した点が指摘された。オズキョクは統合参謀総長としての日が浅かっただけでなく，「西洋的な」政軍関係の視点を持ち，極力軍部が文民政府の決定に介入しない姿勢を打ち出していた。第2に，当時の軍部にとって最大の敵はPKKであり，イラク戦争への介入がPKKとの闘争にとって有益か有益ではないかで軍部の中でも意見が分かれていたと見られていた。このように，軍部も公正発展党政府と同様に，介入するか否かの決定的な立場を確

第3章　イラク戦争をめぐるトルコ外交

立できずにいたため，議会の決定を追認することになった。加えて，湾岸危機後にアメリカが北イラクのクルド人との関係を強化したことに反発する軍関係者がいたことも，軍部が議会の決定をそのまま受け入れた要因と見られている。

2　イラク戦争後の北イラク情勢

KRGとの関係

　KRGとトルコの関係は，トルコ政府が「KRGは常にPKKを支援している」と非難するなど，良好とは言えなかった。トルコは，イラクで2番目の埋蔵量を誇る油田地帯であるキルクークがクルド人の手にわたることにも懸念を抱いていた。自国と周辺地域の領域の現状維持を目指すトルコにとって，クルド人国家の設立は自国のクルド人を刺激するという意味でも最悪のシナリオであった。イラク戦争後，クルド国家建設を防ぎたいトルコは，まず北イラクでクルド人に次ぐ規模を誇るトルコマン民族との関係を深めた。トルコはトルコマン民族を有効なカードと見なしてはいたが，次第にイラクの中でも正当性を調達し始めたクルド人勢力，特にKRGとの関係を強化せざるを得なかった。経済面でのイラクへの援助も進められ，2003年11月にトルコとイラクは電力の供給に関する協力を締結し，2004年8月には水資源と国境の開放，キルクークからの石油の輸出に関する話し合いなどが行われた。

　北イラクに関しては，著名なジャーナリストであるメフメット・アリ・ビランド（Mehmet Ali Birand）が，2005年10月27日のターキッシュ・デイリー・ニュース（Turkish Daily News）紙のコラムで，トルコの指導者たちに以下のような提案を行っている。それらは，①トルコは北イラクにとって不可欠な経済的ライフラインである。経済的に北イラクとトルコは相互に補完した関係を築くべきである。②安全保障に関しても北イラクとの連帯が欠かせない。北イラクのクルド人にとって最大の脅威はトルコではなく，イラク国内のシーア派である。KRGはPKKの領内への侵入を認めるべきではない。③イラクにおけるトルコマン民族の生活地域を確保すべきである。一方でトルコは自国のクルド人に対して社会・経済面での改善を施し，より国家に調和させる必要がある。④アメリカやEUがクルド人国家の設立を認めた際，トルコはそれに反対するべきではなく，クルド

91

国家との共存を探るべきである，というものであった．

　ビランドが提言したように，トルコはその後，KRGとの関係を強化していく．トルコは渋々ではあるが，KRGの自治体としての存在を認め，アメリカとの友好関係の維持，KRGのPKKとの関係断絶を目指してKRGと協力する姿勢を明確にした．KRGとトルコは，スンナ派，世俗主義，親西洋路線という点で共通しており，イラクにおいてシーア派の影響力が強まり，イランとの協力を強化することに反対する，経済関係の強化，という点で利害が一致していた[35]．PKKの活発な活動は両者の協力を模索するうえで障害となっていた．

　2010年には，バルザーニーが6月2日から3日間の日程でトルコを訪問した．バルザーニーのトルコ訪問は2004年以来6年ぶりで，公式訪問は2001年以来9年ぶりであった．翌6月3日にバルザーニーとダーヴトオールの会談が行われ，ダーヴトオールは北イラク政府に対して，PKKの取り締まりと，トルコが拘束を要請するPKK関係者の名簿を手渡すなど，対テロ対策におけるKRGの積極的な協力を要請した．そして，KRGがテロ対策に積極的に応じるならば，トルコ政府は，①経済的な協力を行うことを約束する，②トルコ航空でエルビル行きの便を新たに設ける，③ジラート銀行とイシュ銀行を北イラクに開設する，といった具体的な計画を示した．この北イラクに対するトルコの新たな政策は，「アメとムチ政策」と呼ばれている．一方，バルザーニーは，2009年7月から実施されているトルコのクルド人に対する「民主的イニシアティヴ（Demokratik Açılım）」を称賛したものの，対テロ政策に対する具体的な案を示すことはなかった．

PKKに対する北イラク越境攻撃

　イラク戦争への派兵が大国民議会で承認されなかったことによるアメリカとの関係悪化に加えて，2003年9月，PKKがオジャラン逮捕後の1999年8月から続けていた停戦を正式に破棄し，トルコに対して攻撃を加えることを宣言した[36]．これによりPKKが再びトルコの安全保障政策において中心的課題の1つとなった．特にイラク戦争によってイラクは主権国家としての機能が停止した状態であり，PKKは北イラク地域で活動を行うことが以前よりも容易になった．対テロ戦争を掲げるアメリカもトルコのPKK対策に同調するものの，混迷するイラク情勢をさらに悪化させるトルコ軍の北イラクへの侵攻は望まなかった．アメリカは

PKKの自然消滅を期待し，トルコに圧力をかけて2003年7月に「社会復帰法」として知られる法案を通過させた。この法案の内容は実際にテロやトルコ軍に対する攻撃に加わっていないPKKのメンバーに対して恩赦を認める，一部の幹部を除き自首した者の刑は軽減するというものであった(37)。しかし，この法案はPKK幹部が完全な恩赦を要求したこと，実際に法案が適用された2000人の90％はすでに刑に服している者であったことから成功したとは言い難かった。

　悪化したアメリカとの関係は，トルコが約1万の兵士をイラクの安定化促進のために派兵する意志を示したこと，BMENAにおいてトルコが中東諸国の民主主義のモデルになるとアメリカの政府高官が理解したこと，によって改善の兆しが見られた(38)。2005年6月7日にはエルドアンが訪米し，ブッシュ政権に対して北イラク地域にあるPKKの基地を閉鎖するように要請した。さらに2006年9月には両国がPKK対策において協力を行うことが確認された。ところが，2007年初頭からトルコ・イラク国境付近でPKKとトルコ軍との衝突が激化するようになった。これは総選挙を控えるエルドアン政権にとっては非常に厄介な問題であった。EU加盟とアメリカとの同盟を考慮し，越境攻撃を躊躇するエルドアン政権に対して，共和人民党（Cumhuriyet Halk Partisi），民族主義者行動党（Milliyetçi Hareket Partisi），さらに軍部が北イラクへの越境攻撃が不可欠であるとして攻撃を実行しないエルドアン政権を「弱腰」と非難した。

　2007年7月の総選挙で大勝したエルドアン政権は，北イラクに関して，これまでの受身の政策から積極的な政策へと転じた。同年10月17日に大国民議会で賛成507票，反対19票という圧倒的多数で遂に一年間の北イラクへの越境攻撃案が承認された。この決定に対してKRGとイラク国民議会が抗議声明を発表し，イラクのタラバーニー大統領は10月23日にPKKが一時的に停戦を受け入れる用意があることをトルコに伝えた。一方で10月21日にはハッキャーリ県でPKKの攻撃によって軍関係者12名が死亡し，8人が行方不明になるなど事態は混迷した。事態が大きく転換したのは，エルドアンが11月5日に訪米してブッシュと会談を行ってからである。10月17日に北イラクへの越境攻撃が承認された後もヤシャル・ビュウクアヌト（Yaşar Büyükanıt）参謀総長は「越境攻撃を行うのはエルドアンの訪米後である」と述べ，アメリカの出方を探っていた。エルドアンとの会談においてブッシュは，「PKKはトルコ・アメリカ・イラクの共通の敵である」と述

べ、3段階の軍事協力を約束した。(39)それは第1に情報の共有、第2に空港での輸送許可、第3に資金援助であった。ブッシュは特に情報共有の有効性をエルドアンに伝えたと言われている。この会談後、トルコは軍事活動を活発化させた、トルコ軍は11月13日に北イラクのザーホーに越境し、空爆を実施した。また、エルドアン政権は11月28日に北イラクへの越境作戦を行う権限を軍部に与え、12月1日に軍部は大規模な越境攻撃を実行に移した。この攻撃はPKKに対するピンポイント攻撃であり、アメリカからの情報に基づいた攻撃である可能性が指摘された。大規模空爆は12月15日から16日にかけても実施された。

その後、小康状態が続いていたが、トルコ軍は2008年2月21日から29日にかけて再び大規模な攻撃をPKKに対して実施した。この攻撃もアメリカからの情報にもとづくピンポイント攻撃であり、攻撃を始めてから少なくともPKKの兵士240人を殺害、126の洞窟・290個のシェルター・12の攻撃基地・11の通信施設・6つの訓練施設・23の兵站施設・18の輸送施設・40の大砲と59の防空壕を破壊したと言われている。(40)29日に作戦を完了したトルコ軍は北イラクから帰還した。この帰還は27日にブッシュが「トルコは作戦を出来る限り早く終わらせるべき」と発言し、28日にゲーツ（Robert Gates）国防長官がアンカラを訪問し、この旨を伝えた直後であった。これに関して、共和人民党と民族主義行動党が「北イラクへの越境作戦は完了していないのにアメリカの圧力に屈して撤退した」と軍部を非難する一方で、公正発展党が「軍部は国家のために最善を尽くした」と軍部を擁護するという、新たな政治的構図が見られた。とはいえ、この作戦が90年代のPKK掃討作戦に比して格段に成果があがったのはアメリカとの協力を取り付けたことが大きかった。

3 イラク戦争におけるトルコの対応の評価

イラク戦争と北イラクへの越境攻撃は「脅威の均衡」の枠組みによってどの程度説明できるのだろうか。湾岸危機の場合と同様に、①地理的近接性、②攻撃能力、③好戦的な意図、④総合的な能力の優劣という4点から検証する。

イラク戦争に関して、①の地理的近接性は、湾岸危機の場合と同様にトルコの隣国であるイラクでの有事であるため、特にPKKや北イラクのクルド人の動き

第3章 イラク戦争をめぐるトルコ外交

表3-1 各国のイラクに対する脅威認識
(単位：%)

解答＼国家	アメリカ	イギリス	フランス	ドイツ	ロシア	トルコ
大いに脅威	84	85	67	82	55	48
あまり脅威ではない	7	10	30	14	28	40
わからない	9	5	3	4	17	12

(出所) *What World Thinks in 2002*, p.3.

も含めて，トルコの情勢を不安定化させる可能性は高かった。

②の攻撃能力に関して，湾岸危機の場合とは異なり，経済制裁や国連の査察団によってある程度透明性が確保されたために，イラクは他国を侵略したり攻撃したりする余力はほとんど残されていなかった。イラク戦争開戦前のイラクの軍事支出などの具体的な数字は，SIPRIの年次報告書などでも不明となっている。

③のイラクの好戦的な意図に関してもとりわけトルコ国民は懐疑的な目で見ていた。ピュー・リサーチ・センターの「イラクはどのくらい危険だと思うか」という2002年の世論調査においても，表3-1のようにトルコは「大いに脅威」が48％と調査した国の中で最も低く，逆に「あまり脅威ではない」が40％で最も高かった。

④の総合的な能力，特にGDPに関しては，2002年のイラクのGDPが約260億ドルなのに対し，トルコのGDPは約2,322億ドルとなっており，トルコが優位である。人口も第2章で見たように，大きな差があった。

湾岸危機に続いて，地理的近接性からはトルコにとってイラクは脅威と見なされたが，攻撃能力，好戦的な態度，総合的な能力から判断すると，トルコはイラクを脅威と見なしていなかった。そのためにトルコはアメリカが主導する有志連合に参加しなかった，という説明は一定の説得力がある。

ただし，イラクを脅威と見なさなかったことだけがトルコが派兵を拒否した要因ではなかった。例えば，トルコの派兵拒否は，証拠が不十分であり，新たな国連決議を経ない形でイラク戦争を展開しようとするアメリカの行動に対する「ソフト・バランシング」であったという説明は，ブルックス (Stephen Brooks) とウォルフォース (William Wohlforth)，イェシルタシュによってなされている。ブルックスとウォルフォースは領域の使用を許可しなかったこと，イェシルタシュは第8章で説明するイラク周辺国会議という地域制度の活用と領域の使用を許可

95

しなかったことで，アメリカに対して「ソフト・バランシング」したと論じている。

また，構造的リアリズムの説明には含まれないが，公正発展党にはジェミル・チチェク（Cemil Çiçek）をはじめ，多くの祖国党出身者がおり，トルコの政策決定者たちが，湾岸危機の教訓を踏まえていたことは確実であり，特に湾岸危機後にアメリカの援助額が予想よりも少なかったこと，世論を無視する形での派兵決定によって祖国党が与党の座から滑り落ちたこと，という歴史の教訓は考慮されたと考えられる。

一方で，湾岸危機時に見られた「見捨てられる恐怖」はイラク戦争時では強く見られなかった。ただし，トルコ政府もアメリカとの関係を反故にすることは得策ではなく，第10章で論じるように中東地域への影響力行使も見込んでBMENAに積極的に協力した。

北イラクに関しては，トルコ政府は当初，KRGとPKKを，クルド国家設立を目指すアクターとして脅威とみなしていたが，KRGがイラクにおいてその正当性を高め，アメリカとの関係も密接であったために次第にKRGを脅威とみなさなくなり，KRGとPKKの関係断絶を志向した。北イラクへの越境攻撃に関しては，PKKという脅威に対抗するためにアメリカと密接に協力する姿勢がみられ，「脅威の均衡」の枠組みから説明が可能である。ただし，トルコからの分離独立を求めるPKKとトルコ軍の対立は，非政府組織と政府という非対称の争いであり，主権国家を唯一のアクターと考えるリアリズムの枠組みでは想定されていない形態である。また，PKKの問題はイラクに対する外交問題であると同時に国内の脅威の問題でもあるため，対外的な脅威を前提とする「脅威の均衡」だけでなく，国内の脅威への対抗を説明する「オムニ・バランシング」からも検討する必要がある。

PKKを国際問題と捉え，「脅威の均衡」から検討すると，①の地理的近接性は国内または隣接地域と極めて近く，③好戦的な意図も高い反面，②の攻撃能力と④の総合的な能力では圧倒的にトルコ政府に分がある争いとなっている。しかし，PKKはゲリラ戦や地の利を生かした攻撃，さらにテロ活動を展開することで，圧倒的な軍事力の差がありながら，トルコ政府に強い脅威を植え付けた[43]。

一方，「オムニ・バランシング」の議論からは，PKKの脅威に対抗するため，

アメリカとの同盟関係を強めたという国内脅威は説明できるが，2007年から2008年にかけての時期は，「ゼロ・プロブレム」外交に代表される「ダーヴトオール・ドクトリン」の展開期であり，対外的に明確な脅威は存在しなかった。そのため，「オムニ・バランシング」というよりは，単に国内的な脅威に対抗した，と説明できる。

おわりに

　本章では，公正発展党の初期の外交である2003年のイラク戦争への対応と，北イラクへの対応について考察した。イラク戦争への派兵に関して，アメリカの強い圧力を受け，公正発展党内でも意見の対立が見られたが，最終的に派兵を見送る判断を下した。これにより，アメリカとトルコの関係は一時的に悪化したが，国内世論，そして中東地域の諸国家からはこの決定が支持された。イラク戦争後，エルドアン首相の側近たちの外交に関する影響力は低下し，一方のギュルとダーヴトオールの考えが次第にエルドアンにも受け入れられるようになった。トルコにとってイラク戦争時，イラクは明確な脅威とは見なされなかったため，バランシングする必要がなく，有志連合に参加しなかったことが明らかになった。よって，イラク戦争に関して，「脅威の均衡」は有効な分析枠組みとはならなかった。また，イラク戦争への派兵を否決した決定には，アメリカに対する「ソフト・バランシング」，湾岸危機でのアメリカへのバンドワゴニングが失敗した「歴史の教訓」が働いていた。「脅威の均衡」の枠組みだけでは，こうした「歴史の教訓」が見落とされることになり，十分な説明が提供できなかった。

　その一方で，PKK対策においてはアメリカとトルコの関係は依然として強固であり，トルコはPKK対策においてアメリカから大きな恩恵を受けた。PKKはトルコにとって明確な脅威であり，PKKを国際的な脅威と捉えた場合，PKKに対するアメリカとの協調は「脅威の均衡」の枠組みから説明がつく。また，国内的脅威と捉えた場合，明確な対外的な脅威が存在しなかったために「オムニ・バランシング」が機能したとは言えないが，内的な脅威への対抗としてアメリカとの同盟が強化された。

第Ⅰ部　危機に際してのトルコ外交

注

(1) 1999年4月18日に実施された総選挙で，民主左派党が22.19％で第1党，次いで民族主義者行動党が17.98％，イスラーム政党の美徳党（Fazilet Partisi）が15.41％，祖国党が13.22％，正道党が12.01％となり，議席を獲得した。この結果を受け，民主左派党のエジェヴィト党首は，民族主義者行動党と祖国党と連立内閣を組んだ。

(2) Özgür Özdamar and Zeynep Taydaş, "Turkey" in Richard Sobel, Peter Furia, and Bethany Barratt (eds.), *Public Opinion & International Intervention: Lessons from the Iraq War*, Virginia: Potomac Books, 2012, p. 206.

(3) "Wolfowitz: Sıra üs seçiminde", *Hürriyet*, 4 Aralık, 2002（http://webarsiv.hurriyet.com.tr/2002/12/04/216232.asp）2012年7月15日閲覧。

(4) ウォルフォヴィッツは2002年のオザル・メモリアル・レクチャーで，アメリカ・トルコ関係について基調講演を行っている。また，グロスマンは95年1月から97年6月までトルコ大使を務めた人物である。ウォルフォヴィッツの基調講演に関しては，以下を参照。Paul Wolfowitz, "Fifth Annual Turgut Özal Memorial Lecture", 2002（http://www.washingtoninstitute.org/templateC07.php?CID=140）2012年7月15日閲覧。

(5) "Wolfowitz konferans verdi", *Hürriyet*, 14 Temmuz, 2002（http://webarsiv.hurriyet.com.tr/2002/07/14/152092.asp）2012年7月15日閲覧。

(6) Meliha Benli Altunışık, "Turkey's Iraq Policy: The War and Beyond", *Journal of Contemporary European Studies*, Vol. 14, No. 2, 2006, p. 187.

(7) "ABD'nin Gül ile savaş pazarlığı", *ntvmsnbc*, 18 Mart, 2011（http://www.ntvmsnbc.com/id/25193833/）2012年7月15日閲覧。ギュルは，「ウィキリークスの全てが正しいわけではないが，交渉はだいたいそれらの要件に関して行われた」と発言している。

(8) William Hale, *Turkey, the US and Iraq*, London: SAQI, 2007, p. 102.

(9) "ABD'li uzmanlar Türkiye'de", *Hürriyet*, 13 Ocak, 2003（http://webarsiv.hurriyet.com.tr/2003/01/13/234100.asp）2012年7月17日閲覧。

(10) "Asker-toprak-liman-üs", *Hürriyet*, 3 Aralık, 2002（http://webarsiv.hurriyet.com.tr/2002/12/03/215774.asp）2012年7月17日閲覧。国家安全保障会議にはセゼル大統領，ギュル首相，ヤクシュ外相，ヴェジディ・ギョニュル（Vecdi Gönül）国防相，オズキョク統合参謀総長が参加した。

(11) "ABD'nin Gül ile savaş pazarlığı", *ntvmsnbc, op. cit.*

(12) *Ibid.*

(13) イラク周辺国会議については第8章で詳しく扱う。

⒁　Şaban Kardaş, "Turkey and the Iraqi Crisis: JDP Between Identity and Interest" in Hakan Yavuz (ed.), *The Emergence of A New Turkey: Democracy and the AK Parti*, Salt Lake City: The University of Utah Press, 2006, pp. 320-321.
⒂　Yeşiltaş, *op. cit.*, p. 44.
⒃　"MGK: Barışçı yollarla çözüm aranmalı", *Hürriyet*, 27 Aralık, 2002 (http://webarsiv.hurriyet.com.tr/2002/12/27/226810.asp) 2012年7月17日閲覧。
⒄　*T. B. M. M. Tutanak Dergisi*, Dönem 22, 1. Yasama Yılı, Cilt 4, 32 nci Birleşim 6 Şubat, 2003.
⒅　"Yakış: Önemli olan işbirliğidir", *Hürriyet*, 14 Şubat, 2003 (http://webarsiv.hurriyet.com.tr/2003/02/14/248534.asp) 2012年7月20日閲覧。
⒆　Sedat Ergin "Düğüm para", *Hürriyet*, 20 Şubat, 2003 (http://webarsiv.hurriyet.com.tr/2003/02/20/251098.asp) 2012年7月20日閲覧。
⒇　*T. B. M. M. Tutanak Dergisi*, Dönem 22, 1. Yasama Yılı, Cilt 6, 39 uncu Birleşim 1 Mart, 2003.
(21)　この投票において，反対を明言していた共和人民党の議員だけでなく，多くの公正発展党議員も反対に回り，党内で票の分裂が起きた。ギュルは，党員に対して投票の規制を行わなかったと言われている。
(22)　「湾岸危機シンドローム」は著者の造語である。また，ギョゼン（Ramazan Gözen）は「湾岸危機の遺産」と名付けている。Ramazan Gözen, "Causes and Consequences of Turkey's Out-of-War Position in the Iraq War of 2003", *The Turkish Yearbook of International Relations*, Vol. 36, 2005, pp. 80-81.
(23)　最上敏樹「国連平和体制が終焉する前に」『世界』3月号，2003年2月，53-55頁。
(24)　Gözen, 2005, *op. cit.*, p. 79.
(25)　この世論調査は2002年7月21日から8月9日の間に1005人に対して実施された。*What World Thinks in 2002: How Global Publics View: Their Lives, Their Countries, the World and America*, The Pew Global Attitudes Project (http://www.people-press.org/files/legacy-pdf/165.pdf) 2013年9月15日閲覧。イラク戦争に対する抗議運動に関しては，例えば柿崎正樹「トルコにおける反イラク戦争抗議運動――イベント分析による考察」『国際社会研究』2010年，53-82頁を参照されたい。
(26)　ダーヴトオールは2003年1月18日に正式に首相の外交アドバイザーとなった。
(27)　元祖国党出身者で公正発展党に参加した議員としては，アブドゥルカディル・アクス（Abdülkadir Aksu），チチェク，ギョニュル，アリ・ジョシュクン（Ali Coşkun），エルカン・ムンジュ（Erkan Mumcu），ケマル・ウナクタン（Kemal Unakıtan），ヒルミ・ギュレル（Hilmi Güler），ビナル・イルドゥルム（Binal Yıldırm）がいた。

Kardaş, 2006, *op. cit.*, pp. 322-323.

(28) Carol Migdalovitz, "Iraq: The Turkish Factor", *CRS Report for Congress* October 31, 2002, p. 3 (http://www.fas.org/man/crs/RS21336.pdf) 2012年7月15日閲覧。

(29) "Ecevit: Irak'a müdahale seçimi eretletmez", *Hürriyet*, 3 Ekim 2002 (http://webarsiv.hurriyet.com.tr/2002/10/03/188831.asp) 2012年7月15日閲覧。

(30) Zeynep Taydaş and Özgür Özdamar, "A Divided Government, an Ideological Parliament, and an Insecure Leader: Turkey's Indecision about Joining the Iraq War", *Social Science Quarterly*, Vol. 94, Issue. 1, 2012, pp. 229-230.

(31) James Kapsis, "The Failure of U.S.-Turkish Pre-Iraq War Negotiations: An Overconfident United States, Political Mismanagement, and a Conflicted Military", *Middle East Review of International Affairs*, Vol. 10, No. 3, 2006, p. 41.

(32) イラクにおけるトルコマン民族の中心は95年5月に設立されたイラク・トルコ民族戦線（Iraqi Turkoman Front、略称ITF）だが、決して一枚岩というわけではなく、シーア派を信仰する割合が多いためにイラク国内のシーア派勢力に同調する者もいる。International Crisis Group, "Iraq: Allaying Turkey's fears over Kurdish Ambitions: Executive summary and recommendations" *International Crisis Group*, 2005, p. 10.（http://www.crisisgroup.org/~/media/Files/Middle%20East%20North%20Africa/Iraq%20Syria%20Lebanon/Iraq/Iraq%20Allaying%20Turkeys%20Fears%20Over%20Kurdish%20Ambitions.pdf）2012年7月23日閲覧。イラクのトルコマン民族に関しては酒井啓子「イラクにおけるトルコマン民族——民族性に基づく政党化か、政党の脱民族化か」『アジア経済』Vol. 48, No. 5, 2007年、21-48頁を参照されたい。

(33) International Crisis Group, *ibid.*, p. 16.

(34) Mehmet Ali Birand, "Bush's Turkey warning to Barzani", *Turkish Daily News*, 27 October, 2005 (http://admin.hurriyetdailynews.com/bushs-turkey-warning-to-barzani.aspx?pageID=438&n=bushs-turkey-warning-to-barzani-2005-10-27) 2012年7月23日閲覧。

(35) Stephen Larrabee and Gonul Tol, "Turkey's Kurdish Challenge", *Survival*, Vol. 53, No. 4, 2011, pp. 145-146.

(36) Hale, 2007, *op. cit.*, p. 131.

(37) *Ibid.*, pp. 131-132.

(38) ただし、イラク統治評議会の反対でトルコ軍派兵は結局実現には至らなかった。

(39) "US, Turkey, step up work against PKK terrorists", *Turkish Daily News*, 6 November, 2007 (http://admin.hurriyetdailynews.com/us-turkey-step-up-work-

against-pkk-terrorists.aspx?pageID=438&n=us-turkey-step-up-work-against-pkk-terrorists-2007-11-06）2012年7月23日閲覧。

(40) "Homeward bound", *Turkish Daily News*, 1 March, 2008（http://admin.hurriyetdailynews.com/homeward-bound.aspx?pageID=438&n=homeward-bound-2008-03-01）2012年7月23日閲覧。

(41) （https://www.cia.gov/library/reports/general-reports-1/iraq_wmd_2004/chap2_annxD.html），2013年9月1日閲覧。

(42) Yeşiltaş, *op. cit.*, pp. 32-33; Brooks and Wohlforth, *op. cit.*, pp. 94-97.

(43) 近年は構造的リアリズムの枠組みに他の説明変数を併用するネオクラシカルリアリズムもリアリズムの1つの形態として発展してきているので，こうした新たな視点から「脅威の均衡」を含め，既存のリアリズムの概念を再検討する必要がある。

第4章
シリア内戦をめぐるトルコ外交

はじめに

　本章では，トルコのシリア内戦への対応について考察する。第1節と第2節では，トルコのシリアに対する間接的，直接的な対応について論じる。2010年12月末にチュニジアの青年の焼身自殺をきっかけに始まった一連の「アラブの春」は，2011年3月にシリアにも波及した。当初は，アサド政権との親密な関係もあり，事態の解決に自信を見せていたトルコであったが，その試みは失敗に終わり，シリア反体制派の支援を展開するようになった。しかし，次第にシリアがトルコにとっても脅威となり始める。そして，2012年10月3日，シリアに隣接するシャンルウルファ県アクチャカレへのシリア軍の砲撃によってトルコ人5名が死亡する事件が起き，さらに翌2013年5月12日にはシリア国境であるハタイ県のレイハンル地区で車に仕掛けられた2発の爆弾が爆発し，50名が死亡する事件が発生した。さらに，シリアの内戦化は，シリアのクルド人，とりわけPKKとの関係が深いシリア民主連合（Partiya Yekiti ya Demokratik，略称PYD）の動きも活発化させた。加えて，トルコが支援するシリア反体制派に属する兵士の一部には，当初，「ヌスラ戦線」や「イラクとシャームのイスラーム国」（その後，「イスラーム国」と改名）といったジハーディスト主義者も含まれており，これらの集団が内戦やトルコの政策をより複雑なものとさせている。こうしてトルコはシリアに直接的に対応せざるを得なくなった。

　第3節では，シリアという脅威に対抗するため，アメリカとの同盟をさらに強化したいトルコと，中東地域における「オフショア・バランシング」の委譲国としてトルコを評価しているアメリカとの思惑が一致し，2013年に入り，両国関係

が急速に接近したことを明らかにする。その契機となったのが、オバマ政権第2期におけるケリー（John Kerry）国務長官の就任であった。ここでは、トルコとアメリカの関係強化の事例として、トルコとイスラエルの和解、エルドアン首相のアメリカ訪問を取り上げ、検証する。そして、第4節では「脅威の均衡」の枠組みがトルコのシリア内戦への対応をどれだけ説明することができるかを論じる。トルコにとってシリア内戦はアサド政権が直接的な脅威となっただけでなく、PYD、ジハード主義者、難民問題が複雑に絡みあった複合的な脅威であった。

1　シリア内戦に対するトルコの間接的な関与

「アラブの春」後のシリア問題に対するトルコの対応は大きく5つに時期区分できる。トルコは、第1期から第3期までは間接的な関与、第4期と第5期は直接的にシリア内戦に関与した。もちろん、この時期区分が絶対というわけではなく、部分的に重複している。

第1期は2011年3月から8月までの対話による説得の時期である。2011年3月15日にシリアにおいて反政府デモが起こった当初、トルコの視線はリビアに向いており、シリアへの対応は鈍かった。3月末になってようやくエルドアンがアサドに国民の要求を聞き入れるよう2度の電話会談で促し、ハカン・フィダン（Hakan Fidan）国家情報局（Millî İstihbarat Teşkilâtı, 略称 MiT）長をアサド説得のためにダマスカスへ派遣した。2011年4月末からトルコのハタイ県に避難するシリア人が増えたことを受け、トルコ政府はアサド政権に再三、自国民に対する武力行使の禁止と内政改革の必要性を訴えた。しかし、アサド政権はその提言を受け入れるものの実行には至らず、次第にトルコ政府のアサド政権に対する信頼感が損なわれていった。2011年8月9日にダーヴトオールがダマスカスを訪問し、アサドに対して最後の説得を試みた。ダーヴトオールはアサドと6時間半にわたって会談し、「貴方は安全が保障されてから改革を実行すると述べているが、そんな日はやってこない。改革は1ヵ月後や1週間後ではなく、今日中に始めなければならない」と述べ、まずはシリア国民に対する武力弾圧をやめるよう強く迫った。アサド政権は、ダーヴトオールの訪問直後にハマーから軍隊を撤退させ、改革案も提示したが、すぐに反体制派への軍事行動が再開された。こうしたアサ

第 4 章 シリア内戦をめぐるトルコ外交

図 4-1　2011年8月のアサド大統領とダーヴトオール外相の会談
（出所）　Milliyet. com. tr（12 Ağustos, 2011）

ド政権の対応を受け，8月後半からエルドアン，ギュル，ダーヴトオールが揃ってシリアへの激しい批判を展開し始めた。

第2期はトルコがアサド政権との関係を断絶し，その代わりに8月23日にイスタンブルで発足したシリア国民評議会（Syrian National Council）を支持し始める2011年9月から12月までの時期であった。この時期の特徴は，具体的には制裁の発動とシリア国民評議会の承認であった。トルコ政府はシリアに対して9月22日に武器輸出禁止措置，11月30日に9項目の経済制裁の実施を発表した。経済政策を発動するに当たり，ダーヴトオールは「2011年1月からトルコは何度もシリアに改革を行うように働きかけてきたが，状況の改善が見られず，アサド政権はもはやシリア国内で正当性を失った」と批判した。その上でダーヴトオールは，「トルコの戦略的ビジョンはシリアとの共通の未来と地域の安定・平和・平穏・繁栄だけである。我々はシリアの人々と（中東）地域を考慮してこの決定を行った」と説明した。経済制裁の内容は，①民主的な政府が政権に就くまで，2009年9月に両国間で調印されたハイレベル戦略協力会議を一時中断する，②市民に対する弾圧と違法な手段に加担した一部のシリア政府の要人たちに対して，渡航の禁止と資金の凍結を実施する。また，アサド政権を支持するビジネスマンに対しても同様の措置を取る，③シリア軍に対して，いかなる種類の武器と軍事用品も売却，提供しない禁輸措置を継続，④トルコの領土，領空，領海を通して第三国からシリアへの武器と軍事用品が供給されることを予防する，⑤シリア中央銀行との取引を停止する，⑥トルコにおけるシリア政府の資産を凍結する，⑦シリア

政府に対する支払いを停止する，⑧経常取引を除き，シリア商業銀行との取引を停止する，⑨エクシィム銀行のシリアに対する融資を停止する，というものであった。[4]

一方でトルコはシリア国民評議会支持の動きを強める。10月18日にシリア国民評議会を正式に承認し，12月14日にシリア国民評議会のオフィスをイスタンブルに開設することを決定した。[5]

第3期は2012年初頭から現在（2014年6月）に至る，トルコがシリアの反体制派を支援するとともに，アラブ連盟や国連安全保障理事会との連帯を強めた時期である。この背景にはアサド政権転覆のために，シリア国民の意向を尊重し，国際社会からの正当性を獲得するというトルコの思惑があった。トルコは2012年1月22日に行われたアラブ連盟外相会議においてアサド大統領退陣を支持したり，同年4月1日と2日に行われた第2回目の「シリア国民の友人グループ」会合のホスト国となったりするなど，アサド大統領退陣への間接的な影響力を行使した。また，マナーフ・トゥラース（Manaf Tlas）元准将のように，アサド政権で要職に就きながら，「アラブの春」以降に亡命したシリアの政府高官と積極的に会談を行っている。

2　シリア内戦に対するトルコの直接的な関与

トルコ政府とアサド政権の対立

第4期は，トルコがシリアの混乱に対して武力行使も含めた直接的な対応を迫られている時期である。この時期の特徴はその複合性である。トルコ政府とアサド政権の対立に加え，北シリア・クルド人問題とジハード主義者の存在がシリア内戦の脅威を高めた。

トルコ政府とアサド政権との緊張が高まったのは，2012年6月22日に起こった，トルコ軍機撃墜事件であった。これはトルコのマラティヤ県の基地から飛び立ったトルコ軍のF4戦闘機がシリア軍によって撃墜された事件であった。同年10月3日には本章の冒頭で触れたように，シリアからの砲撃でアクチャカレの住民5名が死亡する事件が起きた。この事件を受け，トルコは6月26日にNATOに対して緊急会議の開催を要請した。また，アクチャカレへの砲撃に際して，トルコ

第4章　シリア内戦をめぐるトルコ外交

大国民議会はその翌日,「他国へトルコ軍を派遣し,任務を遂行するための権利を1年間政府に与える」法案について採決を行い,これが承認されたことでトルコとシリアの武力衝突の可能性が現実味を増した。この採決には,449人の議員が参加し,320人が賛成票,129人が反対票を投じた。採決には100人の議員が欠席したが,参加した公正発展党の議員286人,民族主義者行動党の議員34人が賛成票,野党第1党の共和人民党の123名,クルド人政党の平和民主党（Barış ve Demokrasi Partisi）を含む他の野党から6名が反対票を投じたとされる。エルドアンは,シリアからトルコ領内への攻撃は以前から断続的に行われており,10月3日の砲撃は8度目だったこと,トルコ側も反撃してシリア領内への砲撃を開始したことを発表した。ダーヴトオールは,7月末の段階でトルコがシリアに介入するのは,①テロ組織が国境地域を占拠した場合,②宗派や民族によって新たな自治区が創設される懸念が生じた場合,③ハタイ県に隣接するシリアのアレッポ県を中心にPYDの活動が活発化した場合,という3つの条件を提示したが,この時点ではアサド政権から直接攻撃を受けることを予想していなかった。

このように,現実味を増したシリアとの武力衝突に関して,トルコ国民は否定的な見方を示した。2012年9月にトルコの大手世論調査会社であるメトロポール社が実施した世論調査では,トルコのシリアに対する攻撃に関して国民の76%が反対（賛成は17%）,NATOの1国としての攻撃参加に関しても58%が反対（賛成は31%）している。また,「政府のシリア危機に対する対応は適切だと思うか」という質問に対しては,28%が適切,56%が適切ではない,と回答している。アクチャカレでの事件の翌日もイスタンブルのタクシム広場で5000人が戦争に反対するデモを行うなど,多くの国民はシリアとの武力衝突に反対している。

2012年11月初旬からは,トルコにNATOのパトリオット・ミサイルシステムを配備する可能性について各国首脳が言及し始めた。ブリュッセルで取材に応じたダーヴトオールは,「可能性がある計画の概要はNATOにおいて全て議題となっている。パトリオットという言葉は呪文ではなく,単に1つの対空防衛システムである」と述べ,パトリオット・ミサイルの配備の可能性を否定しなかった。一方でエルドアンは「パトリオット・ミサイルの配備について何も聞いていない」と述べ,アメリカのヴィクトリア・ヌランド（Victoria Nuland）国務省報道官も「NATOからは何の要請もない」とコメントを出している。トルコが正式

にNATOに対してパトリオット・ミサイルの要請を行ったのは11月21日であり，11月28日にNATOの調査委員会がトルコを訪問し，パトリオット・ミサイル配備のための調査を行った。そして，12月4日にNATOは「トルコの国民と領土を防衛し，同盟国の危機を解決する」ことを目的にトルコに対空防衛のためのパトリオット・ミサイルを配備することを決定した。この決定に基づき，パトリオット・ミサイルを保有するアメリカ，オランダ，ドイツがそれぞれ6基のパトリオット・ミサイルと400名の兵士をガジアンテプ県，アダナ県，カフラマンマラシュ県に配備し，2013年2月15日にパトリオット・ミサイルの設置が完了した。

2013年4月以降，シリア政府軍または反体制派が化学兵器を使用した疑いがもたれた。5月9日にアメリカのNBCニュースのインタビューを受けたエルドアンは「アサド政権が自国民に対して化学兵器を使用した」と断言した[9]。さらに5月12日にはハタイ県のレイハンル地区で車に仕掛けられた2発の爆弾が爆発し，50名が死亡する事件が起きた。この事件で9名のトルコ人がシリアのムハーバラート（諜報機関）に内通していたとして逮捕された[10]。

第5期は，2013年9月14日にアメリカとロシアがシリアの化学兵器廃棄の枠組みに同意した後の時期で，アサド政権による攻撃の脅威は減じた一方で，ジハード主義者の脅威は継続している時期である。第4期と第5期の最大の違いは，トルコとアメリカとの関係である。トルコ政府はアサド政権打倒を目指しており，アメリカもその利害を共有していると考えていた。しかし，オバマ政権がシリアへの介入とアサド政権打倒に二の足を踏んだことで，トルコのアメリカに対するバンドワゴニングは失敗した。

北シリア・クルド問題

北シリア・クルド地域には多くの政治組織があり[11]，シリア内戦に際してクルド人組織の多くが反体制派についた。しかし，クルド人組織の中でも戦闘能力が高いと言われるトルコのPKKから派生したPYDはアサド政権側についたため，クルド人同士の衝突が発生する可能性が高まった。こうした事態を懸念したのが，隣国イラクのバルザーニーKRG大統領であった。バルザーニーは，2012年7月9日から10日にかけてシリアの16のクルド人組織の代表者を北イラクのエルビルに招待し，高等クルド評議会を設立させるなど，シリアのクルド人への影響力拡

第 4 章　シリア内戦をめぐるトルコ外交

大を図った。この会合には PYD の党首であるサリフ・ムスリム（Salih Muslim）も参加したが，PYD はその後2012年後半には再びアサド政権側に着くなど，バルザーニーの思惑通りには行動していない。

PYD は2003年に PKK の政治組織であったクルド人民会議（Kongreye Gele Kürdistan, 略称 Kongra-Gel）のシリアにおける組織として発足したとされ，ムスリムとアイシェ・アブドゥッラー（Ayşe Abdullah）が共同党首を務めている。トルコのラディカル紙が2012年7月25日に行ったインタビューでムスリムは，①PYD は PKK と同一の組織ではないが，イデオロギーは共有している，②民

図4-2　アンカラにある AFAD のオフィス
（出所）　筆者撮影（2014年8月）。

主主義に基づき，シリアという主権国家の枠組みを維持したうえで，西クルディスタン（アレッポ県アフリンからハサカ県ディリクに至る地域）におけるクルド人の自治の獲得を目指している，③クルド語を母国語の1つとして認め，クルド語による教育を行う権利を獲得することを目指している，ことを主張している。PYD はディルバシヤ（Dirbasiya）とコバニという2つの都市を掌握し，その後は自由シリア軍，さらに共闘していたシリア政府軍とも戦火を交えており，シリアにおいて，アサド政権，反体制派に次ぐ第3極となっている。一方で反体制派には多くのクルド人が参加しており，反体制派と PYD の衝突では，クルド人同士が戦火を交えている。PYD と反体制派は2012年9月30日からシリア北部のハサカ県やアレッポ県を中心に戦闘を始めた。しかし，アサド政権がレバノンのヒズブッラーやイランから支援を受け始めたことで，反体制派は2正面作戦が取りづらくなり，2013年1月に反体制派と PYD は停戦するに至った。2013年5月25日からアフリン，ラス・アルヤン（Ras al-Ayn），ディルバシヤ，ティルベスピ（Tirbespi）などで小規模な戦闘を再開し，7月16日にラス・アルヤンで大規模な

衝突に発展した。翌17日には戦闘がタル・タメル（Tal Tamer），さらに18日にはアル・マバダ（Al-Mabada），ギルケ・レゲ（Girke Lege）に拡大した。戦闘の範囲は約170キロにも及び，PYDとPYDの軍事部門である人民の保護部隊（Yekîneyên Parastina Gel，略称YPG）と「ヌスラ戦線」，「イラクとシャームのイスラーム国」を中心とした反体制派と激しい戦闘を展開した。2013年に入り，PYDはウェブサイトで積極的に彼らが「西クルディスタン（Rojava）」と呼ぶ，シリア北部のクルド人人口が多い地域での諸活動を現地レポートとして発信し始めた。5月31日に初めて反体制派と戦闘状態に置かれているというレポートが出され，7月12日に「ヌスラ戦線」と「イラクとシャームのイスラーム国」という具体的な組織名が見られるようになった。[17]ジハード主義者との戦いにおいてPYDは困難な立場に陥っており，クルド系住民の北イラクへの流入が，2013年8月から急増している。また，党首のムスリムが2013年7月と8月の2度，トルコ政府を訪問するなど，トルコ政府との関係改善することも選択肢の1つとして，活動している。

ジハード主義者の存在

2012年7月以降，反体制派に加わっている「ヌスラ戦線」をはじめとしたジハード主義者と呼ばれる戦闘員の存在がクローズアップされるようになった。2012年7月19日にはニューヨーク・タイムズ紙で「先週，自由シリア軍の手に落ちたイドリブ県のバーブ・アル・ハワーはすぐにジハード主義者たちの集合場所となった」と報道され，7月26日にはロシアのセルゲイ・ラヴロフ（Sergey Lavrov）外相もトルコとシリアの国境がアル・カーイダのテロリストの支配下にあると言及した。[18]8月23日にトルコとアメリカの代表団がシリア問題に関して協議を行った際にも，アル・カーイダのテロリストに対する対策が議題の1つとなった。[19]10月19日にはアメリカ国務省が，「イランを拠点とするアル・カーイダ・テロリストのムフシン・アル・ファドフリ（クウェート出身）がクウェートのテロリストたちにトルコ国境からシリアで活動するテロリストたちに兵士と資金を提供するよう促している」という声明を出すなど，トルコとシリアの国境付近は，両政府のコントロールが及ばない状況と化している。[20]

反体制派を支持するトルコやアメリカにとってもジハード主義集団はその思想，

第4章 シリア内戦をめぐるトルコ外交

行動ともに決して容認できる組織ではない。しかし，シリアの反体制派で主力を担っているのがジハード主義集団と言われており，アサド政権崩壊のためには必要悪と見なされる傾向にある。しかし，2013年になると，ジハード主義集団の暴走が始まり，「ヌスラ戦線」と「イラクとシャームのイスラーム国」同士の戦闘，ジハード主義集団と自由シリア軍の戦闘，さらに国境付近でジハード主義集団とトルコ軍がキリス県のジェイハンプナルの国境に近い場所で散発的に交戦するという事態も発生しており，トルコはアサド政権の妥当と反体制派支持の狭間でディレンマに陥っている。(21)

増加するシリア難民

シリア情勢の悪化でトルコにとって大きな社会的脅威となっているのが，トルコ・シリア国境付近の不安定化である。具体的には前述したシリア政府軍の攻撃による一般市民の被害，地方経済の悪化，多数のシリア難民の流入である。シリア政府軍の攻撃は軍事的脅威，地方経済の悪化は経済的脅威で扱うため，ここではシリア難民の流入についてみていきたい。

シリア難民が初めてトルコ国境に押し寄せたのは，2011年4月29日のことであった。(22)この時は252人がトルコ領内に入り，翌日の4月30日にハタイ県のヤライダー地区に設立された難民キャンプに収容された。これを発端として，2011年にハタイ県に5つの難民キャンプが設立された。しかし，内戦が激化するにつれ，ハタイ県以外のシリアと国境を接する地域にも難民が押し寄せるようになり，また，ハタイ県の難民キャンプも飽和状態となったので，トルコ南部の他の県でも次々と難民キャンプが開設され，2013年12月25日の時点で，10県に21の難民キャンプが存在している（表4-1参照）。難民キャンプは通常，有刺鉄線とフェンスに囲まれており，防犯カメラとX線スキャナーが取り付けられている。(23)また，難民キャンプはモスクや学校など社会・宗教・教育の施設や通訳などのボランティアが働いている。(24)

2011年の春にシリアからの難民がトルコに逃れるようになった当初，トルコはパスポートを所有している者は通常通り入国を許可し，パスポートを所有していない者は一時的に難民キャンプに収容した。その後の難民の増加に伴い，2011年10月にトルコ政府はシリア難民を「一時的に保護」する政策を打ち出し，全ての

表 4-1　トルコ国内の難民キャンプの状況

地域	テント設置地区	住居の数	避難民数	開設日
ハタイ県	アルトゥンオズ 1	259の仮設住宅	1,592	2011年6月9日
	アルトゥンオズ 2	620のテント	2,669	2011年6月10日
	ヤイラダー 1	313の仮設住宅 250のテント	3,217	2011年4月30日
	ヤイラダー 2	510のテント	3,529	2011年7月12日
	アパイドゥン	1,165のコンテナ	4,779	2011年10月9日
	レイハンル集会センター	—	—	—
キリス県	オンジュプナル	2,053のコンテナ	13,570	2012年3月17日
	エルベイリ	3,592のコンテナ	17,210	2013年6月3日
シャンルウルファ県	ジェイハンプナル	4,767のテント	27,229	2012年4月26日
	アクチャカレ	3,137のテント	26,364	2012年8月6日
	ハラン	2,000のコンテナ	13,540	2013年1月13日
ガジアンテプ県	イスラヒエ	1,754のテント	9,392	2012年3月17日
	カルカムシュ	1,636のテント	7,366	2012年8月28日
	ニジップ	1,858のテント	11,196	2012年10月3日
	ニジップ 2	1,000のコンテナ	5,138	2013年2月11日
カフラマンマラシュ県	カフラマンマラシュ	2,737のテント	14,986	2012年9月1日
オスマニィエ県	オスマニィエ	2,012のテント	8,515	2012年9月9日
アドゥヤマン県	アドゥヤマン	2,292のテント	9,998	2012年9月22日
アダナ県	サルチャム	2,142のテント	10,189	2013年2月10日
マラトゥヤ県	ベイダー	2,083のコンテナ	6,551	2013年6月12日
マルディン県	ミディヤト	1,300のコンテナ	2,366	2013年6月19日

（出所）　AFADウェブサイトの「災害レポート・シリア（https://www.afad.gov.tr/TR/IcerikListele1.aspx?ID=16, 2013年12月29日閲覧）」を参照し，筆者作成。

難民に対して門戸を開いた。しかし，2012年の夏以降，難民キャンプの収容人数が限界に達したので，トルコ政府は難民の入国を制限するようになった。

また，トルコ災害・緊急時対応庁（Afet ve Acil Durum Yönetimi Başbakanlığı, 略称AFAD）を中心に，シリア領内の難民を保護するため，トルコはシリア北部で戦闘が激しくなった2013年の前半にシリア国境の8ヵ所（キリス県，ガジアンテプ県，シャンルウルファ県のジェイハンプナルとアクチャカレ，ハタイ県のレイハンルのビュクルメズ，レイハンルのジルヴェギョズ，アルトゥンオズ，ヤイラダー）に隣接するシリア領内の25ヵ所で一時的な簡易キャンプを設立した（表4-2参照）。この措置は「ゼロポイント作戦」と呼ばれている。

第4章 シリア内戦をめぐるトルコ外交

表4-2 シリア領内での一時的なキャンプ

設置場所	収容人数	設置場所	収容人数	設置場所	収容人数
ヤマディ	850	アイドゥン	4,500	アル・ミダン	1,204
バーブ・アル・ハワー	7,000	タイベフ	2,604	アル・アルマル	不明
アクラバット	6,000	アル・カラマ	4,345	サファ	1,138
カフ1	5,500	ジョラン	1,575	アル・ノウル	1,050
アトメフ	29,958	アル・ショハデア	650	ウマッフ	280
バーブ・アス・サラメ	15,000	カフ2	3,889	アル・ゴラン	不明
ジャラブルス	2,500	イクハア	不明	ダエム	2,639
タル・アブヤド	5,000	アル・サラメ	2,305		
カサブ	不明	アル・ナシィル	1,608		

（出所） Brookings & USAK, *Turkey and Syrian Refugees: The Limits of Hospitality*, November 2013, p.6を参照し，筆者作成。

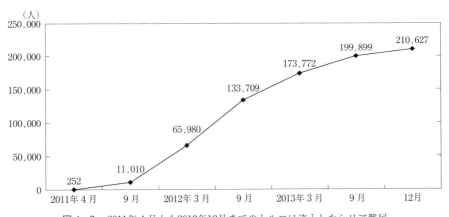

図4-3　2011年4月から2013年12月までのトルコに流入したシリア難民

（出所） Brookings& USAK, *Turkey and Syrian Refugees: The Limits of Hospitality*, November 2013, p.3などを参照し，筆者作成。

　UNHCRの調べによると，2013年12月26日時点で，難民登録したうえでトルコにおいて生活するシリア人と，トルコに対して難民の申請を行っているシリア難民の数は55万7,342人，その内，難民キャンプで生活している難民は21万627人，キャンプ以外の場所で生活する難民は34万6,715人となっている。ただし，登録を行っていないシリア難民も相当多いとみられており，トルコ国内には約70万人が難民の登録をしないまま，生活を送っていると見積もられている。
　難民キャンプと難民キャンプ以外で生活する人の数は各県によってばらつきが

表 4-3　各県の難民キャンプと難民キャンプ以外で生活する人の数

地域　　　　項目	難民キャンプで生活する人々	難民キャンプ以外で生活する人々
ハタイ県	14,928	70,648
キリス県	37,317	25,920
シャンルウルファ県	67,589	65,737
ガジアンテプ県	34,230	110,789
カフラマンマラシュ県	15,047	13,830
オスマニイェ県	9,069	8,948
アドゥヤマン県	10,206	202
アダナ県	11,757	4,850
マラトゥヤ県	7,195	0
マルディン県	3,136	37,796
その他	153	8,000

（出所）　*UNHCR Turkey Syrian Refugee Daily Sitrep*, 26 December, 2013 を参照し，筆者作成。UNHCR と AFAD の統計は若干誤差がある。

ある（表4-3参照）。ハタイ県，ガジアンテプ県，マルディン県は難民キャンプ以外で生活するシリア難民が多い。一方で，シリア国境から離れているアドゥヤマン県やマラトゥヤ県は難民キャンプで生活する難民がほとんどである（ただし，国境を接していないオスマニイェ県とカフラマンマラシュ県は難民キャンプで生活する人々とキャンプ以外で生活する人々がほぼ半々である）。人口12万5,000人のキリス県はその半数にあたる6万人以上の難民が流入しており，地域の人口の割合に大きな影響を与えている。その他の県はいずれもシリア難民が人口の10％以下となっているが，ガジアンテプ県（7％）やシャンルウルファ県（6％）などでは高い数値を示している。大量の難民の流入は各県の宗派と民族のバランスにも影響を与えている。

　トルコでシリア難民対策の先頭に立っているのは AFAD である。もともとトルコには災害対策を行う機関として，内務省下に「市民防衛総局」，公共事業・住宅省下に「災害総局」，首相府下に「トルコ緊急事態管理総局」の3つが設置されていた。2009年5月29日にこれらを統合する形で AFAD が首相府の傘下に設立された。2014年6月現在，AFAD の業務の総責任者は副首相の1人であるベシル・アタライ（Beşir Atalay）であり，AFAD の主任はフアット・オクタイ（Fuat Oktay）が務めている。業務内容は，自然災害，特にトルコで多い地震への対策であり，例えば，2011年10月のヴァン地震に際しては対応の指揮をとった。

また，日本の国際協力機構（JICA）と耐震や津波対策について協同プロジェクトを行ったりしている。こうした自然災害への対応に加えて，AFAD はソマリア，ミャンマー，シリアといった国々に対する人道援助にも力を入れている。シリア難民対策に関しては，いわば司令塔としての役割を果たしており，難民キャンプの設立と運営をはじめ，さまざまな活動を行っている。例えば，シリアからの難民は1ヵ月で平均80トルコリラ（2013年12月30日のレートでは3,935円）を消費しているが，その内，60％を国連の世界食糧計画が負担し，残りの40％を AFAD が負担している。また，2013年8月後半にアサド政権が化学兵器を使用した疑いが浮上した際には，化学・生物・放射能・核の専門家約400人が AFAD の職員としてシリア国境のハタイ県，キリス県，シャンルウルファ県でシリアからの化学兵器による攻撃を防止するための調査と設備点検を実施した。UNHCR は，AFAD 職員の訓練を行っており，これまでに519人の AFAD 職員が訓練を受けた。トルコの他の機関，例えば保健省，国民教育省，食品・農業・家畜省などへの協力においても主導的な役割を果たしている。

　AFAD と連帯し，難民キャンプで実質的な活動を行っているのが，トルコ赤新月社，生活援助（Hayata Destek），キムセ・ヨク・ム基金（Kimse Yok Mu Dernegi），人権と自由に対する人道援助基金（İnsan Hak ve Hürriyetleri İnsani Yardım Vakfı, 略称İHH）といったトルコの NGO，さらにカトリック救済サーヴィスなどの国際的な NGO であるである。キムセ・ヨク・ム基金は，「シリアへパンとブランケットを」という募金活動によって2,500万トルコリラを集め，トラック180台分の備品をハタイ県，ガジアンテプ県，キリス県，カフラマンマラシュ県，シャンルウルファ県，オスマニイェ県，そしてバトマン県の難民に提供した。İHH はシリア国内とトルコ国内のキャンプで暮らしている難民に対して，主に食糧，衣類，清掃用品の分野で援助を行っている。

　シリア情勢の悪化で，トルコの経済にも影響が出ている。例えば，シリア国境に近い，ハタイ県，シャンルウルファ県，アディヤマン県，キリス県の輸出は減少傾向にある。また，トルコとシリアの貿易関係も大きく落ち込んでいる。トルコ統計協会によると，2012年のトルコのシリアに対する輸出額は4億9,800万ドル，シリアからの輸入額は6,744万ドルであった。2013年は4月までの4ヵ月間の輸出額が3億8,700万ドル，輸入額が3,616万ドルとなっている。2010年と2011

年には,輸出額と輸入額を合わせた両国の貿易額が20億ドルを超えていた。[39]さらに,シリアはトルコにとって重要な輸出ルートであることも中東地域への輸出に影響を及ぼしている。

安全保障地帯の設置計画

　トルコ政府は2012年の春からシリア国民を保護するための「緩衝地帯（Buffer Zone）」または「安全保障地帯（Safe Zone）」の構築に関しても言及し始めた。[40] 2012年4月11日には,エルドアンが「緩衝地帯」の設置もやむを得ないという見解を示し,8月末にダーヴトオールは「安全保障地帯」の設置の可能性に関して国連安保理で言及した。[41]トルコの中東研究センター（Ortadoğu Stratejik Araştırmalar Merkezi, 略称ORSAM）は2012年4月に「シリアにおける安全保障地帯に関する議論：リスク・機会・シナリオ」というレポートを発表し,トルコとシリア国境において「安全保障地帯」の建設場所として適しているのは,トルコのハタイ県とシリアのイドリブ県の国境付近と,トルコのキリス県とシリアのアレッポ県の一部（アザズからジャラブルスの間）の国境付近であるという見解を示している（図4-4参照）。[42]一方,ラタキア県はアサド政権が重要視する地域であり,アレッポ県の北西部とハサカ県はクルド人の影響力が強い地域であるため,「安全保障地帯」の建設が困難であるとされた。

　フランスのローラン・ファビウス（Laurent Fabius）外相は,フランスがトルコと共同でシリアの北部と南部にアサドの主権が及ばない「緩衝地帯」を設置する提案を行い,フランスはこの計画のために500万ユーロの援助を行う用意があると発表した。[43]一方でアメリカのマーチン・デンプシー（Martin Dempsey）陸軍参謀総長は「緩衝地帯」の設置に反対し,この計画には同盟国が賛同しないとの見方を示した。エルドアンも,2013年5月にはシリアに飛行禁止空域を設置すべきだと主張したが,安保理の常任理事国間でも意見の対立があるため,「安全保障地帯」,「緩衝地帯」,「飛行禁止空域」の議論は平行線を辿ったままであった。[44] 2012年9月から12月,さらに2013年5月以降,シリア北部でPYDとジハード主義集団との戦闘が激しさを増したため,「安全保障地帯」と「緩衝地帯」の設置は以前と比べて現実的な選択肢ではなくなってきている。

第4章　シリア内戦をめぐるトルコ外交

図4-4　2012年におけるトルコ・シリア国境の安全保障地帯構想
（出所）　*Arguments on Safe Havens in Syria: Risks, Opportunities and Scenarios for Turkey*, p. 39.

3　アメリカとの関係強化

トルコとイスラエルの和解

　トルコ政府は，イスラエルとの関係改善には，①ガザ支援船団攻撃事件に関するイスラエルからの正式な謝罪，②ガザ支援船団攻撃事件の犠牲者の家族に対する賠償金の支払い，③ガザ封鎖の解除，が必要であると一貫して主張してきた。[45] 2012年12月14日にトルコに批判的なアヴィグドール・リーベルマン（Avigdor Lieberman）外相が辞任し，2013年2月にイスラエルが早期警報システム（Airborne Warning and Control System，略称 AWACS）をトルコ軍に提供することを決定するなど，関係改善に前向きな動きが見られたが，2月末にエルドアン首相が「シオニズムのように，反ユダヤ主義のように，ナチズムのように，イスラムフォービアも人権侵害に当たる」とシオニズムをファシズムと同列に扱う発言をしたことで，再びイスラエルとの関係が緊張した。ここでイスラエルとトルコの緊張関係緩和に奔走したのがアメリカであった。[46] ケリー国務長官が中東歴訪の一環としてトルコを訪問し，エルドアン，ギュル，ダーヴトオールと会談した。さらにケリーは3月14日と15日にダーヴトオールと電話で会談した。それでも2013年3月

前半までトルコとイスラエルの関係改善への道のりは厳しいと見られていた。しかし，オバマ大統領が２期目の最初の訪問国としてイスラエルを訪れ，ベンヤミン・ネタニヤーフ（Benjamin Netanyahu）首相と会談した際に，トルコに譲歩し，トルコとの関係を修復するよう説得したことでガザ支援船団攻撃事件に関する謝罪が実現した(47)。このように，オバマ政権は，困難とみられていたトルコとイスラエルの関係改善の第一歩を，トルコの肩を持つ形で実現させた。この謝罪は，「アラブの春」によってムバーラク（Hosni Mubarak）政権が崩壊したことと，シリアの化学兵器がテロリストの手に渡る危険性により自国の安全保障が脅かされているという認識が強まっているイスラエルにとっても実質的にプラスであった。また，トルコにとってもイスラエルが地中海東岸で進める「タマル」と「リヴァイアサン」という２つのガス田開発に参加することが可能になるメリットがあった。

トルコとアメリカの首脳会談

次いでトルコとアメリカの良好な関係を印象づけたのは，2013年５月中旬のエルドアンのワシントン訪問であった。16日にホワイトハウスでオバマとエルドアンが会談し，主にシリア情勢，エルドアンのガザ訪問，トルコとイスラエルの和解，経済に関するハイレベル委員会の設置，パートナーシップの確認という５つの議題について話し合った(48)。

シリア情勢に関して両国は，反体制派と行動を共にする，アサドは退陣しなければならない，という考えで一致した。また，オバマは「アメリカは単独ではシリアに平和をもたらすことができない。また，アメリカの単独行動が良い結果を生むとは思わない」と述べ，他国との責任分担を強調した。化学兵器の使用に関して，オバマは「シリア国内で化学兵器が使用されたという証拠はあるが，それを受けてどのように対応するかの前に，より具体的な情報が重要である」と述べ，当面は外交による解決を探る姿勢を明らかにした。

エルドアンは同年４月にガザ地区を訪問する予定があることを明らかにし，アメリカはトルコとイスラエルとの和解のために，これに反対する姿勢を示していた。訪問中，エルドアンはアメリカが反対しているガザ地区訪問に関して，「中東和平のためにも６月にガザ地区を訪問する」と改めて主張した。さらに，ガザ

地区だけではなく，ヨルダン川西岸も訪問する考えがあることも明らかにした。[49]

　トルコとイスラエルの和解に関して，オバマは，「トルコとイスラエルの関係が正常化することが中東和平の2国間解決案を後押しする」と述べたのに対し，エルドアンは「トルコとイスラエルはガザ支援船団攻撃事件の補償に関する交渉を継続している」と返答し，トルコとイスラエルが関係改善に向けて前向きに交渉していることを強調した。

　経済に関して，2009年に戦略的経済・商業協力フレームワークに調印した両国であったが，両国間で貿易投資が高まっている現状を踏まえ，協力をさらに発展させ，経済に関するハイレベル委員会を設置することが決定した。具体的に，クリーンエネルギーの促進，イノヴェーション経済の先導，企業間協力の構築の分野で協力を進めていく予定である。

　また，エルドアンとオバマは，共通の価値・戦略的利益に基づき，人的交流を継続することによってパートナーシップを強化することを確認した。具体的にはグローバル・パートナー，経済と貿易のパートナー，対テロ・パートナー，安全保障パートナー，教育・科学・イノヴェーションに関するパートナーとなることが提唱された。グローバル・パートナーとは，アメリカが国際政治におけるトルコの役割を快諾するというもので，特にシリア情勢，中東和平の促進，中東・北アフリカの経済改革と経済成長のサポート，キプロス問題の解決，アルメニアとの関係正常化，最高水準の人権の促進，民主主義，ガバナンスという分野におけるトルコの役割を期待するという内容であった。

　エルドアンのガザ地区訪問，また，イラクに関して中央政府を支持するアメリカと北イラク・クルド人との関係を強めるトルコの間で見解の違いはあったが，エルドアンのアメリカ訪問は，概ね成功裏に終わった。

　このように，2013年8月まで，トルコとアメリカはシリアのアサド政権に対する脅威認識を共有していた。両国はアサド政権打倒という目的で一致団結していたが，アメリカは9月に化学兵器を使用した疑惑がもたれたシリアへの攻撃を宣言しながらも袋小路に落ち込み，結局ロシアが示した妥協案に同意したことで，シリアへの攻撃を主張していたトルコとの関係に溝が生じた。

4 シリア内戦におけるトルコの対応の評価

それでは、シリア内戦は「脅威の均衡」によってどの程度説明できるだろうか。第2章、第3章と同様に、①地理的近接性、②攻撃能力、③好戦的な意図、④総合的な能力の優劣という4点から検証する。

①の地理的近接性に関して、シリアはイラクと同様にトルコの隣国であり、十分な地理的近接性がある。アサド政権とジハード主義者からの攻撃、PYD をはじめとした北シリア・クルド人の動向などはトルコ南部の治安を大いに悪化させている。

②の攻撃能力に関して、SIPRI の軍事支出のデータベースに基づくと、トルコとシリアの2008年から2012年までの5年間の軍事支出は表4-4のようになっている。軍事支出だけ見ると、トルコの支出額がシリアの約8倍となっており、トルコの方が軍事力を増強しているように見える。しかし、2013年8月21日に使用が報じられたように、アサド政権は化学兵器を保持している。2013年1月30日のトルコのヒュリエット紙の報道によると、アメリカ政府は、シリア軍が650トンのサリンガス、200トンのマスタードガス、少量の VX ガスを所有していると見積もっている。このように、シリアの軍事支出はそれほど多くないが、化学兵器という殺傷能力の高い兵器を保有しており、その攻撃能力は高いと考えられる。

③の好戦的な意図に関して、アサド政権は前述した2012年10月のアクチャカレへの砲撃や2013年5月のレイハンルへの攻撃のように、トルコ国境沿いに配備されている政府軍の好戦的な意図は高い。ただし、政府軍はトルコ国境よりもダマスカスとアレッポ、両都市をつなぐ道路に戦力を投入している。トルコ国境で政権軍以上に好戦的な姿勢を明確にしているのはジハード主義集団である。「ヌスラ戦線」、「イラクとシャームのイスラーム国」の好戦性は高く、トルコにも攻撃は及んでいる。

④の総合的な能力に関して、人口と GDP ともにトルコがシリアを圧倒的に上回っている。GDP は表4-5のように、トルコがシリアの10倍以上の数値となっている。人口も CIA の The World Factbook によると、2013年7月時点でトルコは前述したように8,069万4,485人であるのに対し、シリアは2,245万7,336人で

第4章　シリア内戦をめぐるトルコ外交

表4-4　2008〜2012年にかけてのシリアとトルコの軍事支出

(単位：100万ドル)

国＼年	2008	2009	2010	2011	2012
シリア	2,027	2,301	2,366	2,495	—
トルコ	16,119	17,275	16,976	17,690	17,906

(出所)　SIPRI date base military expenditure を参照し，筆者作成。

表4-5　2008〜2012年にかけてのシリアとトルコのGDP

(単位：10億ドル)

国＼年	2008	2009	2010	2011	2012
シリア	52	53	59	64	73
トルコ	730	624	731	704	789

(出所)　World Bank website を参照し，筆者作成。

ある[51]。

　トルコがNATOやアメリカとの関係を再強化している理由の1つは明らかにシリアの脅威であり，シリア内戦に際してのトルコの同盟関係は「脅威の均衡」から説明できる。脅威の源泉は，地理的近接性，攻撃能力，好戦的な意図である。ただし，トルコにとってシリア内戦の脅威はアサド政権だけではなく，シリア国内のクルド人，ジハード主義者，難民問題による複合的なものである。また，クルド人問題，ジハード主義者からの攻撃，難民問題はトルコの内政問題でもあるため，「オムニ・バランシング」の枠組みも考慮される。ただし，デーヴィッドが想定したような体制転覆を国内でもたらすほどのインパクトを持ち合わせている脅威ではなく，国内の治安が悪化する可能性が高まる脅威である。とはいえ，シリア内戦は対外的な脅威と国内的な脅威が混在しており，国内的な視点が確実に必要な事例である。

　シリア内戦は，アメリカとトルコの脅威認識が一致しており，イラクやアフガニスタンでの失敗から直接シリアに介入することに気が進まなかったオバマ政権がトルコを同盟の対象として，「オフショア・バランシング」を展開した事例でもあった。トルコの行動からみると「脅威の均衡」であり，アメリカの行動からみると「オフショア・バランシング」であったと説明できよう。しかし，両国のアサド政権打倒という共通目標が，2013年9月にアメリカがロシアとの間でシリ

アの化学兵器廃棄の枠組みに同意したことで崩れ，トルコにとって「脅威の均衡」のパートナーとしてのアメリカ，アメリカにとって「オフショア・バランシング」のパートナーとしてのトルコの重要性は低下した。

おわりに

　本章では，トルコのシリア内戦への間接的，直接的な対応と，シリアという脅威に対抗するためにアメリカとの同盟関係を再強化しようとしたトルコの試みについて検討してきた。トルコは2011年3月から8月まではシリアの説得に自信を見せていたが，8月のダーヴトオールとアサドの交渉が決裂すると，シリアとの関係を断絶し，反体制派の最も強力な支援国の1つとなった。2012年10月のアクチャカレへの砲撃以降，トルコとシリア政府軍との間の軍事衝突の可能性が高まり，トルコは12月にNATOのパトリオット・ミサイルを南部の3県に配備することが決定した。加えて，トルコとシリアの国境沿いはイラク政府軍だけでなく，PYDに代表される北シリア・クルド人，「ヌスラ戦線」と「イラクとシャームのイスラーム国」といったジハード主義者の集団が複雑に攻撃し合う状況となっており，トルコの脅威認識はいっそう高まった。こうした状況において，トルコはアメリカとの同盟関係を強めた。アメリカ側もトルコを中東における有力な「オフショア・バランシング」のパートナーと見なしており，トルコとイスラエルの和解を後押し，トルコとアサド政権の退陣に向けて協調行動をとっていくことを約束した。

　トルコがNATOやアメリカとの関係を再強化している理由は明らかにシリアの脅威であり，シリア内戦に際してのトルコの同盟関係は「脅威の均衡」から説明できる。第4節で指摘したように，シリア危機は内政におけるさまざまなアクターによって複合的な脅威が形成されており，対外的な脅威への対応だけでなく，内政の脅威の側面からも検討されなければならない。また，シリア内戦はアメリカにとっては，トルコをパートナーとする「オフショア・バランシング」であった。アメリカの「オフショア・バランシング」はパートナーと脅威認識を共有している時は機能するが，脅威認識の共有が崩れると，その維持が難しくなる。2013年9月にアメリカがアサド政権への攻撃を避け，ロシアの妥協案に調印した

ことは，トルコとアメリカの脅威認識の共有を低下させた。

注

(1) ケリー国務長官とダーヴトオール外相は，ケリーの国務長官就任以降，2ヵ月間で早くも3回の会談を行うなど，中東情勢を中心に緊密な関係を築いている。

(2) "PM Erdoğan says Turkey cannot be indifferent to events in Syria", *Today's Zaman*, 29 March 2011. それから1週間後の4月6日には，ダーヴトオールがダマスカスを訪れ，アサド大統領とワリード・ムアッリム（Walid Al-Muallem）外相，シリアに亡命していたハマース幹部のハーリド・マシュアル（Khaled Mashal）と会談した。

(3) "6.5 Saatlik Görüşmede Bol Sitem", *Radikal*, 10 Ağustos, 2011.

(4) "Press statement Regarding Measures Adopted vis-à-vis the Syrian Administration, 30 November 2011, Ankara"（http://www.mfa.gov.tr/press-statement-regarding-measures-adopted-vis-vis-the-syrian-administration-30-november-2011.en.mfa）2012年9月25日閲覧。

(5) シリアで「アラブの春」の影響が浸透し始めた直後の2011年4月27日に，イスタンブルで早くも第1回目の反体制派会合が開催された。5月31日に第2回目の会合がアンタルヤで，そして7月17日にも第3回目の会合が開催され，アサド政権に反対するシリア・ムスリム同胞団，クルド人，アラウィー派，キリスト教徒などさまざまな民族，宗派，団体が参加し，25人のメンバーからなる評議会，11人のメンバーからなる委員会を立ち上げることが決定した。それがシリア国民評議会であった。

(6) *T. B. M. M. Tutanak Dergisi,* Dönem 24, 3. Yasama Yılı, 4'üncü Birleşim, 4 Ekim 2012.

(7) Aysel Alp, "Tezkere oylamasında kim kaç fire verdi", *Hürriyet*, 4 Ekim, 2012（http://www.hurriyet.com.tr/gundem/21624353.asp）2012年12月11日閲覧。 採決には過半数の得票（275票）が必要である。トルコ大国民議会の定数は通常550議席であるが，2011年10月に公正発展党のハルン・チャクル議員が心臓発作で死亡したため，549議席となっている。2012年10月時点での各政党の議席数は，公正発展党326議席，共和人民党135議席，民族主義者行動党51議席，平和民主党29議席，参加民主党1議席，無所属7議席となっている。

(8) "Türkiye Siyasal Durum Araştırması-Eylül 2012"（http://www.metropoll.com.tr/report/turkiye-siyasal-durum-arastirmasi-eylul-2012）2013年9月11日閲覧。

(9) "Esad halkına karşı kimyasal silah kullandı", *Hürriyet*, 9 Mayıs, 2013（http://

www.hurriyet.com.tr/planet/23244990.asp）2013年9月14日閲覧。
(10) "Suçlanan örgütün elebaşı konuştu", *Hürriyet*, 13 Mayıs, 2013（http://hurarsiv.hurriyet.com.tr/goster/haber.aspx?id=23268567&tarih=2013-05-13）2013年9月14日閲覧。
(11) シリアのクルド人の組織の概要，目的をまとめたものとして以下を参照されたい。Serhat Erkmen, "Suriye'de Kürt Hareketleri", *ORSAM Rapor* No. 127, 2012（http://www.orsam.org.tr/tr/trUploads/Yazilar/Dosyalar/201286_127%20yeniraporson.pdf）2013年9月18日閲覧，青山弘之「シリアにおけるクルド民族主義政党・政治組織(1)」『現代の中東』No. 39, 2005年, 58-84頁, 青山弘之「シリアにおけるクルド民族主義政党・政治組織(2)」『現代の中東』No. 40, 2006年, 20-31頁, 青山弘之「シリアにおけるクルド民族主義政党・政治組織（補足）――ハリーリー元首相暗殺に伴う政情変化のなかで（2005年）」『現代の中東』No. 41, 2006年, 65-94頁。
(12) 近年，公正発展党政権とバルザーニーを代表とするKRGは良好な関係を保っており，バルザーニーはトルコのPKK対策に一定の理解を示していた。また，北イラクからトルコに対して天然ガスを輸出する計画も進められている。こうした状況下で，トルコ政府に事前通告なく2012年7月に高等クルド評議会が設置されたことは，トルコの政策決定者たちに衝撃を与えた。その後，ダーヴトオールがエルビルを訪問し，トルコとKRGが今後も共同歩調をとることを確認した。その翌日にはKRGやシリア国民クルド評議会の代表者と非公開の会合を行い，KRGやシリア国民クルド評議会がPKKと連帯しないよう訴えた。
(13) 澤江史子「煮詰まるトルコのクルド人問題解決策――PKKの要求とトルコ政府の対応」『海外事情』第60巻11号, 2012年, 111頁。PYDのウェブサイトでは2003年9月に発足したと書かれているが，トルコの新聞などでは2004年に発足という記述がほとんどである（http://pydinfo.com/about-the-pyd）2013年9月24日閲覧。
(14) "PKK ile organic değil ideolojik bağ var", *Radikal*, 25 Temmuz, 2012（http://www.radikal.com.tr/Radikal.aspx?aType=RadikalDetayV3&ArticleID=1095199&CategoryID=81）2012年11月24日閲覧。
(15) Serhat Erkmen, "The Clashes in Northern Syria and the Possible Effects", *ORSAM Report*, No. 164, August 2013, p. 8.
(16) *Ibid*.
(17) （http://pydinfo.com/field-reports/171-latest）2013年9月20日閲覧。
(18) "Al Qaeda Taking Deadly New Role in Syria's Conflict", *The New York Times*, 24 July, 2012（http://www.nytimes.com/2012/07/25/world/middleeast/al-qaeda-insinuating-its-way-into-syrias-conflict.html?pagewanted=all&_r=0）2012年12月13日

閲覧；"Türkiye sınırı El Kaide'nin kontrolünde", *ntvmsnbc*, 26 Temmuz, 2012 (http://www.ntvmsnbc.com/id/25369291/) 2012年12月13日閲覧．

(19) トルコ側の代表は外務副大臣で元駐シリア大使のハリト・チェヴィク（Halit Cevik），アメリカ側はエリザベス・ジョーンズ（Elizabeth Jones）国務次官補であり，外交官，防衛と諜報機関の関係者が出席した．具体的には，緩衝地域の設置，人道支援，PKKとアル・カーイダへの対策，シリアの化学兵器，アサド退陣後のシリアの統治体制について話し合われた．協議の公式の文書は出されず，アメリカのヌランド国務省報道官がコメントを発表するに留まった．"El Kaide ve PKK'ye karşı sınır planı", *CNN Türk*, 23 Ağustos, 2012 (http://www.cnnturk.com/2012/turkiye/08/23/el.kaide.ve.pkkye.karsi.sinir.plani/673904.0/index.html) 2012年12月13日閲覧；"US, Turkey in talks to shape post-Assad era", *Hürriyet Daily News*, 24 August, 2012 (http://admin.hurriyetdailynews.com/us-turkey-in-talks-to-shape-post-assad-era.aspx?pageID=238&nID=28484&NewsCatID=338) 2012年12月13日閲覧．

(20) "ABD: El Kaide Türkiye üzerinden Suriye'ye para ve savaşçı göndermeye çalışıyor", *Zaman*, 19 Ekim, 2012 (http://www.zaman.com.tr/dis-haberler/abd-el-kaide-turkiye-uzerinden-suriyeye-para-ve-savasci-gondermeye-calisiyor/2004675.html) 2012年12月13日閲覧．

(21) ジハード主義者の暴走に関しては，例えば高岡豊「シリア――反体制武装勢力同士の抗争」中東かわら版，No. 140, 2013年7月16日を参照されたい．

(22) Mehmet Güçer, Sema Karaca, Bagadır Dinçer, *Sınırlar Arasında Yaşam Savaşı: Suriyeli Mülteciler Alan Araştırması*, USAK rapor, No. 13-4, Mayıs 2013, p. 7.

(23) Soner Çağaptay, "The Impact of Syria's Refugees on Southern Turkey", *The Washington Institute for Near East Policy, Policy Focus 130*, October 2013, p. 10.

(24) ORSAMによるオクタイAFAD長官へのインタビューによると，難民キャンプにおいて，保育園には6,300人，小学生が3万1,000人，中学生が1万7,600人，高校生が7,900人が収容されている．また，教師は2,800人おり，その内の2,300人がアラブ人，もしくはアラブ系とされる．ORSAM, "AFAD President: Turkey owes success to its experience, systematic work and political will", *ORSAM Interviews on Regional Affairs*, No. 1, March 2014, p. 4.

(25) Brookings & USAK, *Turkey and Syrian Refugees: The Limits of Hospitality*, November 2013, p. 5.

(26) "Suriye Sıfır Noktasında İnsani Yardım Dağıtımı", Afet Raporu, *AFAD website*.

(27) UNHCR, *Turkey Syrian Refugee Daily Sitrep*, 26 December, 2013.

(28) トルコの国際戦略研究所（Uluslararası Stratejik Araştırmalar Kurumu: USAK）

の研究レポートによると，難民の平均年齢は36.2歳であり，15歳から19歳までが6.8％，20歳から29歳までが19.4％，30歳から39歳までが34.3％，40歳から49歳までが25.2％，50歳から59歳までが8.5％，60歳以上が5.8％という年齢構成になっている。難民の男女比は男性が85.8％に対して，女性が14.2％となっている。また，「誰と難民生活を送っていますか」という質問に関しては，家族とともに難民生活を送っている人が88.6％，友人と難民生活を送っている人が6.8％となっている。難民の教育状況に関して，全く学校教育を受けていない人は5.1％，小学校教育が21.6％，中学生教育が26.1％，高校教育が22.7％，大学以上の高等教育が24.4％となっている。難民の職業に関して，公務員が23.5％，サーヴィス業が20.6％，労働者が18.8％，学生が10％，非労働者が8.8％，農家が7.1％，専業主婦が4.1％，自営業と私企業が3.5％となっている。難民の出身地に関しては，イドリブ県が51.5％，アレッポ県が26.7％，ハサカ県が5.7％，ラタキア県が4.0％，ダマスカス県が2.3％となっている。避難先としてトルコを選んだ理由は，「安全だから」が50.9％，「住んでいる場所から近いから」が40.6％，「トルコに親戚がいるから」が5.1％などとなっている。「シリアで何らかの争いに加担しましたか」という質問に関して，「はい」が40.8％，「いいえ」が49.4％と答えている。「難民キャンプの状況は快適ですか」という質問に対して，23.3％が「非常に快適」，64.8％が「快適」，9.1％が「快適ではない」，1.1％が「全く快適ではない」と答えている。そして，「非常に快適」と答えた人にその理由を聞くと，50％以上の人が「安全」，23％の人が「心の平穏」をあげている。逆に「全く快適ではない」と答えた人はその理由として，37.1％が「健康」，17.1％が「職員とのトラブル」，9.3％が「避難場所」，7.1％が「仕事」，6.4％が「栄養状態」をあげている。「内戦によって近親者を失いましたか」という質問に関しては，「はい」が95.1％，「いいえ」が4.9％，「誰を失いましたか」という質問に関しては，「家族」が26％，「親しい親戚」が40.3％，「親しい友人」が33.7％となっている。「内戦によって心理的な負担を感じましたか」という質問に関しては，「感じたが現在は回復した」が82.4％，「未だに感じている」が14.2％，「感じなかった」が3.4％となっている。「トルコの援助に満足していますか」という質問に関して，「満足している」が29.7％，「満足していない」が10.9％，「多少の不満がある」が59.4％という結果になっている。Güçer etc, *op. cit.*, pp. 31-59.。

(29) Çağaptay, *op. cit.*, pp. 16-17.

(30) 2011年6月8日に公共事業・住宅省は環境森林省と統合され，環境森林と都市設計省となった。その後，環境森林と都市設計省は環境・都市設計省と森林・水道事業省に分割された。

(31) "AFET VE ACİL DURUM YÖNETİMİ BAŞKANLIĞININ TEŞKİLAT VE

GÖREVLERİ HAKKINDA KANUN", *T. C. Resmi Gazete,* Kanun No. 5902, 29 Mayıs, 2009.

(32) 例えば，2013年12月24日に AFAD と JICA は「マルマラ海における地震と津波の被害の抑制とトルコの災害教育」という協同プロジェクトに関する会合を開催している。"JICA ile Ortak Koordinasyon Komiti Toplantısı", *AFAD website,* 24 Aralık, 2013.

(33) "Syrian refugees in Turkish camps live on 80 liras of monthly aid", *Hürriyet Daily News,* 28 November, 2013.

(34) AFAD の技術チームは2013年3月にもハタイ県のジルヴェギョズの国境付近で，アサド政権の攻撃によって負傷したシリア人を保護する際に，化学兵器が使用されたかどうかの調査を実施している。"Turkey increases defenses against Syrian chemical attack", *Today's Zaman,* 23 August, 2013.

(35) UNHCR, *2014 Syria Regional Response Plan: Turkey,* December 2013, p. 11.

(36) ORSAM, *op. cit.,* p. 5.

(37) Çağaptay, *op. cit.,* p. 10.

(38) "Suriye'ye yapılan yardımlar", *İHH website.* 食糧の提供に関しては，①食材の提供（シリアのアレッポ県とイドリブ県，トルコのハタイ県，ガジアンテプ県，キリス県，シャンルウルファ県），②夕食の配給（シリアのアレッポ県），③朝食の配給（シリアのアレッポ県），④飲料水の配給（シリアのアレッポ県とイドリブ県，トルコのハタイ県），⑤小麦の配給（シリアのアレッポ県，イドリブ県，ホムス県），⑥パンの配給（シリアのアレッポ県とイドリブ県，トルコのハタイ県とキリス県），が行われている。衣類は，シリアのアレッポ県とイドリブ県，トルコのハタイ県で提供されている。清掃用品は，シリアのアレッポ県とイドリブ県，トルコのハタイ県，キリス県，ガジアンテプ県，シャンルウルファ県で提供された。

(39) (http://www.tuik.gov.tr/VeriBilgi.do?alt_id=12) 2013年6月2日閲覧。

(40) 安全保障地帯は，一般市民を保護するために一定の地域に設立されるもので，国境線などの地理や地形，民族の分布などを考慮して設立される。これと似た概念に「安寧地帯（Safe Haven）」があり，こちらは地理や人口分布などに関係なく設立される。

(41) Bostan Yahya, "Başkaları ne yaptıysa onu yapacağız", *Sabah,* 11 Nisan, 2012 (http://www.sabah.com.tr/Gundem/2012/04/11/baskalari-ne-yaptiysa-biz-de-onu-yapacagiz) 2012年11月22日閲覧；"Davutoğlu 'güvenli bölge' isteyecek", *Dünya Bülteni,* 30 Ağustos, 2012 (http://www.dunyabulteni.net/?aType=haber&ArticleID=224578) 2012年11月22日閲覧。

(42) Oytun Orhan, "Suriye'de Güvenli Bölge Tartışmaları: Türkiye Açısından Risk-

第Ⅰ部　危機に際してのトルコ外交

　　　ler, Fırsatlar ve Senaryolar", *ORSAM rapor* No. 115, 2012（http://www.orsam.org. tr/tr/trUploads/Yazilar/Dosyalar/2012410_115raport%c3%bcrking.pdf）2012年8月5日閲覧。
(43)　"Fransa ve Türkiye'den" özgürleştirilmiş bölge "ler planı", *Hürriyet*, 1 Eylül, 2012（http://hurarsiv.hurriyet.com.tr/goster/haber.aspx?id=21357495&tarih=2012-09-01）2012年12月11日閲覧。
(44)　"Turkey's Erdogan says UN must decide on any Syria no-fly zone", 17 May, 2013, *Today's Zaman*（http://www.todayszaman.com/news-315783-turkeys-erdogan-says-un-must-decide-on-any-syria-no-fly-zone.html）2013年9月20日閲覧。
(45)　第10章で詳述するが、「ガザ支援船団攻撃事件」とは、2010年5月31日にガザ支援のためにガザ沖の公海上を航海中であったマーヴィ・マルマラ号をイスラエル軍が急襲し、9名のトルコ人と1名のアメリカ人が命を落とした事件である。トルコとイスラエルの関係は、2008年末から2009年初頭のイスラエルによる第1次ガザ空爆以降悪化していたが、「ガザ支援船団攻撃事件」はその関係悪化を修復不可能なレベルにまで高めた。
(46)　オバマ政権第1期の中東に対する現実主義的な対応に関しては、例えば、溝渕正季「アラブ政変とアメリカ−オバマの現実主義と中東の地政学的変化」『中東研究』513号, 2011年度 Vol. III, 2012年2月, 41-52頁を参照されたい。
(47)　"İsrail Türkiye'den özür diledi", *Hürriyet*, 22 Mart, 2013（http://hurarsiv. hurriyet.com.tr/goster/haber.aspx?id=22875305&tarih=2013-03-22）2013年4月19日閲覧。ネタニヤーフ首相は、犠牲者の家族に対して賠償金を支払う用意があることも表明し、両国の代表団が4月22日にアンカラで、次いで5月6日にエルサレムで会談した。
(48)　エルドアンとオバマの会談の全文は Joint Press Conference by President Obama and Prime Minister Erdogan of Turkey（http://www.whitehouse.gov/the-press-office/2013/05/16/joint-press-conference-president-obama-and-prime-minister-erdogan-turkey）を参照されたい。エルドアンのアメリカ訪問には、ダーヴトオール外相、ビュレント・アルンチ（Bülent Arinç）副首相、ザフェル・チャーラヤン（Zafer Çağlayan）経済相、バーシュ EU 担当相、イスメット・イルマズ（İsmet Yılmaz）防相、タネル・イルドゥズ（Taner Yıldız）エネルギー・天然資源相が同行した。また、約90名のビジネスマンも帯同した。
(49)　シリア内戦の混乱とトルコで5月末に起きた一連の抗議デモの「ゲズィ公園事件」によって、エルドアンのガザ訪問は2013年10月時点でいまだに実施されていない。
(50)　"Her Amerikan askerine kimyasal silah koruması", *Hürriyet*, 30 Ocak, 2013

（http://hurarsiv.hurriyet.com.tr/goster/haber.aspx?id=22483036&tarih=2013-01-30）2013年6月2日閲覧。
(51)　（https://www.cia.gov/library/publications/the-world-factbook/）2013年9月10日閲覧。

第Ⅱ部
トルコ外交の新しいアイディアと内政の状況

第5章
90年代の地域中心主義外交

はじめに

　第5章から第10章にかけては，国際社会と内政を考慮したうえでその対外政策形成に焦点を当てる修正2段階モデルの枠組みを念頭に置く。本章では，冷戦体制崩壊後の90年代に冷戦期の脅威に根ざしたトルコの外交政策が変化せざるを得なくなり，新たな外交のアイディアが創出されたことについて考察する。序章でも述べたように，アルトゥンウシュクは，オザル，ジェム，ダーヴトオールの外交政策を非伝統主義と位置付けた。本章では，オザルとジェムの外交政策に加えて，エルバカンの外交政策が90年代における非伝統主義の外交政策の奔りと考え，検討する。第6章で論じる「ダーヴトオール・ドクトリン」の外交手法の原型は，まさに90年代にあるというのが，本章の意義である。まず，第1節においては，国際環境におけるトルコの位置，つまり，地政学的特徴と，90年代における変化について，特にシリアとの関係改善を中心に考察する。第2節においては，トルコ外交の伝統的なアイディアである西洋化と現状維持について概観する。第3節においては，新たな地政学的特徴に対応するためにオザルが採用した南コーカサスと中央アジアに対する機能主義的政策について検討する。第4節においては，エルバカンのイスラームの連帯を強調した政策，特にD8の試みについて考察する。第5節においては，1997年から2002年まで外務大臣を務めたジェムの「世界国家」のアイディア，OIC-EU共同フォーラム，中東における近隣諸国フォーラムを中心に検討する。加えて，ジェムの外交に影響を与えた，エジェヴィトの「地域中心外交」についても触れる。

第Ⅱ部　トルコ外交の新しいアイディアと内政の状況

1　物理的環境とその変化

物理的環境

　構造的リアリズムの創始者であるウォルツは，国際政治の物理的環境，つまり地政学的位置を考慮していないが，ミアシャイマーやレインといったその後の構造的リアリストたちは，アナーキーという秩序原理と国家体系による国際政治の説明を補完するために地政学的視点を導入している。

　地政学とは，「地理的条件が国際政治や地域政治，政治的・軍事的・経済的分野に与える影響を考察する研究分野」のことを指す。地政学が確立した20世紀初頭から，トルコはその地理的条件の重要性を指摘されてきた。近年，トルコの地政学的重要性を改めて再確認させたのが，ダーヴトオールの著書『戦略の深層』であった。ダーヴトオールは地政学的知見に基づき，トルコが各地域にどのようにその影響力を行使すべきかを説いた。ポスト冷戦期におけるトルコの地政学的特徴としては，①中東地域，コーカサス地域，バルカン地域という陸地に影響力を行使することができる，②ロシアを経由せずに，中央アジアや南コーカサスの諸国家からヨーロッパに石油と天然ガスを輸送するルートの通行路である，③イラク，シリアの上流に位置し，水資源をコントロールできる，④黒海，東地中海，カスピ海，中東のペルシャ湾という海洋地域に影響力を行使することができる，⑤黒海と東地中海を結ぶボスフォラス海峡とダーダネルス海峡を保持している，⑥インジルリック基地という重要なNATO空軍基地を保有している，といった諸点が指摘できる。[1]

物理的環境の変化

　繰り返し述べているように，ソ連の崩壊はトルコにとって常態的な脅威の消滅を意味した。湾岸危機後も存続したイラクのフセイン政権，関係が良好ではなかったシリアのH・アサド政権などが周辺に位置していたが，両国はソ連と比較してトルコの国益を脅かすほどの脅威ではなかった。一方でソ連の崩壊は，地政学的特徴として触れたように，トルコにとっては南コーカサスや中央アジアの諸国家に影響力を行使することが可能となった。こうしたことから，冷戦終結時に

第5章　90年代の地域中心主義外交

大統領であったオザルは，これまでのように脅威に対抗するためにアメリカやNATOにバンドワゴニングする戦略以外に，周辺地域との関係を強化するアイディアと戦略が必要となった。これは西洋化と現状維持を柱とした伝統的なトルコの外交のアイディアとは明確に異なるものであった。

　90年代後半にトルコの中東外交に大きな影響を与えたのが，シリアに対する脅威認識の高まりであった。ここでは，1998年10月のトルコ・シリア危機とその後のアダナ合意について詳しくみていきたい。湾岸危機以来，トルコは中東情勢に深く関わらざるを得なくなっていたが，トルコの中東地域への関与の源泉となっていたのは，近隣諸国に対する脅威認識であった。その中でも，90年代後半にトルコにとって最大の脅威の1つとなっていたのはシリアであった。ヒュリエット紙に掲載されたトルコの統合参謀本部の極秘レポートによると，シリアとPKKは，PKKが設立された直後の1979年7月から協力を行っていたと指摘されている。例えば，PKKはトルコを攻撃するための会合をシリア領内で1981年7月15日から26日，1982年の8月20日に実施した。また，1998年までシリアはPKKに対して財政，軍事，ロジスティックの分野でサポートを行っていた。シリアがPKKをトルコに対するカードとして使用する理由の1つは，トルコが進めた南東部アナトリア計画（Güneydoğu Anadou Projesi，略称GAP）であった。

　トルコはシリアのPKKに対する支援を断絶するために1996年初頭から圧力をかけ始めた。トルコは，1996年1月23日にシリアに対してPKKへの支援をやめるよう要求する覚書を送った。1998年2月24日には，外務省の中東局長であるアイクット・チェティルゲ（Aykut Çetirge）がシリアを訪問し，再度シリアにPKKへの支援をやめるよう要求した。同年7月1日には，当時のシリアの外交政策アドバイザーであったアドナン・オムラン（Adnan Omran）がトルコを訪問し，トルコのコルクマズ・ハックタヌル（Korkmaz Haktanır）外務政務次官と会談した。この会談の際，ハックタヌルは両国関係修復のための2ページに及ぶ書簡をオムランに手渡したが，シリアからこの書簡に関する返答はなかった。結局，シリア側はトルコの警告を本気とは見なしていなかった。

　シリアがPKKへの支援を断絶するのは，トルコが本気でシリアに介入する姿勢を見せ始めた1998年10月以降であった。当時大統領だったデミレルは，大国民議会の開会の辞で次のようにシリアを激しく批判した。

第Ⅱ部　トルコ外交の新しいアイディアと内政の状況

　「我々はシリア政府が明らかにトルコ政府に対して敵意があると考察している。シリアは活発にテロリスト集団であるPKKに援助を続けている。我々の再三にわたる警告にも関わらず，シリアはこの援助をやめていない。もう我慢の限界である。国際社会に通達する。我々がシリアに対して報復を行うことに躊躇しないことを」。⁽¹⁰⁾

　同日，国家安全保障理事会の会合も開催され，出席した軍人たちは「外交と対話による時間は終わった。もし必要となれば，我々は軍事行動さえも含む，あらゆる手段をとることができる」と述べた。実際に，トルコ空軍はディヤルバクル県とマラトゥヤ県の基地からシリアに向けた出撃準備が出来ていたと言われている。メスット・ユルマズ（Mesut Yılmaz）首相を始めとした祖国党，民主左派党，民主トルコ党（Demokrat Türkiye Partisi）の連立政権（Anasol D），さらに野党もシリアに対する軍事行動を支持した。

　トルコの軍事行動も辞さないという姿勢を受け，シリア政府は態度を軟化させ，トルコ政府の対話による解決を受け入れた。しかし，シリア政府はPKKに武器を援助していることを否定し，「トルコとシリアの関係が悪化しているのは，トルコがイスラエルと親密な関係を築いているためだ」というコメントを出した。⁽¹²⁾このコメントは再びトルコの政策決定者たちの逆鱗に触れ，ユルマズはシリアに対して「45日以内に結論を出すように」という警告を行った。この間，エジプトのムバーラク大統領が両国の仲介を行うためにトルコを訪問し，デミレル，ユルマズ，ジェムと会談した。しかし，トルコ政府はシリアとPKKの関係に妥協を見せなかったためにムバーラクの仲介は失敗に終わった。⁽¹³⁾

　10月12日に，トルコは5万人の兵をシリア国境沿いに派遣し，戦闘の準備を本格的に始めた。この段階になって，シリアはようやくトルコの要請を受け入れ，匿っていたPKK党首のオジャランを国外追放するとともに，両国は10月20日にアダナ合意に調印した。アダナ合意によって，トルコはシリアから4つの約束を勝ち取ることに成功した。その約束とは，①シリア政府はオジャランがその領内に入ることを許可しない，②オジャラン以外のPKKのメンバーもシリア領内に入ることを許可しない，③シリア政府はその領内でPKKの訓練を行うことを許可しない，④シリア政府は領内のPKKメンバーを逮捕し出廷させる，というも

のであった。シリアは領内の PKK メンバーのリストをトルコに提供する，という約束もなされた。また，両国はホットラインと安全保障に関する外交特別代表団も設置することで合意した。

シリアから放逐されたオジャランはロシアへと逃れ，最終的に1999年2月15日にケニアのギリシャ大使館で発見され，逮捕された。1990年代，両国関係は安全保障問題が中心であり，まさに「脅威の均衡」によってバランスが保たれていたが，トルコにとって内政問題でもある PKK への対処をめぐってそのバランスが崩れることになった。トルコとシリアはアダナ合意を契機に関係改善を図り始めた。これに拍車をかけたのは H・アサド大統領の死去と，ハーフィズの次男，B・アサドの大統領就任である。2000年代において，B・アサドは公正発展党政権と良好な関係を構築することになる。また，アダナ合意は，トルコにとってシリアだけでなく中東地域に対するこれまでの安全保障中心のアプローチから，信頼醸成に重きをおいたアプローチへ転換させるきっかけとなった。

2　伝統的な外交アイディア

トルコの伝統的な外交アイディアは，西洋化と現状維持であった。西洋化の考えは，後期オスマン帝国時代に受容が始まり，オスマン帝国とその後のトルコ共和国の外交政策に大きな影響を与えた。オスマン帝国史の泰斗であるイナルジク (Halil İnalcık) はオスマン帝国期の西洋化を3つの時期に区分している。第1の時期は，西洋化が文化の分野，特に戦艦の組立方法，船舶操縦術，砲術，戦術といった軍事的な側面に影響を及ぼした時期を指す。この段階の西洋化は西洋技術の「借用」であった。第2の時期は，西洋化が軍人や知識人の思考に影響を及ぼした時期である。この段階の西洋化は，単なる借用だけではなく，「模倣」であった。例えば，オスマン帝国は西洋風の軍事学校を設立し，西洋列強からお雇い教師を雇い，西洋化教育に務めた。第3の段階は，やはり「模倣」だが，その「模倣」が行政のレベルで起こったタンジマート期からアブデュルハミト (Abdülhamid) 2世の統治の時代にかけてであった。特にアブデュルハミト2世は，外務省を西洋基準に改革した。政治家，軍人，知識人はオスマン帝国の西洋化を促進させたが，オスマン帝国の解体は避けられなかった。

第Ⅱ部　トルコ外交の新しいアイディアと内政の状況

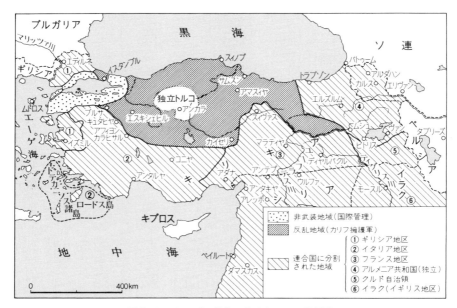

図5-1　セーヴル条約によるトルコの分割案
（出所）　永田雄三・加賀谷寛・勝藤猛『中東現代史Ⅰ』山川出版社，1982年，134頁。

　トルコ共和国設立後は，ケマルの下，国家生存のためにより徹底した西洋化（言語改革やトルコ帽の禁止など）を敢行し，西洋国家の一員になることを目指した。この西洋化の志向は，特に軍部と世俗主義政党に引き継がれていった。

　現状維持政策に最も強い影響を及ぼした出来事が，第1次世界大戦に巻き込まれる形で参戦，敗北し，セーヴル条約によって国家が解体しかけた経験であった。ケマルとイスメット・イノニュ（İsmet İnönü）はセーヴル条約の悪夢を繰り返さないために，1923年に建国したトルコ共和国の内政改革と外交における現状維持を追求した。

　セーヴル条約がトルコ外交に及ぼした影響は「セーヴル症候群」と呼ばれ，その影響は大きく2つの不安に集約される。第1に，領土を解体される不安である。セーヴル条約の領土に関する内容は以下のようであった（図5-1参照）。①東トラキアとイズミル周辺がギリシャ領土となる，②ボスフォラス・ダーダネルスの両海峡は「海峡委員会」の管理下におかれ，全ての国の船舶に開放，沿岸地域は

第5章　90年代の地域中心主義外交

非武装化される。③東部アナトリアには独立アルメニア国家が建設される。④レバノン、シリアはフランスの委任統治となり、アナトリア南東部もフランスの勢力圏に入る。⑤モースルを含めた現在のイラク、パレスチナ、シリア南部（トランスヨルダン）はイギリスの委任統治となる。また、キプロスはイギリス領土となる。⑥アナトリア南西部はイタリアの勢力圏となる。また、エーゲ海諸島もイタリアが領有する。⑦モースルから北のクルディスタンはクルド人に自治権が与えられる。⑧ヒジャーズ王国はアラブ人国家として独立する。セーヴル条約は文字通り、オスマン帝国の解体であり、トルコはイスタンブルとアナトリア中北部しか領有を認められなかった。この悪夢を再現しないよう、領土拡大よりも領土保全の考えが重要視された。2つ目の不安は、西洋諸国に対する恐怖感である。セーヴル条約はヨーロッパのオスマン帝国支配としての東方問題の最終的な形態であった。西洋諸国に対抗するためにも、西洋化を達成することが必要と考えられた。

こうした西洋化と現状維持志向の外交指針によって構成された外的アイデンティティが、国際社会におけるミドルパワーとしての行動様式であった。トルコは限定的なパワーしかもたないミドルパワーとして、常に所有目的よりも環境目的（認識的な）を追求した。次節から、90年代に出された新しいアイディアについて確認する。

3　オザルの機能主義外交

地域機構の設立または制度強化の試み

オザルは冷戦体制崩壊後、新たに独立した南コーカサス地域と中央アジア諸国などを巻き込む形での地域機構の設立、または制度強化をめざした。その最も成功した事例がBSECの設立である。ここでは、中東地域に対する政策ではないが、トルコの地域機構設立に向けた試みの始まりとして、トルコのBSECに対する政策を概観する。

BSECは黒海沿岸に位置するブルガリア、グルジア、ルーマニア、ロシア、ウクライナ、トルコという6ヵ国と、その周辺に位置するアルバニア、アルメニア、アゼルバイジャン、ギリシャ、モルドバ、セルビア・モンテネグロ（分離後はセ

ルビアのみ参加）という計12ヵ国が参加した機構である。さらにポーランド，スロバキア，オーストリア，フランス，ドイツ，イタリア，エジプト，イスラエル，チュニジア，BSEC商業評議会，国際黒海クラブがオブザーバーとして参加した。BSECは現在，諮問機関としての立法議会，商業業務を引き受ける非政府組織である商業評議会，黒海貿易振興銀行という3つの機構から成り立っている[19]。黒海地域はトルコ，ロシア，南コーカサス諸国と密接な関係にあるが，冷戦期は東西に分断されていたために黒海地域という地域概念はなく，冷戦後に創造されたと言って差し支えない地域である。つまり，この地域はBSECの創設により出現したのであった[20]。

　オザルが立ち上げたBSECの構想は南コーカサスとバルカン諸国に熱狂的に受け入れられ，準備会議と作業会議を経て，92年6月にイスタンブルでBSEC協定が調印された。この協定は民主的価値，基本的自由，個人の権利，社会正義，自由経済，地域内の安全と安定に努めることを謳っている。しかし，この協定に関して，トルコと他国との間には認識のずれが存在していた。トルコ以外の国々は，BSECをEUのような政治と経済の両方の統合を目指す地域機構を想定していたが，トルコはBSECが過度に政治機構化することを得策とは考えず，純粋な経済組織を目指していた。トルコの政策決定者たちの認識では，BSECはEUと同等の機構やEUへの対抗策ではなく，トルコがEU加盟の足掛りとするための機構であった。

　経済機構として設立したBSECだが，その目的は経済的なものと政治的なものに大別することが可能であった[21]。経済的な目的として，①長期間にわたり国際経済の周辺地域に追いやられ，国際経済に対するバランス感覚を失っている黒海地域の経済の再活性化，②国家主導で自由主義経済を達成したトルコの経験を各国に伝え，さらに銀行業務と投資に関する知識を各国間で交換する，③各国が共同で観光事業・漁業・交通の再開発を実施する，という3点が提唱された。政治的な目的としては，①冷戦終結によって創出された新たな東西地域の融合を最大限活用する，②政治面での協力を強めるために経済のインフラストラクチャーを進める，③地域協力を通してヨーロッパにおける新たなアクターとして存在感を強める，④過激なナショナリストの逸脱行動への緩衝材としての役割を果たす，という4点があげられる[22]。

一方で、BSECにはいくつかの問題点もあった。第1に、トルコをはじめ、BSECに所属している諸国家は他の多くのレジームにも参加しているため、常にBSECで中心的な役割を果たそうとは考えていなかった点である。90年代から2000年代前半におけるトルコのEU加盟に熱心な行動はこの典型であった。第2に、BSECはあくまで経済を主眼においており、政治的な束縛は限定されていた点である。このようにトルコは、限界はあるものの積極的に地域パワーとして影響力の行使を図った。ただし、中東においてはBSECのような有効な提携外交を展開できなかった。

BSEC以外にも、トルコは1985年にパキスタン、イランと共に設立した経済協力機構（Economic Cooperation Organization、略称ECO）にアゼルバイジャン、カザフスタン、クルグズスタン、タジキスタン、トルクメニスタン、ウズベキスタンを招待し、93年2月に「行動のためのクエッタ・プラン」、93年7月に「ECOの長期展望（イスタンブル宣言）」を相次いで発表し、域内での可能な限りの人と資源の移動を奨励した。

自由主義経済の導入と経済的機能主義の試み

オザルは70年代から国家の経済政策に深く関わるなど、トルコにおける経済の第一人者であったが、その政策の特徴はプラグマティズムと新自由主義から成り立っていた。プラグマティズムとは、思考が現実的であること、また、理論や理想よりも実践的、現場主義的であることを指す。新自由主義の考えはレーガン（Ronald Reagan）、サッチャー（Margaret Thatcher）、中曽根康弘らが唱えた政策に影響を受けている。政策としての新自由主義は、法の支配下における自由、ルールに基づく自由競争を目指すために民営化や規制緩和などの整備を行うという特徴を持つ。[23]

オザルの80年代における経済政策は大きく3つの時期に区分することができる。第1の時期は経済安定化プログラムの推進期（80年～83年）で、緊縮政策による公共投資抑制、国営企業民営化、金融引締めにより物価の上昇を抑制する政策を取った。これにより、経済の自由化、外資導入、輸出促進による工業化の進展と輸出増加を目指した。第2の時期は高度成長政策期（83年～87年）で、民政安定、工業化推進、選挙対策のため内需拡大政策を実施した。第3の時期は緊縮政策期

(88年〜90年)で, 預金金利と支払い準備率の引き上げ, 外貨所得の国内持込促進を展開した。しかし, 憲法改正の是非を問う国民投票で祖国党が敗れたため, 実施が不十分となった。その後, 公共投資の抑制, 税収増加, 輸入関税引き下げといった改革を追加するも, 効果は薄かった。

オザルの新自由主義的政策において重要な役割を果たしたのが,「アナトリアの虎(Anadolu Kaplanları)」と呼ばれるアナトリア地方, 特にコンヤ県, ヨズガト県, デニズリ県, チョルム県, アクサライ県, ガジアンテプ県の中小企業家たちである。[24]「アナトリアの虎」の特徴は, 保守的でイスラームに敬虔な中産階級の若手企業家という点であった。彼らは企業家としての実践とスキルを磨き, 新しい市場を開拓するためにイスラームと地域のネットワークに基づくコミュニティを創り出した。[25] また, 彼らは宗教的側面から中東地域に共感を抱いており, 積極的に中東地域に対する投資を行った。オザルは83年の首相就任後, トルコの破産法を免除するかたちでサウジアラビアのファイサル・ファイナンスとアル・バラカ・トルコ金融会社, そしてクウェート・トルコ金融会社を設立するなど,「アナトリアの虎」と協調する政策を実施した。[26] さらに1990年に自主独立産業家・企業家協会(Müstakil Sanayici ve İş Adamları Derneği, 略称 MÜSİAD)が設立されたことで, より「アナトリアの虎」のコミュニティが制度化, 拡大した。

オザルは, 中東地域においても経済発展が地域に平和をもたらす機能主義的な政策を試みた。それは「平和パイプライン計画(Peace Pipeline Project)」という, トルコが水資源を下流の中東諸国に提供するものであった。まず, 210億ドルの予算で1986年にトルコのセイハン・ジェイハン河川からアラブ諸国とイスラエルに水を運ぶという計画が立てられた。[27] しかし, この計画はサウジアラビアを中心とした湾岸諸国が反対したため, 頓挫した。91年10月に再び, より短い距離でセイハンまたはジェイハンの水資源をシリア, ヨルダン, イスラエル, パレスチナに予算50億ドルで運ぶ計画が与党となった正道党から提案された。しかし, この法案はシリアの反対によって結局実現には至らなかった。

EU 加盟交渉の進展

オザルは1980年代に, トルコの EC 加盟交渉も進めた。トルコは1959年9月に欧州経済共同体の準加盟国となり, 1963年9月にはアンカラ協定に調印した。し

かし，63年以降，オザルが87年4月にECの正式加盟に申請するまで，トルコ政府はEC加盟交渉をほとんど進めなかった。オザルは，トルコがECに加盟することにより，ヨーロッパとの関係が軍事同盟だけではなく，経済協力や人権分野での地位向上にもつながると考えた。この背景には，オザルが1980年クーデタによってトルコの人権と民主主義が抑圧されていると欧州諸国から批判を受け，その関係回復に奔走した経験があった。欧州諸国がクーデタを強く非難した背景には，クーデタ前後に脱出・追放された政治家たちの多くが欧州に亡命していた点，EC加盟国であり，トルコとの間にキプロス問題を抱えるギリシャの存在があった点が指摘できる。欧州委員会は，オザルが政権に就いた83年時点においても多数の政治家やジャーナリストが拘束されている状況，82年憲法の正当性，人権侵害などに対して懐疑的であった。オザルは欧州委員会に対して，クーデタによって凍結された援助の再開する，ECとトルコの間で結ばれた協定を回復させる，織物の輸出を増加させるという3点を目標に掲げ，関係の正常化に努めた。ただし，欧州委員会は85年に提出したレポートで，「トルコの人権に対する活動はEUの基準から大きくかけ離れている」と指摘するなど，その溝はなかなか埋まらなかった。

　オザルは，ECに加盟する理由として，トルコ共和国が建国以来の悲願である欧州の一国となることができる点，民主主義の普及を促す点，自由主義経済の更なる発展が見込める点を掲げた。トルコは87年にEC加盟の申請を行い，これに対してEC加盟委員会は30ヵ月後に結論を出すという声明を発表した。加盟委員会は経済改革と人権問題の改善を加盟の必要条件としてあげたが，この加盟委員会の要請が国内におけるオザルの自由主義経済の追求，軍部との関係における優位性の確立の後押しになったと言われている。しかし，結果として欧州委員会は89年12月18日に，トルコのEC加盟申請を棄却した。オザルはEC加盟を実現できなかったが，その後のトルコのEU加盟交渉の実現に道筋をつけたことは間違いなかった。

4　エルバカンのイスラーム共同体設立構想

　1970年代初頭からトルコにおけるイスラーム主義政党を主導してきたエルバカ

ンは，1996年6月に首相に就任した。公正発展党の主要な政治家であるエルドアン，ギュル，アルンチなどは，元々エルバカンが設立したイスラーム政党に所属していた。エルバカンが提唱する「国民の視座（Milli Görüş）」は，2001年にイスラーム政党が若手中心の公正発展党と古参中心の至福党（Saadet Partisi）に分裂するまで，エルドアンたちに影響を与え続けた。

まず，エルバカンは，1970年に国民秩序党（Milli Nizam Partisi）を設立した。[30] 1970年代に連立政権の中で副首相となったエルバカンは，イスラームを重視し，文化，産業化，社会正義，教育を包摂する「国民の視座」運動を前面に押し出したが，この運動は多くの国民に受け入れられなかった。その理由はエルバカンの極度のイスラーム的態度と反西洋主義であった。[31] しかし，1983年の福祉党設立後，1980年クーデタの影響もあり，エルバカンの急進的な態度が緩和され，これが1990年代における福祉党の躍進につながった。[32]

福祉党は1994年の3月に行われた地方選挙で19.7％の得票率，さらに95年の総選挙では21.4％の得票率を獲得した。94年の地方選挙では，イスタンブルとアンカラを含め，29の都市で福祉党所属の市長たちが誕生した。この時イスタンブル市長となったのがエルドアン，アンカラ市長となったのが，メリヒ・ギョクチェク（Melih Gökçek）である。[33] 95年の総選挙でも，福祉党は議会で58議席を獲得した。さらにエルバカン率いる福祉党は，正道党，祖国党と共に連立政権を組み，96年6月にエルバカンは首相に就任した。内政における福祉党の特徴は，イスラーム的言動を極力控え，大都市郊外に住む保守的な貧困層の取り込みを図って大衆政党を目指す，というものであった。[34] また，福祉党が躍進した背景には，欧州委員会が89年にトルコのEC加盟を承認しなかったこと，冷戦体制の崩壊とハンチントンの「文明の衝突」に対するムスリムの反発，ボスニアやナゴルノ・カラバフにおけるムスリムに対する虐待，といった国際的な動向も心理的に作用した。[35]

エルバカンの外交政策は，当然のことながら他の中道右派，中道左派政党よりもイスラーム的な傾向を示した。彼の外交における究極の目標は「世界イスラーム連盟」の創設であった。エルバカンによると，「世界イスラーム連盟」は，NGOも参加する国際イスラーム連合，イスラーム諸国による安全保障機構（イスラーム諸国におけるNATO），イスラーム諸国共同市場，イスラーム諸国関税同盟，イスラーム諸国文化連盟，という5つの組織から構成される。[36] また，エルバ

第5章　90年代の地域中心主義外交

カンはトルコの外交指針として，①トルコは世界中のムスリムの福祉を考えなければならない，②トルコはパワーではなく，権利に基づく福祉を考えなければならない，③福祉の実現に必要なのは，資本主義でも共産主義でもなく，「公平な経済秩序」である，④ムスリムの権利を獲得・保護するためにトルコは「世界イスラーム連盟」を設立，主導しなければならない，⑤「世界イスラーム連盟」は，（西側の帝国主義者の）不公平な介入を排除し，全ての人々に権利を提供する，⑥トルコの主要な目的は，全ての国々，陣営と良い関係，友好関係を築き，商業関係と連帯を確立することである，という6つの行動指針を示した。

エルバカンは首相に就任すると，西洋諸国ではなく，イラン，インドネシア，リビアを訪問先として選択した。そして，NATOやEUに対抗するため，D8（Developing 8）の設立に尽力した。D8は，バングラデシュ，インドネシア，イラン，エジプト，マレーシア，ナイジェリア，パキスタン，トルコからなる機構で，設立のきっかけとなったのは，96年10月にイスタンブルで開催された「発展のための協力」という外交セミナーであった。D8設立に関する最初の外相会議は翌月の11月9日に開かれ，97年1月の2回目の外相会議でD8において各国が，銀行業，株式市場，貿易促進を通しての民営化，観光，エネルギーの分野で協力を行うことが決められた。D8のウェブサイトによると，D8の目的は「紛争の代わりに平和，対立の代わりに対話，搾取の代わりに協力，二重基準の代わりに公平，差別の代わりに平等，抑圧の代わりに民主主義」というものである。要するに，D8は，発展途上国の世界経済における地位，貿易関係における多様性と新たな機会の創出，国際レベルにおける政策決定機会の拡大，より良い生活基準の提供を改善することを目指した。D8は最終的に97年6月15日に創設されたが，皮肉にも同月エルバカンは首相を辞任した。D8はエルバカンの個人的な考えとイニシアティヴに依拠していたため，エルバカンが首相を辞任した後は機能不全に陥った。D8は1999年にダッカ，2001年にカイロでサミットが開催されたが，ほとんど影響力を行使できなかった。ただし，ロビンスも指摘しているように，エルバカンの外交政策の構想は極めてイスラーム的傾向が強かったものの，D8設立以外の外交政策はそれまでのトルコの外交政策である親西洋的な政策を結果的には踏襲するものであった。

第Ⅱ部　トルコ外交の新しいアイディアと内政の状況

5　ジェムの機能主義外交

ジェムの「世界国家」というアイディア

　ジェムは1997年6月から2002年9月まで約5年間，外務大臣の職を務めた。彼は著書である『新しい世紀におけるトルコ』の中で，外交政策に関する4つの指針を示している。第1に，ジェムが外務大臣として目指した外交上のゴールは，トルコが「世界国家」になることであった。「世界国家」とは，ジェムによると，

　　「世界の中心に位置し，文明的資産，歴史的な経験，戦略的特徴を独自に配合している国家である。世界国家は，単に外国の科学や技術を輸入しているだけではなく，同様に世界の科学や技術に貢献している国家である。世界国家は単に他国の成功例の傍観者ではなく，時には他国が嫉妬するような成功を勝ち取る国家である。世界国家は一貫して共通の歴史認識を持つ地域との特別な関係を発展させる国家である(43)」。

　ジェムによると，トルコは単にヨーロッパの1国でもアジアの1国でもなく，ヨーロッパの1員でもあるし，イスラーム共同体のロールモデルでもある。トルコは歴史的にも地理的にもバルカン半島，コーカサス地方，中東，中央アジアの「中心」に位置している国家である(44)。

　第2に，ジェムはトルコの歴史的資産について言及している。ジェムは，トルコの伝統的な外交分析が歴史的な局面を無視してきたことを批判し，「オスマン帝国は，国際関係において優位な立場を作り出してきた」と主張する。その優位性は，地域における安定，安全保障，そして寛容から成り立っていた(45)。ジェムによると，オスマン帝国の寛容は，マイノリティ集団にとって脅威ではない寛容なマジョリティの存在，大きな揉め事を起こさないマイノリティ集団，文化的な相互交流と文化的な共存の3つとされた(46)。ジェムは，「こうしたオスマン帝国の寛容は，国内社会におけるものであったが，しばしば外交政策の言説の中にも見られた」と述べている。

　第3に，ジェムは経済的な協力と相互交流を提唱した。言い換えると，ジェム

は,「経済協力の進展は戦争の可能性を減少させ,各国間の平和の可能性を高める」という,いわゆる機能主義の考えを支持していた。ジェムは,BSECのさらなる協力拡大,アゼルバイジャンのバクーからグルジアのトリビシ,トルコのジェイハンに抜けるバクー・トリビシ・ジェイハン（Bakü-Tiflis-Ceyhan, 略称BTC）パイプラインの建設,ギリシャとブルガリアというトルコと国境を接する国家との経済活動に関する協力をNGOなども巻き込む形で進めた。[47]

　第4に,ジェムは文化と文明という概念を外交において重要視した。ジェムは文化を「ある社会に対して集団的記憶,社会の基本的な考えと行動パターンを提供する。また,文化は社会を1つにまとめる駆動力でもある」と定義している。[48]こうした文化の背景にあるのが,歴史的に特定の社会で発達した文明である。ジェムは,文化を歴史的に「根深い文化」と「浅い文化」に分類している。「根深い文化」は,トルコの場合はアナトリア文明の時代まで遡り,トルコが周辺地域の文明の中心だったことを強調する。一方の「浅い文化」は,他の文化を拒絶したり,劣等なものと見なしたりしない,近代のオスマン帝国時代の文化を特徴とする。ジェムは,「アナトリア文明とオスマン帝国の文化は,現代のトルコ社会を形作るうえで不可欠な要素」と見なしていた。[49]

OIC-EU共同フォーラム

　公正発展党政権は,国際社会や地域における機能主義外交,提携外交,仲介外交を活発化させたが,ジェムが外相を務めた時期に機能主義外交と提携外交の雛形が提供されたと言っても過言ではない。具体的には,機能主義外交としてOIC-EU共同フォーラム,提携外交として中東における近隣諸国フォーラムが試みられた。

　OIC-EU共同フォーラムは,9・11テロによって関係が悪化した西洋世界とイスラーム世界の関係修復を図るためにトルコがホスト国となり,2002年2月12日と13日にイスタンブルで開催された会合である。共同フォーラムには76ヵ国の代表（その内51ヵ国は外相を派遣）が集まり,政治的・文化的断層拡大の防止,現在世界が直面している共通の課題,政治とメディア,誰が他者なのか／他者は本当に存在するのか,という4つのテーマに関して話し合いが行われた。[50] 9・11テロによって,あたかもハンチントンの「文明の衝突」が現実のものとなりつつある

第Ⅱ部　トルコ外交の新しいアイディアと内政の状況

図5-2　OIC-EU共同フォーラムのエンブレム
（出所）ntvmsnbc.com（11. Şubat 2002）

という認識を打破し、テロ後の世界で西洋諸国とイスラーム諸国が平和と協調のために協力していくことが会議の主題であった。開式の辞において、ジェムはテロ後の世界の特徴として文化と宗教における差異が強調されるようになったことと、各国が文化的な多様性を尊重して相互理解を深めることで連帯を強め、そうした差異を克服しようという動きが見られ始めたことを指摘し、「テロリズムが文化や文明とは無関係であることを理解すべきである」と述べた。このフォーラムで確認されたのは、文化と文明の多様性を認め、その協調を図ったうえで、地域、宗教、国家、人種からなるこれまでの「文明の基準」を改め、より共通の普遍的な価値観である人権、テロリズムの防止、多様性の尊重を新たな基準とすること、であった。ジェムは文明という視点で国際政治を考えた時、トルコが大きな役割を果たせることを強調するとともに、トルコが長年PKKのテロ行為に対抗してきた経験が国際的なテロリズムの防止にも役に立つと主張した。

当時大学で教鞭を取っていたダーヴトオールも、OIC-EU共同フォーラムには好意的な態度を示しており、「9・11テロ後に初めて西洋諸国とイスラーム諸国が協力する姿勢を見せた会議であり、イスタンブルという東西の中心でこうした会議が開かれるのは画期的なことである」と感想を述べている。ただし、ダーヴトオールは「トルコはこの〈文明間の橋渡し〉という役割に留まるのではなく、歴史認識を新たにして外交を展開していくべきである」というコメントを付け加えている。そして、「今後トルコは、東方の美徳、西方の理性、南方の不平等への抵抗、北方の経済発展を効果的に融合できれば将来大国となることができる」と結んでいる。OIC-EUフォーラムは2004年10月4日と5日に第2回目のフォーラム開催が計画されたが、EU議長国であったオランダの反対で実現しなかった。そのため、このフォーラムで提示された新たな「文明の基準」をより具体的なも

第5章　90年代の地域中心主義外交

のにする動きは、その後、本書の第8章で扱う「文明間の同盟」によって進められることになる。

中東における近隣諸国フォーラム

中東における近隣諸国フォーラムは、1998年2月4日と5日に、ジェムがイラクを訪問した際に、イラク問題を解決するために設立が提案されたが、結局設立されることなく終わった構想である。しかし、中東地域における信頼醸成措置の指針として、①中東地域においての危機の発生を防ぐ、②イラクの領土と政治的統合の維持、③イラクは1990年から91年にかけての湾岸危機に伴う全ての問題に対処すること、④中東地域におけるテロリズムの根絶、⑤中東地域における大量破壊兵器の根絶、⑥関係各国は、イラクの一般市民が影響を受ける経済制裁の解除への努力を支持すること、が提起された。同年3月にジェムがヨルダンを訪問した際には、ヨルダンが近隣諸国フォーラムを支持することを約束した。近隣諸国フォーラムの試みが失敗した最大の要因は、エジプトの反対であった。中東地域の地域大国を自負するエジプトは、トルコが主導する地域フォーラムを快く思わなかった。

ジェムは、EU加盟交渉、前述したシリアとの関係改善などに努めたが、その外交政策の理論的支柱となっていたのは、ジェムが所属していた民主左派党の党首、エジェヴィトの「地域中心外交」という考え方であった。エジェヴィトは、戦間期の中立外交を「地域中心外交」のモデルとし、近隣諸国との友好関係の発展と維持、地域における脅威認識の共有を基礎とする外交を志向した。さらに、トルコとその近隣諸国は、西洋諸国またはその他の国々との協力を通して地域の安全を保障することを提唱した。近隣諸国との友好関係を重視するエジェヴィトにとって、近隣諸国との関係が希薄であった冷戦期のトルコ外交は評価できないものであった。エジェヴィトは、冷戦体制の崩壊は、中央アジア、南コーカサス、バルカン半島の諸国家と友好な関係を取り結ぶチャンスであると考え、「トルコはヨーロッパやバルカンの1国というだけではなく、歴史的、地政学的、文化的視点から見れば地中海や中東の1国でもある」と述べている。

第Ⅱ部　トルコ外交の新しいアイディアと内政の状況

おわりに

　本章では，トルコの物理的環境とポスト冷戦期における物理的環境の変容，そしてトルコの伝統的な外交アイデンティティについて概観したうえで，冷戦体制崩壊前後の時期からいち早く地域機構の設立，グローバル経済への対応，EC加盟の推進を提唱したオザルの外交，イスラームに基づく政策を反映させたエルバカンの外交，そして，トルコの地域パワーとしての地位を確固たるものとさせたジェムの外交を考察してきた。第1章で提示した修正2段階モデルに照らし合わせると，本章では，国家の物理的な環境，社会的な環境，国家の戦略的行動について論じた。

　オザルは，中東において機能主義的な政策を展開しなかったが，南コーカサスと中央アジアにおいてはBSECを構築し，ECOの拡大を積極的に推し進めた。エルバカンの政策は，内政においても外交においても既存のシステムと齟齬をきたすものであり（エルバカン政権が退陣する原因となった2月28日キャンペーンについては次章で触れる），政策の継続は困難であった。外交においてもD8の構想は，「文明間の対話」を目指すものではなく，「文明の衝突」を助長する同盟編成となっており，西側諸国を当惑させた。結局，エルバカンのイニシアティヴで創設された機構は内政が脆弱であったエルバカン政権の退陣により，機能停止に陥った。公正発展党は，このエルバカン政権の失敗を教訓としていくことになる。

　一方，ジェムがトルコ外交に果たした役割は大きかった。特にアダナ合意によるシリアとの関係改善と，それによる中東地域での脱安全保障化，さらにOIC-EU共同フォーラムの開催は，その後の公正発展党が主導する外交政策の見本となった。「文明の衝突」の調停役となることで，これまでのパワーの階層において中間という区分ではなく，西洋とイスラームの中間というミドルパワーのアイデンティティをより強く意識することにもなった。2002年11月の公正発展党政権成立後，中東地域におけるトルコの活動はより活発化していくことになる。

注
(1) トルコの地政学的重要性を説いた著作は，第6章で詳しく論じるダーヴトオールの

著作をはじめ,枚挙に暇がない。その中でも重要なものとしては,例えば,Graham E. Fuller and Ian Lesser (eds.), *Turkey's New Geopolitics: From the Balkans to Western China,* Boulder: Westview Press, 1993; Ian Lesser, "Beyond 'Bridge or Barrier': Turkey's Evolving Security Relations with the West" in Alan Makovsky and Sabri Sayari (eds.), *Turkey's New World: Changing Dynamics in Turkish Foreign Policy,* Washington, D. C.: The Washington Institute for Near East Policy, 2000, pp. 203-221; Suat İlhan, *Bir Millet Uyanıyor 2: Türklerin Jeopolitiği ve Avrasyacılık,* Ankara: Bilgi Yayınevi, 2005.

(2) Meliha Benli. Altunışık, "Güvenlik Kıskacında Türkiye-Ortadoğu ilişkileri" in Gencer Özcan and Şule Kut (eds.), *Türkiye'nin Ulusal Güvenlik ve Dış Politika Gündeminde Doksanlı Yillar: En uzun on yil,* İstanbul: Boyut Kitapları, 1998, pp. 333-334.

(3) Demir Metehan and Sezai Şengün "İşte sabrımızı taşıran nedenler", *Hürriyet,* 8 Ekim, 1998 (http://webarsiv.hurriyet.com.tr/1998/10/08/70805.asp) 2012年7月30日閲覧。PKKは1978年10月に正式に設立された。PKKの設立に関しては,例えば,Aliza Marcus, *Blood and Belief: The PKK and the Kurdish Fight for Independence,* New York: NYU Press, 2007. を参照されたい。

(4) Metehan and Şengün, *ibid.*

(5) オジャランはH・アサドと個人的な友好を深めていたと言われている。

(6) Mahmut Bali. Aykan, "The Turkish-Syrian Crisis of October 1998: A Turkish View", *Middle East Policy,* Vol. VI, No. 4, 1999, p. 175. GAPは,アナトリア地方の南東部を開発することでチグリス川とユーフラテス川を結び付け,そこに大規模なアタテュルク・ダムを建設する計画であった。トルコはダム建設によって雇用の創出による経済的・社会的な立て直し,更に産業と農業事業も拡大できるというメリットがあった。長場によると,GAPは農業地帯,農産物加工業及び電力生産基地として構想され,西部や中央部からの移民を含む350万人の雇用創出,それに伴う社会的反映を目的とした。具体的には170万ヘクタールの灌漑農地の造成,22のダムと19の発電所の建設を目指した。一方で,このダムが建設されると,イラクへの水資源が80%も減少すると言われ,イラク・シリアはこの計画に激しく抵抗していた。両国にとって,チグリス川・ユーフラテス川は灌漑農業,発電などに不可欠で,シリアは水資源の86%をユーフラテス川に,イラクは90%をチグリス川に依存していた。長場紘「トルコとシリア——対立の構図(2)」『現代の中東』No. 27, 1999年, 73頁。GAPがもたらした社会的影響に関しては,荒井康一「トルコ南東アナトリア開発計画と資源分配構造——大地主制から資本家的農業経営へ」『国際文化研究』第16号, 2010年, 31-44頁を

参照。
(7) Aykan, *ibid*.
(8) Zeynep Gürcanlı, "Suriye'ye de zeytin dalı", *Hürriyet*, 24 Şubat, 1998 (http://webarsiv.hurriyet.com.tr/1998/02/24/30198.asp) 2012年7月30日閲覧。
(9) Demir Metehan, "İşte gizli barış Mekutubu", *Hürriyet*, 3 Ekim, 1998 (http://webarsiv.hurriyet.com.tr/1998/10/03/69858.asp) 2012年7月30日閲覧。
(10) *T. B. M. M. Tutanak Dergisi Cilt 62*, 1-inci Birlesim, 1 Ekim, 1998.
(11) "Sabrımız taşıyor", *Hürriyet*, 2 Ekim, 1998 (http://webarsiv.hurriyet.com.tr/1998/10/02/69673.asp) 2012年7月30日閲覧。
(12) "Suriye'den geri adım", *Hürriyet*, 3 Ekim, 1998 (http://webarsiv.hurriyet.com.tr/1998/10/03/69861.asp) 2012年7月30日閲覧。
(13) "Önce Apo Mübarek…", *Hürriyet*, 7 Ekim, 1998 (http://webarsiv.hurriyet.com.tr/1998/10/07/70607.asp) 2012年7月30日閲覧。
(14) Minutes of the Agreement signed by Turkey and Syria in Adana (unofficial translation).
(15) *Ibid*.
(16) Halil İnalcık, "Turkey between Europe and the Middle East", *Perceptions*, Vol. 3, No. 1, March-May, 1998, pp. 5-18.
(17) Feroz Ahmad, "The Late Ottoman Empire" in Marian Kent (ed.), *The Great Powers and the End of the Ottoman Empire*, London: Frank Cass, 1996, p. 7.
(18) 新井政美『トルコ近現代史』みすず書房, 2001年, 166-167頁。
(19) Esra Siverekli Demircan and İdil Elver, "Organization of the Black Sea Economic Cooperation in Globalization", *Journal of Naval Science and Engineering*, Vol. 2, 2004, p. 144.
(20) 六鹿茂夫「広域黒海地域の国際政治」羽場久美子・溝端佐登史編『世界政治叢書4 ロシア・拡大EU』ミネルヴァ書房, 2011年, 266頁。
(21) Demircan and Elver, *op. cit.*, p. 145.
(22) Oral Sander, "Turkey and the Turkic world", *Central Asian Survey*, Vol. 13, No. 1, 1994, pp. 42-43.
(23) オザルの新自由主義経済政策に関しては, Ziya Öniş, "Turgut Özal and his Economic Legacy: Turkish Neo-Liberalism in Critical Perspective", *Middle Eastern Studies*, Vol. 40, No. 4, 2004, pp. 113-134 を参照されたい。
(24) Ömer Demir, Mustafa Acar and Metin Toprak, "Anatolian Tigers or Islamic Capital: Prospects and Challenges", *Middle Eastern Studies*, Vol. 40, No. 6, 2004, p.

168．当然のことながら，それまではトルコの経済の中心はイスタンブルであり，その担い手は世俗的な企業家たちであった．
(25) *Ibid.*, pp. 168-169.
(26) Birol A. Yeşilada, "Turkish Foreign Policy toward the Middle East" in Atila Eralp, Muharrem Tünay, and Birol A Yeşilada (eds.), *The Political and Socio-economic Transformation of Turkey*, Westport: Praeger, 1993, p. 186.
(27) George Gruen, "Turkish Plans to Export Water: Their Regional Strategic Significance", *American Foreign Policy Interests*, Vol. 26, 2004, p. 212.
(28) İhsan Dağı, "Human Rights, Democratization and the European Community in Turkish Politics: The Özal Years, 1983-87", *Middle Eastern Studies*, Vol. 37, No. 1, 2001, pp. 18-24.
(29) *Ibid.*, p. 19.
(30) 国民秩序党は，1971年5月20日に書簡クーデタによって閉鎖となった．しかし，その1年半後にエルバカンの友人であるスレイマン・アーリフ・エムレ（Süleyman Arif Emre）によって国民救済党が設立された．当時，エルバカンはスイスに滞在し，その後トルコに帰国し，1973年の総選挙後に国民救済党党首に就任した．その後，1980年クーデタで国民救済党も閉鎖された．
(31) Hakan Yavuz, *Islamic Political Identity in Turkey*, Oxford: Oxford University Press, 2003, p. 212.
(32) 福祉党は，1983年7月19日にアリ・テュルクメン（Ali Türkmen）によって設立された．当時，80年クーデタによって主要なイスラーム政治家達の活動が禁止されており，いかなる政治的活動にも参加できなかった．福祉党は，1984年3月の総選挙では4.4％の得票率，87年の総選挙では7.1％の得票率であった．
(33) ギョクチェクは，94年以来，2014年6月現在までアンカラ市長の座に就き続けている．
(34) Ahmet Yıldız, "Politico-Religious Discourse of Political Islam in Turkey: The Parties of National Outlook", *The Muslim World*, Vol. 93, 2003, p. 195.
(35) İhsan Dağı, "Transformation of Islamic Political Identity in Turkey: Rethinking the West and Westernization", *Turkish Studies*, Vol. 6, No. 1, 2005, p. 26.
(36) Necmettin Erbakan, "Türkiye'nin Dış Politikası Nasıl Olmalı?", *Yeni Türkiye*, Yıl. 1. Sayı. 3, 1995, p. 60.
(37) *Ibid.*, p. 61.
(38) İhsan Dağı, *Kimlik, söylem ve siyaset: Doğu-Batı Ayrımında Refah Partisi Geleneği*, Ankara: IMGE kitabevi, 1998, p. 119. 外交セミナーにおいて，当初はD8で

はなく,「ムスリム8」という呼び名が使用された。

(39) Philip Robins, "Turkish Foreign Policy under Erbakan", *Survival*, Vol. 39, No. 2, 1997, p. 94.

(40) Purpose and Objectives (http://www.developing8.org/MissionStatement.aspx) 2012年8月29日閲覧。

(41) Brief History of D8 (http://www.developing8.org/About.aspx) 2012年8月29日閲覧。

(42) Robins 1997, *op. cit.*, p. 83. D8は現在でも存続しており、2年に1度会合が開かれている。

(43) Ismail Cem, *Turkey in the New Century* (2nd edition), Nicosia: RUSTEM, 2001, p. 21.

(44) *Ibid.*, p. 24.

(45) *Ibid.*, p. 6.

(46) *Ibid.*, p. 51.

(47) *Ibid.*, p. 141.

(48) *Ibid.*, p. 10.

(49) Minister of Foreign Affairs of the Republic of Turkey, *OIC-EU Joint Forum: Civilization and Harmony: The Political Dimension*, Ankara: Etki Yayıncılık, 2002, p. 20.

(50) *Ibid.*, pp. 15-17.

(51) *Ibid.*, p. 20.

(52) *Ibid.*, pp. 224-226, 260.

(53) Ahmet Davutoğlu, "Medeniyetler Buluşması ve Türkiye'nin Rolü" in Ahmet Davtoğlu, *Küresel Bunalım: 11 Eylül Konuşmaları*, İstanbul: KÜRE yayınları, 2002, p. 198.

(54) *Ibid.*, p. 206.

(55) "No: 126 October 1st, 2004, OIC-EU Joint Forum (http://www.mfa.gov.tr/_p_no__126-october-1st_-2004_-eu-oic-joint-forum__p_.en.mfa) 2012年9月3日閲覧。

(56) Cem, *op. cit.*, p. 80; "Joint Communique Given By Turkish And Jordan Sides During; Mr. İsmail Cem's Official Visits to the Hashemite Kingdom of Jordan March 2, 1998" (http://www.mfa.gov.tr/joint-communique-given-by-turkish-and-jordan-sides-during_mr_-ismail-cem_s-official-visit-to-the-hashemite-kingdom-of-jordan_br_march-3_-1998.en.mfa) 2012年9月3日閲覧。

(57) Zeynep Gürcanlı, "Önce Katar sonra Mısır", *Hürriyet*, 1 Mart, 1998 (http://

webarsiv.hurriyet.com.tr/1998/03/01/30902.asp）2012年9月5日閲覧；Zeynep Gürcanlı "İslam dünyasıyla buzlar eriyor", *Hürriyet*, 19 Mart, 1998 (http://webarsiv.hurriyet.com.tr/1998/03/19/33609.asp）2012年9月5日閲覧；"İsmail Cem'in zor Mısır gezisi", *Hürriyet*, 21 Mart, 1998 (http://webarsiv.hurriyet.com.tr/1998/03/21/33973.asp）2012年9月5日閲覧。イラク，イラン，ヨルダンは，このフォーラムの実現に好意的な姿勢を見せた。

(58) Bülent Ecevit, "Bölge-Merkezli Dış Politika", *Yeni Türkiye*, Yıl. 1. Sayı. 3, 1995, p. 64.

(59) *Ibid.*, p. 69.

第6章
公正発展党の外交アイデンティティの形成

はじめに

　この章では，公正発展党の外交に影響を与えた経験，学習，そして公正発展党の外交アイディアについて考察したい。第1節と第2節では，公正発展党がこれまでのエルバカンを中心とした政党活動から得た教訓を検証する。第1節では1997年2月28日キャンペーン，第2節ではEU加盟交渉の進展について論じる。第3節から第5節では，公正発展党が提示した外交の新しいアイディアに焦点を当てる。第3節ではトルコ型民主主義，第4節では「ダーヴトオール・ドクトリン」，第5節では「新オスマン主義」というアイディアを取り上げ，検証する。

1　1997年2月28日キャンペーンの経験

　過去の経験から得られる政治的学習をレヴィ（Jack Levy）は，①当該アクターが固有の世界観を通して歴史的な経験を解釈すること，②当該アクターの解釈に適合する情報を選択すること，③他のアクターの解釈に対して，情報を伝達または教授すること，と定義する。[1]この分類は，学習の過程は人々の前提となっている解釈と信条に深く関係していることを示している。学習は，事例による直接的，間接的な経験による学習と，観察による学習に分けることができる。レイン（Ronald D. Laing）が，「個人的な経験は，所与の分野を意志と行動の分野に転換させる。行動を通してのみ，我々の経験は変更される」と指摘しているように，直接的な経験は，間接的な経験よりも大きな影響を人々に及ぼす。[2]1997年2月28日キャンペーンはまさに直接的に公正発展党の幹部が学習した経験であった。

157

第Ⅱ部　トルコ外交の新しいアイディアと内政の状況

表6-1　公正発展党政権の首相・外相・首相の外交アドバイザー

政　権	首　相	外　相	首相の外交アドバイザー
第58代内閣 （2002年11月18日～03年3月14日）	A・ギュル	Y・ヤクシュ	A・ダーヴトオール （2003年1月から）
第59代内閣 （2003年3月14日～07年8月28日）	R・T・エルドアン	A・ギュル	A・ダーヴトオール
第60代内閣 （2007年8月28日～09年5月1日）	R・T・エルドアン	A・ババジャン	A・ダーヴトオール
第60代改造内閣 （2009年5月1日～11年6月14日）	R・T・エルドアン	A・ダーヴトオール	İ・カルン
第61代内閣 （2011年6月14日～2014年6月現在）	R・T・エルドアン	A・ダーヴトオール	İ・カルン

（出所）　筆者作成。

　澤江によると，1997年2月28日キャンペーンとは，「1997年2月28日に行われた国家安全保障会議で福祉党を『反動勢力』と断定したこと，そしてこの会議以降に軍部，大学当局，検察・司法当局によって進められたイスラーム復興勢力に対する一連の弾圧」のことである。このキャンペーンは，トルコにおけるイスラーム政党の創始者であるエルバカンのイスラーム主義的政策の限界を明らかにし，イスラーム政党内部でエルバカン中心の古参幹部たちに若手が反発するという流れを生み出した事件であった。福祉党は90年代にそれまでのイスラーム政党からポピュリズム政党へと変容しつつあったが，軍部はエルバカンが連立政権の首相となる事態を「国家の危機」と捉え，行動に及んだ。国家安全保障理事会によって，1997年に出された国家安全保障政策大綱（非公開）では，初めて政治的イスラームが脅威として明記された。さらに軍部は政治的な局面だけでなく，例えばイスラーム系の経済団体であるMÜSİADの活動を縮小させるなど，経済や文化的な側面にも圧力をかけた。

　軍部は2月28日キャンペーンによって，福祉党と正道党による連立政権（Refahyol）に4つの要求を突きつけた。それらは，①ウラマーを養成するイマムハティップ校と宗教セミナーの禁止を含む，画一的な教育法の完全履行，②トルコ共和国の国是やケマリズムの伝統に反する反世俗的な行為の禁止，③政府の仕事にイスラームに関わる人材を登用することをやめる，④イスラームを基盤とした経済活動に注意深い検閲を行う，であった。2月28日キャンペーンは，ケマルの考

えを重視し，世俗主義と民主主義の守護者を標榜する1990年代の軍部の黄金時代の象徴であった。

　2月28日キャンペーンは，イスラーム知識人の態度の変容も促した。例えば，著名なイスラーム主義のジャーナリストであるアリ・ブラチ（Ali Bulaç）は，2月28日キャンペーン以降，彼のイスラーム国家構想をよりリベラルで近代化，西洋化されたイスラーム政策へとその考えを修正し，イスラームの考えがグローバリゼーション，EU加盟，民主主義，人権への対応と適応を迫られていることを主張し始めた[7]。また，新しいヌルジュ運動と評されるギュレン運動の主導者，フェトゥフッラー・ギュレン（Fethullah Gülen）もEU加盟交渉，民主主義，新しい公共空間の設立を提唱し始めた。こうしたイスラーム知識人たちの主張の変化は，穏健派イスラーム政治集団の再構成に貢献した。

　福祉党が1998年1月16日に世俗主義に反するとして憲法裁判所（Anayasa Mahkemesi）によって解党決定がなされる約1ヵ月前に，イスマイル・アルプテキン（İsmail Alptekin）によって美徳党（Fazilet Partisi）が設立され，その後1998年5月にレジェイ・クタン（Recay Kutan）が党首の座についた。美徳党は福祉党が解党される可能性が高いことを背景に設立され，依然としてエルバカンが強い影響力を有していた。しかし，美徳党はこれまでのイスラーム政党とは一線を画し，EU加盟と西洋化の受容に前向きな姿勢を見せた。例えば，クタンは「『国民の視座』運動は，民主主義や人権といった西洋的な考えを満たすよう，再編できる」，「トルコ政府がEU加盟のためにコペンハーゲン基準を遵守する必要がある」，と発言している[8]。このように，美徳党はそれ以前のイスラーム政党と比べて，EUとEU加盟交渉により前向きで寛容な姿勢を見せた。

　当時，エルドアンはイスタンブル市長を務めていたが，1997年12月のディヤルバクル県訪問時に反世俗主義的な発言をしたことにより，10ヵ月の禁固刑（実際は4ヵ月服役）を受け，政治活動が禁止された。エルドアンは当時からギュルと並ぶイスラーム政党の若手ホープとして期待されていたため，この決定は美徳党の多くの議員を失望させた。この事件によって，エルドアン自身が身をもってトルコにおける反世俗的な行動の代償，「国民の視座」の限界を体験し，ケマリズムに対抗するためには彼らが標榜している民主主義と西洋化の受容をイスラーム政党も目指していかなければならないと痛感したと言われている[9]。

このように2月28日キャンペーンは、イスラーム主義者たちの政策を大きく変容させた。この点に関してジィヤ・オニシュ（Ziya Öniş）は、「公正発展党は2月28日キャンペーンから5つのことを学んだ」と指摘している。それらは、①世俗主義は自由民主主義の前提である、②トルコの民主主義は1946年の複数政党制採用から続いているが、2月28日キャンペーンもトルコの民主主義の重要な資産となり得る、③経済の転換、裕福な中流階級の企業家と教育を受けたエキスパートの存在が重要となる、④知識人と市民社会の役割の重要性、⑤EUからの外部圧力が自由民主主義の深化とイスラーム政党の政治認識変化の促進に貢献した、という点であった。

2　トルコのEU加盟交渉

トルコは1995年に欧州関税同盟に加盟したが、90年代後半にEU加盟プロセスは再び停滞した。その象徴的な事件が97年12月に実施された欧州委員会のルクセンブルグ会議であった。ルクセンブルグ会議では、1987年に加盟申請していたトルコを差し置いて、EUは90年代に加盟申請したキプロスと東欧諸国と加盟交渉を始めることを決定した。この決定に激怒したトルコは、EUとの政治的対話を凍結することを決めた。EU側は、「EU加盟交渉からトルコを除外するのではない」という姿勢を見せたが、トルコにとっては到底受け入れられない決定であった。トルコの加盟交渉が進まなかった背景にはいくつかの要因があるが、特に大きかったのがギリシャとの対立であった。しかし、1999年にギリシャとトルコの関係は改善し始める。まず、PKKの指導者オジャランが1999年2月に逮捕された際、ケニアのギリシャ大使館がオジャランを匿っていたことが明らかになり、ギリシャは国際的な批判を受けた。また、この外交的失墜により当時のテオドロス・パンガロス（Theodoros Pangalos）外相が更迭され、新たにゲオルギアス・パパンドレウ（Georgios Papandreou）が外相に就任し、ジェムとは両国間でこれまでにない協力関係を創り出したこともトルコにとってはプラスとなった。さらに同年8月17日にイズミル沖で、9月7日にアテネで大地震が起き、両国が相互に援助活動を行ったことも両国の信頼関係を高めた。この結果、1999年12月の欧州委員会のヘルシンキ会議において、トルコを加盟交渉国とすることが決定された。

第6章 公正発展党の外交アイデンティティの形成

図6-1 EUとトルコの加盟交渉開始決定を報じた記事
(出所) hurriyet.com.tr (17 Aralık 2004)

この決定は、従来からEU加盟を推進してきた世俗主義勢力はもちろんのこと、若い穏健派イスラーム主義者たちにとっても大きな決定であった。世俗主義勢力、特に軍部は、EUに加盟するためには自分たちの既得権益が失われる可能性があるという矛盾を抱えていることをこの時点では十分認識していなかった。

ヘルシンキ会議以降、これまでの「西洋化」という標語が「ヨーロッパ化（Europeanization）」または「EU化（Europe Unionization）」に取って代わった。EU化とは、EUとの間でパワーが非対称の関係にある加盟交渉国が、EUの規範、ルール、政策に適合するよう努力し、自国の規範、ルール、政策をEU基準に合わせる過程のことを指す。具体的には、EUの共通加盟基準として1993年に提示され、『アジェンダ2000』によって、政治的条件（民主制、法の支配、少数者の権利保護）、経済的条件（市場経済の機能）、EU法の受容、に整理されたコペンハーゲン基準の受容であった。(13)これまでのトルコにおけるイスラーム政党とEUとの関係は3つの時期に区分できる。

第1の時期は、エルバカンに率いられた諸政党のヨーロッパ懐疑主義の時期である。エルバカンはECとEUへの加盟交渉に対して、「トルコは帝国主義者とシオニストの占領によって自立を脅かされている」と激しく反対した。(14)

第2の時期は、ヨーロッパ加盟を熱心に進めた時期である。福祉党解党後に設立した美徳党と公正発展党は、それまでのヨーロッパ懐疑主義を変更し、EU加盟交渉に前向きな姿勢を見せた。特に公正発展党は単独与党となった2002年11月から2005年10月にEU加盟交渉を開始するまで、EU加盟に積極的な姿勢を見せた。この時期は「トルコにおけるヨーロッパ化の黄金時代」とも呼ばれる。(15)トル

コはEU基準の規範，ルール，政策を受容し，国内法の改革を試みた。その結果，2004年12月についにEUとの間で加盟交渉を始めることで合意した。公正発展党は，EU加盟に向けた国内改革，特に経済改革，人権，民主化の諸政策を自身の影響力拡大の機会と捉えていた。軍部を含む世俗主義勢力は，EU加盟交渉という正当性の前では，改革を受け入れざるを得なかった。また，「アナトリアの虎」と呼ばれるアナトリア地方出身のビジネスマンたちもEU加盟交渉を積極的に後押しした。2004年の時点では，トルコ国民の70％がEU加盟を支持していた。イラク戦争後，中東地域においてアンチ・アメリカニズムが高まったが，ヨーロッパ諸国はフランスとドイツがイラク戦争の対応においてアメリカに同調しなかったため，その規範，政策の正当性を失わなかった。そのため，EU加盟交渉がイラク戦争に拘束されることはなかった。

　第3の時期は，加盟交渉疲弊期と呼ばれる，2005年10月以降の時期である。トルコは加盟交渉を始めたものの，2004年のEU第5次拡大でEUに加盟していたキプロス共和国がトルコの大きな障害となった。前述したように1999年を境にギリシャとの関係は改善に向かっていたが，キプロス共和国はギリシャ以上にトルコのEU加盟に反対の立場を示した。また，2004年に「アナン・プラン」に基づくキプロス共和国と北キプロス・トルコ共和国の統合，いわゆるキプロス統合がキプロス共和国の国民投票で承認されず，実現しなかった。それにもかかわらず，EUはキプロス共和国の加盟を認めたことにトルコは不満を募らせていた。[16]これに加えて，フランスとドイツがトルコをEUの正式なメンバーではなく，「特別な関係（Special Relationship）」となることを打診したり，フランスで2007年5月にニコラ・サルコジ（Nicolas Sarkozy）大統領が就任したことで，フランスはキプロス共和国とともにトルコの加盟交渉の反対勢力となったりするなど，加盟交渉国になってもトルコに対するEU諸国の風当たりは強かった。また，この時期は企業家協会と軍部も次第にEU加盟の不支持にまわり始めた。[17]経済界では，特に中小企業が「EU加盟は大企業にのみ恩恵をもたらすのではないか」と危惧し，軍部もEU加盟交渉によって自分たちの特権的権利が失われることを警戒していた。

　実際に，EU加盟交渉の進展により，軍部の権限は次第に制限されていった。1998年のアダナ合意，オジャランの逮捕，イラク戦争への不参加など，トルコが

第 6 章　公正発展党の外交アイデンティティの形成

相対的に安全保障政策を展開する必要がなくなってきたことも外交において軍部の重要性が減退した要因であった。[18]

3　トルコ型民主主義の概要

　公正発展党は，外交政策に「トルコ型民主主義」，「ダーヴトオール・ドクトリン」，「新オスマン主義」というアイディアを持ち込んだ。これらのアイディアは全く新しいものではなく，それ以前の政権で採用されたアイディアを焼き直し，修正したものである。「トルコ型民主主義」は，トルコ国内の規範である「保守民主主義」の概念を外交に応用したものである。「ダーヴトオール・ドクトリン」は，ダーヴトオールが提唱する世界観，外交指針，政策の総称である。公正発展党は，この2つを両輪として外交政策を展開した。一方で新オスマン主義は，公正発展党が意図的に使用しているわけではないが，しばしばトルコ外交を評する際に用いられる言葉である。

　トルコは，「上からの民主化」に代表されるように政治指導者の権威主義的な傾向が強く，特定の個人が外交に大きな影響力を及ぼしてきた。この傾向は，ケマル，イノニュ，オザルの外交政策を見ても明らかである。もちろんそのためには内政で権力基盤を固めておく必要がある。また，80年代以降，首相の外交アドバイザーが政策決定に大きな役割を果たすようになってきている。

　公正発展党は，民主主義の概念に関して「保守民主主義」という概念を掲げている。これは，首相のアドバイザーの1人であるヤルチン・アクドアン（Yalçın Akdoğan）が提唱した概念で，和解，権威主義と全体主義の否定，人民主権，法の原理を特徴とした。ここでの和解とは，「過去と現在，伝統と近代，宗教と国家，社会と国家，イスラームと民主主義，秩序と自由，道徳性と合理性，外交と内政」という，これまでトルコにおいて対立していた事象を融和させるという意味であった。[19] アクドアンは，保守という言葉に関して，「段階的な変化と，道徳や家族の価値といった恒久的なものに対する政治的な態度を意味する。公正発展党は革命のようなドラスティックな変化ではない段階的な変化と恒久的な価値観を重視する」と説明している。[20]「保守民主主義」のアイディアは，1950年代のアドナン・メンデレス（Adnan Menderes）が率いた民主党（Demokrat Parti），そし

163

て，オザルの祖国党という中道右派政党の考えを基礎に置いている。この「保守民主主義」の概念は，トルコだけではなく，イスラームや自己の伝統と西洋型の民主主義の狭間で苦しむ中東諸国の政策決定者や人々にも魅力的に映った。「保守民主主義」が前提としていたのは，イスラームとオスマン帝国の歴史であった。トルコの一部エリートは完全に世俗化しており，イスラームの信仰は形式的なものになっているが，トルコにおいても地方はもちろんのこと，都市部でもイスラームを熱心に信仰する人々は多い。こうした圧倒的多数の庶民にとって，公正発展党が提唱する「保守民主主義」は魅力的であった。また，オザル以前は，オスマン帝国の歴史を負の遺産とする見方がエリートの中では強かったが，その豊かな歴史は多くの国民に，アタテュルク主義が浸透した後も影響を及ぼし続けた。[21]「保守民主主義」は，厳格な定義というよりも文化的なモデルであるため，政策としてのEU化とも共存できると公正発展党の政策決定者たちは考えた。

西洋諸国から穏健派イスラーム国家と見なされていたトルコは，9・11テロ，イラク戦争後の中東，「アラブの春」が起こった直後のチュニジア，エジプト，リビアにおいて，1つの民主化の「モデル」となった。西洋諸国とアラブ諸国の両方がトルコを「モデル」とみなした理由は，「保守民主主義」を基礎とする「トルコ型民主主義」のアイディアであった。エルドアンも「保守民主主義は普遍的な価値と共存でき，他国に対しても魅力的な考えとなる」と述べており，外交政策の1つとして推進することに前向きな姿勢を示している[22]。

4　グランド・ストラテジーとしての「ダーヴトオール・ドクトリン」

「ダーヴトオール・ドクトリン」の方法論

ダーヴトオールは，2003年1月18日に当時のギュル首相の外交アドバイザーに就任した[23]。そして，2009年4月まで首相の外交アドバイザーを務めた後，同年5月1日に外務大臣に就任した[24]。ダーヴトオールの外交政策は『戦略の深層』が有名なことから，その方法論は地政学と戦略論に基づく存在論的なものと理解されがちであるが，これは一面的な理解である[25]。「ダーヴトオール・ドクトリン」の方法論は，世界観と行動指針を基盤に，移り変わる国際情勢を正確に認識しながらその方針に修正を加え，実際の外交政策に反映させる認識論的なものである。

表6-2 対外政策のアイディアとしての「ダーヴトオール・ドクトリン」

項　目　＼具体的なアイディア	トルコの事例
世界観（不変）	イスラーム文明，歴史的責任，地政学，ソフトパワー
行動指針（変化） ヴァージョン1.0（2004〜2009年） 地域秩序を重視	①自由と安全保障のバランス　②近隣諸国とのゼロプロブレム ③多様な側面且つ多様なトラック（経路）による外交 ④中心国（地域大国）として近隣諸国への間接的な影響力行使 ⑤リズム外交（積極的に新たな状況に適応する動的な外交）
ヴァージョン1.5（2010〜2011年） 地域秩序と国際秩序への貢献の両立	①〜⑤＋⑥グローバル秩序への貢献
ヴァージョン2.0（2012〜2013年） 国際秩序への貢献を重視	⑦価値を基盤とした外交　⑧「賢い国家」の実現 ⑨他国から自立した外交　⑩危機管理と見通し管理のバランス

（出所）Davutoğlu 2004, 2007, 2010, 2012, Oğuzlu 2012を参照し，筆者作成。

ダーヴトオールは，当該国家にとって有利な状況を創り出す環境目的も常に意識している。周辺地域の問題を解決して地域秩序を安定させ，さらに国際秩序の安定にも貢献しようとするその姿勢は，ある意味では修正主義的外交と言えるだろう。別の言葉で説明すると，ダーヴトオールは，ナイ（Joseph Nye）が「複雑な状況を前にしてトレンドを見分ける能力と，イベントを計画する際の適応力」と定義した，「状況把握知性」が高い。このように，ダーヴトオールは存在論だけでなく，認識論に基づいて，複雑な変化を見せる地域や世界の動きに敏感に対応している。

「ダーヴトオール・ドクトリン」の世界観

「ダーヴトオール・ドクトリン」の世界観は，大きくイスラーム文明，歴史的責任，地政学，ソフトパワーという4つの諸要因から構成されている。イスラーム文明に関しては，ダーヴトオールの初期の著作である「諸文明の自己認識」(1997)と「利益の衝突——世界的無秩序の説明」(1997／1998)で詳しく論じられている。この2つの著作に共通しているのは，マシューズ（Basil Mathews）やハンチントンの「文明の衝突」概念と西洋文明中心主義を否定し，イスラーム文明の可能性について言及している点である。「諸文明の自己認識」におけるダーヴトオールの主張は，西洋的認識が絶対的で普遍的なものではなく，文明的認識は

多様であるということである。要するに、非西洋世界における認識論的転換、特に文明観の転換が重要なのである。多様な文明の中でもダーヴトオールはイスラーム文明を強調する。彼は文明に関する自己認識を5つのタイプに分類している。[28] 第1のタイプは、強固で柔軟性のない形態で西洋文明がこれに当たる。西洋文明は、自己中心的かつ自己の優位性を誇示し、自己と他者を明確に区別している。第2のタイプは、強固だが柔軟性のある形態で、イスラーム文明やオスマン帝国の文明がこれに該当する。この形態は強固な基盤を持つが、他の文明を認め、自己の優位性よりも他者との共生を目指す。第3のタイプは、強固な自己認識を持つが世界的な影響力は持たないローカルな規模での文明である。このタイプは周辺地域において優位を保つが、世界的な影響力は持たないとされ、中国が例としてあげられる。第4のタイプは、脆弱で柔軟性がない形態で、こうした文明は短期間で衰退するとされる。第5のタイプは、自己認識は弱いが柔軟性をもった文明である。西洋文明を受け入れ、その結果、西洋文明に支配されたネイティヴ・アメリカンやアボリジニーの文明があてはまるとされる。

　ダーヴトオールは、この中で特に第1と第2のタイプに注目し、西洋文明を空間、時間、知識、人間と自然の関係、人間と人間以上の存在（神）との関係、人間と人間の関係という6つの視点から分析したガルトゥング（Johan Galtung）の枠組みをイスラーム文明に応用して分析した。[29] まず、空間に関して、ダーヴトオールは、「イスラーム文明は空間全てがアッラーに属しており、特定の空間に固執することはない」と主張する。そのため、イスラームには中心と周辺という区別、純化や植民地といった考えはないとされる。また、「平和の家」と「戦争の家」という区分は、イスラームが確立した当時の法的な必要事項であり、現代においてその有効性は薄いと述べている。時間に関しては、西洋文明に特徴的な単線的な時間概念を批判し、ブローデル（Fernand Braudel）のロングデュレのように長い時期区分と多様な時間を考慮してその変化をとらえるべきであると主張する。知識に関して、西洋文明が自分たちの知識の優位を示し、他の文明の知識を否定するのに対し、イスラーム文明では異なった知識との協調と調和が重視される。人間と自然の関係に関して、自然は人間によって支配される対象であるとする西洋の考えに対して、イスラーム文明において自然は神によって創造され、人間に与えられたものと考えられている。人間と神との関係に関しては、西洋では

第6章　公正発展党の外交アイデンティティの形成

ニーチェ (Friedrich Nietzsche) の「神は死んだ」という言説に典型的なように他の物（例えば主権国家）にとって代わられたのに対して，イスラーム文明では現在でも神は絶対的な存在であり，人間は神の創造物であるとされる。人間同士の関係に関しては，西洋文明が人間間の階級や文明と野蛮を区別するのに対して，イスラームでは神の創造物である人間は全て平等であるとされる。ダーヴトオールはこの対比を通じて，イスラーム文明が西洋文明と敵対するものではないこと，イスラーム文明が西洋文明と比べて劣っているわけではないことを強調した。

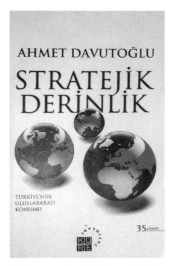

図6-2　ダーヴトオールが執筆した『戦略の深層』
（出所）筆者撮影（2014年6月）。

「利益の衝突――世界的無秩序の説明」では西洋文明の唯一性と普遍性を主張するフクヤマと，西洋文明という覇権にイスラーム文明が挑戦すると結論付けたハンチントンを取り上げ，その文明観を否定するとともに，なぜ彼らがイスラームを重視，敵視するのかを戦略論の観点から説明している。フランシス・フクヤマ (Francis Fukuyama)，ハンチントンによってイスラームが敵視される理由を，ダーヴトオールは「イスラーム世界が地政学・地経学・地政戦略上の要所を占めているためである」と結論付ける。イスラーム世界は，マッキンダー (Halford Mackinder) の中心概念で，大陸支配における戦略的要地を意味するハートランドと，スパイクマン (Nicholas J. Spykman) が重視した陸地と海をつなぐ戦略的要地を意味するリムランドにあるとされる。ソ連の崩壊によってイスラーム世界の重要性は，①ムスリムが多数を占める中央アジアが独立，②ユーラシア大陸のハートランドであるアフガニスタンからリムランドのコーカサスに至るまでムスリムが影響力を握る，③バルカン半島のムスリムが中東地域のムスリムたちと連携する，④独立したムスリムが多数を占める諸国は資源が豊富である，によって高まったと指摘している。ダーヴトオールは，「このように冷戦後に影響力を増しつつあるイスラーム世界と西洋世界は，ハンチントンのように対立ではなく，対話と価値の共有によって共存を図るべきであり，各国が極

力冒険主義的行動を戒めるべきだ」と主張した。

　歴史的責任と地政学は，『戦略の深層』においてトルコの優位性を説明する際の中心概念である（『戦略の深層』では「歴史的深層」と「地理的深層」と表現されている）。ダーヴトオールによると，歴史的責任は「歴史的な出来事の中心地に位置する国家の特徴」とされ，トルコもその特徴を有している。また，地政学は歴史的深層の構成要素の1つであり，特にトルコはアジアとヨーロッパという2つの側面を同時に有しているだけでなく，中東地域・コーカサス地域・バルカン地域という陸地と，黒海・東地中海・カスピ海・ペルシャ湾という海洋地域に影響力を行使できる国家である。歴史的責任と地政学については，2010年5月1日にオックスフォード大学で行われたダーヴトオールの講演，「グローバルな秩序と地域的秩序に関するトルコのビジョン――理論的背景と実践」においても言及された。この講演においてダーヴトオールは，歴史的責任に関して，「トルコは歴史的事実としてオスマン帝国の後継国家であり，オスマン帝国が統治していた地域と密接な関係を取り結ぶ素地がある。歴史的責任は，ポスト冷戦期において地理的連続性が復活したことと，90年代のバルカン半島における危機によって高揚した」と述べている。

　地政学に関しては，「例えばトルコとシリアの国境は植民地秩序の時代に引かれ，冷戦秩序期に固定化したものだが，この国境は不自然であり，民族的・文化的な意味を持たない。こうしたことはディヤルバクルとイラクのモースル，トラブゾンとグルジアのバトゥーミ，エディルネとギリシャのサロニカの間でも見られる」とし，西洋の植民地主義政策によって創られた国境ではなく，民族的・文化的な国境こそが重要であると主張している。

　ソフトパワーに関して直接的な言及はないが，ダーヴトオールは明らかにソフトパワーを意識している。ソフトパワーとは「自己が欲することを他人にもやりたいと思わせることによって，望ましい結果を得る能力」，つまり，人や国家を魅了する力である。ダーヴトオールは，ソフトパワーを大きく2つの文脈で使用している。1つは，国際世論や地域世論に訴える広報外交としてのソフトパワーである。ダーヴトオールの後継者と見られているカルン（İbrahim Kalın）は，トルコのソフトパワーを「オスマン帝国時代の遺産，トルコの民主主義と力強い市民社会」と主張している。経済成長や貧困層への富の配分に成功したことなども

第6章　公正発展党の外交アイデンティティの形成

広報外交の資源に該当するだろう。

　ダーヴトオールが使用しているソフトパワーのもう1つの側面は，リーダーシップである。ナイは，ソフトパワーを軸とするリーダーシップを鼓舞型リーダーシップと定義し，心の知性，コミュニケーション，ビジョンの3つがその行使に重要であると述べている。個人的情熱を的確に伝え，他人を引き付けるという心の知性は，公正発展党においてエルドアンが担っており，一方でコミュニケーションとビジョンに関してはダーヴトオールが主としてその責任を負っていると理解できる。ダーヴトオールは外相として多くの国々を訪れ，多くの人的ネットワークを築き，外交方針や演説の中でもたびたびビジョンという言葉をキーワードとして使用している。鼓舞型リーダーシップは，心の知性，コミュニケーション，ビジョンによって魅力を作り出し，フォロワーの心を掴むことで影響力を行使するのである。

「ダーヴトオール・ドクトリン」の外交指針

地域秩序中心の
ヴァージョン1.0

　ダーヴトオールは，イスラーム文明，歴史的責任，地政学，ソフトパワーという4つの世界観を背景に，これまでに多くの外交指針を打ち出している。これは外交ビジョンといっても差し支えないだろう。ダーヴトオールは自身の外交方針を，論文やコメントによって発表している。ダーヴトオールの外交方針は時系列的に大きく3つに分類される。2004年から2009年までの地域秩序の安定化を最優先課題としたヴァージョン1.0，2010年から2011年までの地域秩序と国際秩序の安定化の両立を図ったヴァージョン1.5，2012年以降，国際秩序の安定化を最優先課題としたヴァージョン2.0である。いうまでもなく，外交方針の変化は隣接する諸地域の状況，特に中東地域の情勢が大きく影響を及ぼしている。

　ヴァージョン1.0は，ダーヴトオールが2004年2月26日にラディカル紙に寄稿した「トルコは中心国となるべきだ」という社説の中で打ち出した5つの方針が基礎となっている。それらは，①自由と安全保障のバランス，②近隣諸国とのゼロプロブレム，③多様な側面且つ多様なトラック（経路）による外交，④中心国（地域大国）として近隣諸国への間接的な影響力行使，⑤リズム外交，であった。①の自由と安全保障のバランスとは，2001年の9・11テロ以降，アメリカを中心

としたい多くの国で安全保障に特化し、自由が制限されるケースが増加しているが、自由と安全保障は両立されなければならないとする考えである。ダーヴトオールによると、トルコは公正発展党が政権の座について以降、この困難な時期に着実に自由を社会に浸透させるとともに、安全保障の質も維持している。②の近隣諸国とのゼロ・プロブレム外交は、文字通り、できるだけ全ての近隣諸国と関係を良好に保つことを目指すものである。特に90年代まで関係が悪かったイランやシリアとの関係、歴史問題を抱えるアルメニアとの和解、そしてキプロス再統合がその対象とされた。③の多様な側面と多様なトラックによる外交の目的は、冷戦期には安全保障だけが重視され、外交ルートも政府間交渉だけに限られていたことを反省し、多様なイシューを扱い、多様なトラックを外交カードとして使用することである。これはEU加盟交渉が進展し、NGOやビジネス界との連帯が不可欠になったことが大きな理由の1つである。④の中心国としてのトルコの役割は、地域大国として周辺各国と良好な関係を保つだけでなく、さまざまな地域機構に所属し、重要な役割を担うことで間接的な影響力を高めることである。⑤のリズム外交は、冷戦後に急速に変化した国際情勢に際して、トルコが冷戦期と変わらない政策を採り続けたことを反省し、より積極的に新たな状況に適応する外交を展開することを意味している。

地域秩序と国際秩序の両立を図るヴァージョン1.5

地域秩序と国際秩序の両方の安定化を試みるヴァージョン1.5は、前述した「グローバルな秩序と地域的秩序に関するトルコのビジョン——理論的背景と実践」という講演にその基礎が見られる。以下ではこの講演における秩序概念を要約する形で、ダーヴトオールのグローバル秩序と地域秩序をみていきたい。

ダーヴトオールによると、「長期的な視野で地政学的な秩序変化を考察すると、世界秩序には4つの異なったステージがある」とされ、現在はその4期目に当たる。第1ステージは地理的連続性を特徴とし、政治・経済・文化の中心となる国家（帝国）がその中心とされる。こうした伝統的な世界秩序は18〜19世紀まで見られ、陸続きの帝国である多くの古典的な帝国はこの秩序に基づいている。第2ステージは植民地秩序であり、この秩序は地理的な断絶性が特徴であり、支配形態も直接的ではなく間接的であった。そして植民地の経済は西欧列強に支配・搾取され、モノカルチャー経済への転換を余儀なくされた。この植民地秩序は18〜

第6章　公正発展党の外交アイデンティティの形成

19世紀から第2次世界大戦まで続いた。第3ステージは冷戦秩序であり，この秩序も植民地秩序と同様，地理的な断絶が見られるとともに自由主義圏と社会主義圏というイデオロギーとそれに伴う安全保障機構によって世界は2分された。この秩序は冷戦体制が崩壊する90年代初頭まで続いた。第4ステージは地理的要因に関して2つの大きな変化が見られた。まず，インターネット革命を中核とするグローバリゼーションの進展により，地理の重要性が相対的に低下した。一方で，植民地秩序と冷戦秩序において機能していなかった地理的な連続性が再び重要となった。これによって地理的に近い地域との経済や文化交流も活発になった。しかし，この第4ステージはいまだに不透明な部分が多い。ダーヴトオールは，第4ステージにおける秩序は「安全保障だけではなく，自由という概念も重要であり，両概念を組み合わせた統治が必要である」と述べている。また，2008年の経済危機に見られるように，ポスト冷戦期においては適切な経済秩序が構築されておらず，新たな経済システムを構築する必要性があることも指摘している。文化的秩序に関しても植民地秩序と冷戦秩序で優勢であった西洋中心主義だけではなく，アジアやイスラームに基づく文化的秩序も重要となることをダーヴトオールは述べている。

　では，こうした不透明なグローバル秩序の第4ステージにおいて，トルコはどのようなビジョンを持つことが可能であり，また，必要なのであろうか。この点に関して，ダーヴトオールはまず前提として歴史的責任，地理的連続性，そして積極的な予防外交に関する説明を行っている。核心的諸要因の部分で歴史的な責任と地理的な連続性に関しては説明したので，ここでは予防外交だけを見ていく。ダーヴトオールによると，積極的な予防外交とは，「周辺地域において危機が起こるのを待つのではなく，危機が起きる前にそれを予防する外交」のことを指す。これは冷戦体制崩壊によって周辺地域との関係がそれ以前よりも重要になり，そうした周辺地域との関係をトルコが再解釈する必要があるために発展した外交であるとされた。

　次にダーヴトオールは，公正発展党政権下で増したグローバル秩序におけるトルコの役割・責任を強調する。トルコは国連安保理における非常任理事国を2009年から2010年まで務め，経済協力開発機構（Organization for Economic Co-operation and Development，略称OECD）とG20の一員でもある。また，国連においてスペ

インと共に文明間の衝突を回避して共生を促す「文明間の同盟」を2005年に立ち上げた。2004年にはEU加盟交渉国となり，それ以降，加盟を目指した政策を推し進めている。安全保障に関してもNATOの一員，また欧州安全保障・防衛政策（European Security and Defense Policy, 略称ESDP）加盟国として重要な役割を担っている。

　ダーヴトオールは「グローバルな秩序と地域的秩序に関するトルコのヴィジョン」において，地域秩序におけるトルコの位置付けに関して4つの方針を提示する。第1の方針として，共通の理解に基づく近隣諸国との安全確保があげられる。前述したようにトルコは，中東，バルカン半島，南コーカサスなどと接しており，全方位外交を展開する必要が生じる。例えば，トルコがイランの核開発問題に関して積極的に活動しているのは，イランの核開発を支持しているのではなく，トルコの安全を確保するためである。第2の方針は，政治的対話による外交である。トルコは近年，「ハイレベル戦略協議会議」をシリア，イラク，イタリア，スペイン，ギリシャとの間で設立し，政治的対話を実施して近隣諸国との関係を深めていることにダーヴトオールは触れている。第3の方針は，経済的相互依存である。経済的相互依存は，周辺国との平和を達成するうえで最も有効な手段であり，お互いの社会の敵意や緊張を低下させることに貢献しているとされる。この最たる例がEUであり，トルコは近隣諸国との「ヴィザ・フリー政策」を推し進めており，これによって経済的相互依存を強めている。第4の方針として，多文化と多宗派の共生と調和に言及している。世界のほとんどの国は歴史的に多文化または多様な宗教が分布している。とりわけ，オスマン帝国においては多様な文化と宗派が共存しており，その後継国家であるトルコもこうした共生と調和のモデルとなれるはずである，とダーヴトオールは主張している。

　2004年と2008年に提示した5つの外交方針が地域秩序を担保するためのものだったのに対し，2010年の講演において，ダーヴトオールは，165頁の表6-2における⑥グローバル秩序におけるトルコの建設的な役割・責任，を強調し始めた。[40] ダーヴトオールは「文明間の同盟」の共同議長となったことと，安全保障理事会の非常任理事国を務めた経験から，地域秩序だけでなく，グローバルな秩序にも関与することでトルコの影響力が行使しやすくなることを学んだようである。

　また，2010年12月にダーヴトオールのイニシアティヴの下，外務省は2011年1

第6章　公正発展党の外交アイデンティティの形成

月からいくつかの改革を試みることを決定した。主な改革として，①紛争予防と危機管理を扱う部署を含む10の新しい部署を設立する，②トルコ外交の多様化のニーズに答えるための英語・フランス語・ドイツ語以外の翻訳を行う部署を設立する，③これまで外交官となった者は研究者としてのキャリアを断念するケースがほとんどであったが，今後は海外のポスト・ドクターに申請を奨励し，特にアラビア語・ペルシャ語・ロシア語といった上記の3ヵ国語以外の言語を習得することができるようにする，④勤務が困難な地域や紛争地帯で勤務する外交官に対して追加手当を提供する，⑤これまでキャリア外交官のみが領事職に就いてきたが，今後は行政職員も領事職に就けるようにする。一方でキャリア外交官はより外交と国際法を扱う業務に専念する，⑥これまでは大使に任命されるためには約20年の勤務が必要であったが，この期間を12年に短縮する，という点が盛り込まれた。これもより多様なニーズに答え，状況に応じた外交を展開しようとするダーヴトオールの改革の1つであった。

国際秩序安定最優先課題のヴァージョン2.0　2012年になって，ダーヴトオールは新たに4つの外交方針を提示している。それらは，165頁の表6‑2における⑦価値を基盤とした外交，⑧「賢い国家」の実現，⑨他国から自立した外交，⑩危機管理と見通し管理のバランス，である。⑦の価値を基盤とした外交は，トルコは国益を追求するだけではなく，グローバルアクターとして，国際社会の普遍的な価値のために予防外交，仲介，紛争解決，開発援助といった責任を果たすべきであり，地域において自由と民主主義を追求する，というものである。⑧の「賢い国家」は，ダーヴトオールの言葉を借りると，「世界におけるグローバルな問題に耳を傾け，前もって準備し対策を立て，代替案を提示することができる国家，世界の周辺地域においてより多くの危機が起こる前にその危機を察知することができ，仲介外交によって常に地域においてその問題の解決をもたらすことができる国家」に近づくことである。トルコは，「賢い国家」となるために地域の仲介だけではなく，2010年の外務省の改革やTİKAによる開発援助などを新たな外交政策として展開している。⑨の他国から自立した外交とは，トルコの社会とエリートの間に蔓延している劣等感を取り払い，自分たちの国益を優先した外交を展開することである。⑩の危機管理と見通しの管理のバランスとは，地域の危機管理政策で積極的な役割を果たし，長期的には民主主義と経済的相互

依存をもたらし，グローバルなレベルで秩序に貢献することを目指すものである。

また，トルコ外務省は2008年から年末，もしくは年始に「大使会合」を開催しており，ダーヴトオールはそこでトルコ外交における重要な概念を提示してきた。[44] 前述した2012年の4つの外交方針も，第4回大使会合で初めて言及された。2013年1月2日から7日にかけて開かれた第5回大使会合でダーヴトオールが提示したのが，「人道外交（İnsani Diplomasi）」であった。「人道外交」とは，「現実主義と理想主義，ハードパワーとソフトパワーの両方を調和し，人間に焦点を当てる外交，良心とパワーの両方が必要な外交」と定義される。ダーヴトオールによると，「人道外交」には3つの側面がある。[45] 第1の側面は，自国民の悩みを解消し，生活を容易にすることであり，外交においてはヴィザ・フリー政策を進展させることがあげられる。第2の側面は，危機に直面している地域に住む人々への援助であり，例としてトルコのソマリア，シリア，アフガニスタンの人々に対する諸政策があげられる。第3の側面は，国連システムにおける人道支援であり，そこにおけるトルコの貢献である。ダーヴトオールは，「人道外交」の重要なアクターとして，TİKA，トルコ赤新月社，AFAD，総合住宅管理庁（Toplu Konut İdaresi Başkanlığı，略称TOKİ），トルコ航空をあげている。

5 「新オスマン主義」概念の登場

オスマン主義とは何か

ダーヴトオールの外交政策は，「新オスマン主義」と評されることがある。ダーヴトオールをはじめとした公正発展党の議員や関係者たちは「新オスマン主義」という表現を慎重に避けているが，オスマン帝国期の遺産を外交に活用しようとする姿勢は大変強い。トルコの知識人の間でも，オスマン帝国時代の遺産を活用すべきだという意見と，「新オスマン主義」の路線はこれまで領土の現状維持を指針としてきた伝統的な外交政策に反するという意見の対立が見られる。ここでは，「新オスマン主義」の前提としての「オスマン主義」とは何かを概観したうえで，オザル期の「新オスマン主義」の議論，ダーヴトオールの議論における「新オスマン主義」の言説を検討する。

オザルが大統領に就いていた冷戦構造の崩壊期は，活発に「新オスマン主義」

第6章　公正発展党の外交アイデンティティの形成

が議論された。この時期，トルコで「新オスマン主義」が頻繁に言及された理由は4点に集約される。第1に，冷戦体制の崩壊によって，中央アジア，南コーカサス，バルカン半島において新興独立国家が建国された点である。バルカン半島はオスマン帝国の版図の一部であり，中央アジアと南コーカサスはトルコ系の人々が多く居住していたため，トルコはこれらの地域との関係強化を模索した。第2に，フクヤマが『歴史の終わり』で提示したようなバラ色の世界とは対極の民族紛争や民族浄化がバルカン半島で起こった点である。特に多くのムスリムが攻撃を受けたり，弾圧されたりしたことがトルコ人にオスマン帝国の記憶を呼び覚ました。第3に，オザルが首相となった1983年以降，アナトリア地域に住むイスラームへの信仰心が厚い若手の企業家，いわゆる「アナトリアの虎」が台頭した点である。こうした新たなエリート層は，内政においては世俗主義の反イスラーム的諸政策に不満を抱くとともに，外交においても近隣諸国のムスリムを手助けすることを当然と考えた。第4に，1989年にECがトルコの加盟申請を却下した点である。これによってトルコの政策決定者の中には伝統的な親西洋路線に疑問を抱く人々も現れた。では，トルコ人が想起するオスマン帝国時代の記憶または遺産とは何を指すのだろうか。それは「パクス・オットマニカ」，タンジマート期の諸政策，アブデュルハミト2世の諸政策に起因すると考えられる。

　15世紀から17世紀までオスマン帝国において「パクス・オットマニカ」と呼ばれる「宗教を基軸とする統治体制による多民族共存」が実現していた。鈴木によると，「パクス・オットマニカ」の基盤となったのがズィンミー制度であった。ズィンミー制度の根幹は，オスマン帝国支配下におけるムスリムと非ムスリムの区分である。非ムスリムは民族ではなく，宗教に基づき，ギリシャ正教，アルメニア教会派，ユダヤ教徒などに分けられ，それぞれの宗教的な長を責任者として，自治組織が組織され，各集団が一定の調和を保っていた。

　しかし，18世紀以降，「西洋の衝撃」と形容される西洋の軍事的優位の確立とナショナリズム概念の誕生によって，この「パクス・オットマニカ」の時代は終わりを告げ，オスマン帝国は「ナショナリズムのバベルの塔」，「瀕死の病人」と揶揄される状態になる。現代の国際政治を考える際に参考になるのは，むしろ「西洋の衝撃」を受けた後，いかにオスマン帝国が諸民族を統合する政策を打ち出せたかという点である。そこで注目されるのが「オスマン主義」概念の創出に

向けたタンジマート期の政策と，アブデュルハミト2世の諸政策である。

もともとオスマン主義とは，「1839年に公布されたギュルハーネ勅令から1876年の通称『ミドハト憲法』に至る，オスマン帝国のタンズィマート期に宗教的差異を超えた平等な国民意識を創り出そうとした諸政策の総称」であり，①非ムスリムの人々に国家の構成員としての自覚を促す，②これまで通りイスラームの伝統に基づく国家形態を維持する，③多元主義と法の前での平等を強調する，という3点が特徴とされた。[52] オスマン主義は，オスマン帝国の分裂を回避するための動きであり，勃興しつつあった民族自決運動を食い止めるための手段であった。「ミドハト憲法」の第8条では「帝国の全ての成員は，信仰，所有の区別に関係なくオスマン（帝国の国民）と呼ばれる。オスマンの地位は法律によって規定された条件に基づいて獲得したり失ったりする」，第9条では「全てのオスマンは他人の自由を侵害しない限り，個人的な自由を享受できる」と謳われている。[53] つまり，「オスマン帝国の国民」という上位のナショナリズムを生成し，強調することで，各地域におけるナショナリズムの生成を抑制しようとしたのである。オスマン主義の問題点は，理想のオスマン国民像が不明瞭であり，団結の核となる概念を欠いていたことであった。[54]

アブデュルハミト2世の諸政策で特徴的な点は，イスラーム主義の提示と「中立」を目指した外交政策である。アブデュルハミト2世が提示したイスラーム主義は，伝統的なイスラームの思想と近代化を融合し，帝国内のムスリムと西洋列強に対して正当性を示すというものであった。この点で，ムスリムの堕落がイスラームの後退を招いたとしてイスラームの伝統に立ち返ることを主張し，西洋化を拒否したアフガーニー（Jamāl al-Dīn al-Afghānī）のイスラーム主義とは異なる。また，アブデュルハミト2世は，東方問題の本質を見抜いており，西洋列強（特にイギリスとロシア）の勢力均衡を逆手にとることでオスマン帝国の領土を維持しようとした。アブデュルハミト2世にとっては，イスラーム主義もそのための道具の1つであった。

冷戦体制崩壊直後の新オスマン主義に関する議論

「新オスマン主義」は1990年代初頭に，オザル大統領と彼に近い新聞記者，作家，政治家たちによって提示された概念であった。1980年代に国内において「ト

ルコ゠イスラーム統合論」が見られたが，「新オスマン主義」はこの概念を外交政策に適用したものとも解釈できる。「トルコ゠イスラーム統合論」とは，「知識人の炉辺」（Aydınlar Ocağı）と言われる，イスタンブル大学文学部歴史学科のイブラヒム・カフェソール（İbrahim Kafesoğlu）を中心とし，1970年に発足したグループが唱えたイデオロギーである。トルコ民族主義とイスラーム主義を統合し，右派共通のイデオロギーを構築することを目的とした。「トルコ゠イスラーム統合論」は，イスラーム主義の過激化を危険視する軍部に利用され，トルコ人意識とケマルの考えを基盤とするイスラーム教育が志向された。

「新オスマン主義」は「トルコ゠イスラーム統合論」の影響を受け，90年代にトルコで勢力を増した穏健派イスラーム主義勢力や保守主義者が，外交におけるケマリズムのアンチテーゼとして主張したイデオロギーであった。繰り返しになるが，「新オスマン主義」が主張された背景には，冷戦体制の崩壊とそれに伴う新興独立諸国の登場がある。新興独立諸国との関係を考えるうえで注目されたのが，「共通のトルコ性」という概念と「新オスマン主義」であった。オスマン帝国の領土ではなかった中央アジアと南カフカースに対しては「共通のトルコ性」が，そしてオスマン帝国の領土であったバルカン諸国には「新オスマン主義」に依拠したアプローチが施行された。ウズゲルとヤラムシュが指摘しているように，オザルの「新オスマン主義」政策のイデオローグは，ギュゼル（Hasan Celal Güzel），カラテペ（Şükür Karatepe），チャンダル（Cengiz Çandar）といったオザルの取り巻きたちと，アメリカのランド研究所のフラー（Graham E. Fuller）やレッセー（Ian Lesser）といった研究員たちであった。

ギュゼル，カラテペ，チャンダルは『新しいトルコ』誌の1995年3月〜4月号のトルコ外交の特集号にそれぞれ論考を寄稿している。ギュゼルは，「21世紀はトルコの世紀となるだろう」という論文の中で，彼が考える冷戦後のトルコ外交の構想を明らかにしている。その基盤としていくつかの点を挙げているが，その中で注目すべきは「トルコ共和国は数千年の歴史，国家の伝統，文化の蓄積，オスマン帝国の遺産を否定することはできない。いまだに清算できていない歴史的責任と義務を果たさなくてはならない」という点と，「トルコは長年採用してきた現状維持の外交政策を放棄し，積極的な外交政策を志向する必要がある。これを実現するためには進展する世界の出来事に対しての優柔不断な態度を改めなけ

ればならず，トルコ共和国の基礎となっているミサック・ミッリー（Misak-ı milli）の原則に甘んじてはならない」という点である。ミサック・ミッリーに基づくトルコの伝統的な外交政策は，「国内に平和・国外に平和」というキャッチフレーズの下で展開された現状維持政策と親西洋主義政策であった。さらにギュゼルの論文で注目されるのは，トルコが中心国（Merkez Ülke）となることを提唱している点である。ギュゼルは中心国を「トルコは，アメリカとヨーロッパが中心であると想定する世界で，自分たちは単に周辺国として認識し，受動的で事後対応に終始しているが，これではトルコとその周辺国の利益とはならない。トルコは中心国となることを受け入れなければならない。近年は大国の影に隠れ，大国を援助することで満足していたトルコは，増加する人口と経済力の高まりによって，もはや過去の思いを断ち切らなければならない段階にある。トルコは，バルカン諸国，南コーカサス，中東，中央アジアに存在する可能性を胎動させる中心の1つである。この可能性を使用できないなら，これまでの生存を継続することは不可能である」と説明している。ギュゼルは，オスマン帝国に対する直接的な言及は少ないが，歴史的または文化的な背景からトルコが中心国になることを声高に主張した。

　カラテペは，「近隣諸国がビザンツ帝国の遺産を蘇らせるのに対し，我々はオスマン帝国の遺産を否定し，そこから足を洗った。しかし，大国を創設するのが簡単ではないように，オスマン帝国の遺産を否定することも思ったよりも簡単なことではない。事実，どんなにオスマン帝国の遺産を放棄したと言っても，我々はライバルたちの利益になるようなオスマン帝国の遺産の代償を支払っているのである。我々が全く努力しなくとも，またどんな種類の妨害をしなくとも，歴史は自然と進行するものであり，再現されるものである。トルコが望まなくても，オスマン帝国の遺産は再び現れつつあるのである」として，トルコが望まなくてもポスト冷戦期には自然とオスマン帝国の遺産が注目されると述べている。

　チャンダルも「トルコは，世界の周辺から世界の中心の位置に移動した。ある意味では，『オスマン帝国の特徴』が新たな歴史の条件下で自然と復活したと言える」と述べている。チャンダルが特に注目したのが，オスマン帝国下での民族共存の成功，つまり「パクス・オットマニカ」の時代であった。

　フラーとレッセーというランド研究所の研究員（当時）もオザルが主導する

第6章　公正発展党の外交アイデンティティの形成

「新オスマン主義」を肯定的に評価した。フラーは1992年にランド研究所のレポートとして発表した「トルコと東方の遭遇──中東と旧ソ連圏に向けた新たな姿勢」の中で，「トルコにとって，単に新興独立諸国との関係が問題なのではない。かつては地域において唯一のトルコ国家として孤立していたが，現在は国際政治上に登場したアゼルバイジャンと中央アジアの5ヵ国の潜在的なリーダー，または少なくともモデルである。トルコ系の国家ではない，アルメニア，グルジア，タジキスタンにとっても，トルコは鍵となる地域大国であると認識されている。実際のところ，トルコの影響力と関与は突然，トルコ民族が住むバルカン半島から中国の西部，シベリアの東部にまでほとんど途切れることなく拡大した」と述べ，「新オスマン主義」がその思想的背景になることを示唆した。レッセーも「新オスマン主義」には直接言及していないが，トルコが安全保障においてヨーロッパと中東，南コーカサスの「架け橋」になるとして，アメリカの安全保障政策からしてもトルコが従来の西洋を傾斜した政策ではなく，西洋と中東，南コーカサスの間でバランスをとるべきだと主張した。

「新オスマン主義」は「トルコ＝イスラーム統合論」と親和性を持ち，イスラームという宗教，テュルクという民族性，そしてオスマン帝国の共通の歴史を構成要素とした。この3つの特徴を全て有していたのがバルカン半島の諸国家であった。一方で，中央アジアと南コーカサスは共通の歴史，中東は民族性が異なっていた。また，「新オスマン主義」には経済的，文化的な繁栄と和解という概念が埋め込まれており，新興諸国に対する外交政策の文脈で頻繁に用いられた。

1993年におけるオザルの突然の死が「新オスマン主義」の議論を終焉させることになった。結局，オザルの大統領時代に提唱された「新オスマン主義」は，冷戦体制崩壊に伴う国際政治の変容と，オザルに近い人々の壮大なユートピアの産物であり，実質性には乏しかった。オザルとその取り巻きの「新オスマン主義」は，バルカン諸国，南コーカサス，中央アジアを主な対象としており，中東への言及は少なかった。

ダーヴトオールの「新オスマン主義」的言説

『新しいトルコ』誌1995年3月-4月号には当時マレーシアで教鞭を執っていたダーヴトオールも執筆者として名を連ねていた。そこでダーヴトオールは『戦略

第Ⅱ部　トルコ外交の新しいアイディアと内政の状況

の深層』で用いた地政学的な視点を説明した後，「フクヤマの『歴史の終わり』とハンチントンの『文明の衝突』というポスト冷戦期の構図を描いた著作に最も欠けていたのは，オスマン帝国の外交政策の伝統である，帝国主義／植民地主義を進展させないという点である」と指摘し，特にアブデュルハミト２世の統治期に注目した(66)。アブデュルハミト２世の統治以前，オスマン帝国は「完全なる支配か完全なる放棄か」という政策を採用しており，これがオスマン帝国衰退の要因であったと述べている。ダーヴトオールは，「アブデュルハミト２世は，33年間の統治期間において93回もの戦争を経験したが，本格的な領土の喪失はなかった」と強調している(67)。ダーヴトオールは「完全なる支配か完全なる放棄かというオスマン帝国の外交の伝統が，グローバルな戦略の視野を狭くし，戦術を少なくし，近隣諸国に関する影響力を減じ，内政の混乱と外敵の脅威に怯えるという悪循環に向かわせる結果となった。より重要なのは，外交と内政文化の間で，多様な調和が失われた点である。この理由により，内政文化において影響を及ぼすイデオロギーとプラグマティックな外交が放棄された」とし，トルコ共和国の静的な外交政策の遠因をオスマン帝国の外交の失敗に求めた(68)。彼は，オスマン帝国期の全ての政策を賛美するのではなく，アブデュルハミト２世の統治方法を参考にすべきであると提唱した。一方で，ダーヴトオールは『戦略の深層』において，オザルが主導した「新オスマン主義」を「準備不足でジャーナリスティックな考えである」と批判している(69)。しかし，ダーヴトオールも歴史的責任の考えに見られるように，オスマン帝国からトルコ共和国への継続性と，オスマン帝国の歴史がトルコ国民に与えるインパクトを考慮している。特にポスト冷戦期において，これまでの西洋に従属的な行動を払拭すべきであり，脅威に基づかない新たな戦略を展開しなくてはならず，その際，豊かなオスマン帝国の歴史が拠り所になると考えた(70)。

　2010年５月のオックスフォード大学での講演において，ダーヴトオールは「私は１度も『新オスマン主義』という概念を使用したことはない。私はオスマン主義が流行っているとは思わないが，もし我々トルコ人が今日の困難なトルコ人の責任を理解したいなら，（オスマン帝国時代の）伝統的な秩序概念を理解しなければならない」と述べ，訪問したアフガニスタンやバルカン半島の国々で，市民が依然としてトルコをオスマン帝国の盟主として理解していたことに言及した(71)。ま

第6章　公正発展党の外交アイデンティティの形成

た，カルンも，自身のコラムで，「オスマン帝国の遺産はトルコや周辺地域の人々に共有されており，一種の『想像の共同体』を構築している」と述べている。⁽⁷²⁾

タシュプナル（Ömer Taşpınar）は公正発展党の「新オスマン主義」外交には3つの特徴があると指摘している。それらは，①帝国的な支配の遺産ではなく，平和的なマルチナショナルな共有空間としてのオスマン帝国を外交の基盤としている，②「新オスマン主義」外交が地域の平和と安定に貢献すると考えている，③「新オスマン主義」が西洋とムスリム諸国の「橋渡し」になると考えている，であった。⁽⁷³⁾公正発展党は，「新オスマン主義」が地域におけるソフトパワーとなることを理解しており，強制的ではなく，文化・宗教・民族的なつながりに重点を置いている。

おわりに

　この章では，公正発展党が外交においてどのように政治的に経験，学習し，新しいアイディアを取り入れたのかに関して考察してきた。第1章の修正2段階モデルに照らし合わせると，社会的環境，特にその中の経験と学習，新しいアイディアについて扱った。

　2月28日キャンペーンとEU加盟交渉の教訓は，内政と外交の両方に取り入れられており，公正発展党の政策に決定的な影響を及ぼした。EU加盟交渉による軍部の封じ込めは，公正発展党の影響力行使において最も重要な要素であった。また，外交に関する新しいアイディアである「保守民主主義」，「ダーヴトオール・ドクトリン」，「新オスマン主義」は，伝統的な外交指針である西洋化と現状維持の対概念とも言えるものであり，公正発展党がこれまでの外交とは異なったアプローチを模索していることが伺える。特に「ダーヴトオール・ドクトリン」はダーヴトオールが首相の外交アドバイザーに選出されて以降，一貫して公正発展党の外交方針に影響を与え続けており，2005年以降は公正発展党政権の外交政策の基軸となった。ただし，「ダーヴトオール・ドクトリン」も一様ではなく，2004年から2010年までの地域秩序に重きを置いたアプローチ，2010年から2011年までの地域秩序とグローバル秩序の両方に重きを置いたアプローチ，2012年のグローバル秩序に重きを置いたアプローチ，というように変遷を見せている。

第Ⅱ部　トルコ外交の新しいアイディアと内政の状況

注

(1) Jack Levy, "Learning and Foreign Policy: Sweeping a Conceptual Minefield", *International Organization*, Vol. 48, No. 2, 1994, pp. 283-284.

(2) Ronald D. Laing, *The Politics of Experience*, New York: Pantheon, 1967, p. 8.

(3) 澤江，前掲書，172頁。2月28日キャンペーンの年表と，1997年2月28日に開かれた国家安全保障会議の要旨は，同書の299-302頁を参照されたい。

(4) İhsan Dağı, "Islamic Political Identity in Turkey: Rethinking the West and Westernization", *Central European University Center for Policy Studies*, Open Society Institute, 2002, p. 17.

(5) İlhan Uzgel, "Between Praetorianism and Democracy: The Role of the Military in Turkish Foreign Policy", *The Turkish Yearbook International Relations*, Vol. 34, 2004, p. 192.

(6) Hakan Yavuz, "Cleansing Islam from the Public Sphere", *Journal of International Affairs*, Vol. 54, No. 1, 2000, p. 37. 1997年2月28日の国家安全保障会議の会合記録の全文（英語）は以下を参照されたい。Niyazi Günay, "Implementing the February 28 Recommendations: A Scorecard", *Research Notes: The Washington Institute for Near East Policy*, No. 10, 2001, pp. 1-20. この会合は約9時間半に及んだと言われ，参加者はデミレル大統領，エルバカン首相，チルレル副首相・外相，メラル・アクシェネル（Meral Akşener）内相，トゥルハン・タヤン（Turhan Tayan）国防相，イスマイル・ハック・カラダユ（Ismail Hakkı Karadayı）統合参謀総長，ヒクメット・キョクサル（Hikmet Köksal）陸軍大佐，ギュベン・エルカヤ（Güven Erkaya）海軍大佐，アフメット・チョレキジ（Ahmet Çorekci）空軍大佐，テオマン・コマン（Teoman Koman）国内治安維持軍大佐，イルハン・クルチュ（İlhan Kılıç）国家安全保障会議事務総長であった。Hasan Aydın, "Ortam Gerildi, Koltuk Gitti", *Milliyet*, 28 Şubat, 2000 (http://www.milliyet.com.tr/2000/02/28/haber/hab01.html) 2012年11月1日閲覧。反世俗的な行為として，①1996年末のラマダン月に，エルバカンがタリーカ（神秘主義教団）の宗教指導者を招いてイフタル（断食明けの食事）を食したこと，②ラマダン明けの砂糖祭に，アンカラのスィンジャン市の福祉党選出市長がイラン大使を招き，イスラエルを批判する演劇を上映し，そこにはハマースの指導者の肖像画が掲げられていたこと，があげられる。澤江，前掲書，172-173頁。

(7) İhsan Dağı, "Rethinking Human Rights, Democracy, and the West: Post-Islamist Intellectuals in Turkey", *Critique: Critical Middle Eastern Studies*, Vol. 13, No. 2, 2004, p. 144.

(8) Dağı, 2002, *op. cit.*, p. 21.
(9) Ziya Öniş, "The Political Economy of Islam and Democracy in Turkey: From the Welfare Party to the AKP", Revised Draft-May. (http://portal.ku.edu.tr/~zonis/ONIS_FromWelfarePartytotheAKP.pdf), 2005, pp. 5-7.
(10) Ziya Öniş, "The Political Economy of Turkey's Justice and Development Party" in Hakan Yavuz (ed.), *The Emergence of A New Turkey: Democracy and the AK Parti*, Salt Lake City: University of Utah Press, 2006, p. 212.
(11) 欧州委員会は、EU加盟を目指す申請国と既存のEU加盟国が参加し、EU統合について議論する「ヨーロッパ会議」の設置と、「トルコがEU加盟の資格を有している」という立場を表明したが、トルコは「ヨーロッパ会議」をボイコットしている。1997年のルクセンブルグ会議から1999年のヘルシンキ会議の過程に関しては、八谷まち子「加盟候補国への決定過程――1997年ルクセンブルグ～1999年ヘルシンキ」八谷まち子編、前掲書を参照されたい。
(12) Ahmet Evin, "Changing Greek Perspectives on Turkey: An Assessment of the post-Earthquake Rapprochement", *Turkish Studies*, Vol. 5, No. 1, 2004, p. 4.
(13) トルコは他の加盟国と同様に独自の国家プログラムを策定、実施し、その進捗状況を毎年EUとトルコ政府の代表で構成される加盟理事会において評価を受けなければならない。八谷まち子「加盟交渉のダイナミズム――アクター、争点、支持」八谷まち子編、前掲書、58-59頁。
(14) Ali Resul Usul, "The Justice and Development Party and the European Union: From euro-skepticism to euro-enthusiasm and euro-fatigue" in Ümit Cizre (ed.), *Secular and Islamic Politics in Turkey: The making of the Justice and Development Party*, London: Routledge, 2008, p. 176.
(15) Ziya Öniş and Şuhnaz Yılmaz, "Between Europeanization and Euro-Asianism: Foreign Policy Activism in Turkey during the AKP Era", *Turkish Studies*, Vol. 10, No. 1, 2009, p. 13.
(16) 一方、北キプロス共和国（国際社会ではトルコのみが承認）では国民投票によってアナン・プランが承認された。
(17) Atila Eralp, "The role of temporality and interaction in the Turkey-EU relationship", *New Perspectives on Turkey*, No. 40, Spring, 2009, p. 162.
(18) Metin Heper, "The European Union, the Turkish Military and Democracy", *South European Society and Politics*, Vol. 10, No. 1, 2005, pp. 33-44.
(19) Metin Heper, "A Democratic-Conservative Government by Pious People: The Justice and Development Party in Turkey" in Ibrahim M. Abu-Rabi (ed.), *The

Blackwell Companion to Contemporary Islamic Thought, Oxford: Blackwell Publishing, 2006, p. 351.

(20) Yalçın Akdoğan, "The Meaning of Conservative Democratic Political Identity" in Hakan Yavuz (ed.), *The Emergence of A New Turkey: Democracy and the AK Parti*, Salt Lake City: University of Utah Press, 2006, pp. 53-55.

(21) アタテュルク主義の中心理念は「6本の矢」と呼ばれる，共和主義，国家経済主義，民衆主義，革命主義，世俗主義，民族主義である。この理念が軍と文民官僚によって管理・運営されてきた。アタテュルク主義に関して，例えば，岩坂将充「EU加盟プロセスにおけるトルコの政軍関係――軍による民主化改革の受容とアタテュルク主義」『上智ヨーロッパ研究』Vol. 1, 2008年, 83-85頁を参照されたい。

(22) Recep Tayyip Erdoğan, "Conservative Democracy and the Globalization of Freedom" in Hakan Yavuz (ed.), *The Emergence of A New Turkey: Democracy and the AK Parti*, Salt Lake City: University of Utah Press, 2006, p. 337.

(23) ダーヴトオールは，トルコのボアジチ大学で政治学の博士号を取得し，その後マレーシアで教鞭を執った後，トルコのマルマラ大学，軍事学校，ベイケント大学で国際関係論を講義していた学者である。ボアジチ大学時代の指導教官は，イスラームに関して多くの業績がある社会学者のシェリフ・マルディン (Şerif Mardin) であった。また，ダーヴトオールが首相の外交アドバイザーに就任したことはトルコ大国民議会の議事録にも記されている。*T. C. Resmi Gazete*, Sayı 24997, 13 Ocak, 2003, "Büyükelçilik Ünvanı Verilmesi Hakkında Karar", Karar Sayısı 2003/3566 (http://www.resmigazete.gov.tr/eskiler/2003/01/20030118.htm#13) 2013年9月4日閲覧。

(24) 2011年6月12日に行われた選挙ではコンヤ県から立候補し，当選を果たしている。首相の外交アドバイザーの後任には，カルンが選出された。

(25) 以下の論文もこの問題意識を共有している。Faruk Yalvaç, "Strategic Depth or Hegemonic Depth? A Critical Realist Analysis of Turkey's Position in the World System", *International Relations*, Vol. 26, No. 2, 2012, pp. 165-180.

(26) ジョセフ・ナイ（北沢格訳）『リーダー・パワー――21世紀型組織の主導者のために』日本経済新聞出版社, 2008年, 132-133頁。

(27) マシューズはキリスト教の宣教師であり，1926年に『若いイスラーム教徒の旅行記――文明の衝突に関する研究』を著している。詳細はBasil Mathews, *Young Islam on Trek: A Study in the Clash of Civilizations*, Montana: Kessinger Publishing, 2010 (original 1926).

(28) Ahmet Davutoğlu, "Medeniyetlerin Ben-idraki", *Divan*, No. 1, 1997, pp. 15-22.

(29) *Ibid.*, pp. 34-49. ダーヴトオールはここでガルトゥングの「危機と危機感の弁証

第**6**章　公正発展党の外交アイデンティティの形成

法」という論文を参考にしているが，「西洋文明：解剖学と病理学」においてもガルトゥングは西洋文明，インド文明，中国文明，日本文明の比較を行っている。Johan Galtung, "Western Civilization: Anatomy and Pathology", *Alternatives*, Vol. 7, No. 1, 1981, pp. 145-169. また文明に焦点を当てたものではないがガルトゥングよりも以前に中村元が日本，インド，中国，チベット，韓国の思惟方法に関する優れた研究を行っている。詳細は中村元『中村元選集　第1巻～第4巻』春秋社，1988年／1989年を参照されたい。

(30)　Ahmet Davutoğlu, "The Clash of Interest: An Explanation of the World (Dis) Order", *Perceptions*, Vol. II, No. 4, 1997/1998 (http://sam.gov.tr/wp-content/uploads/2012/02/AhmetDavutoglu3.pdf), p. 10, 2012年11月1日閲覧。

(31)　*Ibid.*, p. 14.

(32)　トルコ以外にこの特徴を有している国家は，イギリス，ロシア，オーストリア・ハンガリー帝国，フランス，ドイツ，中国，日本とされる。

(33)　Ahmet Davutoğlu, "Turkish Vision of Regional and Global Order: Theoretical Background and Practical Implementation", *Political Reflection*, June-July-August, 2010, p. 41.

(34)　*Ibid.*, pp. 42-43.

(35)　ナイ，前掲書，2004年，27頁。

(36)　İbrahim Kalın, "Soft Power and Public Diplomacy in Turkey", *Perceptions*, Vol. 16, No. 3, 2011 (http://sam.gov.tr/wp-content/uploads/2012/01/ibrahim_kalin.pdf), pp. 10-11, 2012年8月3日閲覧。

(37)　ナイ，前掲書，2008年，106頁。ビジョンとは，ナイによると「ある思想に意味を与え，他人の心を鼓舞する画像を明確に表現してみせるスキル」と定義される。

(38)　Ahmet Davutoğlu, "Türkiye Merkez Ülke Olmalı" *Radikal*, 26 Nisan, 2004 (http://www.radikal.com.tr/haber.php?haberno=107581) 2012年8月5日閲覧。これを論文の形にしたのが Ahmet Davutoğlu, "Turkey's Foreign Policy Vision: An Assessment of 2007", *Insight Turkey*, Vol. 10, No. 1, 2008, pp. 77-96 である。

(39)　Davutoğlu, 2010, *op. cit.*

(40)　*Ibid.*, p. 44.

(41)　"New rules rankle Turkish Foreign Ministry", *Hürriyet Daily News*, 21 December, 2010 (http://admin.hurriyetdailynews.com/new-rules-rankle-turkish-foreign-ministry.aspx?pageID=438&n=the-new-round-of-appointments-in-foreign-ministry-will-be-a-litmus-case-for-concerns-of-cronyism-2010-12-21) 2012年10月13日閲覧。

(42)　Ahmet Davutoğlu,"Principles of Turkish Foreign Policy and Regional Political

(42) Structuring", *Center for Strategic Research, Vision Papers* No. 3, 2012, pp. 5-8 (http://sam.gov.tr/wp-content/uploads/2012/04/vision_paper_TFP2.pdf) 2012年8月5日閲覧。

(43) "Üçüncü Büyükelçiler Konferansı Sonuç Bildirisi" (http://www.mfa.gov.tr/ucuncu-buyukelciler-konferansi-sonuc-bildirisi.tr.mfa) 2012年7月25日閲覧。

(44) これまで、「賢い国家」、「ヴィジョンに基づく外交」、「民主主義の価値観と国益の調和」という概念を提示してきた。

(45) "Dışişleri Bakanı Sayın Ahmet Davutoğlu'nun V. Büyükelçiler Konferansında Yaptığı Konuşma, 2 Ocak 2013, Ankara" (http://www.mfa.gov.tr/disisleri-bakani-sayin-ahmet-davutoglu_nun-v_-buyukelciler-konferansinda-yaptigi-konusma_-2-ocak-2013_-ankara.tr.mfa) 2013年2月7日閲覧。

(46) Hakan Yavuz, "Turkish Identity and Foreign Policy in Flux: The Rise of Neo-Ottomanism", *Critique: Journal for Critical Studies of the Middle East*, Vol. 7, Issue. 12, 1998, p. 33.

(47) *Ibid.*, p. 29.

(48) *Ibid.*, p. 35.

(49) 鈴木董「パクス・イスラミカからバベルの塔へ——イスラーム的世界秩序の崩壊と現代」『国際問題』No. 411, 1994年6月号、23-24頁。

(50) パックス・オットマニカの詳細は以下を参照されたい。鈴木董『オスマン帝国——イスラム世界の「柔らかい専制」』講談社現代新書、1992年。

(51) 同上書、25-29頁。オスマン帝国に対する「西洋の衝撃」の詳細は以下を参照されたい。鈴木董『ナショナリズムとイスラム的共存』千倉書房、2007年。

(52) 佐原徹哉『近代バルカン都市社会史——多元主義空間における宗教とエスニシティ』刀水書房、2003年、133頁。タンジィマート期の諸改革に関しては、以下を参照されたい。新井、前掲書、47-75頁。

(53) *The Ottoman Constitution* (http://www.anayasa.gen.tr/1876constitution.htm) 2012年7月9日閲覧。

(54) 佐原、前掲書、138頁。

(55) 澤江、2005年、前掲書、101-102頁。

(56) 同上書、104頁。

(57) Uzgel and Yaramış, *op. cit.*, p. 37.

(58) 元々、「テュルク」という言葉は、モンゴル高原からシルクロードをたどり、アナトリアへと民族移動し、居住するようになった遊牧民族の総称である。こうした民族移動は、数世紀におよび、ユーラシアにおいて、テュルクたちの言語を中心とした生

活習慣や文化の同化を促進した。そのため，この地域は約150年間ロシアの支配下に置かれていたが文化的，民族的にトルコと共通する部分が多く，密接な協力が可能な素地をもっているとトルコの政策決定者たちから認識されていた。坂本勉『トルコ民族の世界史』慶應義塾大学出版会，2006年，82頁。

(59) Uzgel and Yaramış, *op. cit.*, pp. 38-39.
(60) Hasan Celal. Güzel, "21. Asır Türk Asrı Olacaktır", *Yeni Türkiye*, Yıl. 1, Sayı. 3, 1995, pp. 123-124.
(61) *Ibid.*, p. 124.
(62) Şükür Karatepe, "Balkanlar ve Türkiye", *Yeni Türkiye*, Yıl. 1, Sayı. 3, 1995, p. 271.
(63) Cengiz Çandar, "Türkiye, Bosna-Hersek ve "Tarihle Barışmak"...", *Yeni Türkiye*, Yıl. 1, Sayı. 3, 1995, p. 284.
(64) Graham Fuller, *Turkey Faces East: New Orientations toward the Middle East and the Old Soviet Union*, Santa Monika: RAND, 1992, p. v.
(65) Ian Lesser, *Bridge or Barrier?: Turkey and the West After the Cold War*, Santa Monika: RAND, 1992, p. 5.
(66) Ahmet Davutoğlu, "Türk Dış Politikasında Stratejik Teori Yetersizliği ve Sonuçları", *Yeni Türkiye*, Yıl. 1, Sayı. 3, 1995, pp. 497-498.
(67) *Ibid.*, p. 498.
(68) *Ibid.*
(69) Davutoğlu, 2001, *op. cit.*, p. 90.
(70) *Ibid.*, p. 63.
(71) Davutoğlu, 2010, *op. cit.*, p. 41.
(72) İbrahim Kalın, "Turks reconciling with their Ottoman Past", *Today's Zaman*, 19 August, 2010 (http://www.todayszaman.com/columnist-219460-turks-reconciling-with-their-ottoman-past.html) 2012年6月15日閲覧。
(73) Ömer Taşpınar, "Turkey's Middle East Policies: Between Neo-Ottomanism and Kemalism", *Carnegie Papers*, No. 10, 2008, pp. 14-15 (http://www.carnegieendowment.org/files/cmec10_taspinar_final.pdf) 2012年6月15日閲覧。

第7章
公正発展党の外交と内政のリンケージ

はじめに

　本章では，公正発展党政権期の外交に影響を与えた内政，特に公正発展党が勝利した3回の総選挙と，公正発展党と軍部との関係について考察する。公正発展党の外交を支えているのは，安定した内政運営である。公正発展党は2002年11月に単独与党となって以降，これまで10年間その座を維持してきた。また，軍部はトルコ共和国建国以来，これまで4回のクーデタ（未遂も含む）によって，政権交代を実現するなど，内政と外交に大きな影響を及ぼしてきた。とりわけ公正発展党の幹部たちは第6章で見たように，福祉党時代に2月28日キャンペーンを経験しており，軍部との良好な関係，または軍部の押さえ込みは最優先課題の1つであった。

1　公正発展党と3回の総選挙

2002年総選挙における公正発展党勝利の要因

　公正発展党は2002年11月3日の総選挙で大勝し，単独与党となったが，その勝因はいくつかあげられる。例えば，ケイマン（Fuat Keyman）とオニシュは，公正発展党が新自由主義グローバリゼーションの勝者と敗者の両方の取り込みに成功した点と，世俗的な中道右派と中道左派がそのことに失敗した点に求めている。[1]90年代に与党（連立政権も含む）であった正道党，祖国党，民主左派党は，2000年と2001年に起こったトルコの金融危機に対して有効な処方箋を提供できなかった。90年代の選挙において，クルド人問題や政治的イスラームに対する恐怖心が票取

表7-1　2002年・2007年・2011年総選挙における得票率

(単位：%)

政党	2002年総選挙	2007年総選挙	2011年総選挙
公正発展党	34.28(367)	46.6 (341)	49.92(326)
共和人民党	19.4 (178)	20.9 (112)	25.96(135)
民族主義行動党	8.34	14.29(71)	13.00(53)
クルド系政党	6.23	5.2 (26)	6.63(36)
至福党	2.48	2.3	1.24
民主左派党	1.22	(共和人民党と連立)	0.25
民主党（正道党）	9.55	5.4	0.65
祖国党	5.12	－	－
若者党	7.26	3.03	

(出所)　トルコ主要紙を参照し、筆者作成。括弧の中は獲得議席数である。2002年選挙における民主党の得票率は前身である正道党の数値である。

りの手段となったが、2月28日キャンペーンとオジャランの逮捕によって、2002年の総選挙はもはやこうした問題が争点とはなりにくく、金融危機への対応が必要以上に強調されることになった。そうした中で、公正発展党は都市郊外の貧困層の重要性を認識していた。公正発展党は、グローバリゼーションに対して肯定的な評価をし、その機会を貧困層に提供しようとしたため、「保守的グローバリスト」と評された。[2]

オゼル（Soli Özel）も2002年選挙の公正発展党の地すべり的勝利の要因を4点にまとめている。[3]それらは、①トルコの有権者が90年代に汚職と怠慢に塗れていた中道右派、中道左派政党に制裁を下した。例えば政治家とマフィアとの癒着が明らかになったススルック事件[4]のように、90年代に与党政党は権力を乱用していた。②有権者が変革を求めたため、既存の政党ではない新たな政党として設立した、公正発展党や当時のトルコのメディア王、ジェム・ウザン（Cem Uzan）が設立した若者党（Genç Parti）が躍進した。③選挙に投票した人たちの少なさ（4140万7027人）もその要因であった。投票者の数は過去30年間の総選挙で最も少なかった。④死票の多さである。トルコでは82年憲法によって、得票率10％未満の政党は議席を獲得することができないという10％条項が定められている。2002年の選挙で10％以上の得票率を獲得できたのは、公正発展党、共和人民党のみであった（表7-1参照）。そのため、約45％の票が死票となった。

公正発展党の勝利は、これまで中心から分断され、周辺に追いやられてきた通称「ブラック・テュルク」と呼ばれる、都市郊外やアナトリア地域に住む、保守

第**7**章　公正発展党の外交と内政のリンケージ

的でイスラームへの信仰が厚い人々の票が大きな力を発揮した。複数政党制の導入以後，トルコ国民の中心と周辺構造は変容し始めたが，90年代から2000年代にかけてその構造変容は決定的となった。そのため，2000年代の選挙では，これまで周辺に位置づけられていた人々をいかに取り込むかが，各党にとって選挙の大きな焦点となった。

2007年総選挙をめぐる政治過程

公正発展党と軍部の鍔迫り合い

2007年は大統領選挙と総選挙が同時に行われるという重要な年であった。大統領選出に関して，最大野党の共和人民党や軍部に代表される世俗主義勢力は，首相であるエルドアンの出馬を最も懸念していた。2007年初頭からデニズ・バイカル（Deniz Baykal）共和人民党党首やビュウクアヌト統合参謀総長が，エルドアンの出馬を牽制する発言を繰り返した。トルコ共和国憲法第104条で定められているように，大統領は軍の最高権力者であり，各種法案の実施に関しても最終決定権をもつ。オザルが大統領に就任する以前は，退役軍人がその職に就く事が慣例となっており，イスラーム政党出身の政治家が大統領職に就く事はもちろんタブーであった。エルドアンも自身の立候補には障害が多いことを十分承知していた。一方で，公正発展党の影響力をより一層強めるため，少なくとも自分に近い人物を候補者に推薦したいと考えていた。その結果が，4月24日の当時外相を務めていたギュルの選出であった。ギュルが大統領になるためには憲法第102条（「大統領は大国民議会の3分の2以上及び秘密投票により選出される。少なくとも3日間の間隔を置いて実施される投票のうち，最初の2回において議員総数の3分の2の票を獲得した候補者がいなかった場合，第3回目の投票において議員総数の過半数の票を獲得した者が大統領に選出される。第3回目の投票において議員総数の過半数を獲得した者がいなかった場合，この投票で最も多くの票を獲得した2名の候補者に対して第4回目の投票が実施される。第4回目の投票においても議員総数の過半数による大統領選出が不可能であった場合，トルコ大国民議会は直ちに解散し，総選挙を行う」）に基づき，議会投票で定員の3分の2に当たる367票の支持を獲得することが必要であった。

しかし，ギュルは4月27日に行われた第1回目の議会投票では357票しか獲得できなかった。大国民議会での投票をボイコットした共和人民党は，憲法裁判所

第Ⅱ部　トルコ外交の新しいアイディアと内政の状況

図7-1　「Eクーデタ」の文書（軍部のウェブサイトからは削除されており，ウィキペディアからのみ閲覧可能）
（出所）　tr. wikipedia. org.

に対して投票の無効を訴え，5月1日に1回目の投票に関して無効の決定が下された。軍部も投票の当日，ウェブサイトに「トルコ軍部はトルコ共和国の不変の特徴を守るという原則に基づき，軍部としての義務を果たす決定を下す」という文書を掲載し，ギュルの大統領選出を牽制した。この軍部の行動は，ウェブサイト上で警告を行ったため「Eクーデタ」と呼ばれた。こうした軍部の行動は，EUから「トルコの軍部は非民主主義的な方法でイスラーム系の大統領の選出を拒んでいる」と非難された。エルドアンはこうした動きに対して，5月3日の大国民議会で11月に予定されていた総選挙を7月22日に前倒しする案を可決させ，共和人民党・憲法裁判所・軍部を中心とする世俗主義勢力の行動を国民に直接問いかけるという手段を選んだ。同時に大統領選挙を国民投票にすることを含む憲法改正法案の可決にも成功したが，セゼル大統領の拒否権発動により，この法案は凍結された。

このように政局が混乱した4月から5月にかけては市民レベルでもアンカラ（4月14日），イスタンブル（4月29日），イズミル（5月14日），サムソン（5月21日），デニズリ（5月28日）で世俗主義を擁護する30万人から100万人規模の行進

第 7 章　公正発展党の外交と内政のリンケージ

が行われた。デモの参加者は「イスラーム系大統領にもクーデタにも反対」という主張を繰り返した。

**公正発展党勝利
とギュルの大統領選出**　こうした世俗主義擁護のデモや，南東部で常態化しつつあった PKK によるテロ行為（第 3 章を参照）が，総選挙において公正発展党に不利に働くのではないかと予想された。しかし，選挙結果は2002年に続いて公正発展党の大勝であった（表 7‐1 参照）。公正発展党は政権奪取後の 4 年間で平均 7 ％以上の経済成長，インフレの収束，不透明な財源を健全化し，トルコ経済に安定をもたらした。公正発展党と大きく議席を増やし，第 3 党となった民族主義者行動党は，グローバリゼーションへの対処に成功した政党と言われた。民族主義者行動党の主張は，「グローバリゼーションこそ不平等で不安定な経済状況を生じさせた根源であり，伝統的な生活様式もこれによって破壊されている」であり，社会・経済的な環境の変化を訴えた。民族主義者行動党は EU 加盟に関しても懐疑的な見解を示した。こうした主張は90年代の政治的腐敗とインフレーションに苦しんでいた国民の共感を得た。

　公正発展党は，第 6 章で論じたように，第 1 期において EU 加盟も大きく前進させた。2004年11月に行われた欧州理事会で，トルコは正式な加盟交渉国として承認され，2005年10月 3 日に加盟交渉を行うことが決定した。こうして公正発展党は，経済政策と EU 加盟を軸に，国民の信頼を勝ち取ったのである。一方，公正発展党と激しく争う可能性もあると見られていた共和人民党は票が伸び悩み，大きく議席を減らした。無所属に関しては28名が当選したが，その内の24名がクルド人政党である民主社会党の党員であった。

　公正発展党はこの総選挙での大勝を背景に，8 月13日にギュルの大統領選再出馬を決定した。この段階では世俗主義勢力もギュルの大統領就任を阻む手立てはなかった。ギュル以外には，民族主義者行動党からサバハッティン・チャクマクオール（Saabahattin Çakmakoğlu），民主左派党からタイフン・イチリ（Tayfun İçli）が出馬した。8 月20日と24日に実施された第 1 回投票と第 2 回投票においては，共和人民党がボイコットし，民族主義者行動党の票がチャクマクオールに流れたために，ギュルの大統領選出は第 3 回目の投票まで持ち越された。第 3 回目の投票で過半数を大きく超える339票を獲得したことで，4 月から 4 ヵ月間続いた公正発展党と世俗主義勢力との抗争に終止符が打たれた。エルドアンの首相続

第Ⅱ部　トルコ外交の新しいアイディアと内政の状況

図7-2　公正発展党の本部（左にトルコ国旗，右にエルドアンの肖像写真）
（出所）　筆者撮影（2009年3月29日）。

投とギュル大統領の選出に関して，トルコ労働組合（Türk-İş），TOBB，トルコ労働連合（Hak-İş），トルコ産業家・企業家協会（Türk Sanayicileri Ve İşadamları Derneği, 略称 TÜSİAD），MÜSİAD といった主要な経済組織は好意的な態度を示した。

ギュルの大統領就任直後にビュウクアヌト参謀総長は「軍部は4月の時点から態度を変えていない」と述べ，8月28日の大統領就任式をボイコットした。その翌日，軍医学アカデミーで行われた卒業式においても軍関係者はギュルが定位置に着く前に着席している。さらに30日の85回目の戦勝記念日には大統領夫人は招かれなかった。

2011年の総選挙の政治過程

総選挙へ向けた野党の状況　2011年6月の総選挙は最大野党である共和人民党にとって，21世紀になって初めてバイカル以外の党首で臨む選挙となった。92年から2010年にかけてほとんどの時期を共和人民党の党首として過ごし，ワンマンスタイルで権威主義的と一部から非難されていたバイカルは，2010年5月に女性スキャンダルで党首を辞任した。その後の党大会で，共和人民党の劣勢が予想された2009年地方選挙でイスタンブルから出馬し善戦したケマル・クルチ

ダールオール(Kemal Kılıçdaroğlu)が党首に選出された。クルチダールオールは主に2つの点で共和人民党の改革に乗り出した。第1に、これまで世俗主義を標榜するエリート政党と言われてきた共和人民党を、一般民衆やクルド人などマイノリティに配慮した政策を実施する政党に移行させることであった。クルチダールオールは、この戦略によって2009年の選挙で善戦したという実績があった。第2に、バイカルと彼に近い政治家たちによって支配されてきた共和人民党内部の構造を改革し、新たな人材を登用した。これは2010年12月18日の共和人民党の臨時党大会においてクルチダールオールが行った党議会の人事で鮮明となった。68名が党の議会議員として選出されたが、その内新しい議会議員が39名にものぼった。特にこれまでバイカルの側近として権力をほしいままにしてきたオンデル・サブ(Önder Sav)、ハック・スーハ・オカイ(Hakkı Suha Okay)、ハルック・コチュ(Haluk Koç)、シャヒン・メンギュ(Şahin Mengü)、チェティン・ソイサル(Çetin Soysal)、オヤ・アラスル(Oya Araslı)、ネジュラ・アラット(Necla Arat)、テキン・ビンギョル(Tekin Bingöl)といった重鎮たちが排除された。一方で、前中東工科大学社会科学研究所所長のセンジェル・アヤタ(Sencer Ayata)、前ボアジチ大学社会学部のビナーズ・トプラック(Binnaz Toprak)などの知識人を積極的に登用した。クルチダールオールは中道左派を標榜する共和人民党をより中道に近づけたことで、党のスタンスが公正発展党の政策と似通ってきたと批判されているが、一般民衆やマイノリティへの配慮を欠く政策を継続したところで大幅な票の増加は見込めない。その点ではクルチダールオールが実施した改革は、非常にプラグマティックなものと言えるだろう。共和人民党はバイカル時代から決別するべく、選挙前の101名の議員の内、64名を入れ替え、刷新を図った。特に注目されたのが、エルゲネコン事件に関与した疑いで逮捕されたジャーナリストのムスタファ・バルバイ(Mustafa Balbay)とメフメット・ハベラル(Mehmet Haberal)が候補者として名を連ねたことである。

2007年の総選挙では公正発展党、共和人民党と共に議席を獲得した民族主義者行動党は、選挙直前の5月21日にスキャンダルが発覚し、メフメット・エキジ(Mehmet Ekici)副党首、オスマン・チャクル(Osman Çakır)副党首、デニズ・ボリュクバシュ(Deniz Bölükbaşı)副党首、ウミット・シャファック(Ümit Şafak)副党首、ムスタファ・ジハン・パチャジ(Mustafa Cihan Paçacı)議長、メフ

第Ⅱ部　トルコ外交の新しいアイディアと内政の状況

表7-2　公正発展党と共和人民党のマニフェストの比較

政党名＼項目	民主主義	経済	社会	地域計画	外交
公正発展党	進歩的な民主主義	大規模計画経済	力強い社会	環境政策 モデル都市	リーダー国家
共和人民党	自由民主主義	生産的・大規模・公平・環境に配慮	平等・社会的な団結 質の高い民衆運動	後進地域の開発と都市の発展	平和・民主主義・発展にもとづく外交

（出所）公正発展党と共和人民党のウェブサイトを参照し，筆者作成。

メット・タイタック（Mehmet Taytak）という同党の重鎮たちが相次いで議員を辞任した。民族主義者行動党は，このスキャンダルによるイメージ低下により，議席獲得のために最低限必要な10％の票を獲得できるか微妙な状況であった。

　無所属として出馬するクルド人政党の平和民主党は，クルド人人口の多い東部と南東部での票の獲得が見込まれ，2007年総選挙と2009年地方選挙と同様に，5％から7％の得票率が期待された。平和民主党は，PKKと密接な関係にあるクルディスタン共同体同盟（Koma Civaken Kurdistan，略称KCK）に関与した疑いで服役中の者，1991年に初めてクルド人の女性として国会議員となったが，PKKの活動に関与した疑いで約10年間服役し，その後もクルド人の人権擁護の活動を積極的に展開すると共に多くの罪に問われているレイナ・ザナ（Leyla Zana）を候補者として起用した。

　これ以外の政党は，10％以上の得票はほぼ不可能と見られていた。長年イスラーム系政党の党首として君臨し，エルドアン首相やギュル大統領を育てたエルバカンが2011年2月27日に死去し，リーダー不在となった至福党，元至福党の党首であったが，エルバカンと衝突して袂を別ったヌマン・クゥルトゥルムシュ（Numan Kurtulmuş）が設立した国民の声党（Halkın Sesi Partisi），90年代に連立政権として政権を担った民主党，民主左派党などは苦戦が予想された。

　世論調査会社の選挙前の予想は，A＆G社が公正発展党49.3％，共和人民党29.4％，民族主義者行動党13％，平和民民主党7から7.5％，メトロポール社が公正発展党44から48％，共和人民党26から28％，民族主義者行動党13％，平和民主党6％，コンダ社が公正発展党46.5％，共和人民党26.8％，民族主義者行動党10.8％，平和民主党6.7％であった。公正発展党は全ての調査で45％以上の票を獲得して勝利するという結果が出た。

第 7 章　公正発展党の外交と内政のリンケージ

選挙の結果　選挙の結果は，公正発展党が得票率49.92％で326議席，共和人民党が得票率25.96％で135議席，民族主義者行動党が13.00％で53議席，無所属から立候補した平和民主党が6.63％で36議席となった（表7-1参照）。公正発展党の326議席（その後327議席となる）は単独での憲法改正が可能な367議席には満たなかった。しかし，得票率はこれまでで最も高い49.92％となり，依然として公正発展党が国民の圧倒的な支持を得ていることを内外に示した。エルドアンは，2015年まで首相を続投すると，イノニュに次いでトルコ共和国の歴史上2番目に長い任期の首相となる（2014年8月に大統領に選出）。

　共和人民党と民族主義者行動党も2011年の選挙ではそれなりの成果を収めた。まず，共和人民党は総選挙においては77年以来，初めて25％以上の票を獲得することに成功した。これは共和人民党が選挙キャンペーン中に多くの浮動票の取り込みに成功したことによるものとみられている。民族主義者行動党は，議席は減らしたものの，スキャンダルによるマイナス・イメージを最小限に食い止め，10％以上の得票率は容易にクリアした。平和民主党は前回よりも議席を増やし，36人の議員を国会に送り込むことに成功した。ただし，その内，セルマ・ウルマック（Selma Irmak），ハーティップ・ディジレ（Hatip Dicle），イブラヒム・アイハン（İbrahim Ayhan），ケマル・アクタシュ（Kemal Aktaş），ギュルセレン・イルドゥルム（Gürsel Yıldırım）は服役中であった。前述したザナも当選を果たした。

　2011年の選挙では，この4党以外の政党はほとんど票を獲得することができなかった。公正発展党が初めて勝利した2002年の選挙は，少数政党の乱立を避けるための10％条項により，死票が大変多い選挙であったが，2011年の選挙は死票がほとんど発生しなかった。これは投票した国民の意思が忠実に選挙に反映されたことを意味する。公正発展党の人気はほぼ全国に広がる一方で，共和人民党はイスタンブル，アンカラといった大都市で票を伸ばした。また，予想通り平和民主党はクルド人が多い東部と南東部で多くの票を獲得した。2011年の総選挙でも各個人のアイデンティティが選挙結果に色濃く反映された。具体的には，イスラームに傾倒し，保守的な生活を標榜する者は公正発展党，世俗主義エリートは共和人民党，トルコ民族としてのアイデンティティを重視する者は民族主義者行動党，クルド人としてのアイデンティティを重視するものは平和民主党，に投票したということである。ただし，2011年の総選挙においては，明確なアイデンティティ

第Ⅱ部　トルコ外交の新しいアイディアと内政の状況

表7-3　トルコ共和国第61代内閣

役職名	大臣名	役職名	大臣名
副首相	ビュレント・アルンチ アリ・ババジャン ベシル・アタライ ベキル・ボズダー	経済担当大臣 エネルギー・天然資源大臣 青年・スポーツ大臣	ザフェル・チャーラヤン タネル・イルドゥズ スアット・クルチ
外務大臣	アフメット・ダーヴトオール	国防大臣	イスメット・イルマズ
法務大臣	サドゥッラー・エルギン	関税・貿易大臣	ハヤッティ・ヤズジュ
家族・社会政策大臣	ファトマ・シャヒン	内務大臣	ムアメール・ギュレル
運輸大臣	ビナリ・イルドゥルム	発展担当大臣	ジェブデット・イルマズ
EU大臣	エゲメン・バーシュ	文化・観光大臣	オメル・チェリキ
科学・産業・技術担当大臣	ニハト・エルギュン	財務大臣 国民教育大臣	メフメット・シムシェク ナビ・アヴジュ
労働・社会保障大臣	ファールク・チェリッキ	食品・農業・家畜担当大臣	メフメット・メフディ・エケル
環境・都市設計大臣	エルドアン・バイラクタル	森林・水道事業大臣 保健大臣	ヴェイセル・エルオール メフメット・ムエジノール

（出所）　公正発展党のウェブサイトを参照し，筆者作成。

　を持たない人々の浮動票が存在したのも事実である。そうした浮動票は公正発展党か共和人民党にのみ流れたと指摘できよう。この要因として，公正発展党の安定した政治運営と経済政策への肯定的な評価，新たなスタートを切った共和人民党への期待があったと考えられる。

　エルドアンは総選挙直前の6月8日に，総選挙後の新たな内閣構造案を明らかにした。その内容は，①国務大臣の職を廃止する，②新たに家族・社会政策担当省，EU省，経済省，青年・スポーツ省，関税・貿易省，発展担当省を設置する，③産業・貿易省を科学・産業・技術担当省に変更，環境森林省と公共事業・住宅省を統合し，環境森林と都市設計省を設立（その後，環境・都市設計省と森林・水道事業省に分割），食品・農業・家畜担当省の設置，④各省に新たに副大臣を設置する，というものであった。新内閣は7月6日に発表された（表7-3参照）。

　また，エルドアンは早期の憲法改正を主張し，各党に10月1日までに新憲法案を起草するように訴えた。2010年9月12日の国民投票によって，改正が予定され

第7章　公正発展党の外交と内政のリンケージ

た条項とその要旨は以下のようになっている。第10条（法の前での平等の例外対象を認める），第20条（プライバシーの保護），第23条（海外渡航禁止に関する項目の緩和），第41条（子供の保護），第53条（公務員が1つ以上の労働組織の一員になることができる，公務員が団体交渉の権利を持つ），第54条（ゼネスト禁止法の廃止），第74条（国家機構と市民の間の問題を解決するためのオンブズマン制度の設置），第84条（政治家はいかなる場合も任期を全うできる），第94条（議員の在職期間の変更を許可），第125条（高等軍事評議会の決定を控訴することができる），第128条（公務員の団体交渉に関する財政と社会的権利の保障），第129条（公務員が職場における非難や脅迫を控訴できる），第144条（司法に関する省庁や施設，また検察官の監督は司法省の検査官が行う），第145条（民間法廷は軍人を裁くことができる，一方で軍事裁判所は戦争期間以外，市民を裁くことはできない），第146条（憲法裁判所の規模と人員を再編し，人員を現在の11人から17人に拡大する），第147条（新たな憲法裁判所の裁判官の任期を12年または65歳に至るまでとする），第148条（市民は個人的に憲法裁判所や最高裁判所に申請する権利を持つ。また，権力を乱用した場合は統合参謀総長，司令官，国会議長も裁判の対象となる），第149条（政党解散命令，または年次の憲法改正に必要な憲法裁判所における定足数を，今までの議席の5分の3から3分の2に変更する），第156条（軍事最高控訴裁判所の組織と機能を再編），第157条（軍事最高行政裁判所の機能を法廷の自由に基づいたものにする），第159条（司法と検察に関する最高委員会を再編し，最高委員会は22人の正規メンバーと12人の補佐メンバーから構成されることとする），第166条（政府の諮問機関として経済社会委員会を設立する），又，臨時条項第15条（1980年クーデタの実行者たちの控訴を禁止する）の撤廃，というものであった。

　6月12日の総選挙による第25期トルコ大国民議会は，高等選挙委員会が平和民主党のディジレをはじめとした服役中の平和民主党の議員たちに議員資格を認めないこと，また，イスタンブル裁判所が共和人民党から出馬したバルバイとハベラルの釈放を認めないという判決を下したため，この決定を不服とする両党の議員が6月28日に行われた議会の宣誓式を欠席し，波乱の幕開けとなった（共和人民党では唯一，宣誓議長を務めたオクタイ・エキシ〔Oktay Ekşi〕のみが出席）。第25期トルコ大国民議会議長には，公正発展党からチチェクが選出された。[20]

2　軍部の影響力低下

EU加盟交渉による軍部の権限縮小

　軍部は1999年まではEU加盟を最も推進する機関であったが，加盟交渉に伴う国内法改正が行われると，軍部はEU加盟が自分たちの権利を拘束することを理解し始めた。2001年3月に提出された「加盟のためのパートナーシップ」において，すでにその目標の1つに「国家安全保障会議の憲法上の役割を，EU加盟国での運用に従い，諮問議会として再編する」という項目があげられていた。軍部はEU加盟交渉が実施される以前の「上からの民主化」においては主導的な役割を果たしたが，EU加盟交渉による外圧的な民主化においては，自身が改革の対象の1つとなったのである。[21]

　具体的には，2001年10月3日の憲法改正において，①憲法118条の規定で，これまで国家安全保障会議において文民と武官が同数だった構成が，文民多数に変更する，②移行条項15条でこれまで司法対象の例外とされてきた軍事政権期の立法を司法対象とする，ことが決定した。2004年5月の憲法改正では，①憲法131条に記載された統合参謀本部の高等教育委員会の委員候補擁立権限を廃止する，②軍部の予算を会計監査の対象とする，ことが決定した。[22]一方，2003年7月の第7次「EU調和法」パッケージでは，①国家安全保障会議の権限を縮小し，開催期間をこれまでの毎月1回から2ヵ月に1回とする，②国家安全保障会議の事務局の会議決定事項を追跡できる，また，事務局長が武官でなくてはならないという規定を廃止する，③会計監査院が軍事支出を非公開で検査することが可能となる，という改正が実施された。続く2004年7月の第8次「EU調和法」パッケージでは，①高等教育委員会への統合参謀総長による1名の指名枠を廃止する，②ラジオ・テレビ高等委員会への国家安全保障会議事務局による候補提示権を廃止する，③通信高等委員会委員から国家安全保障会議事務局を除外する，④有害出版物規制委員会への国家安全保障会議による1名の指名枠を廃止する，ことを決定した。[23]また，2006年4月の第9次「EU調和法」パッケージでは，移行条項の軍事裁判所の設立と司法手続きに関して，平時において軍事裁判所の権限を廃止し，文民裁判所に委ねる（ただし，集団的な軍事事件が発生した場合を除く），改正が

第7章　公正発展党の外交と内政のリンケージ

表7-4　2005年度と2010年度の国家安全保障政策大綱の比較

時期＼対象	2005年度（軍部中心に作成）	2010年度（政府中心に作成）
イスラエル	特に言及なし	イスラエルの行動による中東地域の不安定化を批判
イラク	直接的な脅威（PKKの北イラク進出を懸念）	イラク政府とPKK問題に対して協力する必要性を強調
イラン	直接的な脅威（核開発）トルコの世俗主義に対する脅威	脅威とは記載されずクルド人に対する共同作戦を評価
ギリシャ	直接的な脅威（エーゲ海問題）	脅威とは記載されず
ロシア	潜在的脅威	脅威とは記載されず
PKK	直接的な脅威	直接的な脅威
政治的イスラーム	トルコの世俗主義への潜在的な脅威	急進的なイスラーム組織
クーデタ	特に言及なし	民主主義システムに対する脅威
グローバルな脅威	特に言及なし	サイバー攻撃・地球温暖化・気候変動による災害

（出所）　Hay Eytan Cohen Yanarocak, "The Red Book: The Bible of Turkish Foreign Policy", *Stratejikboyut*, 11 October, 2010; *Yeni Şafak*, 28 Ekim, 2010 をもとに筆者作成。

行われた。さらに2010年9月12日の国民投票で可決された憲法改正案では，前述のように，第125条，第145条，第148条，第156条，第157条，移行条項第15条が改正の対象となった。

　軍部の影響力低下は，トルコの安全保障政策の根幹である，国家安全保障会議（MGK）が作成する国家安全保障政策大綱（Milli Güvenlik Siyaset Belgesi，通称「赤本」／非公開）と国家軍事戦略概念（Milli Askeri Stratejik Konsept）でもみられた。国家安全保障政策大綱の改正は基本的に5年とされ，ポスト冷戦期においては1992，1997，2001，2005，2010に改正が行われている。第7次「EU調和法」パッケージにおける国家安全保障会議の権限縮小の1つとして，これまで国家安全保障会議の参謀総長，陸軍・海軍・空軍・国内治安維持軍の各司令官によって作成されてきた国家安全保障政策大綱が，大統領・首相・首相補佐・外務大臣・内務大臣・国防大臣・法務大臣も参加して作成されることが決定した。2010年10月27日に発表された国家安全保障政策大綱は，EU調和法の改正に基づき，文民である公正発展党の議員も参加して作成された（表7-4参照）。

　表7-4をみると，変化がないのはPKKに対する脅威のみであり，それ以外

の言説には変化がみられる。隣国であるイラン，イラク，ギリシャ，ロシアに対する脅威が減退している点に関しては，地域秩序の安定化を模索した「ダーヴトオール・ドクトリン」，特にその中心であったゼロ・プロブレム外交の影響が色濃くみられる。一方，2008年末から2009年初頭にかけての第1次ガザ攻撃以降，関係が悪化していたイスラエルに関しては，2005年の安全保障政策大綱では言及がなかったのに対し，2010年の大綱では脅威とは明記されていないが，その行動を批判している（第10章参照）。興味深いのは政治的イスラームとクーデタの項目である。2005年の大綱では，政治的イスラームが脅威とされているが，軍部にとっては公正発展党をはじめとする穏健派イスラーム政党も脅威と映っていたと考えられる。それに対し，公正発展党が主導した2010年の大綱は急進的なイスラーム組織，ジハード主義者のみを脅威と明記している。また，2005年の大綱がクーデタについて脅威としていなかったのに対し，2010年の大綱ではクーデタを明確な脅威として明記している。クーデタを脅威とするかしないかに関しても，これまでクーデタを主導してきた軍部と第6章でみたように2月28日キャンペーンを経験した公正発展党の政治家たちの認識の違いがみられる。また，2010年の大綱はグローバルな脅威にも言及しており，軍部主導の大綱に比して安全保障の概念をより広く捉えていることが窺える。

軍関係者による一連の政府転覆計画

軍部は，EU加盟交渉によって影響力が行使しにくい状況に追い込まれた。こうした状況を打破しようとした一部の軍人や，いまだに軍部がトルコ政治における守護者であると考え，公正発展党の与党体制を好ましく思っていない一部の人々が画策したのが，一連の「エルゲネコン事件」，「インターネット・メモ事件」，「バルヨズ計画」という政府転覆計画であった。こうした事件は，2009年から突如明るみになる。

2009年1月7日に「エルゲネコン事件」に関与した疑いで，元国家安全保障理事会事務総長のトゥンジェル・クルンチ（Tuncer Kılınç），元司令官のケマル・ヤブズ（Kemal Yavuz），元少佐のエルダル・シェネル（Erdal Şenel）を含む40人が拘束され，起訴処分を受けた。「エルゲネコン事件」は，エルゲネコンという組織が計画を行っていたことからこの名が付いた。この組織はクルド人政治家やノ

第7章 公正発展党の外交と内政のリンケージ

ーベル文学賞作家のオルハン・パムク（Orhan Pamuk）の殺害を計画するとともに，国家を不安定化させて軍部のクーデタを促そうとしていたようである。2009年6月12日にはタラフ（Taraf）紙に「公正発展党とギュレン運動撲滅計画」という記事が掲載された。これはEクーデタに続く軍部の公正発展党と当時，公正発展党と近い関係にあるとみられていたギュレンのグループを排除しようとした計画であった。さらに同年6月30日にドゥルスン・チチェキ（Dursun Çiçek）海軍大佐が「公正発展党とギュレン運動撲滅計画」の作成に関与した疑いでイスタンブル裁判所に逮捕された。8月1日から4日にかけて，政府高官と軍部高官が意見を交換するYAŞが開催され，ここでチチェキ海軍大佐逮捕の責任をとって空軍司令官のアイドアン・ババオール（Aydoğan Babaoğlu）と海軍司令官メティン・アタチ（Metin Ataç）が8月30日付けで辞任し，空軍司令官にハサン・アクサイ（Hasan Aksay），海軍司令官にエシェレフ・ウール・イィート（Eşref Uğur Yiğit）が，ハサン・ウースズ（Hasan Iğsız）に代わってアスラン・ギュネル（Aslan Güner）が副参謀総長に就任することが発表された。

10月末になり，軍部とエルゲネコンの関係はさらに進展を見せた。それは匿名の現役将校から，軍部が公正発展党とギュレン運動を撲滅するための計画を立てていたという文書がイスタンブル裁判所やメディアに送られたことに端を発している。最初の手紙の存在は10月25日に明らかにされた。この手紙には2つの文書が同封されており，1つ目の文書は6月にタラフ紙に掲載された計画のコピーであり，チチェキによるサインがなされていた。2つ目の文書は，2007年選挙後の社会的展望に関する情報であり，トルコは穏健イスラーム国へと向かっているとされ，それを食い止めるための軍事的な手順の手引きが掲載されていた。手紙には，軍部は現在でもクーデタを計画する「情報支援局」と呼ばれる部署が活発な活動を行っていると書かれていた。また，2007年の計画は当時統合参謀本部の長官の1人であったヌスレット・タシュデレル（Nusret Taşdeler），2009年の計画はチチェキがウースズ大佐の下で働いていた時に作成したものだと指摘した。2通目の手紙は11月3日に送付され，軍部が400以上のトルコと海外のウェブサイトを監視し，それらのサイトへの訪問者を政治的信条と宗教観に基づいて振り分けを行っており，軍部独自に42もの公正発展党や宗教勢力に反対するサイトを設立していたという内容であった。これはその後，「インターネット・メモ事件」と

第Ⅱ部　トルコ外交の新しいアイディアと内政の状況

表7-5　1990年代以降のトルコの参謀総長

90年以降の参謀総長	在　任　期　間
ネジップ・トルムタイ	1987年7月～1990年12月
ドアン・ギュレシュ	1990年12月～1994年8月
イスマイル・ハック・カラダユ	1994年8月～1998年8月
ヒュセイン・クブルクオール	1998年8月～2002年8月
ヒルミ・オズキョク	2002年8月～2006年8月
メフメット・ヤシャル・ビュウクアヌト	2006年8月～2008年8月
イルケル・バシュブー	2008年8月～2010年8月
セバハッティン・ウシュク・コシャネル	2010年8月～2011年7月
ネジデット・オゼル	2011年8月～2014年6月現在

（出所）　筆者作成。

呼ばれるようになる。さらに11月6日に3通目の手紙が届き，そこでは軍部が偽造した手紙をヒュリエット（Hürriyet）紙に送ったり，テロリズムや宗教原理主義に関する映画に資金を提供する計画を立てていたりしたと書かれていた。

　2010年になると今度は，タラフ紙が1月2日に掲載した，新たな軍部のクーデタ計画である「バルヨズ計画」が波紋を広げた。これは，2003年3月に現在は退役しているチェティン・ドアン（Çetin Doğan）将校を中心に250人の軍人によって立てられた計画であり，その内容は，①イスタンブルのベイヤズット地区とファーティ地区のモスクに空から爆弾を投下する，②エーゲ海上空でギリシャの航空機がトルコの航空機を爆撃したように見せかけ，両国の対立を煽る，③クーデタを実施し，その後に20万人もの人々を拘束し，サッカー場に収容する，というものであった。軍部は翌21日にタラフ紙の報道を否定し，トルコ軍部は一切の違法な計画に関与していないと述べた。この「バルヨズ計画」に関する大規模な捜査が，2010年2月22日，2月26日，そして4月6日に実施された。

　このバルヨズ計画の波紋は，毎年8月の第1週目に実施されているYAŞにも影響した（表7-6参照）。2010年度のYAŞでは，同年8月末で統合参謀総長の職から引退するイルケル・バシュブー（İlker Başbuğ）の後釜としてウシュク・コシャネル（Işık Koşaner）がその職に就くことが決定した。コシャネルの統合参謀総長としての任期は2013年度（2012年8月）までの2年間で，その後はネジデット・オゼル（Necdet Özel）が2017年度までの4年間統合参謀総長の職に就くことも決定した（結局，コシャネルは1年で辞任）。一方で，序列としては陸軍司令官に

第 7 章　公正発展党の外交と内政のリンケージ

表7-6　2009～2011年度のYAŞの議題と政軍関係の動向

年度 注目点	2009年度	2010年度	2011年度
議題	・エルゲネコン事件に関与したチチェキ海軍大佐の処遇	・コシャネル統合参謀総長の就任	・「インターネット・メモ」事件の真相 ・オゼル統合参謀総長の就任
政軍関係の動向	・海軍司令官が辞任 ・空軍司令官が辞任	・ウースズ陸軍司令官が退役、陸軍司令官が空席になる	・コシャネル統合参謀総長が辞任 ・陸軍司令官が辞任 ・海軍司令官が辞任 ・空軍司令官が辞任 ・14名の軍人の逮捕を決定

（出所）　*Radikal*, 31 Temmuz, 5 Ağustos, 2009, 5 Ağustos, 2010, 2 & 9 Ağustos, 2011をもとに筆者作成。

就任する立場にあったウースズの陸軍司令官への就任は、ウースズが公正発展党とギュレンに関連する団体の転覆を試みた「インターネット・メモ事件」や「バルヨズ計画」などに関与した疑いがあることから見送られた。そのため、陸軍司令官の職は空席となり、実質的な陸軍のトップは新たに第1司令官に昇進したエルダル・ジェイランオール（Erdal Ceylanoğlu）となった。ウースズは結局、2011年8月11日に「インターネット・メモ事件」に関与していたことを理由に逮捕された。さらに軍部に激震が走ったのが、2012年1月初めに「インターネット・メモ事件」に関与したとして、バシュブー元参謀総長が逮捕されたことである。このように、一連の政府転覆計画とその実態が発覚したことで、国民の軍部に対する信頼が揺らぎ、影響力の行使が極めて難しくなっている。

おわりに

本章では、公正発展党政権期の外交に影響を与えた内政、特に公正発展党が勝利した3回の総選挙と軍部との関係について論じてきた。第1章の修正2段階モデルに照らし合わせると、政策形成過程に当たる部分であった。公正発展党政権下で安定した外交が展開される大きな理由の1つは、公正発展党が単独与党であり続けている点である。公正発展党が選挙で支持を得た最大の要因は、①これまで周辺に位置づけられてきた大衆（保守的で敬虔なムスリム）の取り込みに成功し

たこと，②経済政策の成功による生活の安定，であった。また，近年の選挙が極めて個々のアイデンティティに基づいた投票に陥りがちで，浮動票が減ったことも公正発展党が単独与党の座を維持できる要因となっている。このように，公正発展党は安定した国内基盤を築いているが，一方でイラク戦争やガザ支援船団攻撃事件，「アラブの春」の対応に見られるように，ムスリムの一般民衆を非常に重視している。これは国内で基盤となっている保守的なムスリムたちへの支持と密接にリンクしている。

公正発展党は軍部に対しても，福祉党時代とは異なり，正当性を確立して政権運営に当たっている。また，「エルゲネコン事件」，「インターネット・メモ事件」，「バルヨズ計画」によって軍部が自滅的な形でその影響力を一層弱めている。公正発展党は，こうした国内での軍部の影響力を弱めることで，政策形成において，野党だけではなく軍部の影響力を削ぐことにも成功した。

本章で明らかになったのは，2002年から現在（2014年6月）に至るまで単独与党であり続けている公正発展党は，総選挙での勝利とEU加盟交渉による軍部の影響力低下で，特に2007年の総選挙以降，政策決定のイニシアティヴを完全に握っていたということである。

注

(1) Fuat Keymar. and Ziya Öniş, *Turkish Politics in a Changing World: Global Dynamics and Domestic Transformations,* İstanbul: İstanbul Bilgi University Press, 2007, p. 163.

(2) Ziya Öniş, "Conservative globalists versus defensive nationalists: political parties and paradoxes of Europeanization in Turkey", *Journal of Southern Europe and the Balkans,* Vol. 9, No. 3, 2007, p. 250. 一方，オニシュは共和人民党をグローバリゼーションが国民生活に負の影響を及ぼすと認識する，「防御的ナショナリスト」と見なしている。

(3) Soli Özel, "After the Tsunami", *Journal of Democracy,* Vol. 14, No. 2, 2003, pp. 81-82.

(4) ススルック事件とは，96年11月に起きた，国会議員・警察・マフィアの癒着を明らかにした事件である。ススルックで起きた自動車事故により，警察官・指名手配中のマフィアが死亡，同乗していた正道党の国会議員が重症を負った。マフィアはPKK

掃討に協力していた事実があり，今まで明らかにされていなかった国家・警察組織・マフィアの結託が証明された。
(5) Şerif Mardin, "Center Periphery Relations: A Key to Turkish Politics", *Deadalus*, Vol. 2, No. 1. 1973, pp. 169-190.「ブラック・テュルク」に対して，都市に住む世俗主義エリートは「ホワイト・テュルク」と呼ばれる。
(6) トルコの歴代大統領はムスタファ・ケマル（1923～38年），イスメット・イノニュ（38～50年），ジェラル・バヤル（50～60年），ジェマル・ギュルセル（60～66年），ジェブデット・スナイ（66～73年），フェハリ・コルテュルク（73～80年），ケナン・エヴレン（80～89年），トゥルグット・オザル（89～93年），スレイマン・デミレル（93～2000年），アフメット・セゼル（2000～07年），アブドゥッラー・ギュル（07年～14年），レジェップ・タイイップ・エルドアン（14年～）である。
(7) "Meclis'te 368 kişi var iddiası", *Hürriyet*, 27 Nisan, 2007（http://hurarsiv.hurriyet.com.tr/goster/haber.aspx?id=6414928&tarih=2007-04-27）2012年8月25日閲覧。
(8) "Genelkurmay'dan çok sert açıklama", *Hürriyet*, 27 Nisan, 2007（http://hurarsiv.hurriyet.com.tr/goster/haber.aspx?id=6420961&tarih=2007-04-27）2012年8月25日閲覧。
(9) "Avrupa ve ABD'den tepki", *Hürriyet*, 28 Nisan, 2007（http://hurarsiv.hurriyet.com.tr/goster/haber.aspx?id=6422401&tarih=2007-04-28）2012年8月25日閲覧。
(10) 澤江が指摘しているように，公正発展党の第1期において制度的に公正発展党のイスラームの自由や権利を拡大する法案を抑止できる立場にあったのが大統領のセゼルであった。セゼルは公正発展党政権に対して，3156もの任命拒否と34の法案差し戻しを行使したと言われている。澤江，前掲論文，2006/2007，47-50頁。
(11) このデモを組織したのはアタテュルク主義協会という愛国主義的な組織であり，彼らは「ネオ・ナショナリスト」を自認していた。「ネオ・ナショナリスト」の主張はトルコの主権を維持するためにEU加盟には反対，民営化と海外投資にも反対，「アンチ・アメリカニズム」の提唱とケマルの業績に対する再評価を要求した。Balkir Canan, "The July 2007 Elections in Turkey: A Test for Democracy", *Mediterranean Politics*, Vol. 12, No. 3. 2007, p. 416.
(12) 無所属とは550議席の内10％の55議席を政党ではなく，無所属で立候補した個人に割り当てる制度である。この案は，2007年4月1日のラディカル紙でアフメット・インセル（Ahmet İnsel）が提示したものである。この無所属には民主社会党の党員や国民の間でよく知られているユルマズ前首相やアンカラ大学教授のバスクン・オラン（Baskın Oran）などが出馬した。

第Ⅱ部　トルコ外交の新しいアイディアと内政の状況

⒀　"AKP'nin Köşk adayı Gül", *Hürriyet*, 3 Ağustos 2007（http://hurarsiv.hurriyet.com.tr/goster/haber.aspx?id=7076907&tarih=2007-08-13）2012年8月29日閲覧。

⒁　これに加えて、大国民議会議長も公正発展党のキョクサル・トプタン（Köksal Toptan）が就任することになった。議会議長はトルコ大国民議会の運営委員会（議会議長・副議長・書記・執行部長から構成）の中心人物であり、直接議会を召集する権利を持つ（憲法第93条）。任期は初選出の場合2年、2期目は3年であり、2007年7月の選挙以前は共和人民党の重鎮、エレクダーが議長職を務めていた。それまで主要役職の内、2つを占めていた世俗主義勢力はその役職を全て失うこととなった。

⒂　"Komutanlar Meclis'e gelmedi", *Hürriyet*, 28 Ağustos 2007（http://hurarsiv.hurriyet.com.tr/goster/haber.aspx?id=7171351&tarih=2007-08-28）2012年8月29日閲覧。

⒃　"Kılıçdaroğlu, PM'nin neredeyse yarısını yeniledi", *Hürriyet*, 18 Aralık 2010（http://www.hurriyet.com.tr/gundem/16569462.asp）2012年8月29日閲覧。

⒄　"İşte CHP'de listeye giremeyen vekiller", *Hürriyet*, 11 Nisan 2011（http://www.hurriyet.com.tr/gundem/17522160.asp?gid=381）2012年8月29日閲覧。

⒅　"MHP'de deprem", *Hürriyet*, 21 Mayıs, 2011（http://hurarsiv.hurriyet.com.tr/goster/haber.aspx?id=17840625&tarih=2011-05-21）2012年8月29日閲覧。

⒆　"Bakanlar Kurulu yeniden yapılandırılıyor", *Hürriyet*, 8 Haziran, 2011（http://hurarsiv.hurriyet.com.tr/goster/haber.aspx?id=17982957&tarih=2011-06-08）2012年8月29日閲覧。

⒇　"Yeni TBMM Başkanı Cemil Çiçek olacak", *Hürriyet*, 28 Haziran, 2011（http://hurarsiv.hurriyet.com.tr/goster/haber.aspx?id=18130825&tarih=2011-06-28）2012年9月1日閲覧。

(21)　間寧「加盟交渉過程のトルコ政治への影響」八谷まち子編、前掲書、147-150頁。

(22)　同上書、156-157、160頁。

(23)　同上書、158-159頁。

(24)　"Law No 5982 Amending Certain Provisions of the Constitution"（http://www.abgs.gov.tr/files/BasınMusavirlik/haberler/constituional_amendments.pdf）2012年8月15日閲覧。

(25)　国家軍事戦略概念は国家安全保障政策大綱に沿って作成されるため、国家安全保障政策大綱の方が重要性は高い。

(26)　"Ergenekon operasyonunda şok isimler", *Hürriyet*, 7 Ocak, 2009（http://hurarsiv.hurriyet.com.tr/goster/haber.aspx?id=10722983&tarih=2009-01-07）2012年9月3日閲覧。

第 7 章　公正発展党の外交と内政のリンケージ

(27) "AKP ve Gülen'i bitirme planı", *Taraf*, 12 Haziran, 2009（http://www.taraf.com.tr/haber/akp-ve-guleni-bitirme-plani.htm）2012年9月3日閲覧。

(28) "Albay Dursun Çiçek tutuklandı", *Hürriyet*, 30 Haziran 2012（http://hurarsiv.hurriyet.com.tr/goster/haber.aspx?id=11976533&tarih=2009-06-30）2012年9月3日閲覧。

(29) "YAŞ kararları açıklandı", *Sabah*, 4 Ağustos, 2009（http://www.sabah.com.tr/Gundem/2009/08/04/yas_kararlari_aciklandi）2012年9月3日閲覧。

(30) "The fulltext of informant officer's letter over military plot", *Today's Zaman*, 27 October, 2009（http://www.todayszaman.com/news-191233-the-fulltext-of-informant-officers-letter-over-military-plot.html）2012年9月3日閲覧。

(31) *Radikal*, 6 Kasım, 2009.

(32) "TSK'dan 'ihbar mektubu' açıklaması", *Hürriyet*, 17 Kasım, 2009（http://hurarsiv.hurriyet.com.tr/goster/haber.aspx?id=12973429&tarih=2009-11-17）2012年9月3日閲覧。

(33) "Darbenin adı Balyoz", *Taraf*, 20 Ocak, 2010（http://www.taraf.com.tr/haber/darbenin-adi-balyoz.htm）2012年9月3日閲覧。

(34) "Genelkurmay'dan darbe açıklaması", *Hürriyet*, 21 Ocak, 2010（http://hurarsiv.hurriyet.com.tr/goster/haber.aspx?id=13544154&tarih=2010-01-21）2012年9月3日閲覧。

(35) "Kritik YAŞ kararnamesine Köşk'ten onay", *Hürriyet*, 4 Ağustos, 2010（http://www.hurriyet.com.tr/gundem/15487158.asp?gid=373）2012年9月3日閲覧。

(36) "Başbuğ tek kişilik geçici koğuşta", *Hürriyet*, 6 Ocak, 2012（http://hurarsiv.hurriyet.com.tr/goster/haber.aspx?id=19619798&tarih=2012-01-06）2012年9月3日閲覧。

第Ⅲ部
公正発展党の外交戦略

第8章
公正発展党の貿易国家化と機能主義

はじめに

　本章では，公正発展党の貿易国家と機能主義外交という2つの外交戦略について検証する。貿易国家は，第1章でみたようにローズクランスの概念であり，国際政治上で「自国の置かれた立場と国内の資源配分状況を，国際的な相互依存の枠組みの中で改善していこうとする国家」と定義された。ここでは，「貿易国家は自国を相互依存の枠組みの中で改善するだけでなく，経済や貿易によって，地域に貢献する政策を展開する国家」と意味を拡大して使用する。同じく第1章で論じたように，機能主義外交は，カナダ型の国連機関を通じた外交と，オーストラリア型の周辺地域との提携外交に分類することができる。ここではカナダ型の機能主義外交として，「文明の衝突」を克服するためにスペインとトルコの尽力によって立ち上げられた「文明間の同盟」に焦点を当てる。一方，オーストラリア型の機能主義として，イラク戦争を防ぐ目的で立ち上げられ，その後はイラク復興に向けて周辺諸国が議論する場となったイラク周辺国会議を取り上げる。これらに加えて，2011年5月にイスタンブルで開催された第4回LDC会議と，TİKAに関しても機能主義的な外交の一環と考えられるので，考察の対象とする。

1　貿易国家化するトルコ

新自由主義経済への対応

　トルコは1980年1月から新自由主義を経済政策として採用してきた。ケイマンとオニシュは，これまでのトルコの新自由主義政策を3つに時期区分している。

表8-1　トルコのGDP, 1人当たりのGDP, 海外直接投資の流入, 海外直接投資

(単位は10億ドル〔1人当たりのGDPのみ単位はドル〕)

項目＼年度	2004	2005	2006	2007	2008	2009	2010	2011	2012
GDP	304	393	483	530	647	730	614	735	773
1人当たりのGDP	8,861	10,237	11,464	12,961	13,946	15,057	14,452	15,616	16,885
直接投資の流入	2.785	10.031	20.185	22.047	19.504	8.411	9.084	—	—
トルコの投資	0.78	1.064	0.924	2.106	2.549	1.553	1.464	—	—

(出所)　Trading Economics, UNCTADの投資国プロフィール, トルコを参照し, 筆者作成。

　第1期は, 1980年から89年7月までの国際通貨基金 (International Monetary Fund, 略称IMF), 世界銀行, 他のOECD諸国がトルコの経済構造の変容を促した「規制撤廃」の時期である。その中心となったのが, オザルと「アナトリアの虎」であった。オザルは新自由主義を進めたが, 80年代から90年代にかけては経済的弱者にセーフティーネットが張られておらず, 新自由主義経済は貧富の差を拡大させる結果となった。

　第2期は, 1989年8月から2001年2月までの「偽りの変容と制度的危機」の時代である。IMFは, 1994年の金融危機後に時折トルコ経済に介入したのに対し, EUは1999年にトルコが正式な加盟交渉候補国となるまでトルコとの関係は限定されていた。この時期, トルコの内政は連立政権で不安定であり, 経済は短期資金が流入し, 負債が増加した。この経済状態の悪化が, 2000年11月と2001年2月の「双子の危機」をもたらすことになる。当時は民主左派党を中心とした連立政権であったが, 首相のエジェビトは世界銀行で働いていたデルヴィシュを国家経済大臣に指名し, 経済の立て直しを図った。

　第3期は, デルヴィシュが打ち出した, IMFと世界銀行と密接な協力を行うことを前提とした「強い経済に向けたプログラム」に沿った再規制の時期である。[3] デルヴィシュは2002年11月の選挙で連立政権が崩壊したためにその職を退任したが, この「強い経済に向けたプログラム」は, 公正発展党に引き継がれた。「強い経済に向けたプログラム」で特に重要なのは, 2001年に中央銀行が法的に独立したことであった。これにより中央銀行は政府からある程度独立して経済政策を作成することが可能となった。また, トルコが2004年に正式にEU加盟交渉国となったことで, EUの政策がトルコ経済に影響を及ぼすようになった。「強い経済に向けたプログラム」の成功により, トルコのGDPと1人当たりのGDPは

第8章　公正発展党の貿易国家化と機能主義

表8-2　GDPにおける軍事費・教育費・保険費の割合

項目＼年	2002	2003	2004	2005	2006	2007	2008	2009	2010	2011
軍事費	3.89	3.39	2.78	2.5	2.18	2.04	2.04	2.3	2.08	2.10
教育費	3.18	3.18	3.3	3.2	3.1	3.2	3.4	4.9	3.7	4.0
保健費	3.72	3.8	3.93	3.9	3.87	4.05	4.33	5.02	4.43	4.28

（出所）Kamu Harcamalarını İzleme Platformu を参照し，筆者作成。

表8-1のように，リーマンショックの影響を受けるまで確実に増加し，2011年から再び増加に転じている。また，トルコへの海外直接投資の流入は，2008年まで非常に活発であり，トルコの海外直接投資も2008年まで順調に増加していた。

しかし，公正発展党が経済において正当性を調達したのは単にGDP，1人当たりのGDP，投資が伸びたためではない。オニシュが指摘しているように，公正発展党が新自由主義に適応しながらも国家規制を行い，表8-2のように中間層や貧困層に対する教育費や保険費といった公共サービスの支出を増やしたことが，公正発展党の広範な支持につながっている。[4]

アンカラ・フォーラム

アンカラ・フォーラムは2003年11月からTOBBが主導するかたちで開始された，イスラエルとパレスチナの和平に貢献するためのトルコ，イスラエル，パレスチナの商工会議所間のフォーラムである。TOBB会長のリファット・ヒサルジクルオール（Rifat Hisarcıklıoğlu）がイスラエル産業協会とパレスチナ商工会議所に対して，アンカラ・フォーラムの実施とフォーラムへの協力を要請する手紙を送付したことがきっかけと言われている。[5] TOBBは，2004年12月に設立したトルコ経済政策研究基金（Türkiye Ekonomi Politikaları Araştırma Vakfı，略称TEPAV）にアンカラ・フォーラムの企画を一任し，TEPAVはアンカラ・フォーラムと，アフガニスタンの復興をパキスタンと共に支援するイスタンブル・フォーラムを取り仕切った。[6] これらのフォーラムは，トルコ国内で成功した工業団地計画（BIS計画）を他国で実施することを目標とした。[7] TOBBは，2010年までにトルコ国内で258の工業団地を設立していた。

イスラエルのエレツの工業地域では，1970年以降，パレスチナからも多くの労働者が雇われていたが，2000年9月のアルアクサ・インティファーダ以降，治安

表8-3 アンカラ・フォーラムの概要

日　程	開催場所	議　題
2005年4月27～28日	アンカラ	経済発展を通して平和と安定を達成
2005年6月8日	エルサレム	エレツ工業団地の建設と観光業の活性化
2005年9月20～21日	イスタンブル	エレツ工業団地の建設と観光業の活性化
2007年1月15日	テルアビブ	アンカラ・フォーラムの重要性の確認
2007年3月30日	ワシントンDC	エレツ工業団地の建設
		アンカラ・フォーラムに対するアメリカの後押し
2007年9月4日	東エルサレム	トゥールカルム工業団地建設の提案
2007年11月13日	アンカラ	ペレス大統領とアッバス大統領の会談

（出所）　TEPAVのウェブサイトを参照し，筆者作成。

の悪化を理由に閉鎖されていた。トルコは国内で成功した工業団地モデルを，エレツの工業地域にも適用させようとした。2007年9月に行われた第6回のアンカラ・フォーラムでは，エレツだけではなく，ヨルダン川西岸のトゥールカルムにも工業団地を作る計画が話し合われた。

　表8-3にあるように，TEPAVは工業団地計画を何度も協議したものの，最終的には治安と西岸の地域問題により，計画は頓挫することとなった。2009年以降，TEPAVは新たにジェニーンでの工業団地計画を目指しているが，トルコとイスラエルの関係悪化もあり，計画は進んでいない。2007年11月13日にイスタンブルで開催された第7回アンカラ・フォーラムはこれまでのフォーラムとは異なり，イスラエルのシモン・ペレス（Simon Peres）大統領とパレスチナ自治政府のマフムード・アッバス（Mahmoud Abbas）大統領の首脳会談という中東和平のプラットフォームとして機能した。この首脳会談はその後のアナポリス・中東和平サミットに弾みをつけたと評価された。

　TEPAVの代表としてアンカラ・フォーラムを取り仕切ったギュベン・サック（Güven Sak）は，アンカラ・フォーラムの特徴を，適切に機能した官民による対話メカニズム，具体的で地域に根ざした計画，暫定的な解決案の提示，多様なレベルでの外交，と評している。アンカラ・フォーラムを通してトルコは，イスラエルとシリア，イランの核開発問題のように公式な仲介者として関与するのではなく，フォーラムの開催と経済的相互依存の深化による両アクター間のコミュニケーションの活性化を目指した。そのため，トルコが仲介において果たした役割は極めて限定的であった。

第8章　公正発展党の貿易国家化と機能主義

表8-4　2003〜2012年のトルコの対シリア貿易

(単位：1000ドル)

項目 年	2003	2004	2005	2006	2007	2008	2009	2010	2011	2012(6月まで)
輸出	410,755	394,783	551,627	609,417	797,766	1,115,013	1,421,637	1,844,605	1,609,861	303,699
輸入	261,193	247,551	142,585	187,250	259,282	323,697	221,454	452,493	336,646	41,673

(出所)　トルコ統計協会（TÜİK）の2012年度国別輸出・輸入データをもとに筆者作成。

レバント・カルテット

「レバント・カルテット」とは，トルコ，シリア，レバノン，ヨルダンの4ヵ国間で2010年12月3日に立ち上げられた経済協力の枠組みである。「レバント・カルテット」の核は，トルコとシリアの関係強化，特に経済的な相互依存と政治的対話の活性化であった。経済的な相互依存の深化は，各国間の信頼を高め，武力衝突を回避する一助となり，さらに新たな市場を開拓することで当該国の国益の増進につながる。経済に関するトルコとシリアの2国間関係は，2004年から始まった。2004年1月6日にシリアの大統領として初めてトルコを訪問したB・アサドは，経済の分野で，二重課税協定の防止，投資の誘致，観光に関する3つの協定を結んだ。さらに2004年12月22日にエルドアンがダマスカスを訪問し，自由貿易協定（Free Trade Agreement，略称FTA）を締結した。FTAが実際に適用されたのは2007年からで，それ以降2010年まで両国の貿易額，特にトルコの輸出は増加した（表8-4参照）。

また，2009年9月15日にトルコとシリアは，渡航に際してヴィザを免除する協定に調印した。調印の際，ダーヴトオールは，シリア国民に向けて「トルコはシリア国民にとって2つ目の母国である」というコメントを残している。これにより，2010年にはトルコからシリアに200万人の旅行者，シリアからトルコには100万人の旅行者が訪れる状況となり，両国間の人の往来は活発化した。

加えて，トルコとシリアの政策決定者間の対話の増加も「レバント・カルテット」を後押しした。ダーヴトオールは戦略的対話を深めるためにハイレベル戦略協力委員会を構築するという方法を周辺諸国に対して積極的に展開した。シリアとの間では，2009年9月15日にアサドがトルコを訪問した際に戦略協力委員会構築の決定に関する調印が行われた。第1回目の閣僚間ハイレベル戦略協力委員会は，同年10月13日にシリアのアレッポとトルコのガジアンテプでトルコから10名，シリアから15名の閣僚が出席して行われ，40もの協定が締結された。続いて12月

23日には，ダマスカスで第1回目のハイレベル戦略協力委員会が開催され，エルドアンは10名の閣僚と200人以上のビジネスマンを引き連れて出席し，シリアとの間で51の協定を締結した。この中で特に注目されたのは，チグリス川から水を引くためにシリア領内にポンプ場を建設するという協定であった。翌2010年においても，10月2日から3日にかけて，シリアのラタキアで両国から12人ずつ閣僚が出席し，第2回目の閣僚間ハイレベル戦略協力委員会が実施された。第2回目の閣僚間ハイレベル戦略協力委員会では安全保障問題が中心的な議題となり，トルコからシリアに逃走したPKKのメンバーの送還と1998年10月に締結されたアダナ合意を刷新することが協議された。12月20日から21日にかけて，今度はアンカラで第2回目のハイレベル戦略協力委員会が行われ，①テロとテロ組織の防止に関する協力，②トルコのエキム銀行からシリアに借款を行う，③住宅と建設の分野で調印された協定の2011年計画に関する交渉を行う，④電力の生産と供給，新エネルギーの生産に関する交渉を行う，⑤トルコの銀行業務調整監査協会とシリア中央銀行が協力して業務を行う，⑥トルコの開発省とシリア計画組織との業務提携する，に関して調印が行われた。こうした両国間の相互依存関係の深化が，「レバント・カルテット」の基礎となった。

対外経済関係理事会（Dış Economik İlişkiler Kurulu，略称DEİK）は，前述のTEPAVと同じようにTOBBの傘下の機関として創設され，2008年6月にトルコの私企業セクター機構として認可された団体である。DEİKは通常，2国間協定の締結が主な活動だが，多国間フォーラムの発展を試みた事例が2010年12月に設立された「レバント・カルテット」であった。まず，イスタンブルで2010年6月11日にDEİKはトルコ・アラブ協力フォーラムを開催し，参加したトルコ，シリア，レバノン，ヨルダンの4ヵ国は，自由商業地域，ヴィザなしでの渡航の許可，共同評議会の設立，商業・関税・農業・保健・エネルギー各分野に関して協力を結ぶ，といった点で協力を行うことを確認した。その後，話し合いが進められ，同年12月3日にDEİKが中心となり，トルコ，シリア，レバノン，ヨルダンの4ヵ国は経済強化と文化の統合を目指すための「レバント・カルテット」に調印した。

「レバント・カルテット」の目的は，自由商業地域，ヴィザなしでの渡航の許可，共同評議会の設立，商業・関税・農業・保健・エネルギー各分野での協力を

第8章　公正発展党の貿易国家化と機能主義

実現するものであった。具体的に，14の分野（ロジスティック，企業活動，財政サービス，地域への投資，食品の安全保障，エネルギー安全保障，人的・物的なサービスの循環，観光，建設工事のための資金提供，水平的関係の活性化，制度の設立と発展，教育と研究発展，文化的変容と第三世界における協力）で75のプロジェクトを実施する計画が示された。また，「レバント・カルテット」に調印した4ヵ国に加えて，イラン，イラク，クウェート，カタル，アラブ首長国連邦，イエメン，オマーン，バーレーンを2015年までにこの組織に取り込む計画が発表された。[16] 2010年末の締結時において，「レバント・カルテット」に参加した4ヵ国の総GDPは7240億ドルであったが，2015年までに4ヵ国の経済規模が1兆5000億ドルになることを目標値として設定した。

2　文明間の同盟におけるトルコの活動

文明の基準と文明化の過程

トルコの国連を重視した機能主義外交の代表的なものが，「文明間の同盟」における役割である。トルコは「文明間の同盟」において，スペインと共に共同議長を務めている。以下では，まず，「文明間の同盟」が必要とされた背景を確認する。そして，「文明間の同盟」の設立過程，「文明間の同盟」の指針，「文明間の同盟」におけるトルコの国家戦略，地域の国家戦略，イスラモフォービアに対する対応を概観する。

西洋世界において文明という概念は古代から「高度に発展した」という意味をその中に含み，野蛮という概念と区別されてきた。この区分は古代ギリシャの時代からすでに存在しており，三大悲劇詩人の1人として知られるエウリピデスの詩の中にも見られる。その後，この文明と野蛮というレトリックは十字軍の遠征，新大陸発見とスペインの植民活動，第2次世界大戦に至るまで使用され続けた。この「高度に発展した」という点は，近代においては啓蒙思想と結びつき，個人に対しても，そうした個人が住む社会に対しても使用された。ヒューム（David Hume），ルソー（Jean-Jacques Rousseau），ミル（John Stuart Mill）のような啓蒙思想家たちは，ヨーロッパは文明化されており，他の地域に比べて優位な立場にあることを強調した。シュワルツェンバーガー（Georg Schwarzenberger）は，「ヨ

219

ーロッパを文明国,非ヨーロッパ地域を野蛮と区別する見方は西洋列強の帝国主義と植民地主義の駆動力となった」と指摘している。国際関係論または国際法の文脈から,文明の基準に着目したのがシュワルツェンバーガーや英国学派に属するゴング（Gerrit W. Gong）であった。特にゴングは『文明の基準』において,ヨーロッパ起源の国際社会に参入するための基準を,①基本的人権の質,②組織化された官僚制度の存在,③国際法の厳守と国内の司法制度の維持,④外交とコミュニケーションによって国際システム上の責務を負うこと,⑤文明化された国際社会の規範と実践の受け入れと実施,という5点に集約した。しかし,ヨーロッパの中からファシズムという一種の野蛮が生まれたことで,こうした基準は著しく影響力を低下させた。近年,ヨーロッパ起源の国際社会の参加条件としての文明の基準を「古い」基準とし,より普遍的な「新しい」基準に言及する議論が活発になっている。例えば,ドネリー（Jack Donnelly）は冷戦後の国際政治において,ジェノサイドの防止や民主主義政権の確立による人権の保護が新たな文明の最低限の基準となりつつあることを指摘している。また,フィドラー（David P. Fidler）はリベラリズムを新たな文明の基準の柱と考え,人権,市場自由主義,構造調整,法の遵守,グッドガバナンスを強調した。実際に2008年のアメリカ大統領選挙において,共和党の候補であったマケイン（John McCain）候補が「民主主義連盟」の構想を掲げるなど,リベラリズムを基盤とした基準論は国際政治の中に浸透してきている。

　文明の基準論の問題は,明らかな差別化を伴うことである。ゴングは,「ヨーロッパの帝国主義や植民地主義に凌駕された非ヨーロッパ諸国は,彼らの文化的伝統や文化的実践に根差した独自の文明の基準を長い間維持してきた。しかし,こうした基準はヨーロッパの視点からは後進的で野蛮と見なされた」ことを指摘している。つまり,文明の基準は強者の論理であり,著しく他者意識を欠いた概念であると言えよう。「古い」文明の基準はもちろんのこと,より普遍的な基準を目指したいわゆるリベラリストたちの「新しい」文明の基準もこうした批判を免れることはできないだろう。

　文明の基準を提示するだけではなく,そこに生じる優劣感や差別意識を克服しようとする考えも西洋政治思想における文明概念の中には見られる。松森が指摘しているように,中世において,ヴィトリア（Vitoria）は,文明の基準を優れた

第8章　公正発展党の貿易国家化と機能主義

教育の有無に求めた。この考えは近代の啓蒙思想に引き継がれ，その後ダーウィニズムと結びついたことで帝国主義や植民地主義に利用された。その一方で，教育や経済の発展，そして諸個人の行動様式が発展することで未開や野蛮と考えられた者たちも文明化することが可能であることを示唆した。ただし，西洋政治思想における文明概念の限界は，あくまで西洋で発展した文明の拡大が「普遍的な文明への過程である」と錯覚してしまった点である。

このように，西洋の思考様式の拡大が普遍的と考えられてきた中でも，エリアス（Norbert Elias）の「文明化の過程」には言及しておく必要があるだろう。エリアスによると，諸個人は社会からの要請に応えて歴史的に文明化された礼儀作法を身に付けるが，その礼儀作法の獲得は外部からの抑圧によるものから，次第に自己抑制的なものによる制御に移り変わるとされる。リンクレーター（Andrew Linklater）は，エリアスの「文明化の過程」を国際関係論に応用し，国際社会における平等で普遍的な倫理的指針をグローバルな文明化の過程と考えた。リンクレーターは，エリアスが指摘した，人間はどのようにして破壊，欲求不満，屈辱なしで基本的な欲求を満たすことができるのか，またはそれぞれの人間が試みた他の懲罰によって基本的欲求を満たすことができるかをコスモポリタニズムの文脈から考察している。こうしたグローバルなレベルでの自己抑制を伴う文明化の過程を考える際に有効な手段の1つが対話である。「文明間の対話」という概念は，文明の衝突のアンチテーゼとしてアナン（Kofi Annan）元国連事務総長やイランのハータミー（Moḥammad Khātamī）元大統領によって提示され，2001年度が国連における文明の対話年とされるなど，現在では幅広く認知されている。異なった文明や文化に根差した人々が対話を重ねることで，自己の文明のみを優れたものとする考えが抑制され，他の文明，諸国家，個人との相互理解と多様性への理解が促進される。

「文明間の同盟」の設立と展開

設立過程　この「文明間の対話」をさらに促進させようとする試みが「文明間の同盟」であった。「文明間の同盟」は2004年9月21日に開かれた第59回国連総会でスペインのホセ・ルイス・サパテロ（José Luis Zapatero）首相が「西洋とアラブ・イスラーム諸国との『文明間の同盟』とそれを実現する

221

図8-1　「文明間の同盟」のロゴマーク
（出所）　Unaoc. org.

ためのハイレベル・グループの設立」を提案したことに端を発している。スペインは，2004年3月11日にマドリードにおいてテロの被害を受けており，サパテロの提案は，このテロに対する対応を国際社会に迫るものであった。その後，スペインは国連の後押しを受け，この提案を実行に移した。共同議長をヨーロッパ以外の国の中から探していたスペインは，トルコに共同議長国のオファーを出した。トルコが共同議長国に選定された理由は，①トルコが1980年代以降，アルメニア系テロ組織，PKKに対して対テロ戦争を実践してきた点，②トルコも2003年11月にイスタンブールでアル・カーイダ系組織のテロによって大きな被害を受けた点，③2002年にOIC-EU共同フォーラムを開催しており，「文明の衝突」を克服するという利害が一致していた点，であった。2005年6月13日にトルコは「文明間の同盟」の共同議長となることを受諾し，スペインと共に「文明間の同盟」の発展に尽力することになった。

「文明間の同盟」のハイレベル・グループは，2005年9月2日に設置され，同年11月26日から29日にかけて第1回の会合が行われた。ハイレベル・グループは，20人の「賢人」たちから構成され，その中にはハータミーやイスラームに関する研究で有名なジョン・エスポジート（John Esposito）などが名を連ねた。

トルコの代表であるメフメット・アイドゥン（Mehmet Aydın）によると，「文明間の同盟」の目的は「文化や宗教の垣根を取り払って，諸国家間および人々の間で理解と協力関係を深めることと，対立を煽るような極端な極化や過激主義に対抗する力を手助けすること」と定義される。ハイレベル・グループの会合は2006年11月までの1年間で4回実施され（表8-5参照），2006年11月11-13日の会合で，最終レポートが提出された。

指針　ハイレベル・グループの最終レポートは，「世界の分断を架橋する」という目標の下，行動の指針として次の8つの点を掲げている。それらは，①「文明間の同盟」は多元的な見方を基本としなければならない。そし

第 8 章　公正発展党の貿易国家化と機能主義

表 8-5　「文明間の同盟」ハイレベル・グループ会議の概要

会　議＼項　目	年　月	場　所	議論の内容
第 1 回会合	2005年11月26～29日	マリョルカ（スペイン）	「文明の衝突」をいかに防ぐか
第 2 回会合	2006年 2 月25～28日	ドーハ（カタル）	ムハンマドの諷刺画掲載事件
第 3 回会合	2006年 5 月28～30日	ダカール（セネガル）	「文明間の対話」の促進
第 4 回会合	2006年11月11～13日	イスタンブル（トルコ）	「文明間の同盟」の機構化

（出所）　Alliance of Civilizations のウェブサイトを参照し，筆者作成。

て，文化間もしくは文明間の対話を促進し，全ての国家と文化を尊重する。こうした考えの基本的な指針となるのは世界人権宣言である，②急速に相互依存とグローバル化が進む世界を規制することができるのは唯一，法の原理と国連を中心とした多国間主義である，③十分かつ一貫した人権基準の遵守が安定した社会と平和な国際関係の基礎を形成する，④多様な文化と文明が人間社会の基本的な特徴であり，人類の進歩を促す駆動力となる，⑤貧困は絶望感，不正，疎外を生み出し，政治的な不満と結びつくことで急進主義を促進させる，⑥テロリズムはどのような理由であろうと正当化できない，⑦市民の代表によって担われ，市民の要求と要望に対応する民主的な政体が，個人の可能性を十分に発揮させるために最も効果的である。民主的な政体が成功するためには，その民主的な政体が価値を共有し，市民の要求と利益をそれぞれの社会文化の中から有機的に生じさせなければならない，⑧宗教は多くの社会においてますます重要になり，諸個人の価値観を形成するうえで不可欠となっている，というものであった。こうしてみると，「文明間の同盟」が2002年の OIC-EU フォーラムの影響を多分に受けており，そこであげられた人権の尊重，テロの防止，多様性の尊重に，多国間主義，貧困の撲滅，民主的政体が文明の基準として付け加えられた。

　また，「文明間の同盟」が国際社会で果たす役割として，①ムスリム社会と西洋社会の信頼と理解の促進に尽力する人々や組織をつなぎ合わせる橋渡しの役割，もしくはそうした会合の取りまとめの役割を担う，②共通の目標と相互に有益なパートナーシップを通して，諸国家もしくは諸文化間の対立を緩和することを目的とした革新的なプロジェクトの推進を援助する媒介者・仲介者の役割を担う，③諸文化間の尊敬と理解の確立と，諸国家と人々の間で文化や宗教に起因する対立を緩和するための寛容と和解の声を強めることを提唱する，④諸文化間の関係

を構築するためのイニシアティヴを可視的なものとし，影響力を高め，協調する，⑤「文明間の同盟」と同様の過程または計画を模索した諸国家，制度，組織，個人に対して，情報と素材にアクセスする際の供給源となる，という5つを目指すとされた。[33]「文明間の同盟」のこうした機能は，主に教育，若者，移民，メディアという4つの部門で展開されている。これらの行動原則に基づき，「文明間の同盟」は2013年までに5回の年次フォーラム，1回の提携者フォーラム，8回の外相会合が行われている。[34]

トルコの国家戦略　トルコはスペインと共に「文明間の同盟」でリーダーシップを発揮しており，国連を重視する公正発展党の政策の中でも「文明間の同盟」は重要な位置を占めている。[35]「文明間の同盟」におけるトルコの代表は国務大臣のアイドゥンであった。[36]トルコの「文明間の同盟」における目的は，諸個人と諸国家間における平和と協調の実現である。これを実現するためには異文化間の交流と，これまでたびたび使用され，国際社会における他者を生み出してきた西洋中心の文明の基準を取り除くことが不可欠である。[37]トルコは「文明間の同盟」における国家戦略として，多元主義と多様化，友好関係と協力，対話と理解，人間の尊厳と男女平等の尊重の4つの概念を提示している。[38]この概念に基づき，トルコ政府は，国務省，内務省，外務省，国家教育省，労働・社会保障省，文化・観光省，環境・森林省，大国民議会，シンクタンクを中心とした市民社会の協力を得て，76のプロジェクトを立ち上げた。「文明間の同盟」は行動重視のアプローチが取られており，具体的なプロジェクトを通して「文明の衝突」を防ぐことが見込まれている。

「文明間の同盟」は，トルコが初めて国連というグローバルなレベルで主導権を握り，イスラーム諸国と世俗主義国家の和解と調和を図る役割を担うことができる機関であった。これは「ダーヴトオール・ドクトリン」が目指すトルコの役割の1つでもあった。「文明間の同盟」は，ダーヴトオールの主張する3つの国際秩序観，特に文化的秩序の概念と呼応している。ダーヴトオールは文明という単位を重視する一方，「文明の衝突」論に関しては反論している。ダーヴトオールによると，「世界大の文明の復活は，人類にとって相互行為とコミュニケーションの新たな形に大きなチャンスが開かれたとみなすべきである」とされ，「文明間の同盟」は世界の文明の相互行為とコミュニケーションの促進に貢献する機

第 8 章　公正発展党の貿易国家化と機能主義

関と捉えられている。

　また，「文明の衝突」を防ぐために行動することで，国際社会からEU加盟の後押しを受けることができるという公算も含まれていた。エルドアンは，2008年1月15日に「文明間の同盟」の年次フォーラムに出席した際，「トルコはEUから特別な交渉や手続きを待っているわけではない。しかし，トルコのEU加盟は『文明間の同盟』が可能かどうかを計る試金石となるだろう」と述べ，トルコのEU加盟の重要性を「文明間の同盟」の文脈から主張した。

地域戦略　「文明間の同盟」の地域戦略は，2009年11月にサラエボで立ち上げられた。地域戦略の目標は，地域協力の活性化と政策手段の発展である。サラエボでの会議の報告書によると，心理的な壁を破壊すること，関係強化のための「橋」を構築すること，特定の空間を共有することが，地域の安定における主要なアプローチとされた。「文明間の同盟」の地域戦略は南東欧，ラテンアメリカ，地中海の3つの地域で展開されている。地中海の地域戦略は，2011年から2015年までの5ヵ年計画を発表しており，その内容は大きく，①地中海地方に属するヨーロッパとアラブ諸国のジャーナリストたちがワークショップや共同訓練を行う「メディアの迅速な対応」プログラムを作成する，②アメリカを含む西洋の人々と，アラブ諸国の人々の相互理解を深める試みである「フォロワーシップ」プログラム，③一般市民，若いジャーナリストや外交官のためのサマースクール，④ヨーロッパ・アラブ都市協力，⑤ヨーロッパ・アラブ議会会合を実施する，⑥ソーシャル・メディアを活用し，世界中の多様な人々，グループと対話することで相互理解を深め，社会イノベーションのプラットフォームを構築する「地中海における対話カフェによるネットワーク」プログラムを作成する，⑦（いわゆる「アラブの春」で変革を迫られている）エジプトに対する政策，に区分される。一方，南東欧での行動プランは，①地方自治体に移民の統合を訓練する，「多様性と凝集の調和」プログラム，②特に歴史問題に焦点を当てる「紛争予防と平和構築のための教育」プログラム，③ジャーナリストの訓練，恐怖・不寛容・排外主義を撲滅するための若者へのキャンペーンを含む，「ステレオタイプへの対抗，無知と偏見の克服」プログラム，④集団学習や対話カフェに基づくネットワークによる，「相互文化間の対話，スキル，能力」プログラム，⑤「男女平等と女性のエンパワーメント」プログラム，⑥観光，芸術，スポーツを通じた

「文化と発展」プログラムとなっている。トルコにとって，南東欧と地中海の安定化は，地域秩序の安定を目指す「ダーヴトオール・ドクトリン」と呼応しており，「文明間の同盟」における活動はトルコの国益増進につながると考えられる。

イスラモフォービアへの対応　「文明間の同盟」の大きなテーマの１つが，「イスラモフォービア（イスラーム恐怖症）」への対応である。この言葉を有名にしたのは，英国ムスリム・イスラモフォービア委員会が97年２月に発表した「イスラモフォービア──我々全てに対する挑戦」という報告書である。ここでは，「イスラモフォービア」を構成する要因を排除（政治と行政からの排除・雇用からの排除・管理と責任からの排除），差別（雇用実践における差別と教育と保険のサービス提供に関する差別），偏見（メディアと日常の会話による偏見），暴力（肉体的暴力・器物損壊・言葉による暴力）という４つに分類している。その後，9・11テロの衝撃がこの「イスラモフォービア」を活性化させた。「イスラモフォービア」には，急進派の行動に対する反発という発症の仕方と，欧米に深く蔓延している潜在的なオリエンタリズムが何らかの拍子で表に出るという発症の仕方がある。前者の例としてあげられるのは，古くは1989年２月14日にホメイニー（Āyatollāh Khomeinī）が，イスラームを冒瀆したという理由で『悪魔の詩』の作者であるサルマン・ラシュディ（Salman Rushdie）の殺害をファトワーとして発したことに対する欧米諸国の反発である。また，2000年代に入ってからも2004年にオランダ人のテオ・ヴァン・ゴッホ（Theo van Gogh）監督が短編映画「服従」でムスリム女性を露骨に描写したことに反感を持った，モロッコ系移民のムスリム青年に殺害された事件が自由の侵害であるとして欧米社会から反感を買った。後者の例としては，2005年９月に起きたデンマークの『ユランズ・ポステン』紙におけるムハンマドの諷刺画掲載事件を指摘することができる。この諷刺画は，ムハンマドを模して描かれたと思われる人物のターバンに爆弾が巻かれるなど，明らかにイスラームとテロリズムを露骨に結び付けた描写であった。これも欧米における表現の自由に則したものと作者は説明したようだが，明らかにイスラームに対する蔑視や恐怖心が描かれており，ムスリムを挑発するものであった。また，2009年11月には，スイスでイスラーム教のモスクにおいてミナレット（モスクには必ず取り付けられる礼拝のアザーンを告知する塔）の建設を禁止する法案が可決され，イスラーム諸国の反感を買った。こうした事例は特定の出来事というよ

第 8 章　公正発展党の貿易国家化と機能主義

りも，日常生活における潜在的なムスリムに対する差別や嫌悪感が顕在化したものである。トルコの EU 加盟に関する各国の国民投票においても「イスラモフォービア」は顕著に見られる。一方で，ムスリムたちの間でも「ウェスタンフォービア」と呼べる反応が，冷戦後にはっきりと見られるようになった。これは西洋世界のパレスチナに対するダブルスタンダードや，欧米諸国で無自覚に掲載された描写や言説に対する憎悪である。例としては，前述したムハンマドの諷刺画問題やミナレットに関する西洋の無自覚な態度に対する一般的なムスリムの反応である。こうした「イスラモフォービア」や「ウェスタンフォービア」といった現象は，グローバリゼーションが進展する中で，1 国レベルではなく，主権国家という空間的境界を越えて影響が広がっている。

　ムハンマドの風刺画事件に関しては，エルドアンとサパテロがニューヨーク・タイムズ紙に「敬意と冷静さを要求する」という文章を寄稿し，こうした問題に過剰に反応することは誰のためにもならないとし，人々に相手に敬意を表し，冷静に対応することを求めた。そして，「文明間の同盟」に触れ，「敬意と相互理解がこうした問題を克服する唯一の手段である」と主張した。[49]

「文明間の同盟」の課題　バルズィ（Ali Balcı）とミシュ（Nebi Miş）は「文明間の同盟」の課題を 5 点にまとめている。その課題とは，①「文明間の同盟」にはアメリカや中国のような大国がメンバーには名を連ねているが，主体的に参加していない点，②中東のアラブ諸国が主体的に加わっていない点，③トルコの文明観が曖昧である点，④「文明間の同盟」が西洋とイスラームの対立のみに焦点を当てており，他の文明の問題にはあまり関わっていない点，⑤「文明間の同盟」は「文明の衝突」と同じロジック，つまり文明をアクターとして捉えている点，を挙げている。[50] たしかに，バルズィとミシュの「大国が積極的に関わっていないのでプロジェクトの実行力と強制力が弱い」という指摘は，「文明間の同盟」の大きな課題だろう。しかし，逆に大国が参加しないことで，政治色が弱まり，参加に抵抗を示す国もなくなるという側面もある。②は，地中海の地域プロジェクトが立ち上げられたことからもわかるように，克服に向けた努力が見られる。③は，トルコの文明観が曖昧というよりも，トルコの主張する文明が第 5 章でふれた「新オスマン主義」と判断される可能性がある，という弱みは確かに指摘されるべき点である。④と⑤の指摘に関しては，国際政治におい

て文明が問題となっている背景には西洋とイスラーム間の相互理解の欠如に端を発しているものが多い。よって，この問題に焦点を当てることは必然であり，批判されるべき点ではないだろう。また，「文明間の同盟」は，前述したように対話カフェ・ネットワークなどを展開し，世界的な文明の相互理解，多様性の承認を目指しており，必ずしもアクターとしての文明に固執しているわけではない。

3　イラク周辺国会議におけるトルコの活動

イラク周辺国会議の設立

　イラク周辺国会議は，公正発展党が最も早い段階で関与したダーヴトオール主導の提携外交であった。イラク周辺国会議は，そもそもイラク戦争を防ぐ目的で開催された。しかし，第1回目の会合後にイラク戦争が勃発してしまったため，第2回目の会合からはイラク戦争後のイラクの安定をその目的とした。

　第1回目の会合は，2003年1月23日にイスタンブルで当時首相であったギュルと，その外交アドバイザーであったダーヴトオールの主導の下で開催された。この会合には，トルコのヤクシュ外相をはじめ，エジプト，サウジアラビア，ヨルダン，シリア，イランの外相，さらにはドイツのヨシュカ・フィッシャー（Joseph Fischer）外相が参加した。各国ともイラク戦争を防ぐという点で目的は一致していたが，その理由は異なっていた。トルコは第3章で論じたように，湾岸危機の時のような経済，政治の混乱を避けることと，自国のクルド人の分離独立の動きが活性化することを恐れていた。サウジアラビアは，イラクにおいてシーア派が権力を獲得することを危惧していた。イランやシリアは，アメリカ主導のイラク戦争と中東におけるイスラエルの存在に強く反対した。シリアやエジプトは，フセイン政権が瓦解することによって，自国の権威主義体制が脅かされることを懸念し，イランは隣国に親米政権ができることを警戒していた。このようにそれぞれ異なった理由によって集まった6ヵ国（ドイツを加えると7ヵ国）による会合で最も問題となったのが，共同宣言に「アメリカの介入に反対する」という文言を挿入するかどうかであった。シリアとイランがこの文言を挿入することを強く主張したのに対し，トルコは文言の挿入に反対した。議論は平行線を辿ったが，ヨルダンの仲介によって結果的に「アメリカの介入に反対する」という文言

は共同宣言に盛り込まれなかった(52)。共同宣言には国連の正当性と中東における安定化，という文言が以下のように盛り込まれた。

「イラク問題は多国間の問題であり，中東地域全体に波及するものである。そのため，国連安全保障理事会は，この問題が地域の問題であることを十分に承知したうえで行動する義務がある。我々は，平和的な解決を追求するために安全保障理事会と協力する準備は整っている。安保理決議687が謳っているように，イラクによる行動が中東地域に大量破壊兵器が存在しないという目標を達成するための一歩となることを再確認しておきたい(53)」。

イラク復興への協力と各国の思惑

第2回目の会合は，イラク戦争勃発後の2003年4月18日に開催された。第1回目の会合に出席したドイツを除く6ヵ国に加えて，クウェートとバーレーンが参加した。この会合において，首相から外相に転じていたギュルは，イラクの領土保全，できるだけ早い秩序の確立，イラク市民に対する人道的援助，イラクの文化遺産の保護，という4点を要求した(54)。西洋諸国は，イラク周辺国会議が有志連合のイラクからの撤退と，ならず者国家として名指しで批判されたシリアの地位を支持する会議であると見ていた(55)。しかし，いわゆる親米国家であるトルコ，サウジアラビア，ヨルダン，クウェートは，アメリカとイラクの周辺諸国がイラクの再建と民主主義の普及に協力していくことを主張した(56)。

第3回目の会合は，2003年5月28日に行われた第30回OIC外相会議であった。この会議にサウジアラビアとクウェートは出席を見合わせた。ギュル外相は，ここでも再度，イラクの領土保全，内政と地域政治におけるイラクの安定化，イラクが所有すべき天然資源の保護，という3点を主張した(57)。このギュルの主張は，北イラクのクルド人が独立することを牽制するものであった。

第4回目の会合はダマスカスで開かれ，トルコ，イラン，シリア，クウェート，サウジアラビア，ヨルダン，エジプトが参加した。この会合で焦点となったのは，イラクの外相であるホシュヤール・ゼバリ（Hoshyar Zebari）の参加に関してであった。クウェート，サウジアラビア，ヨルダン，エジプトはゼバリを会合に参加させることを主張したのに対し，イランとシリアは，「ゼバリの参加は本会議

ではなく非公式の会合に出席させるべきだ」と反論した。トルコは,「ゼバリの参加はイラクの意向に委ねるべきである」という中立の態度をとった。結局,ゼバリの参加は見送られることになった。ギュルは,この会議においてイラク周辺諸国会議の機構化を提案した。[58]

第5回目の会合は,クウェートで行われた。この会合には,前回の会合で焦点となったイラクのゼバリ外相が初めて出席した。ギュルはこの会合においても前回に引き続き,中東地域に安全保障機構を構築することを以下のように訴えた。

「我々は中東地域に新たな安全保障の傘を設立すべきである。我々は,地域の問題は,地域の国々によって解決されることを示す必要がある。イラクの周辺国は,中東地域の安全保障と地中海諸国と南コーカサスの国々の繁栄に重要な役割を果たすことができる。我々は自分たちの地域の安全保障を前進させる準備をしなくてはならない。我々は,ヨーロッパの国々が2度の世界大戦から悲劇的な戦争を学んだように,イラク戦争から学ばなければならない。我々の政治的な決定によって,多面的な安全保障協力機構を構築することができる。我々は重大な責任を担うべきである」[59]。

第6回目(2004年7月22日にカイロで開催),第7回目(2005年1月にアンマンで開催),第8回目(2005年5月にイスタンブルで開催)の会合においては,イラクの内政が主な議題となった。トルコは,キルクークを中心とした北イラクがクルド人テロリストの温床になることを危惧した。トルコは北イラクのクルド化を懸念し,イラクのトルコマン民族を支持していた。また,第8回目の会合には国連,EU,OICが意見交換のために参加した。

第9回目(2006年7月にテヘランで開催)から,イラク周辺国会議は単にイラクに関する問題を扱うだけではなく,地域の問題全般を扱う会議へと変容し始めた。この会合において,イラク周辺国は,イラク情勢がある程度安定した後に,アメリカがイラクから撤退することを要求,イスラエルがパレスチナに対して行っている攻撃を非難する,という声明を出した[60]。

その後,第12回までイラク周辺国会議は開催されたが,トルコが望んだような地域の安全保障機構として制度化されることはなかった。また,安全保障問題以

外の、いわゆるローポリティックスに関する話し合いはほとんど行われなかった。結局、イラク周辺国会議はイラク戦争の勃発、イラクという国家の崩壊という脅威（危機）認識に基づき、何らかの対応を行うために各国が集まっていたにすぎなかった。しかし、澤江が指摘しているように、イラク周辺国会議は地域内発的な対話の場として一定の有効性は有しており、「ダーヴトオール・ドクトリン」の最も初期の提携外交だったと言えるだろう。[61]

4 その他の機能主義外交・提携外交

第4回LDC会議

トルコが「文明間の同盟」と並んで、国際社会で存在感を示したのが、5月9日から13日までの日程でイスタンブールにおいて開催された第4回LDC会議であった。[62] エルドアン首相は一般演説で、「先進諸国や裕福な国家がこの重要な会議に十分な関心を寄せていない」と述べ、より多くの先進諸国がLDC会議に関心を示すよう訴えた。また、「環境問題、気候変動、貧困、テロや移民に対する対策といった脅威に国境はなく、国際社会が一致団結して対応していかなければならない」と述べた。また、会議の最後にイスタンブール行動計画が採択され、ギュル大統領は2015年にイスタンブールで行動計画の中間評価を行う会議を開くことを提唱した。さらにトルコは「後発開発途上国会議」という名称は好ましくないとして、会議の名称変更を国連に提案した。この会議においては、特にトルコ企業家・実業家連盟（Türkiye İşadamları ve Sanayiciler Konfederasyonu、略称TUSKON）が、TOBBと共に民間企業に関する会合、ハイレベル投資サミット、貿易展示と2国間のビジネスに関する話し合い、という3つのセクションで中心的役割を担った。TUSKONは2005年に完全な民間組織として設立された連盟で、特に貿易と投資に力を入れている。組織はピラミッド型の構成になっており、TUSKONという頂点、7つの地域ビジネス連盟（マルマラ海、エーゲ海、黒海、地中海、中央アナトリア、東部アナトリア、南東部アナトリア）、162の企業家協会、企業家となっている。加盟している企業家は約4万人である。[63] TUSKONの活動は、2国間交渉（特にアフリカ、アジア、南アメリカ）、「対外貿易の橋渡し」プロジェクト（アフリカ、ユーラシア、アジア・太平洋、中欧・東欧）、地域機構や国際機関を

通しての活動に区分される。2国間交渉に関しては，2010年3月から2011年5月まで417の貿易使節団を104の異なった国々に派遣しており，その内の約半数が後発途上国であった。「対外貿易の橋渡し」プロジェクトでは，投資と経済協力を促すための大規模なフォーラムを実施し，当該地域とトルコから多くの企業家が参加している。そして，国連を通じた活動としてLDC会議への積極的な支援があげられる。

公正発展党政権下のトルコにおいては，TUSKONだけでなく，TOBB，DEİKといった経済団体が活発に政府と連帯しながら第2トラック外交を展開している。

トルコ国際協力機構（TİKA）

公正発展党政権期には，TİKAの中東における役割も重要性を増している。TİKAは，トルコの提携外交を促進するうえで欠かせない機関である。もともとTİKAは1992年1月に設立された援助機関であったが，設立当初は新たに独立した中央アジアや南コーカサス地域への援助が主であった。また，設立当初は外務省の管轄下であったが，1999年5月から首相府の管轄下となった。TİKAの役割と業務は，以下の5点に集約される。①途上国の発展を支援することを目的としたプロジェクトに基づく，経済・金融・技術・社会・文化・教育の分野における協力の提供，②経済・金融・技術・社会・文化・教育の分野における協力と，発展の目的と途上国の要求を考慮した支援分野の定義，必要なプロジェクトの進展，または民間セクターによるプロジェクトの発展の請負，③発展途上国における政府機関の設立，法律の作成，民間公務員の設置，自由市場経済への移行期における銀行業務・保険業務・国際貿易・金融・税制の分野への必要な支援の提供，援助を行う途上国に関する専門家の配置，発展途上国からの被雇用者に対する労働経験と教育の提供，発展途上国からの被雇用者に対する助成金の配分に関して必要な調整の実施，④教育と文化の分野において，海外協力プログラムを必要とする組織に対するトルコ文化センターとの協力と調整の実施，⑤TİKAの主要な役割と業務に沿った，他の非政府組織への協力を実施する。2009年度におけるTİKAの公式の開発援助は7億700万ドルであり，援助対象国の上位10ヵ国は，アフガニスタン，ボスニア・ヘルツェゴヴィナ，パレスチナ，レバノン，グルジ

ア，コソボ，ウクライナ，アゼルバイジャン，マケドニア，エチオピアとなっている。また，TİKAの中東・アフリカ地域に対する配分は24.68％であり，その内訳は社会インフラとサービス業に78.41％，製造業に19.27％となっている。援助の割合が多いイラクとパレスチナの活動内容を見ると，イラクに対しては，戦争で被害を受けた人々への衣料品，非常食，テントの支給が主な活動である。パレスチナでは，警察に対する訓練と灌漑事業に力が入れられている。

おわりに

　本章では，トルコの貿易国家と機能主義の諸政策について考察した。第1章の修正2段階モデルに照らし合わせると，国家の戦略的行動の部分に当たる。

　貿易国家の具体例として，新自由主義経済への対応，アンカラ・フォーラム，「レバント・カルテット」を取り上げ，そこにおけるトルコの試みを論じた。機能主義の政策としては，具体的に「文明間の同盟」と「イラク周辺諸国会議」に焦点を当てた。トルコはこれまで国連機関を通じて影響力を発揮することは極めて稀であったが，公正発展党政権下では「文明間の同盟」で共同議長を務めているだけでなく，2009年から2010年にかけては安保理の非常任理事国を務め，第4回LDC会議のホスト国ともなった。イラク周辺諸国会議は，イラクの近隣諸国がイラク戦争に反対し，自発的に出来上がった会議であり，ダーヴトオールとギュルがその設立に尽力した。また，公正発展党政権は援助機関であるTİKAの活動を地域と国際社会で存在感を高めるうえで重要視している。

注

(1) ローゼクランス，前掲書，35頁。
(2) Keyman and Öniş, *op. cit.*, p. 140.
(3) *Ibid.*, pp. 143-144.
(4) Ziya Öniş, "The Triumph of Conservative Globalism: The Political Economy of the AKP Era", *Turkish Studies*, Vol. 13, No. 2, 2012, p. 141.
(5) ANKARA FORUM (Bilgi Notu) (http://www.tobb.org.tr/AvrupaBirligiDairesi/Dokumanlar/Faaliyetler/ankaraforumu/ankaraforumu.pdf) 2014年6月10日閲覧。
(6) TEPAVは，2004年12月にTOBBの近隣諸国に対する外交政策をサポートする機

関として発足した研究所で，経済，外交，ガバナンスという3つの分野に関する政策と研究を行っている。TEPAVの外交に関する研究主任，エセン・チャーラル氏に行ったインタビュー（2011年4月7日）によると，アンカラ・フォーラムは政府の要請を受けて実施された活動であるが，公正発展党政権が経済を外交の柱の1つとして使用し始めたのは2005年前後と指摘している。それまでは2001年の金融危機からの回復を重視しており，2005年前後に経済が軌道に乗り始めたことで外交にも経済的側面を取り入れ始めた。

(7) エセン・チャーラル氏（2011年4月7日）へのインタビュー。
(8) "Ankara Forum 2 for Economic Cooperation Between Palestine, Turkey and Israel" (http://www.tepav.org.tr/en/haberler/s/1009) 2012年10月3日閲覧。
(9) "Joint Declaration of the Sixth Meeting of the Ankara Forum East Jerusalem, 4 September 2007" (http://www.tepav.org.tr/upload/files/haber/1252654505r8838.Joint_Declaration_of_the_Sixth_Meeting_of_the_Ankara_Forum_East_Jerusalem.pdf) 2012年10月3日閲覧。
(10) トゥールカルムは，オスロ合意IIでパレスチナ人が居住できないC地域とされた地域であり，工業団地の建設が不可能であった。
(11) Güven Sak, "TOBB Indutry for Peace Initiative: Revitalization of the Palestinian Industrial Free Zone", 2006 (http://www.tepav.org.tr/upload/files/haber/1252506452r5390.TOBB_Industry_for_Peace_Initiative_Revitalization_of_the_Palestinian_Industrial_Free_Zone.pdf) 2012年10月3日閲覧。
(12) トルコのヴィザ・フリー政策は元々オザル政権下で始められたが，公正発展党政権になってより一層活性化された。2012年5月15日の時点で，トルコは62ヵ国との間でヴィザが免除，11ヵ国との間で国境においてヴィザを取得することが可能である。
(13) (http://www.turkey-now.org/?mID=110&pgID=939&langid=1) 2012年10月3日閲覧。
(14) *Radikal,* 11 June 2011.
(15) (http://www.deik.org.tr/Pages/TR/DEIK_HaberlerDetay.aspx?hDetId=264&IKID=10) 2012年10月3日閲覧。
(16) イスラエルは，アラブ諸国と平和を共有していないという理由から排除された。
(17) Geoge Schwarzenberger, "The Standard of Civilization in International Law", Brett Bowden (ed), *Civilization: Critical Concepts in Political Science,* Vol. III: *Civilization and its Others,* London: Routledge, 2009 (original 1955), p. 298.
(18) Gerrit Gong, "The Standard of Civilization", *ibid* (original 1984), pp. 320-321.
(19) Jack Donnelly, "Human Rights: A new standard of civilization?", *International*

Affairs, Vol. 74, No. 1, 1998, pp. 16-19.

⑳　David. P. Fidler, "The Return of the Standard of Civilization" in Brett Bowden (ed), *op. cit* (original 2001)., pp. 361-362.

㉑　マケインの「民主主義連盟」の構想に関しては以下を参照されたい。John McCain, "An Enduring Peace Built on Freedom: Securing America's Future", *Foreign Affairs*, Vol. 86, No. 6, 2007, pp. 19-34.

㉒　Gong, *op. cit.*, p. 315.

㉓　松森奈津子「文明の系譜学――語義の継承と基準の変遷」『国際関係・比較文化研究』第4巻、第2号、2006年、130頁。

㉔　この傾向はカント（Immanuel Kant）のコスモポリタニズムからマニング（Charles Manning）、ワイト、ブル（Hedley Bull）に代表される英国学派の国際社会論に至るまで一貫して見られる。

㉕　市井吉興「文明化過程としての社会構想：ノルベルト・エリアスの社会学的想像力」『立命館産業社会論集』第35巻第4号、2000年、19頁。

㉖　Andrew Linklater, "Norbert Elias and the sociology of international relations", Andrew Linklater, *Critical Theory and World Politics: Citizenship, sovereignty and humanity*, London: Routledge, 2007, pp. 170-171.

㉗　例えば、モハンマド・ハタミ（平野次郎訳）『文明の対話』、共同通信社、2001年。

㉘　"Statement by the President of the Government of Spain, HE Mr. Jose Luis Rodriguez" Zapatero, At the 59th session of the United Nations General Assembly, New York, 21 September, 2004（http://www.un.org/webcast/ga/59/statements/spaeng040921.pdf）2010年12月27日閲覧。

㉙　かつてトルコにおける「文明間の同盟」のチーフ・アドバイザーを務め、カナダ大使（インタビュー当時）を務めるラフェット・アクギュナイ（Rafet Akgünay）は、「当時首相の外交アドバイザーを務めていたダーヴトオールは以前から『文明の衝突』に反論する論文を執筆するなど、文明概念に敏感であったが、トルコ政府はサパテロからオファーを受ける前は、「文明間の同盟」の議長になりたいという意欲は見せていなかった」と見解を述べている。筆者によるアクギュナイ大使へのEメールによるインタビュー（2011年3月29日）。

㉚　その他のメンバーは以下の通りである。Federico Mayor (Spain), Mehmet Aydın (Turkey), Seikha MozahBint Nasser Al Missned (Qatar), Mohamed Charfi (Tunisia), Ismail Serageldin (Egypt), Andre Azoulay (Morocco), Moustapha Niasse (Senegal), Desmond Tutu (South Africa), Hubert Vederine (France), Karen Armstrong (United Kingdom), Vitaly Naumkin (Russia), Arthur Schneier

(USA), Enrique Iqlesias (Uruguay), Candido Mendes (Brazil), Nafi Sadik (Pakistan), Shobana Bhartia (India), Ali Alatas (Indonesia), Pan Guang (China). "High Level Group" (http://www.unaoc.org/about/high-level-group/) 2012年8月17日閲覧。

(31) "MALLORCA OPENING STATEMENT BY H. E. Prof. Dr. Mehmet AYDIN" (http://www.unaoc.org/repository/Aydin_firsthlg_statement.doc.pdf) 2012年10月1日閲覧。

(32) "Alliance of Civilizations: Report of the High-level Group 13 November 2006" (http://www.unaoc.org/repository/HLG_Report.pdf), pp. 5-6, 2012年10月1日閲覧。

(33) *Ibid.*

(34) 年次フォーラムは，2008年1月15日から16日にかけてマドリード，2009年4月6日から7日にかけてイスタンブル，2010年5月27日から29日にかけてリオデジャネイロ，2011年12月11日から13日にかけてドーハで行われ，2013年は2月27日から28日にかけてウィーンで開催された。パートナーズ・フォーラムは，2012年5月31日から6月1日にかけてイスタンブルで行われた。外相会合は，第1回が2007年9月26日にニューヨーク，第2回が2008年1月15日から16日にかけてマドリード，第3回が2008年9月24日にニューヨーク，第4回が2009年4月6日にイスタンブル，第5回が2009年9月26日にニューヨーク，第6回が2010年5月28日にリオデジャネイロ，第7回が2011年9月13日にニューヨーク，第8回が2011年12月12日にドーハで行われた。

(35) 2011年1月12日に公正発展党の議員で公正発展党の外交委員会の委員であるスアット・クヌクルオール（Suat Kınıkılıoğlu）に対して行ったインタビューでの証言。クヌクルオール議員はインタビュー当時，公正発展党外交委員会のナンバー2に当たり，トルコ大国民議会の外交委員，トルコ・アメリカ議員友好グループの代表を務めていた（その後，2011年6月12日選挙の選挙候補から漏れる）。また，「文明間の同盟」に関するトルコの外交政策を扱ったものとして，以下を参照されたい。Ali Balcı and Nebi Miş, "Turkey's Role in the Alliance of Civilizations: A New Perspective in Turkish Foreign Policy?", *Turkish Studies,* Vol. 9, No. 3, 2009, pp. 387-406.

(36) アイドゥンに加えて，エルドアンや第6章で扱ったダーヴトオールの文明に対する考えもトルコの「文明間の同盟」への政策に反映されていると考えられる。エルドアンの文明に対する考えに関しては，Recep Tayyip Erdoğan, *Küresel Barış Vizyonu: Medeniyetler Ittifakı Enstitüsü,* İstanbul: Medeniyetler Ittifakı Yayınları, 2012.

(37) "*Republic of Turkey: National Strategy of Alliance of Civilization*" (http://www.unaoc.org/wp-content/uploads/Turkey-National-Strategy1.pdf) 2012年10月1

⑻　日閲覧。
⒅　*Ibid.*
⒆　Ahmet Davutoğlu, "Global Govenance", *SAM Vision papers,* No. 2, 2012（http://sam.gov.tr/wp-content/uploads/2012/03/vision_paper_ing_02.pdf）, p. 13, 2012年10月31日閲覧。
⒇　Balcı and Miş, *op. cit.,* pp. 401-402.
(41)　"Erdoğan, fanatizme karşı mücadele çağrısı yaptı", *Zaman,* 16 Ocak, 2008（http://www.zaman.com.tr/newsDetail_getNewsById.action?haberno=638386&title=erdogan-fanatizme-karsi-mucadele-cagrisi-yapti&haberSayfa=55）2012年10月4日閲覧。
(42)　"Alliance of Civilizations' Regional Strategy on Intercultural Dialogue and Co-operation in South Eastern Europe Presented in Sarajevo, 14 December 2009"（http://www.unaoc.org/docs/Sarajevo-Strategy-13december09.pdf）, February 15（2012年10月2日閲覧）。
(43)　*Ibid.*
(44)　"Action Plan for 2011-2015 implementing the Alliance of Civilizations' Regional Strategy on Intercultural Dialogue and Cooperation for the Mediterranean-prioritized actions for 2011"（http://www.unaoc.org/wp-content/uploads/UNAOC-Action-Plan-for-the-Mediterranean-20-April-2011.pdf）2012年9月15日閲覧。
(45)　"SECOND ACTION PLAN1 Implementing the Alliance of Civilizations' Regional Strategy on Intercultural Dialogue and Cooperation in South Eastern Europe, adopte in Sarajevo in December 2009"（http://www.unaoc.org/wp-content/uploads/SEE-2nd-Action-Plan.pdf）2012年9月15日閲覧。
(46)　The Runnymade Trust "Islamophobia: a challenge for us all"（http://www.runnymedetrust.org/uploads/publications/pdfs/islamophobia.pdf）2012年10月2日閲覧。
(47)　臼杵陽『イスラームはなぜ敵とされたのか』青土社, 2009年, 18-19頁。
(48)　同上書, 34-42頁。
(49)　Recep Tayyip Erdoğan and Jose Luis Rodrigues Zapatero, "A call for respect and calm", *New York Times,* 5 February, 2006（http://www.nytimes.com/2006/02/05/opinion/05iht-edprimes.html?_r=1&scp=3&sq=Erdogan%20and%20Zapatero%20%202006&st=cse）2012年10月5日閲覧。
(50)　Balcı and Miş, *op, cit.,* p. 402.
(51)　Salih Boztaş, "Bıçak Sırtında Barış Arayışı", *Aksiyon,* January 27, 2003（http://

⑸2　*Ibid.*

⑸3　"The Joint Declaration of Regional Initiative on Iraq", *Turkish Daily News*, 25 January, 2003（http://admin.hurriyetdailynews.com/the-joint-declaration-of-regional-initiative-on-iraq.aspx?pageID=438&n=the-joint-declaration-of-regional-initiative-on-iraq-2003-01-25）2012年10月7日閲覧。

⑸4　*Turkish Daily News*, April 19, 2003.

⑸5　例えば，Oliver Burkeman, "Neighbours declare support for Syria", *The Guardian*, April 19, 2003（http://www.threechords.org/gu-mobile/index.php/browse/article/world_2003_apr_19_iraq.syria）2012年10月7日閲覧。

⑸6　Ali Balcı and Murat Yeşiltaş, "Turkey's New Middle East Policy: The Case of the Meeting of the Foreign Ministers of Iraq's Neighboring Countries", *Journal of South Asian and Middle Eastern Studies*, Vol. XXIX, No. 4, 2006, pp. 24-25.

⑸7　"Gul urges reforms in Muslim world", *Turkish Daily News*, 29 May, 2003（http://admin.hurriyetdailynews.com/gul-urges-reforms-in-muslim-world.aspx?pageID=438&n=gul-urges-reforms-in-muslim-world-2003-05-29）2012年10月7日閲覧。

⑸8　"Turkey urges neighbors to assume 'historic role' in Iraqi transition", *Turkish Daily News*, 4 November, 2003（http://admin.hurriyetdailynews.com/turkey-urges-neighbors-to-assume-historic-role-in-iraqi-transition.aspx?pageID=438&n=turkey-urges-neighbors-to-assume-historic-role-in-iraqi-transition-2003-11-04）2012年10月7日閲覧。

⑸9　Uğur Ergan, "AB gibi OB Kuralım", *Hürriyet*, 15 Şubat, 2004（http://webarsiv.hurriyet.com.tr/2004/02/15/413547.asp）2012年10月7日閲覧。

⑹0　*Milliyet*, Temmuz 9, 2006.

⑹1　澤江，前掲論文，2012年，251頁。

⑹2　国連後発開発途上国会議は10年に1回開催されており，第1回目（1981年）と第2回目（1990年）はパリで，第3回目（2001年）はベルギーのブリュッセルで行われた。後発途上国の概念は1971年の第7回国連経済社会理事会開発計画委員会で定義された。その後，何度か基準が改訂され，2000年の基準では，①1人当たりのGDPが900ドル以下，②人的資源開発の程度を示すAPQLI（平均余命，カロリー摂取量，就学率，識字率の複合指数）とEVI（農業生産や輸出の不安定性，製造近代部門の比率，輸出商品の特価，経済規模のハンディの複合指数）のどちらかが一定以下，③人口が

7,500万人以下，となっている。2011年時点で49ヵ国，約6億1050万人がその対象となっている。多賀秀敏「後発発展途上国」川田侃・大畠英樹『国際政治経済辞典（改訂版）』東京書籍，2003年，210-211頁。Rızanur Meral, "The least developed countries, Turkish businessmen and TUSKON", *Turkish Review,* Vol. 1, No. 4, 2011, p. 13. TUSKONとDEİK（TOBB）は政府から援助を受けて対外貿易の活性化に務めている。Altay Altı, "Businessmen as Diplomats: The Role of Business Associations in Turkey's Foreign Economic Policy", *Insight Turkey,* Vol. 13, No. 1, 2011, pp. 124-125.

(63)　"Tuskon Hakkında"（http://www.tuskon.org/?p=content&cl=kurumsal&l=kurumsal）2012年10月23日閲覧。TUSKONはオザルの時代に「アナトリアの虎」と呼ばれた新興の中小企業が設立した機構である。MÜSİADと重複加盟している企業家協会，企業家が多いと言われている。

(64)　Rizanur Meral, "TUSKON's Role in LDC-IV and our commitment", *Today's Zaman* (Istanbul LDC-IV Summit Supplement), 9-13 May 2011.

(65)　トルコは冷戦期において，「トルーマン・ドクトリン」に象徴されるようにアメリカの主要な援助受け入れ国であった。トルコへの援助は安全保障分野が多く，特に国際軍事教育・訓練（International Military Education and Training，略称 IMET）の活動が目立つ。詳細は，今井宏平「ポスト冷戦期におけるトルコの安全保障政策とアメリカ——北イラク・クルド人問題を中心に」『中央大学政策文化研究所年報』第10号，2007年を参照されたい。

(66)　*TİKA Annual Report* 2009, p. 8.

(67)　*Ibid.*, p. 15.

(68)　*Ibid.*, p. 14.

(69)　*Ibid.*, p. 1157.

第9章
公正発展党の調停・仲介外交

はじめに

　本章では，公正発展党政権の外交政策の１つである，調停，仲介政策について検証する。地域または国際社会における調停と仲介の役割は，トルコに関しては公正発展党以前の諸政権ではほとんど見られなかった，新しい外交戦略である。調停や仲介は，たとえ実質的な成果が得られなかったとしても，国際社会からその試みが評価され，信頼を得る場合が多い。ここでは，具体的に，2006年に起きた第２次レバノン紛争に対する調停，イスラエルとシリアの間接協議，イランの核開発問題に関する仲介という３つの事例を取り上げ，トルコの果たした役割について論じていきたい。

1　トルコの第２次レバノン紛争に対する調停

第２次レバノン紛争の背景
　2006年７月から８月にかけて起きた第２次レバノン紛争[1]において，トルコは積極的に問題に関与する姿勢を見せた。まず，第２次レバノン紛争とはどのような紛争だったかを概観したい。第２次レバノン紛争の発端は，７月12日にヒズブッラーがイスラエルとレバノンのブルーライン（停戦ライン）にロケットランチャーによる攻撃を行い，８名のイスラエル兵士を殺害，２名の兵士を誘拐した事件であった。イスラエルはこの事件を受け，ヒズブッラーに対して空襲と爆撃を実施した。アリエル・シャロン（Ariel Sharon）の代行として首相になったエフード・オルメルト（Ehud Olmert）は「強いリーダー」として行動力を示すために

強硬な措置をとることを厭わなかった。一方で，ヒズブッラーもイスラエルの攻撃は彼らの行動（抵抗運動）の正当性を高めるものであり，両者の武力衝突は激化していった。
(2)

国際社会と周辺地域，特に国連，アメリカ，トルコはこの衝突を調停するために積極的に行動した。7月17日にサンクトペテルブルグで開かれたG8サミットにおいて，第2次レバノン紛争に関する話し合いが行われ，次のような文章が出された。

「国連安保理決議1559と1680はこの危機が起こった基礎的な条件に対処するものである。我々は国連安保理にこれらの決議が十分に施行されるための計画を進めるよう催促する。我々は安保理決議1559の実現のためにレバノン政府の領土保全の権利を十分に支持する。これはレバノン南部を中心とした国土全てにレバノン軍と武装解除した民兵を配置することを含む。我々は国連安保理によって，国際安全保障または監視団を派遣する可能性が検討されていることを歓迎する。レバノンとイスラエルの政府関係者が両者が抱える全ての問題に関して行う政治的対話の開始を支持する。加えて，我々は適切な時期にドナー会議を行うことを含む，レバノン市民への経済的・人道的援助を支持する」。
(3)

また，コンドリーサ・ライス（Condoleezza Rice）国務長官は，7月21日に「新しい中東」概念を提示したことで知られる演説を行った。そこでライスは，「私は国連安保理決議1559によって，レバノンとイスラエルが現状維持の状態のために外交を行うことに興味はない。私は，それは間違いだと思う。ここで我々が目にしているのは，ある意味で，成長しつつある新しい中東の胎動である」と述べた。一方でライスは，ヒズブッラーのイスラエルに対する攻撃を非難し，レバノン政府に否定的な影響を与えたとした。その後，ライスはイスラエル，パレスチナ，レバノンを訪問した。そして7月26日には，ローマで第2次レバノン紛争に関する国際会議が開催され，アメリカ，カナダ，キプロス共和国，エジプト，フランス，ドイツ，ギリシャ，イタリア，ヨルダン，レバノン，ロシア，サウジアラビア，スペイン，トルコ，イギリス，国連，EU，世界銀行の諸代表が参加した。さらに8月3日にマレーシアのプトラジャヤで開かれたOICの会合でも，

第2次レバノン紛争が議題となり，国連安保理が迅速に行動することを要求した。[5]

国連安保理決議1701は，8月11日に承認された。決議1701の最も重要な部分は，国連レバノン暫定駐留軍（United Nations Interim Force In Lebanon，略称 UNIFIL）の役割と強化であった。国連安保理決議1701は，レバノン政府と UNIFIL の正当性を主張し，UNIFIL がレバノンにおいて国連安保理決議425と426による監視を実行できるよう，兵士を最大1万5000人まで増強するよう要求した。[6] UNIFIL の役割は決議1701の第11条で示され，①停戦監視，②イスラエル軍撤退後にレバノン軍がブルーラインを含む同国南部に展開する際に同行し，援助を行う，③レバノン軍の南部展開に関する行動計画をレバノン政府，イスラエル政府と共に設計する，④市民に対する人道的援助の確保の手助けと，離散した人々の自発的かつ安全な帰還に対する支援を拡大する，⑤ブルーラインにおけるレバノン軍展開のための支援，⑥レバノン政府への支援，という内容であった。[7]

トルコの対応

エルドアンは，第2次レバノン紛争勃発後のイスラエルの好戦的な姿勢を非難し，さらのその遠因となっているアメリカの中東政策にも疑問を呈した。[8] 公正発展党政権は，イラク戦争時と同じく，問題解決のために積極的に中東諸国の首脳と会談した。まず，エルドアンはレバノンのフアード・スィニューラ（Fouad Siniora）首相と停戦に関して会談した。そこでスィニューラは，「イスラエルの攻撃によって市民が傷つき，インフラ設備が破壊された。我々は無関係の事件によってダメージを受けており，停戦に関してトルコの手助けを必要としている」と訴えた。[9] その4日後にはエルドアンとアサドが首脳会談を行い，両国はイスラエルとレバノンに対して，外交による停戦を要求した。[10] エルドアンはアサドとイランのアフマディネジャドに対して，ヒズブッラーに停戦に応じるよう促したと言われている。[11] 一方でエルドアンは欧米諸国とも密接に連絡を取り合った。[12]

当時外相であったギュルも国際社会において停戦を訴えた。ローマで開かれた第2次レバノン紛争の国際会議では，「トルコはレバノンを援助するためのあらゆる措置を準備しており，トルコ軍の UNIFIL への派遣も検討している」と述べた。また，ギュルはワシントン・ポスト紙に「リーダーシップのアピールを」[13] というコラムを寄稿し，アメリカとその同盟国が中心となって第2次レバノン紛

争の調停と中東の民主化を進めることを提言した。[14]

トルコは首脳レベルで停戦を提唱しただけではなく、実践的な活動も展開した。レバノンに滞在していた外国人を帰国させるために、トルコはアダナ空港の利用を許可した。これにより、2351人が空港を利用し、830人がアダナのホテルに宿泊した。[15]また、641名のアメリカ人がメルシン港を利用し、一時的にインジルリック基地に滞在した。また、トルコ赤新月社はレバノンに対して、8月3日までに合計102台のトラックによる物資援助を行った。[16]

UNIFIL Ⅱ への派兵

2006年8月以降、トルコはUNIFILに軍を派兵するかどうかについて国内で議論が白熱した。安保理決議1701が履行される以前から、トルコはレバノンにおける平和維持活動を計画する安保理会議に出席していた。[18]また、イスラエルとレバノンの双方から、トルコは調停に最も適した国と見られていた。安保理決議1701が履行された際、エルドアンとギュルはUNIFIL[17]への派兵に前向きな態度を示した。ギュルは、以下のように発言している。

「第1に、停戦活動の確実な実施が最も重要である。この1ヵ月で、多くのレバノン市民−その多くが子供たちであった−が殺害され、多くのインフラ設備が破壊された。こうした悲劇は、イスラエルに対する敵意を増大させる。……トルコは、UNIFILに軍を派兵できるかどうか現段階ではわからないが、もし条件が満たされるなら、我々は軍を派兵するだろう。我々は可能な限り小規模の兵員をレバノンに派遣することを希望している」。[19]

トルコは派兵の条件として、①レバノンにおける永久的な停戦の保証、②国連がレバノンの平和維持活動に関する新たな安保理決議を提出すること、③平和の保証ではなく、平和の保護、④全ての諸国家が平和維持軍の設立を受け入れること、を挙げた。[20]8月13日に国家安全保障会議が開催され、エルドアン、ギュルといった政府関係者とオズキョク統合参謀総長、ビュウクアヌト陸軍司令官などの軍関係者が、UNIFILにトルコ軍を派兵するかどうか、また、派兵する場合はその規模をどうするのか、といった点について話し合いが行われた。[21]オズキョクや

第❾章　公正発展党の調停・仲介外交

ビュウクアヌトもトルコのUNIFILへの派兵に反対せず，派兵規模としては800人から1,200人が検討された。

　一方で，野党の共和人民党と民族主義者行動党，そしてセゼル大統領は，トルコ軍のUNIFILへの派兵に反対した。バイカル共和人民党党首は，「トルコ軍の派兵は，トルコがレバノン紛争に巻き込まれることにつながる」と批判した。また，共和人民党に所属し，以前は外務政務次官も務めたことあるオヌル・オイメン（Onur Oymen）やデヴレット・バフチェリ（Devlet Bahçeli）民族主義者行動党党首は，「トルコは国内でPKKによるテロリズムという問題を抱えており，この問題が解決する前に他国の安全保障問題に関与すべきではない」というロジックで派兵に反対した。

　公正発展党の政策決定者たちにとって最大の痛手は，大統領のセゼルが公の場で明確にトルコ軍のUNIFILへの派兵に反対したことであった。セゼルはNTVのインタビューにおいて，「私はレバノンへの派兵に反対である。我々は他国の国益の守護者ではない。……もちろん，レバノン市民の救助に反対しているわけではない。しかし，安保理決議1701が市民の救助を目的としたものとは考えていない」という自身の見解を示した[22]。大統領は大国民議会において投票権を持たず，セゼルはあくまで私見ということでインタビューに応じたが，大統領の考えは大国民議会での議員投票や世論に与える影響が大きい。公正発展党は，このセゼルの行動を批判し，大国民議会議長であったアルンチは，「UNIFILにトルコ軍を派兵するかどうかを決定するのは政府であり，その政府の考えを審査するのは大国民議会である。こうした決定に関して，大統領の権限は及ばない」と述べた[23]。しかし，この大統領発言は政策決定過程に影響を及ぼしたとみられている。

　公正発展党政権は，UNIFILへの派兵に関する結論が下される前から，UNIFILへの協力を開始した。まず，トルコはメルシン港とアダナ空港をロジスティックのために開放した。さらにトルコは地域における調停者の役割を果たすべく，ギュルが8月20日からシリア，パレスチナ，イスラエルを相次いで訪問し，イスラエルでは拉致された兵士の家族とも面会した。ダーヴトオールもシリアを訪問し，ハマースの政治部門のリーダーであるマシュアルと意見交換を行った。

　公正発展党政権は，8月28日に閣僚会議を開き，正式にUNIFILに1年間の期限で派兵することを決定した。そして，この閣議決定が9月5日に大国民議会

245

で審議されることになった。審議の前日である9月4日に，イスタンブルでOIC若者フォーラムが開催された。このフォーラムに出席したアルンチは，トルコが中東地域で果たす役割の重要性を強調した。

　9月5日に，予定通りUNIFILへの派兵に関する審議が大国民議会で開催された。審議に先立ってエルドアンとギュルがUNIFILへのトルコ軍派兵の理由とその意義について説明を行った。エルドアンは派兵の理由として，①国連安保理決議1701に基づく，イスラエルとヒズブッラーの間の早急な停戦と長期間の仲介の必要性，②国連安保理決議1701の正当性とその枠内での地域紛争解決，③トルコ軍は戦闘を行うのではなく，平和構築を援助する，という3点を強調した。エルドアンは，「トルコは地域における安定化要因であり，レバノンの安全保障確保は，トルコの安全保障にもつながる」と主張した。そして，トルコ軍の果たす具体的な役割に関して，「我々は東地中海を防衛するために十分な海軍を送り，他国が必要とするならUNIFIL派兵に際して港と空港を開放する。トルコ軍はレバノン軍への訓練を実施する予定である。さらにトルコは人道援助，国境の安全保障，偵察，そしてレバノン政府が要求する他の任務を提供する。我々はイスラエル軍とレバノン軍が撤退するまで，上記の任務以外に武器は使用しないことを約束する」とした。ギュルもトルコ軍の派兵に関して発言し，派兵の理由として①国連安保理決議が正当性を持つ，②UNIFILの目的は（武力によって）平和を作成することではなく，平和構築である，③第2次レバノン紛争に関係する全ての国々がトルコの派兵を望んでいる，と述べた。

　これに対して，共和人民党の議員からは反対の意見が相次いだ。当時大国民議会議長を務めていたエレクダーは，「UNIFILと国連はアメリカとイスラエルを支持しており，トルコがUNIFILに参加すればアラブ諸国からの支持を失う」と主張した。また，オイメンはより論理的に，①レバノン政府はイスラエルと交戦するための軍の派兵を望んでいる，②サウジアラビアやエジプトはUNIFILへの派兵に参加していない，③国内のPKK問題が解決する前に他国へ派兵を行うべきではない，という3点から派兵に反対した。

　派兵の是非に関する議論は6時間にわたって行われたが，最終的に賛成票340，反対票192，棄権票1で，UNIFILへの派兵は承認された。派兵に関する詳細は外務省，国家安全保障会議，トルコ赤新月社，TİKAによって検討されることに

第❾章 公正発展党の調停・仲介外交

なった。主な任務としては，①東地中海にパトロールのための海軍を派遣，②レバノン軍の訓練を支援，③人道支援の提供，④メルシン港，イスケンデルン港とイスタンブル空港，アダナ空港をロジスティック支援のために開放する，という4点であった。最終的に，9月20日に237名の兵士と24名の文民の総勢261名が派兵された。

2 トルコのイスラエルとシリアに対する仲介

両国の立場と紛争の段階

　レバノン紛争への対応は UNIFIL の派兵という調停であり，トルコが解決に向けてイニシアティヴを発揮したわけではなかった。しかし，トルコは次第に中東地域の諸問題への関与を強め，仲介者の役割を担い始める。このトルコの仲介者の役割が注目されたのが，イスラエルとシリアに対する間接協議とイラン核開発問題の仲介であった。

　シリアとイスラエルの交渉は，1991年10月のマドリード会議以降，アメリカが中心的な仲介者となって交渉が行われた。96年に交渉は1度中断するも，99年12月に再開された。しかし，2000年3月26日に仲介役のクリントン大統領とH・アサド大統領の会談が決裂して以降，交渉は行われていなかった。議題となったのは，①イスラエルのゴラン高原からの部分的な撤退，②平和条約に関して，あらゆる面での正常化を求めるイスラエルと，大使の交換，航空便の開始，観光，貿易に関する合意に留めるとするシリアの立場の違い，③非武装化に関して，ヘルモン山の警戒基地，ゴラン高原とダマスカス間のシリア軍の削減を求めるイスラエルと，非武装化の具体的な地域や規模を挙げていないシリアの立場の違い，④ヨルダン川水源からのイスラエルへの水供給継続を望むイスラエルに対し，トルコを巻き込んだ地域的なレベルでの解決を目指すシリアの立場の違い，⑤イスラエル・シリアの交渉の前提として，シリアのレバノンからの撤退を主張するイスラエルと，レバノン問題はイスラエルのゴラン高原からの撤退問題の解決次第であるとするシリアの立場の違い，であった。レバノンに関しては，2005年4月に駐留シリア軍がレバノンから完全撤退したが，シリア軍撤退後，レバノンの「ヒズブッラー化」が起こり，シリアの間接的な影響力は維持された，という変

247

化が見られた。

　イスラエルとシリアは，これまで第1次，第3次，第4次中東戦争，そして1982年のイスラエルのレバノン侵攻において，直接戦火を交えている。イスラエルのレバノン侵攻以降は直接的な紛争は起こっていないが，親シリアのヒズブッラーも巻き込み，相手を脅威と見なす分離という状況にある。そのため，仲介者に求められる任務は，まずは両国間のコミュニケーションを図って信頼醸成を促し，そのうえで共通の利益に基づく議題，対立が少ない議題から交渉を始めることであった。

仲介の過程と役割

仲介の第1局面
――2004〜2005年
　トルコがイスラエルとシリアの間の仲介を意識し始めたのは，2004年1月にアサドがトルコを訪問した際，エルドアンにイスラエルとの間の仲介を依頼してからと言われている。アサドがトルコを訪問する直前，それまでイスラエルとシリアの仲介役を果たしていたアメリカが「これ以上両国の仲介を行うことはない」と宣言し，仲介の役割を放棄した。[34] エルドアンは，当時の駐トルコ・イスラエル大使のピン・ハス・アヴィヴィ（Pin Has Avivi）と会談し，「アサド大統領は，中東に平和をもたらすための全ての必要な措置を実行するつもりである」と述べ，仲介の役割に前向きな姿勢を見せた。[35] アサドと会談した際に，エルドアンはアサドの仲介の要請を前向きに検討する一方，アサドと同じホテルに宿泊していた前駐トルコ・イスラエル大使のアロン・リエル（Alon Liel）にトルコの外交官と協議させ，イスラエルに帰国後，駐イスラエル・トルコ大使フェリドゥン・シニルオール（Feridün Siniroğlu）と接触するよう要請した。その後，リエルはワシントン在住のシリア人ビジネスマン，イブラヒム・スレイマン（Ibrahim Suleiman）を通して，シリア政府と接触を図った。スレイマンはダマスカスに赴き，駐シリア・トルコ大使館と協力しつつ，アサド政権と交渉したと言われている。しかし，結局，トルコ・チャンネルは2004年9月に閉じられた。[36] この秘密交渉は当初公にされていなかったが，2007年1月15日に明らかにされた。[37]

仲介の第2局面
――2007〜2008年
　トルコが再び仲介の役割を担うのは，2007年2月にイスラエルのオルメルト首相がトルコを訪問してからである。

第❾章　公正発展党の調停・仲介外交

オルメルトは，トルコがシリアとの交渉で積極的な役割を果たすことを期待し，元スパイで，シリアに囚われ死亡したエリ・コーヘン（Eli Cohen）の遺留品をイスラエルに返却するよう要請した[38]。結局，トルコはコーヘンの遺留品返却に貢献できなかったが，オルメルトの要請に従い，イスラエルとシリアに接触していた。その後，2007年9月17日にイスラエルが，シリアが建設していた原子炉と疑われている施設を攻撃したことで一時トルコとシリアの交渉は中断したが，同年11月にエルドアンとオルメルトがロンドンで会談した際，再度仲介の話しが取り上げられた。

トルコが仲介者として国際的に認知されるようになったのは，2008年4月27日のエルドアンのシリア訪問であった。エルドアンは，4月22日にイスラエルから「イスラエルは完全な和平と引き換えにゴラン高原から撤退する用意がある」というメッセージを受け取り，このメッセージをアサドに電話で伝えていた[39]。エルドアンがイスラエルからのメッセージを伝達した際，アサドは「シリアは地域に安全と安定をもたらすためにトルコと協力する準備ができている」と返答した[40]。エルドアンとアサドの会談には，首相の外交アドバイザーであったダーヴトオールとシリアのナジ・オタリ（Muhammad Naji al-Otari）首相も同行した。エルドアンは，帰国後インタビューに答え，「シリアとイスラエルの双方から仲介を始めるよう要求がある。我々は最善を尽くすつもりである。この仕事は重要性の低い問題から協議を始め，もし肯定的な反応が見られたなら，より重要性の高い問題を扱うことになるだろう」とコメントした[41]。4月29日には，ダーヴトオールがイスラエルにシリアからのメッセージを伝達した。

アサドが，トルコを通じた交渉を明らかにした背景は，①シリア政府もイスラエル政府も遅かれ早かれメディアに交渉の件がリークされることを危惧したため，②シリア政府はオルメルト政権がどこまで真剣に交渉について検討しているかを見定めようとしたため，であった[42]。

各国の交渉チームは次の通りであった。トルコの交渉チームは，エルドアン，ババジャン外相，ダーヴトオールに加え，前駐イスラエル大使で，2008年に外務政務次官を務めていたシニルオールで編成された。イスラエルの交渉チームは，オルメルトに加え，ヨラム・トゥルボウィッツ（Yoram Turbowicz）首相補佐官，オルメルトの政治アドバイザーであるシャローム・トゥルジェマン（Shalom Tur-

第Ⅲ部　公正発展党の外交戦略

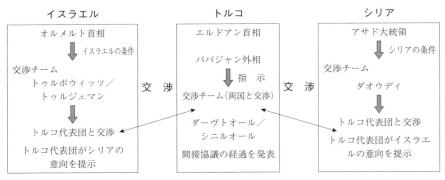

図9-1　トルコの仲介による間接協議（概念図）
（出所）　筆者作成。

jeman) によって編成された。シリアの交渉チームは，アサドとシリア外務省の法律アドバイザーであるリアド・ダオウディ（Riad Daoudi）を中心に編成された（図9-1参照）。

　5月19日から21日にかけて，正式にトルコの仲介の下で，第1回目の間接協議が行われた。間接協議は，イスラエルとシリアの代表団が別々にトルコの代表とイスタンブルで会談し，その内容を電話で報告するという形式をとった。トルコとイスラエルの交渉では，シニルオールとトゥルボウィッツ，トゥルジェマンが会談し，一方でダーヴトオールとダオウディが会談した。イスラエルとシリアは，マドリード会議の枠組みを軸に話し合いを再開することが確認された。しかし，両国の首脳間では，ゴラン高原からのイスラエルの撤退に関して異なった見解が見られた。オルメルトがハーレツ紙に，「イツハク・ラビン（Yitzhak Rabin）首相は94年に，撤退に関しては言及しなかった」と述べたのに対し，シリアのムアッレム外相は，「イスラエルのゴラン高原からの撤退は目新しいことではなく，シリアはラビンの約束を自明としている」と主張した。

　第2回目の間接協議は，6月15日から16日にかけて実施された。この協議において危惧されたのが，オルメルトの贈収賄容疑が間接協議に及ぼす影響であった。トゥルボウィッツとトゥルジェマンは，「内政の混乱は間接協議に影響を及ぼさない」というメッセージをトルコとシリアに伝え，イスラエルとシリアは直接協議に向けた共通のアジェンダの作成に向けて話し合いを継続することを確認した。

250

第 9 章 公正発展党の調停・仲介外交

表 9-1　イスラエルとシリアの間接協議の日程と議題

間接交渉 日程・議題	日　程	議　題
第1回間接交渉	2008年5月19〜21日	マドリード会議の枠組みの有効性・間接交渉の継続
第2回間接交渉	2008年6月15〜16日	間接交渉は内政に影響されないことを確認 直接交渉実現のための共通のアジェンダ構築
第3回間接交渉	2008年7月1〜3日	ゴラン高原に関する両国の意見交換 直接交渉実現のための共通のアジェンダ構築
地中海連合サミット	2008年7月13〜14日	間接交渉へのアメリカの参加を検討
第4回間接交渉	2008年7月29〜30日	ゴラン高原に関する意見交換，シリアのイラン，ハマース，ヒズブッラーとの関係を縮小について検討
第5回間接交渉	開催されず	2008年12月末のガザ攻撃により，トルコとイスラエルの関係が悪化，間接協議は以後実施されず

(出所)　トルコ主要紙，ハーレツ紙を参照し，筆者作成。

　しかし，各国とも「直接協議は時期尚早」という見解で一致していた。ババジャンはメディアに対し，「交渉は大変成功しており，すでに両国は詳細についても話し合いを始めている」と第2回目の間接協議を評価した[47]。

　第3回目の間接協議は，7月1日から3日にかけて実施された。第3回の協議においては，ゴラン高原に関する意見交換が行われた。第3回協議後，各国は「直接協議に至る機は熟した」とコメントしている。ムアッリムは，「両国で共通のアジェンダに関して合意しており，直接交渉の場所についても合意するだろう」とコメントした[48]。一方でイスラエルの高官は，「イスラエルとトルコは直接交渉を望んでいるが，シリアが拒否している。トルコはフランスに仲介の役割を『強奪』されることを危惧しており，間接協議を次のレベルに引き上げたいと考えている」と述べている[49]。

　7月13日から14日にかけ，パリで開かれた「地中海のための連合」サミットにエルドアン，オルメルト，アサドが出席した。フランスのサルコジ大統領は，このサミットでオルメルトとアサドの直接交渉を実現させようと試みた[50]。しかし，サルコジと会談したアサドは「イスラエルとの直接交渉はブッシュが大統領在任中は始まらない」と述べ，直接交渉は行わないことを発表し，サルコジの試みは失敗に終わった。このサミットでは，エルドアンも積極的な外交を展開した。まず，オルメルトと30分間会談し，間接交渉について協議した。この会談にはダー

251

ヴトオール，シニルオール，トゥルボウィッツ，トゥルジェマンと交渉に関わるトルコとイスラエルの高官全員が出席した。その直後に，エルドアンはアサドと45分間会談し，「ブッシュ大統領に『この機会を逃すべきではない』と説得し，間接交渉にアメリカの代表団の出席も検討する」と発言した。一方のアサドは，イスラエル国内で求心力が低下しているオルメルト政権の弱体化に懸念を示した。

第4回目の間接協議は7月29日から30日にかけて行われた。第4回目の間接協議では，シリアがゴラン高原の返還を求めたのに対し，イスラエル側がシリアにゴラン高原で譲歩する代わりにイラン，ハマース，ヒズブッラーとの関係を縮小するよう要求するなど，意見の対立が見られた。とはいえ，両国は間接交渉の継続を希望し，第5回目の間接協議を8月中旬，第6回目の間接協議を9月に実施することを約束した。

しかし，7月30日にオルメルトが，9月に行われるカディマの党首選に立候補しないことを表明し，さらに交渉メンバーであるトゥルボウィッツも辞任を発表したため，間接協議の先行きが不透明となった。トゥルボウィッツは非公式の立場で間接協議に参加するとされたが，第5回目の間接協議はイスラエル側から内政の事情により，延期の要請が届けられた。結局，第5回目の間接協議は開かれなかった。オルメルトは2008年12月22日にトルコを訪問し，間接協議の再開とシリアとの直接交渉の可能性についてエルドアンと会談した。しかし，それから5日後の12月27日に，イスラエルはガザに対する大規模空爆を開始（第1次ガザ攻撃），トルコがこの攻撃を非難し，これ以降，トルコとイスラエル，シリアとの関係が悪化したため，間接協議はその後開かれなかった。

評　価　　イスラエルとシリアの仲介に関して，トルコには3つの動機があった。それらは，①イスラエルとシリアの紛争がトルコの目指す地域秩序の安定に悪影響を及ぼす，②イスラエルとシリアから直接仲介の依頼を受ける，③仲介者の役割を果たすことによって，地域と国際社会において影響力を拡大する，というものであった。結果としては，間接協議はイスラエルとシリア間の問題を解決できなかったが，国際社会にトルコの地域安定化の試みをアピールすることには成功した。間接協議が中断した原因もイスラエルのガザ攻撃であり，トルコの影響力を低下させるものではなかった。

次に仲介者としての役割について検討してみたい。トルコがイスラエルとシリ

第 9 章　公正発展党の調停・仲介外交

表 9-2　情報伝達者としてのトルコ

連絡をとる	○	両国の親密さを向上させる	○
信頼醸成を行う	○	情報を補充する	○
相互交流を手配する	○	理解のための枠組みを発展させる	×
問題と利益を明確にする	○	コミュニケーションを促進する	○
現状を明らかにする	○	肯定的な評価を提供する	○
一方への加担を避ける	○	全ての関係者の利益を討議する	○

（注）　実施→○　　実施せず→×
（出所）　筆者作成。

表 9-3　手続き推進者としてのトルコ
（イスラエルとシリアの間接協議）

会合の場所を選択する	○	タイミングを調整する	×
会合のペースと公式性を統制する	○	単純な問題から扱う	○
物理的環境を統制する	○	構造的な課題を検討する	×
プロトコールを成立させる	×	各国を会合に参加させ続ける	○
進行を促進する	○	関係者の面目を保つ	○
共通の利益を強調する	×	問題に取り組み続ける	○
緊張を和らげる	○		

（注）　実施→○　　実施せず→×
（出所）　筆者作成。

アの間接協議で果たした役割は，第1章で概観したバーコヴィッチの区分に従うと，情報伝達者と手続き推進者であった。表9-2，9-3のように，トルコはイスラエルとシリアの間接協議において，情報伝達者と交渉の手続き推進者としての仲介者の役割は十分に果たしていた。しかし，ゴラン高原の処遇はゼロサムゲーム的な議題であり，シリアとイラン，ハマース，ヒズブッラーとの関係断絶も中東地域の構造，国際システムのパワーゲームの視点からは困難であった。そのため，トルコは何らかの枠組み，またはプロトコールを提示することができず，実質的な問題解決を担うマニピュレーターとはなれなかった。

3　トルコのイラン核開発に関する仲介

核開発疑惑に対するトルコの立場

　核開発協議の仲介は，イスラエルとシリアのような2国間対立の仲介とは異なるものであり，国際社会（より具体的には主に5大国とドイツ）とイランとの間の仲

介であった。なぜトルコは核開発協議の仲介を志向したのだろうか。公正発展党政権は，ダーヴトオールの隣国とのゼロ・プロブレム外交に従って，イランともより良い関係を模索した。トルコにとって，イランは常に扱いが最も難しい隣国の1つである。なぜなら，イランはトルコと並ぶ中東の地域大国であり，独立を志向するクルド人への対策や，天然ガスの輸入でトルコにとって関係強化が不可欠な国である。その一方でイランとの関係が良好になると，今度は欧米諸国との関係が緊張し，国際社会において問題が生じるためである。このゼロサムゲームを改善するためにトルコができることは，イランに核問題の解決に向けた譲歩を迫り，イランと欧米諸国の間で仲介を行うことであった。

　例えば，エルハン（Çağrı Erhan）は，トルコがイランと欧米諸国，特にアメリカとの仲介を進めるための条件として，①アメリカ政府がイランと交渉の席に就く用意があること，②イランが本質的に疑惑を払拭するための改善策を示す必要があること，③イスラエルの承諾を得る必要があること，④トルコは国際社会からの同意を取り付けるために全方位外交を展開する必要があること，を挙げている[55]。加えて，隣国のイランがもし核兵器を保有すれば，隣国のトルコやイランをライバル視するサウジアラビアも核保有を望むことになり，再び90年代前半までの安全保障中心の外交政策に逆戻りすることになりかねない。また，経済制裁が発動された場合も，天然ガスの約20％をイランに依存するトルコは，最も損害を被る国の1つであった。こうした脅威認識も，トルコの核開発問題の仲介の役割を後押しした。

　イランは国際原子力機関（International Atomic Energy Agency，略称IAEA）の査察や国連安保理の制裁に対立するなど，国際社会との信頼関係が希薄になり，特に欧米諸国との間で相互不信が深まっており，両者の関係は分極化していた。この段階から，いかにイランに国際社会との間でコミュニケーションを促進させるか，また，核開発に向けた協議を行わせるかが仲介者の任務であった。

仲介の過程と役割

仲介の第1局面　——2006〜2010年初頭　トルコがイラン核開発問題に関して仲介者の役割を意識し始めたのは，2006年2月にIAEAがイランの核問題を国連の安全保障理事会に付託して以降である[56]。2006年6月25日に当時外

第❾章　公正発展党の調停・仲介外交

表9-4　2002～2010年までのイランの核開発疑惑に関する年表

2002年8月14日	イランが秘密裏にナタンツでウラン濃縮施設を建設していると反体制派が公表
2003年11月5日	IAEAがイランの査察協定違反を報告
2005年6月24日	イラン大統領に保守派で前テヘラン市長のアフマディネジャドが就任（2009年6月に再選）
2005年8月10日	イラン，ウラン濃縮前段階である転換作業を再開
2006年2月4日	IAEAがイラン核開発問題を国連安全保障理事会に付託
2006年3月29日	国連安保理，イランに30日以内のウラン濃縮活動停止を求める議長声明を採択
2006年7月28日	安保理常任理事国と独の6ヵ国がイランに対し，8月末までに濃縮活動停止を義務付ける制裁案を提示し，31日に決議（決議1696）→イランは拒否
2006年12月23日	安保理でイランに対する制裁決議案（決議1737）を採択
2007年3月24日	安保理でイランに対する追加制裁決議（決議1747）を採択
2008年3月3日	安保理でイランに対する追加制裁決議（決議1803）を採択
2009年9月26日	イランがコム近郊で2つ目のウラン濃縮施設を建設中であることが判明
2010年2月9日	イラン，ナタンツの施設においてウランの20%濃縮に成功
2010年5月17日	イラン，トルコへの低濃縮ウラン搬出でトルコ，ブラジルと合意

（出所）トルコ主要紙などを参照し，筆者作成。

務大臣であったギュルがイランを訪問し，アフマディネジャド大統領，マヌーチェフル・モッタキ（Manouchehr Mottaki）外相らと核問題について協議した。ギュルは，エルドアンとブッシュ政権からのメッセージを伝え，「G8 外相会議（2006年サンクトペテルブルク会議）が開催される6月29日までに少なくともイランが対話を行う用意があるという合図を示すことを期待している」と述べるなどとイラン側に譲歩を迫った。しかし，結果的にさしたる成果は得られなかった。一方で，アリー・ラリジャニ（Ali Larijani）国家高等安全保障評議会議長が行き詰まっているイランと欧米諸国の核交渉に関して，トルコが「良い橋渡しになる」と発言するなど，イラン側から一定の信頼を得た。その後，2007年4月27日，アンカラにおいてトルコはラリジャニとハビエル・ソラナ（Javier Solana）EU 理事会事務総長兼共通外交・安全保障政策上級代表の核開発に関する会談を実現させた。

2009年9月26日にコム郊外で2ヵ所目のウラン濃縮施設を建設中であることが明らかになり，イランへの風当たりが強まる中でも，トルコは絶えず外交による解決を訴えてきた。2009年11月に IAEA は，イランに対して，第三国にウランを移送し，そこで保管する案を提示したが，イラン側はこの提案を拒否した。この案では，トルコが最有力の移送国とされた。イランがナタンツの施設でウラン

第Ⅲ部　公正発展党の外交戦略

表9-5　2010年4～5月におけるトルコのイラン核開発に関する動向

4月13日	アメリカ主催の核安全保障サミットにおいて、オバマ大統領、ルーラ大統領、エルドアン首相の3者会談が行われる
4月18-19日	ダーヴトオール、ブラジルを訪問
4月20日	ダーヴトオール、イランを訪問
4月21日	ダーヴトオール、ブリュッセルでアシュトン（Catherine Ashton）EU上級代表らとイランの核問題について協議。その後、エストニアでクリントン国務長官と協議
4月24日	ブラジルのアモリム外相がトルコを訪問
5月7日	イランのモッタキ外相がトルコを訪問
5月10-11日	イランのラリジャニ国家高等安全保障評議長がトルコを訪問
5月16-17日	イラン、トルコ、ブラジルの外相が会談し、妥協案を発表

（出所）　トルコ主要紙を参照し、筆者作成。

の20％濃縮に成功した1週間後の2010年2月9日に、ダーヴトオールが急遽イランを訪問し、モッタキ外相と会談した。帰国後、ダーヴトオールはすぐにヒラリー・クリントン（Hillary Clinton）国務長官と電話で会談した。また、エルドアンもオバマと電話で意見交換した。トルコは2006年から2010年初頭まで、主にイランと欧米諸国間の情報伝達を仲介する役割を担った。

**仲介の第2局面
——2010年**　2010年の4月以降、イラン核開発に関するトルコの仲介はより直接的なものとなった。2010年4月12日から13日にかけて実施された核安全保障サミットから、トルコはブラジルと共に欧米諸国とイランとの妥協案提出に積極的な行動を見せた[60]。安全保障理事会の5大国にドイツを加えた6ヵ国は、イランに対する新たな制裁を加えることを検討していたが、ダーヴトオールはあくまで「イランの核開発問題は最後まで外交による解決を目指し、関与を継続していく必要がある」と強調した。トルコとブラジルが目指した妥協は、前年にイランが拒否したトルコへのウラニウム移送案であった。この移送案は、移送先をロシアとフランスとしていたが、トルコとブラジルは移送先をトルコとして調整した。この交渉の参加者は、ダーヴトオール、ブラジルのセルソ・アモリン（Celso Amorim）外相、モッタキであった。その後、4月24日には、アモリンがダーヴトオールとの会談のためにイスタンブルを訪れた。また、5月8日と9日にダーヴトオールは、アサドとハマド・ビン・ジャーシム（Hamad bin Jassim）カタル首相兼外相と会談し、両国からイランの低濃縮ウランに関してトルコとブラジルの仲介への支持を取り付けた[61]。

第❾章 公正発展党の調停・仲介外交

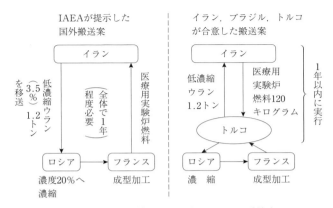

図9-2 イラン核開発に関するトルコの妥協案
（出所）日本経済新聞2010年5月18日付。

　交渉が大きく進展したのは，モッタキ，ダーヴトオール，アモリンの18時間に及ぶ3者協議によって，3ヵ国間でイランの核開発に関する妥協案が調印された5月16日と17日であった。この妥協案では，①イランは1週間以内にIAEAにウラン搬送の用意があることを通告する，②アメリカ，フランス，ロシアの合意を得られれば，1ヵ月以内に濃度3.5％のウラン1200キログラムをトルコに移送する，③IAEAの監視下でウランを保管，濃度20％の医療用実験炉燃料120キログラムと交換する，というものである（図9-2参照）。この調印に際し，ダーヴトオールは，「もはやこれ以上イランに対して新たな制裁を課す必要はない」と述べ，ブラジルのルーラ（Lula da Silva）大統領も「外交の勝利」と結論付けた。同時に，イランがこの妥協案を，1週間以内にIAEAに正式に届け出ることも発表された。妥協案の発表にはルーラ，アフマディネジャド，エルドアンが出席した。

　しかし，翌日の5月18日に，クリントンが，「安全保障理事会の常任理事国にドイツを加えた6ヵ国は，イランの核開発疑惑に対して新たな制裁を課すことに合意した」と述べた。エルドアンは，5月20日の深夜に，オバマとロシアのプーチン（Vladimir Putin）と電話で会談し，安全保障理事会の常任理事国にドイツを加えた6ヵ国が，トルコとブラジルの妥協案を了承するように求めた。これに対してオバマは，「イランとの間ではまだ信頼関係が構築されていない」と述べ，

257

第Ⅲ部　公正発展党の外交戦略

図9-3　妥協案調印を祝う各国首脳
(出所)　radikal.com.tr (21. Haziran, 2010).

新たな国連安保理決議の交渉を続けることをエルドアンに告げた。イランは5月24日に正式にIAEAにこの案を提出したが，結果として6月9日に対イラン経済制裁のための安保理決議1929（15ヵ国中12ヵ国が賛成により批准。トルコとブラジルが反対票を投じ，レバノンが棄権）が可決され，トルコとブラジルがイランと調印した妥協案の有効性は失われた。

評価　イランと国際社会の仲介におけるトルコの動機は，①明確なマンデート，②紛争が政治的な悪影響を及ぼす恐れがある，③仲介者の役割によって影響力を高める，という3点と考えられる。トルコはトルコへの移送案という明確な計画を持っており，この提案をイランが受けいれることで国際社会と地域の安全保障に貢献し，その影響力を高めることを狙った。また，前述したように，トルコはイランへの経済制裁，またはイランが核を保有した場合において最も悪影響を受けると想定される国であり，それを予防することも目的であった。

イランの核開発問題に関するトルコの役割は，バーコヴィッチの区分では手続き推進者とマニピュレーターであった。イランと国際社会は，分極化の状況であったが，お互いに交渉のチャンネルは開かれていた。トルコの役割は，交渉を軌道に乗せ，新たな枠組みを提示することであった。表9-6のようにトルコは手続き推進者としての役割は全て達成していた。トルコへの移送案を提示した時期も安保理決議が協議される前であり，適切な時期であった。では，マニピュレー

第 9 章　公正発展党の調停・仲介外交

表 9-6　手続き推進者としてのトルコ
（イラン核開発）

会合の場所を選択する	○	タイミングを調整する	○
会合のペースと公式性を統制する	○	単純な問題から扱う	○
物理的環境を統制する	○	構造的な課題を検討する	○
プロトコールを成立させる	○	各国を会合に参加させ続ける	○
進行を促進する	○	関係者の面目を保つ	○
共通の利益を強調する	○	問題に取り組み続ける	○
緊張を和らげる	○		

（注）実施→○　実施せず→×
（出所）筆者作成。

表 9-7　マニピュレーターとしてのトルコ

関係者の期待を変更させる	×	原則を緩め，交渉を手助けする	○
譲歩の責任を請け負う	○	関係者の譲歩を称賛する	○
現実的な提案を行う	○	枠組みの計画を手助けする	○
合意しない場合のリスクを説明する	×	柔軟な姿勢を見せるよう催促する	×
情報の提供，取捨選択を行う	○	援助の約束，取消のリスクを説明	×
実現可能な譲歩を提案する	○	合意の遵守を検証することを約束	○

（注）実施→○　実施せず→×
（出所）筆者作成。

ターとしての役割はどうだったのだろうか。表 9-7 からわかるように，マニピュレーターとしてもトルコは多くの項目で条件を満たしている。トルコはイランから譲歩を引き出し，移送案に合意させたものの，もう1つの交渉相手である国際社会の期待を変更させることができなかった。エルドアンやダーヴトオールは，アメリカや EU と緊密な連絡を取り合っており，彼らの期待を変更させることに自信を持っていたと思われる。しかし，移送案締結後の各国のコメントや安保理決議1929の可決は，トルコの思惑を裏切るものであった。

おわりに

　本章では，トルコの第2次レバノン紛争に対する調停，イスラエルとシリアの間の間接協議，イランの核開発問題に関する仲介について検討した。第1章の修正2段階モデルに照らし合わせると，第8章と同様，国家の戦略的行動の部分に当たる。

第Ⅲ部　公正発展党の外交戦略

　第2次レバノン紛争の調停は，トルコ軍が国外での活動に参加するかしないかが問われたが，地域秩序の安定化を目指す公正発展党政権は，イラク戦争の対応とは異なり，一枚岩となってUNIFILⅡへの派兵を推進した。イスラエルとシリアの仲介において，トルコは情報伝達者，手続き推進者として行動し，具体的な成果は得られなかったものの，地域秩序とグローバル秩序の安定に貢献する国家として認知された。また，イランの核開発問題の仲介では，手続き推進者，マニピュレーターとして行動し，トルコへの移送案をブラジルと共にイランに締結させ，地域と国際社会における影響力をさらに高めようとした。トルコへの移送案は，欧米諸国の反対と安保理決議1929の可決により骨抜きにされたが，トルコが国際社会に貢献する姿勢は見て取れた。このようにトルコは，特に2006年から2010年まで積極的な調停，仲介外交を展開した。こうした外交政策は，前章の貿易国家と機能主義外交と並び，リベラリスト的な政策であり，これまでは非主流派とされてきた。しかし，ダーヴトオールが主導するこれらのリベラリスト的政策は，この時期，トルコの威信を高め，トルコの国益を増加させる有効な手段となった。

注

(1) 2006年夏に勃発したイスラエルとヒズブッラーとの間の戦争は，単に「レバノン紛争」，1982年に起きたレバノン紛争と区別するために「第2次レバノン紛争」または「2006年レバノン紛争」などと呼ばれている。本書では「第2次レバノン紛争」という呼称を用いる。レバノン紛争の呼称に関しては，末近，前掲書，254頁。

(2) 8月中旬までに，レバノンにおいて死者が1,200人，負傷者が4,000人に達した。死者と負傷者の多くは市民と子供であった。一方，イスラエルでも160人が死亡，1,500人が負傷した。Tim Youngs and Claire Taylor, *The crisis in Lebanon* (*Research Paper 07/08*), *House of Commons Library*, 2007 (http://www.ukbriefingpapers.co.uk/BriefingPaper/RP07-08), p. 26, 2012年10月15日閲覧。第2次レバノン戦争の詳細に関しては以下を参照されたい。Meliha Benli. Altunışık, *Lübnan Krizi: Nedenleri ve Sonuçları*. Istanbul: TESEV Yayınları, 2007；末近浩太「ヒズブッラーの台頭とレバノン紛争――2006年7-8月」青山弘之・末近浩太『現代シリア・レバノンの政治構造』岩波書店，2009年，187-200頁。

(3) "Middle East" (http://en.g8russia.ru/docs/21.html) 2012年10月4日閲覧。

第 ❾ 章　公正発展党の調停・仲介外交

(4) "Secretary Rice Holds a News Conference", *The Washington Post*, 21 July, 2006（http://www.washingtonpost.com/wp-dyn/content/article/2006/07/21/AR2006072100889.html）2012年10月4日閲覧。

(5) "Putrajaya Declaration on the Situation in Lebanon at the Special Meeting of the Extended Executive Committee of the Organization of Islamic Conference Putrajaya, Malaysia", 3 August, 2006（http://www.oic-oci.org/english/conf/exec/PUTRAJAYA-Dec-Leb-en.pdf）2012年10月12日閲覧。

(6) Security Council Resolution 1701（http://www.un.org/News/Press/docs/2006/sc8808.doc.htm）2012年10月4日閲覧。

(7) *Ibid.*

(8) "İsrail'in derdi Filistini tamamen işgal etmekse bilmek isteriz", *Zaman*, 16 Temmuz, 2006（http://www.zaman.com.tr/politika/israil in-derdi-filistin i-tamamen-isgal-etmekse-bilmek-isteriz/309472.html）2012年10月10日閲覧。

(9) "Lübnan Başbakanı destek istedi", *Zaman*, 16 Temmuz, 2006（http://www.zaman.com.tr/politika/lubnan-basbakani-destek-istedi/309473.html）2012年10月10日閲覧。

(10) "Beşar Esad'dan Erdoğan'a acil yardım telefonu", *Zaman*, 20 Temmuz, 2006（http://www.zaman.com.tr/dis-haberler/besar-esaddan-erdogan a-acil-yardim-telefonu/312745.html）2012年10月10日閲覧。

(11) Fatih Atik "Erdoğan, bölgede ateşkes için Tahran ve Şam'dan katkı istedi", *Zaman*, 22 Temmuz, 2006（http://www.zaman.com.tr/dis-haberler/erdogan-bolgede-ateskes-icin-tahran-ve-samdan-katki-istedi/313993.html）2012年10月10日閲覧。

(12) ブッシュ大統領とイギリスのトニー・ブレア（Tony Blair）首相とも電話会談を行い，また「文明間の同盟」で共同議長を務めるスペインのサパテロ首相と共にレバノン紛争に関する共同宣言を出し，中東における平和を訴えた。

(13) Uğur Ergan "Gül: BM şemsiyesi altında Barış Gücü'ne prensipte katılırız", *Hürriyet*, 27 Temmuz, 2006（http://hurarsiv.hurriyet.com.tr/goster/haber.aspx?id=4821795&tarih=2006-07-27）2012年10月10日閲覧。ギュルはさらにレバノン紛争の遠因は，パレスチナ問題であるとした上で，ハマースを承認しない欧米諸国の姿勢に疑問を呈した。

(14) Abdullah Gul, "An Appeal for Leadership", *The Washington Post*, 3 August 2006（http://www.washingtonpost.com/wp-dyn/content/article/2006/08/02/AR2006080201389.html?sub=AR.）2012年10月10日閲覧。

(15) "Lübnan'dan kaçan üç bin kişi Türkiye yoluyla evlerine döndü", *Zaman*, 25 Temmuz, 2006（http://www.zaman.com.tr/dis-haberler/lubnandan-kacan-uc-bin-kisi-turkiye-yoluyla-evlerine-dondu/315632.html）2012年10月10日閲覧。アダナ空港を利用した外国人の内訳は、レバノン国籍を持つアルゼンチン人101名、スウェーデン人470名、ドイツ人186名、カナダ人1447名、ブラジル人147名であった。

(16) "Kızılayın yeni yardımı yola çıktı", *Zaman*, 4 Ağustos, 2006（http://www.zaman.com.tr/dis-haberler/kizilayin-yeni-yardimi-yola-cikti/322798.html）2012年10月10日閲覧。これらの援助物資は、シリア国境に住む15万人のレバノン人に提供された。

(17) UNIFILは元々1978年に安保理決議425によって設立された。安保理決議1701によって、規模とマンデートが拡大されたため、2006年のレバノン紛争以降はUNIFILⅡとしてそれ以前のUNIFILの活動と区別することがある。

(18) Ümit Enginsoy "Turkey to attend today's U. N. meeting on Lebanon force", *Turkish Daily News*, 31 July, 2006（http://admin.hurriyetdailynews.com/turkey-to-attend-todays-un-meeting-on-lebanon-force.aspx?pageID=438&n=turkey-to-attend-todays-u.n.-meeting-on-lebanon-force-2006-07-31）2012年10月10日閲覧。

(19) "Ankara, asker için şartlarında ısrarlı", *Zaman*, 13 Ağustos, 2006（http://www.zaman.com.tr/dis-haberler/ankara-asker-icin-sartlarinda-israrli/329670.html）2012年10月11日閲覧。

(20) Süleyman Kurt, "Dışişleri Bakanı Abdullah Gül, Lübnan'a gidiyor", *Zaman*, 15 Ağustos, 2006（http://www.zaman.com.tr/dis-haberler/disisleri-bakani-abdullah-gul-lubnana-gidiyor/330873.html）2012年10月11日閲覧。

(21) *Hürriyet*, Ağustos 14, 2006.

(22) Enis Berberoğlu "Sezer: Lübnan'a asker yollanmasına karşıyım", *Hürriyet*, 26 Ağustos, 2006（http://hurarsiv.hurriyet.com.tr/goster/haber.aspx?id=4983358&tarih=2006-08-26）2012年10月11日閲覧。

(23) Arzu Çetik "Lübnan'a asker göndermek hükümetin işi", *Hürriyet*, 26 Ağustos, 2006（http://hurarsiv.hurriyet.com.tr/goster/haber.aspx?id=4983351&tarih=2006-08-26）2012年10月11日閲覧。

(24) Sezai Kalaycı and Baran Taş "Erdoğan: 22 İslam ülkesi Lübnana asker göndermeli", *Zaman*, 4 Eylül, 2006（http://www.zaman.com.tr/politika/erdogan-22-islam-ulkesi-lubnana-asker-gondermeli/343424.html）2012年10月11日閲覧。

(25) *T. B. M. M. Tutanak Dergisi*, Cilt 127, 124 üncü Birleşim（Olağanüstü）, 5 Eylül, 2006, p. 8.

(26) *Ibid*.

⑵⑺ *Ibid.*, p. 9.
⑵⑻ *Ibid.*, p. 14.
⑵⑼ *Ibid.*, p. 42.
⑶⓪ 公正発展党の議員6名（ヌレッティン・アクタシュ，ハリル・カヤ，サドゥク・ヤクット，イブラヒム・ハック・アシュカル，トゥラン・チョメズ，エルトゥールル・ヤルチンバイル）も派兵に反対し，メフメット・エミン・ビルギチュが棄権した。また，出張や会談などでアルンチ（クルグズスタンのクルマンベク・バキエフ（Kurmanbek Bakiyev）大統領と面会）をはじめ7名が欠席した。*Hürriyet*, 6 Eylül, 2006.
⑶⑴ "Ankara works out details on Lebanon mission", *Turkish Daily News*, 8 September, 2006 (http://admin.hurriyetdailynews.com/ankara-works-out-details-on-lebanon-mission.aspx?pageID=438&n=ankara-works-out-details-on-lebanon-mission-2006-09-08) 2012年10月11日閲覧。
⑶⑵ 夏目高男『シリア大統領アサドの中東外交——1970～2000』明石書店，2003年，127頁。
⑶⑶ 末近によると，レバノンの「ヒズブッラー化」の前提としてヒズブッラーの「レバノン化」と呼ばれる，レバノンの領土解放闘争重視によるイスラエルに対するレジスタンスとしての合法的地位の確立と合法政党化というヒズブッラーの戦略があった。その後，ヒズブッラーの後ろ盾であったシリアがレバノンから撤退し，ヒズブッラーがレバノンでのヘゲモニーを確立したことで，これまでレバノン防衛のためにレジスタンスを慣行する1アクターであったヒズブッラーが，レジスタンスを展開するためにレバノンを用いるというロジックの転換が起こった。詳細は，青山・末近，前掲書，2009年，167-200頁；末近，前掲書，2013年，253-354頁。
⑶⑷ Aluf Benn "United States leaving Syrian track to Israel's discretion", *Haaretz*, 9 January, 2004 (http://www.haaretz.com/print-edition/news/united-states-leaving-syrian-track-to-israel-s-discretion-1.61384) 2012年8月3日閲覧。
⑶⑸ *Ibid.*
⑶⑹ Eldar Akiva "Background: How the convert contacts transpired", *Haaretz*, 16 January, 2007 (http://quakerpi.org/ThenNow/Golan%20qpi.htm) 2012年8月3日閲覧。その後，リエルとスレイマンはスイスに仲介を要請し，2005年8月に最終報告が作成され，交渉自体も2006年夏まで継続した。トルコが仲介の窓口の役割を閉じた理由は明記されていないが，イラク戦争後にイスラエル軍がイランとシリアへの防波堤の役割を期待し，クルド人勢力に軍事訓練などを行っていたという情報がセイモア・ハーシュ（Saymour Hersh）によってスクープされ，2004年6月28日発行の

『ニューヨーカー』で暴露されたことが一因と考えられる。

(37) リエルは、「イスラエル政府は直接的に秘密交渉に関与していないものの、交渉を黙認していた」と述べたのに対し、オルメルトは「秘密交渉には政府は全く関わっていない」と述べ、首相の報道官も「秘密交渉の話は初めて聞いた」とし、リエルの見解を否定した。"Olmert: No government officials involved in secret Syria talks", *Haaretz*, 16 January, 2007 (http://www.haaretz.com/news/olmert-no-government-officials-involved-in-secret-syria-talks-1.210252) 2012年8月3日閲覧。リエルは2010年にジャン・イリク (Can Yirik) と共に『トルコ・イスラエル関係 1949～2010』というトルコとイスラエル関係のクロノロジーを出版しているが、この点については何も述べていない。Alon Liel and Can Yirik, *Turkish-Israeli Relations 1949-2010*, İstanbul: GPOT, 2010. また、交渉に参加していたジョフェリー・アロンソン (Jeferry Aronson) がアメリカ外交評議会のインタビューに応じているが、あくまで非政府間外交であった点を強調している。Council on Foreign Relations, "Interview: Aronson: Secret Syrian-Israeli Talks Produced Unofficial Agreement" February 5, 2007 (http://www.cfr.org/israel/aronson-secret-syrian-israeli-talks-produced-unofficial-agreement/p12553) 2014年4月30日閲覧。

(38) "Excuted spy's widow: PM to ask Turkey to help return body", *Haaretz*, 13 February, 2007 (http://www.haaretz.com/news/executed-spy-s-widow-pm-to-ask-turkey-to-help-return-body-1.212911) 2012年8月3日閲覧。

(39) Bar'el Zvi, "Syrian leak/Taking through the press", *Haaretz*, 24 April, 2008 (http://www.haaretz.com/print-edition/news/syrian-leak-talking-through-the-press-1.244537) 2012年8月3日閲覧。

(40) "Asad says "ready to cooperate" in Turkish Israel-Syria peace bid", *Haaretz*, 26 April, 2008 (http://www.haaretz.com/news/assad-says-ready-to-cooperate-in-turkish-israel-syria-peace-bid-1.244658) 2012年8月5日閲覧。

(41) "Hedef Olmert-Esad zirvesi", *Radikal*, 27 Nisan, 2008 (http://www.radikal.com.tr/haber.php?haberno=254109) 2012年8月5日閲覧。

(42) Eyal Zisser, "It's Long Road to Peace with Syria: From the Second Lebanon War to Peace Overtures in Ankara", *Strategic Assessment*, Vol. 11, No. 2, 2008, p. 116.

(43) "Türkiye resmen arabulcu", *Cumhuriyet*, 22 Mayıs, 2008 (http://www.cumhuriyetarsivi.com/katalog/192/sayfa/2008/5/22/11.xhtml) 2012年8月5日閲覧。

(44) "Olmert labels Syria talks "historic breakthrough"", *Haaretz*, 22 May, 2008 (http://www.haaretz.com/print-edition/news/olmert-labels-syria-talks-historic-

第❾章　公正発展党の調停・仲介外交

breakthrough-1.246321）2012年8月6日閲覧。
⑷₅　"Israel is see Syria talks as a diversion from Ehud Olmert", *Turkish Daily News*, 23 May, 2008（http://admin.hurriyetdailynews.com/israelis-see-syria-talks-as-a-diversion-from-olmert.aspx?pageID=438&n=israelis-see-syria-talks-as-a-diversion-from-olmert-2008-05-23）2012年8月6日閲覧。
⑷₆　"Israel promises Syria: Talks to proceed despite domestic crises", *Haaretz*, 16 June, 2008（http://www.haaretz.com/print-edition/news/israel-promises-syria-talks-to-proceed-despite-domestic-crises-1.247863）2012年8月6日閲覧。
⑷₇　"Will Olmert and Asad be sitting together at the same table ?", *Haaretz*, 17 June, 2008（http://www.haaretz.com/news/will-olmert-and-assad-be-sitting-together-at-the-same-table-1.247980）2012年8月6日閲覧。
⑷₈　"Syria says premature to talk of direct contact with Israel", *Haaretz*, 4 July, 2008（http://www.haaretz.com/news/syria-says-premature-to-talk-of-direct-contact-with-israel-1.249113）2012年8月6日閲覧。
⑷₉　"Turkey to Syria: Talk openly to Israel", *Haaretz*, 8 July, 2008（http://www.haaretz.com/print-edition/news/turkey-to-syria-talk-openly-to-israel-1.249279）2012年8月7日閲覧。
⑸₀　地中海連合は，サルコジ大統領が2007年の大統領選に向け，外交の柱として打ち出した構想であった。その後，EUの地中海諸国家との関係強化のための「バルセロナ・プロセス」の一環として，2008年7月に43ヵ国が参加し，「地中海のための連合」として立ち上げられた。詳細はジェトロ「EU・地中海諸国関係の活性化」JETROユーロトレンド，2008年11月（http://www.jetro.go.jp/jfile/report/05001619/05001619_001_BUP_0.pdf）2012年9月30日閲覧，を参照されたい。
⑸₁　"Syria sources to Haaretz: We'll grant no goodwill gesture to weak Olmert", *Haaretz*, 14 July 2008（http://www.haaretz.com/news/syria-sources-to-haaretz-we-ll-grant-no-goodwill-gestures-to-weak-olmert-1.249691）2012年8月7日閲覧。
⑸₂　*Ibid*.
⑸₃　"Israel PM Olmert sends envoys to Turkey for more Syria talks", *Today's Zaman*, 30 July, 2008（http://www.todayszaman.com/newsDetail_getNewsById.action;jsessionid=686F5F235285456059735491C0627C8C?pageNo=642&category=&dt=2008&newsId=148881&columnistId=0）2012年8月7日閲覧。
⑸₄　TESEVの調査によると，中東地域でトルコの仲介を好意的に感じている人の割合は75％，一方で否定的に感じている人の割合は20％であった。Mensur Akgün and Sabiha Senyücel Gündoğar, *The Perception of Turkey in the Middle East 2011*,

(55) Istanbul: TESEV Publications, 2012, p. 20.
(55) Çağrı Erhan, "Türkiye'nin Arabuluculuğuyla ABD ve İran Barışabilir mi?", *Türkiye*, 22 Kasım, 2008 (http://www.turkiyegazetesi.com/makaledetay.aspx?ID=393965) 2012年8月7日閲覧.
(56) IAEAは，これまで2003年9月，11月，2004年3月，6月，9月，11月，2005年8月，9月，2006年2月，2009年11月，2011年11月の11回，対イラン決議案を採択している．
(57) ギュルは，アフマディネジャド大統領とモッタキ外相以外に，ハダッド・アディル（Haddad-Adel）国会議長，ラリジャニ国家高等安全保障評議会議長，ハーシェミー・ラフサンジャーニー（Hashemi Rafsanjani）元大統領と会談した．"Hem tebrik hem taziye", *Hürriyet*, 26 Haziran, 2006 (http://hurarsiv.hurriyet.com.tr/goster/haber.aspx?id=4646488&tarih=2006-06-26) 2012年8月7日閲覧.
(58) "Iran urges West to be patient on incentives package, suggests Turkey play mediator", *Khaleej Times*, 26 June, 2006.
(59) "Iran'dan Türkiye'nin teklifine yeşil ışık", *Hürriyet*, 21 Kasım, 2009 (http://hurarsiv.hurriyet.com.tr/goster/haber.aspx?id=13008309&tarih=2009-11-21) 2012年8月8日閲覧.
(60) 当時，トルコとブラジルは国連安保理の非常任理事国であった．そのため，両国は安保理においても一定のイニシアティヴを握ることができた．2009年5月20日から23日にかけてルーラ大統領のトルコ訪問が両国の協力関係発展のきっかけであった．
(61) "Dış Politika Kronolojisi 2010 Mayıs" (http://www.mfa.gov.tr/mayis_.tr.mfa), 2012年8月8日閲覧.
(62) 日本経済新聞，2010年5月18日．ダーヴトオールは，イラン核開発問題解決のために，7度イランを訪問，イランの交渉相手を5度トルコに招待，40回以上の電話交渉を行ったと述べている．
(63) "Erdoğan Obama'yla uranyum takasını konuştu", *Radikal*, 20 Mayıs 2010 (http://www.radikal.com.tr/Radikal.aspx?aType=RadikalDetayV3&CategoryID=78&ArticleID=997800) 2012年8月8日閲覧.
(64) "Obama to pursue UN sanctions despite Iran nuclear deal", *BBC News*, 20 May, 2010 (http://www.bbc.co.uk/news/10129674) 2012年8月8日閲覧.
(65) "Turkish PM Erdoğan defends 'no' vote on new sanctions against Iran", *Hürriyet Daily News*, 11 Haziran 2010 (http://admin.hurriyetdailynews.com/turkish-pm-erdogan-defends-no-vote-on-new-sanctions-against-iran.aspx?pageID=438&n=erdogan-defends-8216no8217-vote-at-un-meeting-2010-06-10) 2012年8月8日閲覧.

第❾章　公正発展党の調停・仲介外交

　これまでのイランの核開発に関する国連決議は，決議1737，決議1747が全会一致で批准，決議1803がインドネシアの棄権による14ヵ国の賛成により批准された。安保理決議1929が締結され，イラン，トルコ，ブラジルの3ヵ国による妥協案が水泡に帰した後も，トルコは2011年1月のイランに対する核開発協議のホスト国になるなど，この問題を外交によって解決する姿勢を維持している。一方で，2010年後半からトルコはこれまでと異なった動きも見せた。それは，2010年11月19日と20日に行われたNATOのリスボン・サミットにおいて，トルコが自国の領土内にNATOのミサイル防衛の施設を建設することを熱望したことである。ただし，トルコは，ミサイル防衛施設が特定の脅威に対するものであることを議案に明記することには反対した。このトルコの意向は各国に受け入れられ，2011年9月2日に，NATOの早期警報システムがイランから西に700キロのマラトゥヤ県キュレジックに設置された。

第10章
公正発展党のデモンストレーション外交

はじめに

　本章では、公正発展党のデモンストレーション効果について、イラク戦争後のBMENA、「アラブの春」における「トルコ・モデル」の議論、イスラエルとの関係を通じての他国のムスリムへのアピール、クルド問題の解決の試みによる寛容な国家のアピール、という4つの事例を取り上げて、説明する。第1章でも述べたが、デモンストレーション効果をハンチントンに依拠して整理すると、ある成功例が、①類似の問題を抱える国家の先例となる、②ある成功例が問題を解決する処方箋となりうることを示唆する、③ある成功例が強固で魅力的な政治文化のモデルとみなされる、ことである。トルコのデモンストレーション効果は、広報外交としては一定の成功を収めており、地域と国際社会におけるトルコのソフトパワー、もしくは威信を高めるのに役立ってきた。その反面、トルコのデモンストレーション効果は、実質的な成果には乏しい。本章では、この2つの点を明らかにしていきたい。

1　拡大中東・北アフリカ・イニシアティヴ

民主化のモデルとしてのトルコ

　第3章で論じたように、トルコの派兵拒否により、イラク戦争後のトルコとアメリカの関係は緊張した。しかし、トルコが戦後のイラクの復興に協力することを約束したことで、緊張関係は次第に修復に向かった。2003年10月7日にイラク再建のためにトルコ軍をイラクに派兵することを承認するかの審議がトルコの大

図10-1 ガラタサライ大学付近を歩くブッシュ大統領（後に見えるのはオルタキョイ・モスクと第一ボスポラス大橋）
（出所）zaman.com.tr（7. Nisan, 2009）

国民議会で行われ，賛成358票，反対183票，棄権2票で承認された。

1946年の総選挙から複数政党制を取り入れ，世俗主義を国是とする一方で，国民の99％がイスラム教徒であるトルコがイラクの復興に協力することは，中東の民主化を目指すアメリカにとっても，民主化促進のための有効な手段であると見なされた。例えば，ウォルフォヴィッツは，2004年1月に「両国関係は変化し，単に軍事的な関係だけでなく，民主主義と政治に関する領域でも新たな戦略的パートナーシップを締結すべきである」と述べ，トルコが民主主義の分野でもアメリカと協力できることを示唆した。2004年6月29日には，NATO首脳会議でイスタンブルを訪れていた当時のブッシュ大統領が，ガラタサライ大学における講演で「民主主義は正義，自由，繁栄をもたらす」という演説を行い，「国民の99％がイスラム教徒であるが世俗主義と民主主義を標榜し，自由主義諸国と密接な同盟関係を構築しているトルコが，中東の民主化において重要な役割を果たす」とトルコが中東で民主主義のモデルであることを強調した。

BMENAは，2004年6月にアメリカのジョージア州，シーアイランドで行われたG8サミットにおいて発表された，主に中東地域の政治的発展と改革，自由主義経済への移行を目的とした多国間の枠組みである。中東地域における欧州安全保障会議（Conference on Security and Co-operation in Europe，略称CSCE）とも

第10章　公正発展党のデモンストレーション外交

呼ばれ，冷戦構造に風穴を開け，東西対立を終わらせる1要因となったCSCEと同等の役割が期待された。長澤によると，BMENAの「拡大」という言葉には，①アメリカが2002年以降進めてきた，アメリカと中東諸国の市民社会の連帯に重きを置いた中東パートナーシップ・イニシアティヴ（Middle East Partnership Initiative，略称MEPI）の活動拡大，②EUが展開する「EU地中海パートナーシップ」をアメリカの計画の傘下に引き入れる，③アラブのリベラル派知識人を取り込み，アメリカの中東における民主化政策の正当性を高める，という意味が込められていた。(6) このBMENAの柱の1つに「民主主義の発展」が謳われており，その中核となったのが「未来のためのフォーラム」であった。「未来のためのフォーラム」は，民主主義支援対話，識字率の向上，中小企業支援，起業支援センターの設立，マイクロファイナンスのためのセンター設立，投資の拡大という6つの分野における活動が主体であった。(7) トルコは，イタリア，イエメンと共に，2004年の12月にラバトで開催されたBMENAの第1回会議で設立された民主主義支援対話における主導国となり，女性の地位向上，政党と選挙プロセスの強化に努めた。民主主義支援対話の目的は，①中東地域において，各国の状況などを考慮した上で，民主主義を確立するための情報を調整，共有し，民主的プログラムを通じて教訓を得る，②既存の民主的プログラムの強化と新たなプログラムの立ち上げ，③中東諸国の共同活動を発展させるために機会を提供する，④民主的制度，民主的過程，能力構築を促進・強化させる，⑤中東地域の民主化に関して市民社会などの民間組織と連帯を図る，という5つであった。(8)

トルコは，BMENAが設立される直前の2004年4月に開催された「イスラーム世界における民主的ガバナンスのためのプラットホーム」のホスト国であり，その会議では民主主義に関して，①男女の平等な政治参加を促進する民主的な政策決定過程，②市民の利益を代表する責任ある政府と，民主的で透明性のある選挙と健全な競争によって正当化された議会，③汚職を防ぎ，透明性と説明責任に基づく法の原理，自由な情報，独立した市民社会を強化する民主的な統治システム，の必要性が提唱された。(9) このようにトルコは，民主主義支援対話に貢献する素地が出来ていた。

この民主主義支援対話に関して，トルコで中心的な役割を果たしたのがTESEVであった。TESEVはトルコ政府に対して民主化促進のために，①中東

第Ⅲ部　公正発展党の外交戦略

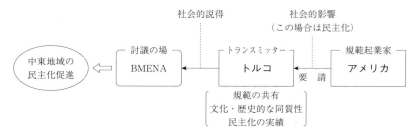

図10-2　BMENAにおける規範伝播の流れの理念型
(出所)　筆者作成。

地域における民主主義の監視と評価，②民主化のためにNGOの参加と官僚間の意見交換の促進，③市民社会と中東地域のネットワークをサポートするための基金の設立，を提唱した。TESEVは，民主化支援対話の活動の中でも女性の地位向上に力を入れ，この問題に関して3回のシンポジウムを主催した。そして，2006年5月に行われた3回目の会議で，TESEVの主導の下，「中東地域ジェンダー研究所」が設立された。

BMENAの失敗

　しかし，BMENAとその下部組織である民主主義支援対話は，アメリカのイラク政策が行き詰まりを見せ，中東地域でアンチ・アメリカニズムが高まると機能不全に陥った。BMENAの枠組みで進めていたTESEVの中東地域ジェンダー研究所もその後も活動を継続しているが，影響力はほとんど行使できていない状態である。その理由は，図10-2のように，トルコはBMENAにおいてあくまでアメリカの規範伝播のトランスミッターにすぎなかったためである。ここで明らかになったのは，イラク戦争後の中東における激しい「アンチ・アメリカニズム」の高まり（序章参照）で，規範起業家が提供する規範の正当性が低下し，トランスミッターの役割もそれに伴い機能不全となったことである。トルコがBMENAの失敗から得た教訓は，中東において効果的に影響力を発揮するためには，アメリカの枠組みに基づかない形式で行動する必要がある，という点であった。BMENAの失敗は，それまで親アメリカ的な政策を志向してきたエルドアンの政策決定グループの影響力を下げ，イラク戦争時にギュル・グループを形

第10章　公正発展党のデモンストレーション外交

成していたダーヴトオールの影響力を増加させた。以後，外交政策のイニシアティヴはダーヴトオールが握るようになり，首相であるエルドアンも彼に全幅の信頼を置くことになる。

　トルコは，西洋の民主主義をローカル化して他国に伝えるトランスミッターの役割に取り組んだが，中東諸国の「アンチ・アメリカニズム」を変化させることはできなかった。

2　「アラブの春」と「トルコ・モデル」

エジプトとチュニジアへのトルコの対応

　公正発展党政権は，チュニジアでのベン・アリー（Zine El Abidine Ben Ali）政権崩壊に際して，事前に講じた策はほとんどなかった。しかし，ベン・アリー政権崩壊後は，いち早く民衆支持を打ち出し，トルコがチュニジアの民主化の1つのモデルと成り得ることを示唆した。これに対し，チュニジアのイスラーム政党であるナフダ党の党首で，ベン・アリーの国外脱出後に暫定大統領を務めたガンヌーシ（Muḥammad al-Ġanūšī）が，「トルコの『保守民主主義』の経験は，チュニジアにとって1つのモデルとなる」と発言したことで，「トルコ・モデル」の議論が活発になった。

　一方，エジプトでの民衆蜂起に対しては，チュニジアの事例と比較すると，トルコの関与の度合いは強かった。エルドアンは，アメリカのオバマ大統領と2011年1月30日に電話会談を行い，ムバーラク大統領に退陣を要求することを確認し，2月1日にムバーラクと電話会談し，直接退陣するよう勧告を行った。ムバーラク政権崩壊後，ムスリム同胞団の政党として自由公正党が設立された。ムスリム同胞団の最高指導者，ムハンマド・バディーウ（Mohamed Badie）は，「トルコは国家再建の『モデル』である」と述べている。

　このように，変革を経験した中東諸国にとって，トルコは1つのモデルであった。そのトルコは，「ダーヴトオール・ドクトリン」という独自の地域安定化政策を打ち出す一方で，アメリカとの協力関係も継続させていた。ただし，BMENAの失敗を受け，中東における「アンチ・アメリカニズム」を刺激しないよう配慮することも忘れなかった。

273

表10-1 トルコとエジプト・チュニジアの政府間関係

2011年1月30日	エルドアンとオバマがエジプトについて電話会談
2月1日	エルドアンがムバラクに退陣するよう促す
2月22日	ダーヴトオールがチュニジアを訪問、ガンヌーシ等と会談
3月3日	ギュルがエジプトを訪問、ムスリム同胞団の指導者層と会談
4月10日	ダーヴトオールがエジプトを訪問
8月11日	エジプトのアムル外相がトルコを訪問し、エルドアン、ギュルなどと会談
9月12~15日	エルドアンがリビア、エジプト、チュニジアを訪問
2012年1月10~11日	チュニジアのアブドゥスセラム外相がトルコを訪問

(出所) トルコ主要紙を参考に筆者作成。

リビアに対するトルコの反応

公正発展党のリビアに対する対応は、チュニジアとエジプトの事例に比べ、より直接的であった。その理由は、2011年3月24日にNATOが国連安保理決議1973を受けて、リビアに介入することを決定したためであった。エルドアンは3月1日にカッザーフィーに電話で退陣を迫ったが、ムバラクのケースとは異なり、カッザーフィーと反政府勢力の間の抗争が激化したため、NATOの1国として軍事作戦に従事することになった。しかし、同胞のムスリムに対する攻撃に関して、国内世論、中東地域における影響力低下を懸念した公正発展党政権は、空爆には関与せず、①人道的援助を供給するためのベンガジ空港の取り締まり、②飛行禁止区域の取り締まり、③トルコ海軍(4隻の軍艦・1隻の潜水艦・1隻の援助艦)によるベンガジとクレタ間の海路警備、を実施すると発表した。また、トルコはリビアと建設業を中心に経済関係が密であり、「アラブの春」前までリビアには200の建設会社で2万5,000人のトルコ人が労働に従事していた(表10-2参照)。

4月5日にNATOのラスムセン(Anders Fogh Rasmussen)事務総長がトルコを訪問し、エルドアンと会談した際、トルコ側はリビア攻撃に関して、①リビアの領土保全、②リビア市民の安全の確保、③市民虐殺の停止、④最終的にリビアの正常化、という4点を強調した。6月29日にトルコ政府は、飛行禁止区域の取り締まりにも参加しないことを発表し、実質的な活動は人道援助と海路警備のみとなった。

結局、トルコはNATOの1員ながら、リビア攻撃への直接的な関与は避けるよう努力した。公正発展党政権は、第6章で確認したように、地域秩序とグロー

表10-2 公正発展党政権期におけるトルコとリビアの経済関係

(単位：1000ドル)

年　度	トルコの輸出額	トルコの輸入額
2003	25.741	1.072.548
2004	337.204	1.514.125
2005	384.167	1.989.269
2006	489.261	2.297.351
2007	643.149	399.720
2008	1.074.256	336.325
2009	1.799.236	402.568
2010	1.935.307	425.652

(出所)　*Radikal*, 23 Agustos, 2011 を参照し，筆者作成。

バル秩序の両方を意識しており，リビア攻撃への直接的な関与は，地域秩序への貢献と自身のソフトパワーの行使に問題を生じさせるという判断が働き，最小限の関与に留めた。そのため，トルコのモデルとしての役割が強調されることはなかった。

「トルコ・モデル」とは何か

　では，「トルコ・モデル」とは具体的にどのような内容なのだろうか。TESEVが2009年からアラブ諸国において実施している世論調査では，「トルコはアラブ諸国におけるモデルになることができるか」という質問に対して，2009年は61％，2010年は63％，2011年は61％が「モデルとなることができる」と回答している[17]。また，2011年の調査では，その理由についても触れており，民主主義が32％，経済が25％，ムスリムというアイデンティティが23％という結果になっている。一方，「モデルとはなれない」理由としては，ムスリムとして不十分が23％，西洋諸国との密接な関係が16％，世俗主義システムが13％という結果になっている[18]。

　「トルコ・モデル」は，明らかに規範の伝播政策である。「トルコ・モデル」は，「アラブの春」において突然生じたものではなく，「アラブの春」のケースを含めて史的に4度トルコの政策決定者によって議論されてきた（表10-3参照）。

　第1のモデルは，ケマル主導のモデルであり，彼の西洋化，近代化政策，特に1931年5月の共和人民党大会で採択された共和主義，国民主義（国民国家化），人民主義（諸団体の連帯と協調によって階級意識を乗り越える），世俗主義，国家資本主義，革命主義（改革の実行）という「6本の矢」を他国が参考にすることを意味

表10-3　4つの「トルコ・モデル」の比較

類型 \ 項目	対象地域	成功例	モデルとしてのスタンスと主な活動	支持者
ケマル主導モデル	イラン，パキスタンを含む中東	西洋化，世俗主義，上からの民主化	**積極的でない**　首脳会談　成功例を提示	軍部，世俗主義者（特にエリート）
オザル主導モデル	中央アジア・南コーカサス・バルカン半島	市場経済，世俗主義，西洋との良好な関係，民主主義	**積極的**　テュルク系諸国会議　中央アジア援助機関TİKAによる援助	一部のジャーナリスト，アメリカのシンクタンク
アメリカ主導モデル	中東	民主主義と（穏健派）イスラームの両立	**積極的(アメリカ)**　BMENAを通した民主化支援	アメリカ政府高官　一部のエルドアンの側近
公正発展党主導モデル（特にその正当性調達過程に注目）	中東	市場経済，(世俗主義を前提とした)民主主義とイスラームの両立，政軍関係の逆転	**積極的ではない**　首脳会談　成功例を提示	（これまで周辺に位置づけられてきた）一般市民，経済界

（出所）　筆者作成。

した。ケマルのモデルは，権威主義国家で「上からの民主化」と世俗主義の徹底を試みる国々にとっての成功例であった。[19]

　第2のモデルは，第5章で扱ったオザルが主導した政策である。オザルが進めた新自由主義経済を，ソ連崩壊後に建国された新興諸国に採用するよう，また，「テュルク」という民族性とイスラームという共通の宗教を拠り所とするトルコを，国際社会における「先輩」として見習うよう，促すものであった。トルコはTİKAを通じた援助を行ったり，ギュレン教団など草の根運動と連帯してトルコ語学校の設立を実施したりした。しかし，トルコの経済力が発展途上であったこと，「テュルク」という民族性が希薄だったこと，中央アジアの指導者たちのギュレン運動への警戒感などから，この試みは失敗に終わった。

　第3のモデルは，本章の第1節で論じた，BMENAを通しての「イスラームと民主主義両立のモデル国家」であった。このモデルはアメリカの中東政策とリンクしており，「アンチ・アメリカニズム」の高まりによって挫折した。

　「アラブの春」に際して提唱されたのが第4のモデルで，公正発展党の正当性調達過程（いくつかの点はそれ以前のイスラーム政党から実施されていた）に焦点が当

第10章 公正発展党のデモンストレーション外交

図10-3　エルドアン首相の訪問に沸くエジプト市民
（出所）radikal. com. tr 13. Eylül, 2011

てられた。ロワ（Oliver Roy）は，公正発展党が他のイスラーム政党のモデルとなる理由を，①近代的な政党化，②1部の敬虔なムスリム以外の人々も支持層に取り込んでいる点，③宗教的規範を保守的な価値観に置き換えている点，④新自由主義への対応，⑤憲法，議会，選挙を通じた国民の承認獲得，に求めている[20]。ロワの指摘に加えて，⑥公正発展党が外圧または民主化によって軍部の抑制に成功している点，⑦弱者救済を積極的に行っている点もモデルと見なされる要因である。弱者救済に関しては，例えば，これまでゲジェコンドゥと呼ばれる掘っ立て小屋に住んでいた低所得層に位置付けられる人々に対して，TOKİ による一連の住居改革によって，新築のアパートを低価格で提供している。

　中東諸国の一般大衆は，トルコの経済発展，民主化の拡大，自由な政治生活といった結果に魅力を感じている[21]。第1から第3のモデルは，受容の対象となる人々からの支持が得られていなかったのに対し，第4のモデルは，TESEV の世論調査にみられるように，アラブの民衆からも一定の支持を得ている。

　しかし，第4の「トルコ・モデル」の最大の問題点は，モデルを普及させたい公正発展党と，受容したいアラブ諸国のイスラーム政党との間に存在する世俗主義に対する見解の違いであった。チュニジアのナフダ党，エジプトの自由公正党やワサト党は，イスラーム法（シャリーア）の諸原則に依拠しつつ，全国民の市民権を保障する国家を目指しているのに対し，公正発展党は世俗主義を前提としている。エルドアンは2011年9月にエジプト，チュニジア，リビアを訪問した際

277

第Ⅲ部　公正発展党の外交戦略

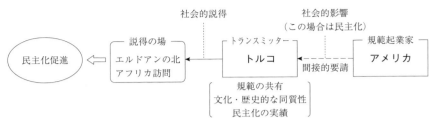

図10-4　「アラブの春」における規範伝播の流れの理念型
（出所）　筆者作成。

に以下のように発言している。

「世俗主義を反イスラームとする考え方は間違っている。私は，世俗主義を国家と宗教の分離（聖職者が管理していた国家の管理・運営権を非聖職者が管理すること）というよりも，国家が国民の信教の自由を尊重し，それによって差別を行わないこと，と理解している。トルコは世俗主義を前提とした体制の中で自由と民主主義を享受してきた」

エルドアンは，彼の定義する世俗主義を「新世俗主義」と呼んでいる[22]。この発言は，民衆には歓迎される一方，イスラーム政党の指導部の失望を招いた。北アフリカ諸国のイスラーム政党と公正発展党の国家建設の間には，埋めがたい溝が存在していたことが明らかになった。さらに，2011年12月のチュニジアにおける選挙でのナフダ党の勝利，12年1月のエジプトにおける選挙での自由公正党の勝利によって，「アラブの春」が起こった際には問題とならなかった，民衆とイスラーム主義者の間の考えの違いが顕在化していった。若者を中心に「アラブの春」の実行者となった民衆は，世俗主義を前提としたイスラームと民主主義の両立を期待していたのに対し，イスラーム主義者は，シャリーアに基づく民主主義の確立を目指していた。トルコ政府は，民衆とイスラーム主義者たちを現状打破勢力として一枚岩と理解しており，両者の希望を同時に満たすような「モデル」を提示できなかった。つまり，トルコはトランスミッターとして伝播対象国と規範を共有できず，伝播の対象がイスラーム政党と民衆に2分化したことで規範の正統性が低下した。そのため，図10-4の理念型のようには規範が伝播しなかった。

3　イスラエルとの関係

軍事同盟の強化――1990年代

　トルコにとってイスラエルとの関係は，アメリカとの関係と軍事力の強化の点で魅力的であった。一方で，イスラエルとの関係強化はアラブ諸国を中心とした，多くのムスリムの反感を買うことになる。そのため，トルコにとってイスラエルとの関係は諸刃の剣であった。トルコは90年代にイスラエルとの軍事同盟を強化したが，2000年9月に発生したアルアクサ・インティファーダで関係が悪化した。その後，再度友好な関係を築いたが，2008年末から2009年初頭の第1次ガザ攻撃以降，再び関係が悪化し，2010年5月30日のガザ支援船団攻撃事件で両国間の亀裂は決定的となった。イスラエルに対する厳しい対応は，多くのムスリムの支持を得ることができる反面，ダーヴトオールが志向するゼロ・プロブレム外交の遂行を難しくすることになった。以下では90年代からのトルコとイスラエルの関係を概観していくことにする。

　冷戦体制の崩壊によって各国はそれまでの対外政策の変更を余儀なくされ，同盟の再編成を迫られたが，トルコとイスラエルの関係もその例外ではなかった。不活発であった両国関係は，①湾岸危機，②中東和平の進展，③トルコにとってイスラエルの武器が魅力的に映ったこと，④湾岸危機後，当初の思惑よりも貿易収支が上がらず，トルコがアラブ諸国に対して失望感を持っていたこと，⑤トルコにとって潜在的な敵国であるギリシャやロシアが91年の3月と5月にイスラエルと外交関係を大使レベルに引き上げていたこと，という5点によって次第に進展し始めた[23]。

　まず，1991年12月にトルコはイスラエルとの関係を大使レベルにまで引き上げた。トルコにおいて，イスラエルとの同盟の再強化を率先して行ったのが軍部であった。軍部は武器の老朽化に悩まされており，武器の近代化を推し進める必要に迫られていた。しかし，キプロスをめぐるギリシャとの関係が依然として問題視されていたため，欧米諸国との間で武器を近代化させることは困難であった。こうした状況下で欧米諸国と同等の技術レベルをもち，中東地域において利益を共有できるイスラエルは魅力的な存在であった。

軍事関係における両国の接近を象徴したのが，1994年に実現したチルレル首相のイスラエル訪問であった。チルレルは安全保障分野において，ファントム・ジェット戦闘機を近代化させるための軍事協定，テロリズムに関する相互理解と協力のための覚書を取り交わした。さらに96年には，両国間で安全保障に関する3つの協定が結ばれた。まず，96年2月に軍事訓練に関する情報交換，軍事に携わる学者の相互訪問，共同訓練に関する協定が結ばれた。次いで8月に技術移転，技術者と研究者に対する訓練，そして戦略的対話といった防衛産業分野での協力に関する協定が結ばれた。そして12月には54機のF4型ファントム・ジェット戦闘機を6億5,000万ドルで近代化させるという協定が結ばれた。両国は98年から「レリアント・マーメイド」と呼ばれる海軍の合同演習を実施することにも同意し，この演習にはアメリカも参加を表明した。第1回目の合同演習は，98年1月にイスラエル沖の地中海で実施された。イスラエルにとってトルコとの関係強化は，武器の買取先の確保，新たな市場として注目され始めていた中央アジアへの進出の足がかり，軍事訓練やイラクへの攻撃に備えるためのトルコ空軍基地の確保，シリアの北部を押さえることで，ゴラン高原におけるシリアの脅威を低下させるなどの利点があった。このように，90年代において，両国関係は軍事協力を中心に活性化した。

シャロン政権の誕生と公正発展党の台頭——2000年代前半

しかし，この軍事協定を軸とした同盟も2000年代に入ると停滞する。その原因となったのがイスラエルにおけるリクード党の政権奪取とシャロンの首相就任であった。2001年2月6日のイスラエルの総選挙でリクード党が勝利を収め，シャロンが首相に就任した。この選挙結果はトルコやアラブ諸国に衝撃を与えたが，これには大きく3つの理由が考えられる。第1に，シャロンは82年にサブラとシャティーラのレバノン難民キャンプで発生した，パレスチナ人の大量虐殺に関与した人物であったためである。第2に，シャロンは2000年9月28日にイスラーム教とユダヤ教両方の聖地であり，パレスチナの首都である東エルサレムの「神殿の丘」を訪れることでアルアクサ・インティファーダを引き起こした張本人であったためである。第3に，シャロンが党首を務めるリクード党は，その前身のヘルート党の時代からゼエヴ・ジャボティンスキー（Ze'ev Jabotinsky）に起源を持

第10章 公正発展党のデモンストレーション外交

つ,イスラエル全土をユダヤ人の支配下に置くことを絶対視する大イスラエル主義を標榜していたためである。大イスラエル主義に基づくと,イスラエルの地を分割することは不正な行為とされるため,中東和平プロセスが暗礁に乗り上げるだろうことは必至であった。シャロン政権の誕生は,トルコとの2国間関係にも影響を与えた。シャロンが神殿の丘を訪れ,その後シャロンの訪問に反対する者たちが暴動を起こし死傷者が出た際,トルコ政府は2000年11月に実施される予定だったトルコ・イスラエル・アメリカによる合同軍事演習の実施を延期した[26]。また,エジェヴィト首相は「PLOが国家として独立することを支持し,パレスチナ人の安全保障と援助のためにガザ地区西岸にトルコ軍を派遣したい」とまで述べた[27]。

2004年末から2005年初頭にかけて,両国関係は改善の兆しを見せ始めた。2004年11月24日にイスラエル外務省のロン・プロソール(Ron Prosor)が,ヤーシル・アラファート(Yasir Arafat)没後の中東和平交渉と両国関係のあり方を話し合うためにアンカラを訪れた。さらに,2005年1月3日から5日にかけて,ギュルが中東和平を再び軌道に乗せるためにイスラエルとパレスチナを訪問した。トルコはこの頃から中東地域における仲介者・調停者の役割を担うことを志向し始めていた。これに引き続き,同年5月1日と2日にエルドアンもイスラエルとパレスチナを訪問した。この際,エルドアンとシャロンは情報共有のためのホットラインを設置することと,新たな武器の取引に関する協議を始めることで合意した。この訪問には,ギョニュル国防大臣も同行し,話し合いに参加したり,イスラエルの航空産業施設を訪れたりした。このように2005年には外相と首相が相次いでイスラエルを訪問し,両国の関係修復・強化に積極的に乗り出す姿勢が見られた。

このように友好的なムードに包まれていた両国関係は2006年に入り,再び困難な状況に直面する。その原因となったのが,2006年2月にシリアに亡命中のハマースの政治局長,マシュアルのトルコ訪問であった。こうした緊張関係は,2006年3月28日にイスラエルで総選挙が実施され,カディマが勝利したことでやや終息する。なぜなら,脳梗塞で倒れたシャロンに代わり,首相代行となったオルメルトがトルコとの関係を強化したいと主張していたからである。これに加えて,6月にセゼル大統領がイスラエルを,イスラエルのツゥーピ・リヴニィ(Tzipi

Livni）外相がトルコを訪問した。

ガザ空爆による関係悪化

2000年代中盤の両国関係は比較的落ち着いており，特に2007年から2008年は第9章で論じたように，トルコはイスラエルとシリアの間接的な仲介を促した。しかし，2008年はまさに最後の1週間で予期せぬ展開が待ち受けていた。12月22日にオルメルトがトルコを訪問し，イスラエルとシリアの直接交渉の可能性について話し合ったが，それから5日後の12月27日にイスラエルはガザ地区に対する空爆を開始したのである。空爆は翌年1月18日まで続き，エルドアンはこの攻撃を終わらせるために12月末から2009年1月初頭にかけてシリア，ヨルダン，エジプト，サウジアラビア，パレスチナを訪問したり，国連の潘基文事務総長と会談を行ったりした。また，トルコ各地でガザ攻撃に対する大規模な抗議デモが起こり，イスタンブルでは20万人もの市民がデモに参加した。そして，1月末のダヴォス会議（世界経済フォーラム）において，エルドアンとペレスのガザ攻撃に関する討論会が行われた。この討論会でエルドアンは，イスラエルの行動に強い不満を示し「今後ダヴォスに来ることはない」と述べ，ペレスを残して途中退席した。その後，両首脳は電話会談を行い事態の収拾に努めたと言われているが，この事件は世界中に両国の関係悪化を印象付ける結果となった。また，2月10日に実施されたイスラエルの総選挙において，カディマが28議席を獲得したのに対し，リクード党は27議席を獲得した。結果として，リクード党が他党からの支持を得て組閣したため，トルコの仲介に積極的であったオルメルトから，90年代の中東和平を停滞させたネタニヤーフに首相が交代したことも地域の安定を志向するトルコにとっては懸念事項であった。

さらに2009年10月12日から23日までトルコで実施される予定だったNATO軍・アメリカ軍・イタリア軍・トルコ軍・イスラエル軍による年次の合同軍事演習（通称「アナトリアの鷲」，表10-4参照）に関して，突然トルコがイスラエルに参加を見合わせるよう打診した。これにより演習は急遽中止となった。また，10月29日のトルコ共和国の独立記念日におけるレセプションも前年はペレスをはじめ，多くの閣僚が出席したのに対し，2009年は2人の閣僚しか出席しなかった。

さらに，2010年に入っても関係悪化は続く。まず，1月11日にイスラエルの外

第 10 章　公正発展党のデモンストレーション外交

図10-5　ダヴォス会議でイスラエルを非難するエルドアン首相とそれを聞くペレス大統領
(出所)　world bulletin.net

務副大臣ダニー・アヤロン（Danny Ayalon）が駐イスラエル・トルコ大使アフメット・アーズ・チェリックコル（Ahmet Oğuz Çelikkol）を呼び出し，トルコで放映されているテレビドラマ「狼たちの谷（Kurtlar Vadisi）」，「離散（Ayrılık）」におけるイスラエルの扱いに対して不満を述べた。その際，アヤロンはチェリックコルを自分より低いソファーに座らせ，大使との握手を拒否した。アヤロンの不満はヘブライ語で述べられたため，チェリックコルは理解せずにその場に留まっていた。このアヤロンの対応に際してトルコ側はチェリックコル大使を召還することも辞さないとしたが，13日にネタニヤーフからエルドアンに対して，またアヤロンの事務所からチェリックコルに対して謝罪文が送られたため，トルコ側はこれを受け入れ，大使の召還を見合わせた。その後，17日にエフード・バラク（Efud Barak）国防大臣がトルコを訪問し，「両国の危機は過去のものであり，イスラエルにとってトルコは中東地域における重要なパートナーである」と述べ，関係の修復に努めたものの，この事件はトルコで大きな反発を呼んだ。

ガザ支援船団攻撃事件による関係悪化

両国の関係を決定的に悪化させたのが，ガザ支援船団攻撃事件であった。2010年5月31日，救援物資をガザ地区に届けるためにガザ沖を航海していた，約7,000人のトルコやヨーロッパの活動家・政治家と，約1万トンの支援物資を乗

表10-4　2001～2010年の「アナトリアの鷲」軍事演習の日程と参加国

日程	参加国	日程	参加国	日程	参加国
2001年6月18～29日	トルコ，アメリカ，イスラエル	2005年11月14～25日	トルコ，アメリカ，イスラエル，ベルギー	2008年11月3～14日	トルコ，パキスタン
2002年4月22～5月3日	トルコ，アメリカ	2006年6月12～22日	トルコ，アメリカ，パキスタン，フランス，NATO	2009年6月8～19日	トルコ，アメリカ，イギリス，ヨルダン，UAE，NATO
2002年10月14～25日	トルコ，アメリカ，UAE	2006年9月4～15日	トルコ，NATO	2009年10月12～23日(1)	トルコ，アメリカ，イスラエル，イタリア，NATO
2003年11月3～14日	トルコ，アメリカ，イスラエル，ドイツ	2006年11月6～18日	トルコ，アメリカ，NATO	2009年11月2～13日	トルコ，パキスタン
2004年6月7～18日	トルコ，アメリカ，イスラエル，ヨルダン	2007年6月11～22日	トルコ，アメリカ，イギリス，パキスタン，ヨルダン，NATO	2010年6月7～18日	トルコ，アメリカ，イタリア，スペイン，UAE，NATO
2004年9月27～10月8日	トルコ，アメリカ，イスラエル，イタリア，オランダ，ドイツ，パキスタン	2008年6月9～20日	トルコ，アメリカ，ヨルダン，UAE，NATO	2010年9月20～10月4日	トルコ，中国
2005年9月12～23日	トルコ，イタリア，オランダ，フランス	2008年9月8～19日	トルコ，アメリカ，イスラエル，イタリア	2010年10月11～22日(2)	トルコ

（注）　トルコのみの軍事演習は除外した。
　(1)　2009年10月12～23日の演習はトルコ側の意向によりイスラエルの参加を見合わせ。
　(2)　2010年10月11～22日の演習はアメリカとイスラエルが参加を見合わせ。
（出所）　"HISTORY OF ANATOLIAN EAGLE"（http://www.anadolukartali.tsk.tr/default.asp?loc=en&p=tarihce）を参照し，筆者作成。

せた6隻の支援船が，イスラエル軍から攻撃を受けた。これにより，6隻の支援船の1隻，マーヴィ・マルマラ号に乗船していた8人のトルコ人と1人のトルコ系アメリカ人の計9人が死亡，多くの乗組員が負傷した。このイスラエルの攻撃を受け，エルドアンは，「今日は歴史のターニング・ポイントである。今後は何もかもがこれまでとは変化するだろう」と述べ，イスラエルの攻撃を「大虐殺」と表現して批判した。また，イスラエルとの今後の関係に関しては，「今回の事件に対するトルコの怒りは，イスラエルとの友好関係が重要な価値を持つことと

第10章 公正発展党のデモンストレーション外交

同じ程度に激しい」と述べた。

　他方，トルコは事件当日すぐに国連安保理の招集を要求し，安保理緊急会合が開催された結果，6月1日に「（イスラエルの）行為を非難する」という議長声明が発表された。安保理においてダーヴトオールは，「ガザ支援船を攻撃したイスラエルの行為は虐殺であり，国際法を侵害するものである。この攻撃によって，イスラエルは全ての正当性を失った」と発言した。トルコでガザ支援船団の乗員を派遣していたのは，İHHであった。また，この事件を受け，イスタンブルやアンカラでは大規模な反イスラエルデモが起こった。ダーヴトオールは，ガザ支援船団攻撃事件によって関係が悪化したイスラエルとの関係正常化の条件として，①拘束された全てのトルコ人に対して，尋問したり裁判にかけたりせずに自由を保障する，②ガザの包囲を解く，③イスラエルが今回の攻撃に関して，国際的な独立調査機関の調査を受け入れる，という3つを提示した。その後，ダーヴトオールは，潘基文国連事務総長と会談し，国連安保理にこの事件に関する独立調査機関を設置するように要請した。さらに，ガザ支援船団に対する攻撃に抗議し，6月3日にチェリックコル大使をトルコへと帰還させた。

　8月8日，ニュージーランドのジェフリー・パーマー（Geoffrey Palmer）元首相が委員長，コロンビアのアルヴァロ・ウリベ（Alvaro Uribe）大統領が副委員長，トルコからは元外交官のオズデム・サンベルク（Özdem Sanberk），イスラエルからも元外交官のジョセフ・チカノーバー（Joseph Ciechanover）の4名が参加して，国連にガザ支援船団攻撃事件の調査委員会が設置された。調査委員会は8月10日から作業を開始した。一方，国連人権委員会でもイギリスのデスモンド・デ・シルバ（Desmond de Silva），トリニダード・トバゴのカール・ハドソン・フィリップス（Karl Hudson-Phillips），マレーシアのマリー・シャンティ・ダイリアム（Mary Shanthi Dairiam）のメンバーからなる調査チームが，トルコとヨルダンでの調査結果を報告書として9月22日に公表した。国連人権委員会の報告書の内容は，トルコの主張を全面的に支持し，加害者への法的処置と被害者への賠償金を要求するものであった。ダーヴトオールは，この報告書を高く評価し，「この報告書によって，今後イスラエルが国際法を厳守すること，国際法の枠組み内で行動することを学ぶであろうことを望む。我々の立場からすると，今回のイスラエルの行動は国際法の規準に反するものであり，トルコに対してだけ起こした過

第Ⅲ部　公正発展党の外交戦略

図10-6　マーヴィ・マルマラ号
(出所)　zaman.com.tr (21 Aralık, 2012)

失ではなく，国際社会に対して起こした過失である。レポートには次のことが記されている。全ての人は国際法の文言を厳守しなければならない。誰もこのこととは無関係ではない」と述べた。イスラエルは，「このレポートは公平ではなく程度を越えたものである」と批判した。このレポートは9月30日に国連人権委員会で，賛成30，反対1，棄権15という結果で批准された。

　ガザ支援船団攻撃事件に関する国連安保理の報告書，いわゆる「パーマー報告」は翌年の2011年9月1日に公開された。当初は9月3日に国連によって発表される予定だったが，アメリカのメディアによってリークされたことで公開が早まった。「パーマー報告」の内容は，イスラエルが不適切に軍事力を使用したのは確かだが，結果的にイスラエルの海上封鎖が合法であり，マーヴィ・マルマラ号への攻撃も消極的にではあるが，容認するものとなっていた。トルコ側は即座に「パーマー報告」への抗議として，イスラエルとの外交関係を格下げすることを発表した。ダーヴトオールは，「パーマー報告」はイスラエルがトルコに対して公式に謝罪する最後のチャンスだったとして，イスラエルはトルコ側が一貫して主張してきた，公式の謝罪，被害者の家族への補償，ガザ地区に対する海上封鎖を解く，という3つを実施しなかった代償として外交関係の格下げを決定したと述べた。その具体的な内容は，以下のような措置であった。①2国間の外交関係を大使レベルから事務次官レベルに格下げする，②全ての軍事協定を保留する，

286

第10章　公正発展党のデモンストレーション外交

③トルコは，東地中海において海洋行動の自由のために尽力する，④トルコはもはやイスラエルによるガザ地区の海上封鎖を認めず，この件を国際刑事裁判所に提訴する，⑤トルコはトルコ国内または国外の裁判においてガザ支援船団攻撃事件の全ての被害者をサポートする。このトルコの発表を受け，当時駐アンカラ・イスラエル大使であったガビィ・レビィ（Gabby Levy）は「今後はトルコに観光客としてだけやってくる」と述べ，アンカラを離れた。

　では2008年末から悪化した両国関係について，その要因をもう少し深く考えてみたい。2008年以前のトルコとイスラエルは，キプロス紛争や中東和平問題といった間接的な要因によって関係が悪化したのに対し，2008年以降はエルドアンとペレスのダヴォス会議における討論や，ガザ支援船団攻撃事件に見られるように，直接的な要因によって対立してきた。脅威認識に関してもイスラエルがハマースやイランを脅威ととらえているのに対し，トルコはハマースやイランを脅威としてとらえるのではなく，国際社会に取り込もうと努力している。例えば，2006年1月にハマースが選挙で勝利したことを受け，同年2月16日にダマスカスに亡命中であったマシュアルがトルコを訪問し，外相であったギュルを含む，数人のトルコ閣僚と会談を行った。エルドアン首相も「ハマースは正しい時期に正しいメッセージを伝えた」と述べたが，イスラエル，アメリカ，EUはハマースを正式に承認していなかったため各国は反発を強めた。イスラエル政府の報道官であったラーナン・ギシン（Raanan Gissin）は「トルコは間違いを犯し，二国間関係を傷つけた。もし我々がPKKの指導者であるオジャランと協議をしたらトルコはどのような思いだろうか」と強い口調で非難した。また，第9章で扱った2010年5月17日にトルコ，ブラジル，イランの3ヵ国はイランの低濃縮ウラン1.2トンを国外移送し，その代わりにアメリカ，ロシア，フランスの3ヵ国から医療実験のための核燃料120キロと交換する妥協案に調印した事例も同様である。冷戦期や90年代のように，両国の関係は基本的に脅威認識の共有によって成り立ってきたが，2000年代後半以降，両国は脅威認識を共有していないのである。

　イスラエルに対しては，トルコ国内の世論の反発も激しい。ガザ支援船団攻撃事件後にメトロポール社が実施した世論調査によると，「トルコのイスラエルに対して示した反応は十分だと思うか」という質問で「十分」と答えた人が33.2％，「不十分」と答えた人が60.7％という結果となった。また，事件直後は各地で抗

議デモが起こり，アンカラでは大統領府につながる最も重要な道路がデモのために通行止めとなり，パレスチナの旗をふる人々で溢れかえった。公正発展党の支持者には信仰心の篤いムスリムが多いことも，イスラエルとの関係悪化の一因と考えられる。

　第4章でも述べたが，2012年後半から2013年にかけて，トルコとイスラエルは本格的に関係回復を模索した。両国関係改善にとって大きな要因となったのが，関係改善の障害となっていたイスラエルのリーベルマン外相が2012年12月14日に辞任したことである。また，2013年2月17日には，イスラエルから購入したにも関わらず関係悪化によって提供されていなかったAWACSを，イスラエルがトルコ軍に提供することを決定した。さらにバラク国防相がネタニヤーフに，マーヴィ・マルマラ号への攻撃は間違いであったことを認め，トルコに謝罪するよう助言したが，ネタニヤーフはそれを拒否した，という報道が流れた。

　しかし，2月末に再び両国関係を大きく揺るがす事件が起きた。それは，ウィーンで行われた文明間の同盟の第5回グローバル・フォーラムでのエルドアンの「シオニズムのように，反ユダヤ主義のように，ナチズムのように，イスラムフォービアも人権侵害に当たる」という発言であった。エルドアンがシオニズムをファシズムと同列としたこの発言に対して，イスラエルとアメリカはすぐに抗議した。ネタニヤーフは，「トルコの首相のシオニズムとナチズムの間で行った比較を非難する」と述べ，イスラエル外務省も「エルドアン首相の中身のない発言は無知によるものである」とコメントした。ホワイトハウスも「エルドアン首相のシオニズムを人権侵害と解釈する発言を否定する。この解釈は好戦的で誤りである」という声明を発表した。アメリカ議会もエルドアンに対して，89人の議員の署名を添えた抗議文を提出した。

　エルドアンの発言によって両国関係は再び悪化すると思われたが，それを水際で防いだのはアメリカの対応であった（第4章参照）。まず，第2期オバマ政権で国務大臣に任命されたケリーが，中東歴訪の一環としてトルコを訪問し，アメリカにとってトルコとイスラエルが中東における重要な同盟国であることを強調した。ケリーは帰国する際，トルコ側から手渡された分厚い書類を持ち帰る姿が確認されている。さらにケリーは，ダーヴトオールと3月14日と15日に電話会談を行い，中東情勢に関して意見を交換した。その後，オバマが2期目の最初の訪問

第10章　公正発展党のデモンストレーション外交

国としてイスラエルを訪問し，ネタニヤーフと会談した。その際，トルコとの関係を修復するためにトルコ側に譲歩するよう説得した。そして，オバマが3日間のイスラエル訪問の最終日に，ネタニヤーフはエルドアンに電話をかけ，「ガザ支援船団攻撃事件」に関して正式な謝罪を行うとともに，犠牲者の家族に対して賠償金を支払う用意があることも重ねて報告した。エルドアンも，トルコ国民の名においてこの謝罪を正式に承認した。この謝罪に対し，リーベルマン元外相は「謝罪は大きな過ちだ」と，ネタニヤーフを非難した。

ネタニヤーフの謝罪により，関係正常化の道を歩み始めた両国であるが，まずはイスラエルが犠牲者の家族に賠償金を支払うために両国の代表団が会合を行うことが確認された。その次のステップとして，「パーマー報告」で格下げされたイスラエルとの外交関係を正常化させる，具体的には大使を召集する手続きを行うことが検討されている。当初，2013年3月28日にイスラエルの代表団がトルコを訪問する予定であったが，イスラエルも大連立政権となり政局が安定しておらず，代表団のトルコ訪問は延期となった。このように，両国の間にはいまだにしこりが残っているが，ネタニヤーフの謝罪は両国関係改善の大きな一歩となった。

4　クルド人との和解に向けた試み

2013年以前の公正発展党とクルド問題

PKKとの武力闘争とそれに付随するクルド人に対する取締は，内政だけではなく，EU加盟交渉など外交に大きな影響を与えてきた。公正発展党は，クルド人問題を解決するために2009年以降，いくつかの改革またはPKKとの和解を探ってきた。本節では，公正発展党がクルド人との問題解決を平和的に進めることで国際社会へ「寛容な政府」というイメージを付与しようとする公正発展党のクルド人和解に向けた試みを検討する。

公正発展党のPKKに対する政策は，2009年に大きな転機を迎えた。まず，1月1日にトルコ・ラジオ・テレビ協会（TRT）が「TRT6」でクルド語の放送をはじめ，次いで4月1日に「ラジオ6」でクルド語の24時間放送を始めた。

同年7月になると，オジャランによるトルコ政府とPKKの和解に向けた「行程表」が発表されるという噂が流れた。こうした動きに対して公正発展党政権は，

アタライ内相（2014年6月現在は副首相）を中心に先行して民主的イニシアティヴを発表した。そして，11月10日と13日にトルコ大国民議会で民主的イニシアティヴに関する議論が行われ，13日にアタライが短期的・中期的・長期的な計画を提示した。これによると，短期的な計画は，①大学にクルド語学科を設置する，②東部・南東部アナトリア地域の交通警備を軽減する，③社会生活における母語の使用を認める，という3点であった。中期的な計画は，①独立した人権に関する機構を設立する，②（民族間の）差別をなくすための委員会を立ち上げる，③国連の拷問禁止条約の批准と国内での普及を国会で承認する，④軍隊による拷問または虐待に対する非難に応じたり調査を実施したりする独立機構を設立する，⑤地域の要求に従った居住地の改名を実施する，⑥政党においてトルコ語以外の言語での自由なコミュニケーションを許可する，という6点であった。長期的な計画は，憲法の第1条から3条を改訂することであった。

しかし，民主的イニシアティヴは順調に進まなかった。両者の間で問題となったのが，同年10月19日に起きたハーブール事件であった。この事件の発端は，民主的イニシアティヴの一環として，トルコ政府とPKKの秘密交渉により，ヨーロッパに亡命しているPKK党員と北イラクで活動するPKK党員の一部が武装解除し，トルコに帰国することが決まったことであった。そして，その第一陣として，10月19日に北イラクのPKK党員34名（カンディルから8名，マフムールから26名）がイラクとトルコの国境のハーブール検問所に到着した。しかし，この帰還に対して世論の反発が強まり，結局，帰還したPKK党員34名は収監され，武装解除計画は頓挫した。

また，同年12月11日にクルド人政党である民主社会党（Demokratik Toplum Partisi）に対して憲法裁判所から解党命令が出された。民主社会党が有していた大国民議会での19議席は，同じクルド人政党である平和民主党が受け継ぐこととなった。結局，トルコ政府とPKKの和解は大きな進展が見られないまま，2011年総選挙後に武力衝突の激化を招いた。2011年6月12日の総選挙以降，トルコ政府とPKKの衝突は最も激しさを増していた。2011年の総選挙後から2012年8月に至るまで，トルコ軍兵士・警察・村落警備員合わせて222名，PKKテロリスト405名，一般市民84名が犠牲になった。また，PKKの社会・政治運動を担うKCK関係者の拘束が相次いだ。

その一方で，トルコ政府とPKKの間で2005年から「オスロ過程」と呼ばれる秘密交渉が行われてきた。しかし，2011年9月14日に行われたMİTとPKKによるオスロ会談の内容がタラフ紙によってリークされたことにより，この和平交渉は頓挫することとなった。加えて，2011年12月28日にイラクとトルコの国境近くのシュルナク県のウルデレ地域で，トルコ軍の誤爆により，クルドの一般市民35名が死亡した（通称：ウルデレ事件）。ウルデレ事件はクルド民衆のトルコ政府に対する不信感をさらに高めた。

停戦に至るまでの過程

しかし，こうした泥沼の抗争の最中，2012年12月28日にエルドアンが，「MİTのフィダン局長がイスタンブルのイムラル島で服役中のオジャランとPKKの武装解除に関して協議している」と明らかにしたことで，停戦に向けた動きが加速した。2013年1月3日に平和民主党のアイラ・アカト（Ayla Akat）議員と無所属で民主社会党の前共同党首のアフメット・トゥルク（Ahmet Türk）議員が服役中のオジャランを訪問し，4時間にわたり会談した。会談後，取材に応じたアカトとトゥルクは，「目標は武器が必要と感じられない状況を創り出すことである。交渉は始まった」と述べた。オジャランが収監された1999年以来，議員との面会が許可されたのは初めてであった。アクドアン首相アドバイザーは，「その場しのぎではなく，根本的にPKKによるテロリズムを解決する必要がある」とし，「オジャランとの交渉はそのための重要なファクターである」と述べた。また，KCKのムラト・カラウラン（Murat Karayılan）運営委員長は，政府がオジャランと交渉を始めたことを肯定的に評価する一方，「政府はオジャランのイムラル島での待遇を改善するなど，PKK側にも譲歩すべきである」と両陣営の和解に釘を刺した。オジャランはトルコ政府との停戦合意に関して，PKKとの関係が疑われて拘留されている数千人の人々の解放，クルド語での教育に関する障害を取り除くための憲法改正，地方自治の強化，全ての民族に中立な市民権，という4つの条件を要求した。新たなトルコ政府とオジャランとの間の交渉が「オスロ過程」と異なっている点は，完全な秘密交渉ではなく，交渉していることを公にし，野党と世論を巻き込もうとしている点，オジャランをPKKとの交渉の要とした点，であった。

第Ⅲ部　公正発展党の外交戦略

　2月23日にオジャランと平和民主党議員の2回目の会談が行われ，平和民主党のペルヴィン・ブルダン（Pervin Buldan），アルタン・タン（Altan Tan），スル・スレヤ・オンデル（Sırrı Süreyya Önder）の3名がイムラル島を訪問した。会談は4時間に及び，オジャランは3名に紛争解決に向けた新たな行程表を指南するとともに，「PKKはトルコ軍に停戦を宣言すべき」と発言したと報道された。このオジャランと平和民主党議員の2回目の会談はリークされ，2月28日発刊のミリエット紙に掲載された。エルドアンは，「オスロ過程」の失敗を念頭に置いて，「リークは和平交渉を頓挫させるためのものだ」と非難し，「政府は，リークは平和民主党内部からと見ている」と述べた。これに対して当初，平和民主党は「平和民主党の党員は一切情報を漏らしていない」とリークを全面的に否定した。しかし，最終的に，増刷することが禁止されていたオジャランの和平交渉案の原稿を，平和民主党のラウフ・コジャマン（Rauf Kocaman）とレスル・バイカラ（Resul Baykara）が，自分たちで使用するために無断で増刷した（これにより資料が外部に漏れた）こと，編集局で働くアリ・オズグチュ（Ali Özgüç）が新聞記者のアルペル・アタライ（Alper Atalay）に原稿の写真を撮ることを許可したこと，を認めた。ただし，このリークは，交渉がある程度秘密裏ではなく公に行われていたこともあり，交渉の停滞を招くことはなかった。

　3月1日にセラハッティン・デミルタシュ（Selahattin Demirtaş）平和民主党党首，ギュルタン・クシャナク（Gültan Kışanak），タン，オンデル，トゥルク，アイセル・トゥールク（Aysel Tuğluk）の6名が，オジャランのメッセージを伝えるために北イラクのカンディル山を訪問した。北イラクで平和民主党の議員たちはまず，イラク大統領兼PUK党首のタラバーニーの妻，ヒロ・タラバーニー（Hiro Talabani）をはじめとしたPUKの議員と会談し，オジャランが進める和平交渉に理解を求めた。次いで3月3日にデミルタシュたちは，PKKの拠点である北イラクのカンディルでカラウランをはじめとしたPKK幹部と7時間にわたり会談した。カラウランはオジャランの計画に理解を示し，正式な対応を10日間以内に決定することを約束した。さらにそれから5日後，カラウランは人質として拘束しているトルコ軍兵士を1週間以内に解放すると発表した。そして，3月13日にスレイマン・シャヒン（Süleyman Şahin）率いるPKKの部隊が人質として拘束している8名のトルコ軍兵士を北イラクのアマディエ地方で解放した。

第10章　公正発展党のデモンストレーション外交

　カンディル山のPKKメンバーの同意を得ることに成功した平和民主党議員は，3月21日から始まったネヴルーズ（クルド人の新年祭）で，民衆にオジャランからのメッセージを公表した。その主な内容を要約すると，①PKKは武力による闘争の時期から転じ，民主的な政治の門を開ける，②もはや武力による闘争を控え，アイディアと政治について話し合うべきである，③新しい時代の幕が開けた。武力ではなく，政治が重要である。クルド人の武装勢力は，トルコ国境から撤退する時期が来た，④PKKは，第一次世界大戦後にトルコ国民の概念を示したミサック・ミッリーの範囲内で活動する，というものであった。カラウランは「オジャランの意向に従い，3月21日から停戦を実施する。オジャランの決定は我々全員の決定である」と宣言し，停戦に応じた。

　公正発展党政権もオジャランのメッセージを好意的に評価するとともに，PKKの停戦を受け，クルド問題解決のために，PKK兵士のトルコ領土からの撤退と武装解除，憲法改正を中心とする法的整備と心のケアを政治運営によって行う，PKK兵士を社会に再統合する，という3つの段階を検討しているとされた。

停滞する紛争解決過程

　トルコ政府とPKKの停戦の第1段階であるPKK党員のトルコ領土からの撤退または武装解除に関して，問題となったのは「いつからどのようにPKK党員がトルコから撤退するか」という点であった。4月10日にヒュリエット紙のインタビューに答えたエルドアンは，「トルコ領内から撤退するPKK党員の数は1,500名から2,000名くらいになり，現状では特に撤退の期限は決めていない」と述べている。結果的に，4月25日にカラウランとその他のPKK幹部が正式に「5月8日から撤退を始める」と宣言し，撤退先は「北イラクである」と明言した。また，もし「PKKの党員が撤退期間中にトルコ軍から攻撃を受けた場合，撤退を止め，自衛の権利を正当化する」こと，「オジャランを含むPKK党員全員が解放された場合のみ武装解除を行う」ことも併せて発表された。このカラウランの宣言に対してエルドアンやギュルは，「撤退と武装解除の両方がなされるべき」という考えを改めて主張した。デミルタシュは5月8日に，「PKKの戦闘員が移動を始めた」ことを明らかにし，具体的にハッキャーリ県やシュルナク県を起点に北イラクのカンディル，ザップ，ハフタニン，アヴァシィン，メティナ

293

のキャンプに向かう予定だと述べた。

　デミルタシュに，6月19日に開かれたアタライ副首相とサドゥッラー・エルギン（Sadullah Ergin）法相との会談で，「PKKとの紛争解決は，PKK兵士のトルコからの撤退が順調に進んでおり，もはや正式に第2段階に移行した」と述べた。第2段階は，憲法改正を含めた法整備であり，平和民主党は選挙への参加，テロとの戦いに関する法案，出版に関する法案，デモに関する法案，トルコ軍に関する規定の変更を提案している。これに対してトルコ政府は，「PKKの撤退はまだ20％ほどしか完了していない」として，平和民主党やオジャランを牽制する発言を行っている。

　しかし，問題解決への道のりは険しいものとなっている。トルコ政府，平和民主党，PKKとの足並みが揃っていないことに加えて，5月8日に始まったPKKの撤退過程で軍事的な衝突，または威嚇が散見された。6月20日にはハッキャーリ県でPKK兵士がトルコ軍のヘリコプターに発砲する事件が起きた。また，シュルナク県のジズレ地区やディヤルバクル県のスル地区で，PKKの青年グループである愛国革命家青年運動が撤退せず堂々と活動している事実が明らかになった。また，PKKは，トルコ政府が紛争解決の第2段階である法的整備で進展を見せていないことに苛立ちを見せ始めており，7月上旬にカラウランに代わりKCKの代表に就任したジェミル・バユク（Cemil Bayık）が「9月1日が交渉過程の期限だ」と発言し，それまでに成果が見られなければ停戦を破棄する可能性を示唆した。オジャランもPKKの撤退が完了していないことと，法的整備でトルコ政府の成果がいまだに見られないことを憂慮しており，「PKKの兵士たちは武装解除後の2013年10月15日にトルコに戻り，政治活動を行う予定である」と発言するなど，両者に心理的な圧力をかけ，紛争解決過程を促進しようとしている。

クルド問題解決に向けた懸念

　澤江は，これまでPKKが政府に求めてきた要求を，①クルド地域に特殊な治安維持体制の解除と，武力紛争によって引き起こされてきた被害や社会変動への対応，②オジャランをはじめとしたPKK党員への対応，③クルド人のアイデンティティに関わる問題，例えば，クルド語での義務教育を認めるという点など，に分類している。公正発展党政権は，2013年以前に③の分野では大きな進展を見

第10章　公正発展党のデモンストレーション外交

せていたが，①と②の分野は協議されてきたが手つかずのままであった。そのため，2013年3月21日の停戦と5月8日からのPKKの撤退は，公正発展党政権にとって，オジャランとの協議に基づき，本格的にPKKの武装解除に着手した大きな一歩であった。公正発展党もオジャランもこの好機を逃がさないよう検討を重ねているが，懸念もある。まず，前述したように，公正発展党とPKKの武装解除の位置付けである。公正発展党は，PKKの撤退と武装解除を紛争解決の第1段階と考えているが，PKKは武装解除を第3段階と考えており，容易に武装解除には応じない構えを見せている。2つ目の懸念は，憲法改正案の提示である。憲法改正は，公正発展党政権が取り組んでいる重要な課題の1つであり，2010年には国民投票でその支持を得た。しかし，憲法改正の作業はさまざまな利害が絡み合っているため，その工程はクルド問題のみならず全体としてあまり進んでいない。加えて，公正発展党とPKKの交渉の窓口となっているオジャランが，健康面で不安を抱えていることも懸念材料の1つである。さらにトルコとシリアの国境付近でPKKに近いPYDが影響力を強めていることもトルコ国民のPKKに対する不信感を高めている。

　こうした中，トルコ政府は2013年9月30日に「民主化パッケージ」を発表した。「民主化パッケージ」では，①これまで選挙で10％を超えない政党は議席を獲得できなかった（10％条項）が，この点を改正する可能性に言及し，現状維持の他，5％の得票率（最低5名の議員が当選する必要）に数値を下げる，小選挙区制の採用という2つの代替案を提示，②政党への助成金を拡大について言及し，これまでは7％以上の議席を有する政党のみ助成金を得られるが，この数値を3％に下げることを提案，③トルコ語以外の言語，方言での政治的な宣伝活動を許可，④私立の学校では，トルコ語以外の言語と方言による教育を許可（公立は不可），⑤軍隊と司法を例外として公共機関の職員のスカーフ着用の禁止を廃止，という5点を含む28の改正点が提示された。①から④は主にクルド人政党に配慮した結果だと言われている。公正発展党がPKKとの間で進める和解プロセスの進展において，平和民主党やPKK側は法律の改正を求めていた。①と②は，現在10％以下の得票率の政党の中で，5％または7％を超える可能性があるのはクルド人政党のみと見られている。

第Ⅲ部　公正発展党の外交戦略

おわりに

　本章では，公正発展党が展開するデモンストレーション効果について，イラク戦争後のBMENA，「アラブの春」における「トルコ・モデル」の議論，イスラエルとの関係を通じてのムスリムへのアピール，クルド問題の解決の試みによる寛容な国家のアピール，という4つの事例を取り上げて論じてきた。第1章の修正2段階モデルに照らし合わせると，第8章と第9章と同様，国家の戦略的行動の部分に当たる。

　BMENA，「アラブの春」における「トルコ・モデル」，イスラエルとの関係が外交におけるデモンストレーション効果だったのに対し，クルド問題は内政における課題の改善に乗り出すことで外交上のアピールを狙ったものであった。

　BMENAは，イラク戦争後に公正発展党政権がデモンストレーション効果を狙って最初に取り組んだ計画であった。しかし，アメリカが主導したこの計画は，中東における「アンチ・アメリカニズム」の高まりで影響力を失い，民主主義支援対話における代表となったトルコも，成果をあげることができなかった。BMENAにおけるデモンストレーション効果の教訓は，他国の主導する計画では，影響力を発揮することが難しいという点であった。

　公正発展党は，「アラブの春」に対しては，基本的に説得から始まり，平和裏に体制移行が進む場合は「トルコ・モデル」を提示し，移行が困難な場合は反体制派を支持した。また，できる限りムスリムに対する武力行使は避けようと試みてきた。チュニジアとエジプトの事例は，「トルコ・モデル」を推進することにより地域秩序とグローバル秩序に影響力を行使できた。「トルコ・モデル」は規範の伝播政策であり，民主主義や世俗主義という西洋で発展した概念をトルコがトランスミッターとして部分的に変更し，中東地域へと伝播した。第1から第3の「トルコ・モデル」は，トルコが伝播を行う意志を持つ一方，伝播の対象となる国々からの支持，特に民衆からの支持が得られていなかった。しかし，公正発展党が展開した第4の「トルコ・モデル」は，中東の指導者，民衆からの支持を得ていた。また，ケマルによる第1のモデルと公正発展党の4のモデルは，トルコがトランスミッターとしてよりも規範起業家であった。外発的な伝播，トラン

第 10 章　公正発展党のデモンストレーション外交

スミッターの役割は，BMENA で見たように失敗に終わるケースが多いが，トルコは「保守民主主義」のように，一定程度規範をローカル化させているため，中東の諸国家にとってはモデルとなりやすい側面をもっていた。それが TESEV の世論調査にも数字として表れている。一方，より直接的な対応を迫られたリビアとシリアの事例は，地域秩序とグローバル秩序の両立が困難であった。

　関係が悪化していたトルコとイスラエルは，第 4 章で論じたように，アメリカの仲介で一応関係は正常化した。しかし，90 年代のような安全保障を基調とした関係の深化に至るかは今のところ不透明である。公正発展党の「ダーヴトオール・ドクトリン」が地域のバランスを考慮した和解を非常に重視するものであるのに対し，リクード党を中心としたイスラエルの連立内閣は大イスラエル主義者を信奉し，力による安全保障を最善の方法と考えている。また，ガザ支援船団攻撃事件に際して，アメリカを中心とする国際社会がイスラエルに対する直接的な非難に二の足を踏んだため，「ダーヴトオール・ドクトリン」の地域秩序とグローバル秩序での信頼性を高めるウィン・ウィン政策が機能しなかった。一方で，ガザ攻撃後のダヴォス会議におけるエルドアンのイスラエル批判，ガザ支援船団攻撃事件後の毅然とした態度は，アラブの民衆から支持を得た。イスラエルとの関係悪化は，限定的であり，国際社会からの信頼を損ねる可能性はあったが，アラブの民衆に対しては効果的なデモンストレーションとなった。

　クルド問題の解決に向けた試みは，公正発展党が民主化政策を促進していること，PKK との闘争を終わらせようとする寛容な政権である，という評価を特に西洋諸国に対してアピールする狙いがあると考えられる[87]。一方で，PKK との関係改善を図る政策は，トルコ国内でも反対する意見が依然として多いのも事実である。クルド問題解決に向けたデモンストレーション効果も，イスラエルとの関係と同様に，限定的である。

注
(1)　ハンチントン，前掲書，98 頁。
(2)　*T. B. M. M,* Dönem 22, 2. Yasama Yılı Cilt 27, 3 üncü Birleşim, 7 Ekim 2003.
(3)　Mehmet Ali Birand, "Turkish-US strategic cooperation changing", *Turkish Daily News,* 31 January, 2004 (http://admin.hurriyetdailynews.com/turkish-us-

strategic-cooperation-changing.aspx?pageID=438&n=turkish-us-strategic-cooperation-changing-2004-01-31）2012年7月22日閲覧。

(4) George Bush, "Democracy will bring Justice, Freedom, Prosperity", President Bush speaks at Galatasray University in Istanbul, June 29, 2004（http://usa.usembassy.de/etexts/docs/bush040629e.htm）2012年7月22日閲覧。

(5) "BMENA"（http://bmena.state.gov/）2012年7月23日閲覧。

(6) 長澤栄治「終章　中東地域システムと国際社会の関与」みずほ情報総研株式会社『中東諸国における政治情勢及び経済等の現状と今後の展望』2006年，116-117頁。MEPIに関しては，泉淳「米国主導の中東民主化構想」吉川元・中村覚編『中東の予防外交』信山社，2012年，81-100頁を参照されたい。

(7) 立山良司「二期目のブッシュ政権とその中東政策」福田安志編『情勢分析レポートNo.2——アメリカ・ブッシュ政権と揺れる中東』アジア経済研究所，2006年，20-21頁。

(8) "Broader Middle East and North Africa Initiative: Democracy Assistance Dialogue"（http://www.g8.utoronto.ca/evaluations/2004seaisland_interim/02_2004_seaisland_interim.pdf）2012年7月23日閲覧。

(9) "Platform for Democratic Governance in the Islamic World"（http://2005-2009-bmena.state.gov/rls/55661.htm）2011年12月27日閲覧。

(10) Burak Akçapar, Mensur Akgün, Meliha Altunışık, and Ayşe Kadıoğlu, *The Debate on Democratization in the Broader Middle East and North Africa; A Civic Assessment from Turkey*, Istanbul: TESEV publications, 2004, pp. 21-22.

(11) *Democracy Assistance Dialogue: Women's Empowerment in the Broader Middle East and North Africa, 2005-2006 Conference Almanac*（http://www.isn.ethz.ch/isn/Digital-Library/Publications/Detail/?ots591=0c54e3b3-1e9c-be1e-2c24-a6a8c7060233&lng=en&id=92479），pp. 6-12, 2011年7月24日閲覧。

(12) バーガー（Peter Berger）とルックマン（Thomas Luckmann）によると，「社会化」とは「社会ないしはその一部分の客観的世界のなかへ個人を包括的，または調和的に導き入れること」とされる。また，山田によると「社会化」には「社会的影響」と「社会的説得」という2つの過程があり，「社会的影響」は集団内で間主観性を持つに至った規範を遵守させる過程，「社会的説得」はアクターが私的なレベルにおいて特定の知識を内在化する過程で，通常，討議的メカニズムを通じて行われるとされる。山田は指摘していないが，規範起業家やトランスミッターのデモンストレーション効果も社会的影響と社会的説得に影響を及ぼすと考えられる。ピーター・バーガー／トーマス・ルックマン（山口節郎訳）『知識社会学論考——現実の社会的構成』新

曜社，2003年，198頁；山田高敬「『複合的なガバナンス』とグローバルな公共秩序の変容：進化論的コンストラクティビズムの視点から」『国際政治』第137号，2004年，48-49頁。

(13) トルコの規範伝播のトランスミッターの役割に関しては，Kohei Imai, "Turkey's Norm Diffusion Policies toward the Middle East: Turkey's Role of Norm Entrepreneur and Norm Transmitter", *The Turkish Yearbook of International Relations,* Vol. 42, 2012, pp. 27-60. を参照。

(14) "Tunuslu lider Gannuşi Zaman'a konuştu", *Zaman,* 23 Şubat, 2011（http://www.zaman.com.tr/newsDetail_getNewsById.action?haberno=1097480&title=biz-de-muhafaz%C3%A2kar-demokratiz-modelimiz-turkiyenin-demokrasisi）2012年10月12日閲覧。

(15) "Obama Erdoğan'ı aradı", *Hürriyet,* 30 Ocak, 2011（http://hurarsiv.hurriyet.com.tr/goster/haber.aspx?id=16891245&tarih=2011-01-30）2012年10月12日閲覧；"Başbakan'dan Mübarek'e ilk resmi mesaj", *Hürriyet,* 1 Şubat 2011（http://www.hurriyet.com.tr/gundem/16905749.asp?gid=373）2012年10月12日閲覧。

(16) "Muslim Brotherhood debates Turkey model", *Hürriyet Daily News,* 14 September, 2011.

(17) Mensur Akgün, Gökçe Perçinoğlu, and Sabiha Seyücel Gündoğar, *Orta Doğu'da Türkiye Algısı,* Istanbul: TESEV Yayınlar, 2009, p. 21; Mensur Akgün, Gökçe Perçinoğlu, Jonathan Levack and Sabiha Seyücel Gündoğar, *The Perception of Turkey in the Middle East 2010,* Istanbul: TESEV publications, 2011, p. 12; Akgün and Gündoğar, *op. cit.,* p. 20.

(18) Akgün and Gündoğar, *ibid,* p. 21.

(19) トルコの「上からの民主化」に関しては，間寧「トルコ――『上からの民主化』の特徴」岸川毅・岩崎正洋編『アクセス　地域研究Ⅰ　民主化の多様な姿』日本経済評論社，2004年，117-131頁を参照されたい。

(20) Olivier Roy, "The Transformation of the Arab World", *Journal of Democracy,* Vol. 23, No. 3, 2012, p. 13.

(21) しかし，トルコは依然としてフリーダム・ハウスの指標では「部分的な自由」に留まっており，Policy ivでも民主主義（6～9）における指標で7にすぎない。"Turkey"（http://www.freedomhouse.org/country/turkey）2012年10月23日閲覧；"Authority Trends 1946-2010: Turkey"（http://www.systemicpeace.org/polity/tur2.htm）2012年10月23日閲覧。「アラブの春」における「トルコ・モデル」の詳細は，今井宏平「アラブ諸国の政治変動に対するトルコの影響」平成24年度国際問題調査研

究・提言事業「『アラブの春』の将来」報告書，日本国際問題研究所，2013年3月，103-122頁を参照されたい。

(22) Murat Yetkin, "Neo-laicism by Erdoğan", *Hürriyet Daily News*, 16 September, 2011（http://www.hurriyetdailynews.com/default.aspx?pageid=438&n=neo-laicism-by-erdogan-2011-09-16）2012年10月12日閲覧。また，小杉は，イスラーム政党の特徴の1つとして「明確な世俗主義への対抗関係」をあげており，この点から考えて公正発展党はイスラーム政党とは定義できない。小杉泰「イスラーム政党をめぐる研究視座と方法論的課題——比較政治学と地域研究の交差する地点で」『アジア・アフリカ地域研究』第1号，2001年，242頁。

(23) Meliha Benli Altınışık, "The Turkish-Israeli Rapprochement in the Post-Cold War Era" *Middle Eastern Studies*, Vol. 36, No. 2, 2000, pp. 173-175.

(24) *Ibid.*, p. 177.

(25) *Ibid.*, pp. 181-189.

(26) Leon T. Hadar, "Orienting Jerusalem toward Ankara or Cairo? Israel's New Geostrategic Debate, *Mediterranean Quarterly*, Summer, 2001, p. 10.

(27) *Ibid.*, p. 11.

(28) "Benim için Davos bitti", *Hürriyet*, 29 Ocak, 2009（http://hurarsiv.hurriyet.com.tr/goster/haber.aspx?id=10886978&tarih=2009-01-29）2012年10月8日閲覧。

(29) "No: 182, 12 Ekim 2009, Anadolu Kartalı Tatbikatı Hk."（http://www.mfa.gov.tr/no_-182_-12-ekim-2009_-anadolu-kartali-tatbikati-hk_.tr.mfa）2012年10月25日閲覧。

(30) Oğuz Çelikkol, *One Minute'ten Mavi Marmara'ya: Türkiye-İsrail Çatışması*, İstanbul: Doğan Kitap, 2014, p. 86.

(31) "Türk Büyükelçi Çelikkol'a yapılan ayıba İsraillilerden sert tepki", *Hürriyet*, 12 Ocak, 2010（http://hurarsiv.hurriyet.com.tr/goster/haber.aspx?id=13451693&tarih=2010-01-12）2012年9月5日閲覧。アヤロン事件の詳細は，チェリックコルの自伝に詳細が載っている。*Ibid.*, pp. 90-99.

(32) "Alçak koltuk krizi çözüldü", *Hürriyet*, 13 Ocak, 2010（http://hurarsiv.hurriyet.com.tr/goster/haber.aspx?id=13470462&tarih=2010-01-13）2012年9月5日閲覧。アヤロンからチェリックコルへの謝罪の文書は，*Ibid.*, Ek1.

(33) "Barak: Yapılan hataydı geride kaldı", *Hürriyet*, 17 Ocak, 2010（http://hurarsiv.hurriyet.com.tr/goster/haber.aspx?id=13502427&tarih=2010-01-17）2012年9月5日閲覧。

(34) 2013年12月にUSAKからガザ支援船団攻撃事件を包括的に検証した書物が出版された。Cemalettin Karadaş, *Mavi Marmara Olayı*, Ankara: USAK Yayınları, 2013.

⑶5) "Başbakan: Türkiye'yi başkalarına benzetmeyin", *Hürriyet*, 1 Haziran, 2010（http://hurarsiv.hurriyet.com.tr/goster/haber.aspx?id=14901622&tarih=2010-06-01）2012年9月5日閲覧。

⑶6) *Ibid.*

⑶7) "Davutoğlu'nun konuşmasının tam metni, *Hürriyet*, 31 Mayıs, 2010（http://www.hurriyet.com.tr/dunya/14896034.asp?gid=200）2012年9月5日閲覧。

⑶8) İHHはギュレン運動とのつながりを疑われているが、ギュレン自身は、İHHがイスラエルに事前に連絡せず、リスクを犯してガザに支援を行おうとしたことを無謀な行動として非難している。"Gülen İHH'yı eleştirdi", *Taraf*, 4 Haziran, 2010.

⑶9) "Türkiye İsrail'e bir günlük süre verdi", *Hürriyet*, 2 Haziran, 2010（http://www.hurriyet.com.tr/dunya/14912716.asp?gid=373K）2012年9月5日閲覧。

⑷0) "Türkiye'den BM'nin Mavi Marmara raporuna ilk tepki", *Hürriyet*, 22 Eylül, 2010（http://hurarsiv.hurriyet.com.tr/goster/haber.aspx?id=15844996&tarih=2010-09-22）2012年9月5日閲覧。

⑷1) 「パーマー報告」の全文は以下から入手可能である。"Report of the Secretary-General's Panel of Inquiry on the 31 May 2010 Flotilla Incident"（http://graphics8.nytimes.com/packages/ pdf/world/Palmer-Committee-Final-report.pdf）2012年9月7日閲覧。

⑷2) "Türkiye-İsrail ilişkilerinde tarihi karar", *Hürriyet*, 2 Eylül, 2011（http://hurarsiv.hurriyet.com.tr/goster/haber.aspx?id=18632049&tarih=2011-09-02）2012年9月7日閲覧。

⑷3) "Yararlı tavsiyeler aldık", *Hürriyet*, 16 Şubat, 2006（http://hurarsiv.hurriyet.com.tr/goster/haber.aspx?id=3944460&tarih=2006-02-16）2012年9月7日閲覧。

⑷4) "Ankara PKK benzetmesinden rahatsız", *Hürriyet*, 17 Şubat, 2006（http://hurarsiv.hurriyet.com.tr/goster/haber.aspx?id=3949077&tarih=2006-02-17）2012年9月7日閲覧。

⑷5) "İsrail Saldırısı-Haziran 2010" *Metropoll*（http://www.metropoll.com.tr/report/israil-saldirisi-haziran-2010）2012年9月7日閲覧。

⑷6) "Israel delivers AWACS equipment to Turkey", *Today's Zaman*, 17 February, 2013（http://www.todayszaman.com/news-307296-israel-delivers-awacs-equipment-to-turkey.html）2013年4月20日閲覧。

⑷7) "Barak"ın özür teklifini Netanyahu reddetti", *Hürriyet*, 24 Şubat, 2013（http://hurarsiv.hurriyet.com.tr/goster/haber.aspx?id=22672154&tarih=2013-02-24）2013年4月19日閲覧。

(48) Erdoğan'ın sözleri İsrail'i çıldırtti", *Hürriyet*, 28 Şubat, 2013（http://hurarsiv. hurriyet.com.tr/goster/ShowNew.aspx?id=22711388）2013年4月19日閲覧。

(49) "Siyonizm çıkışına ABD de tepki gösterdi", *Hürriyet*, 1 Mart, 2013（http:// hurarsiv.hurriyet.com.tr/goster/haber.aspx?id=22713067&tarih=2013-03-01）, 2013年4月19日閲覧。

(50) "İsrail Türkiye'den özür diledi", *Hürriyet*, 22 Mart, 2013（http://hurarsiv. hurriyet.com.tr/goster/haber.aspx?id=22875305&tarih=2013-03-22）2013年4月19日閲覧。ネタニヤーフがエルドアンと電話で会談するのは，2011年10月にトルコのヴァン県で起きた地震の時以来であった。

(51) "Önce tazminat sonar büyükelçi", *Hürriyet*, 24 Mart, 2013（http://www. hurriyet.com.tr/planet/22884720.asp）2013年4月19日閲覧。

(52) *Ibid.*

(53) オジャランの「行程表」は結局公表されなかったが，8月17日に一部メディアにリークされた。それによると，オジャランは「全てのトルコ人とクルド人が一緒に生活でき，自分たちの言葉と文化を使用できるようになることが私の計画である。……トルコ政府はクルド人の権利を認め，民主的な国家となるべきである」と述べられている。そして，連邦主義モデルでもクルド人国家の設立も解決には結びつかない考えを明らかにした。今井宏平「国別定期報告『トルコ』2009年7〜9月」日本エネルギー経済研究所　中東研究センター，2009年10月，11頁。

(54) 今井宏平「国別定期報告『トルコ』2009年10〜12月」日本エネルギー経済研究所　中東研究センター，2010年1月，9頁。

(55) 澤江史子「煮詰まるトルコのクルド人問題解決策——PKKの要求とトルコ政府の対応」『海外事情』第60巻11号，2012年，115頁；Hasan Cemal, *Barışa Emanet Olun !: Kürt Sorununa Yeni Bakış*, İstanbul: Everestyayınları, 2011, pp. 100-104.

(56) 親クルド人政党への解党命令は，民主社会党のケースで7度目であった。

(57) リークされた交渉内容の詳細は，Cemal, op. cit., pp. 301-318. オスロ過程に関しては，İbrahim Ural, *Bir Emniyet Müdürünün Kaleminden OSLO Görüşmeleri*, İstanbul: İleri Yayınları, 2014. を参照されたい。

(58) "Masada 'Silah' var", *Hürriyet*, 31 Aralık, 2012（http://www.hurriyet.com.tr/gundem/22264471.asp）2013年10月1日閲覧。オジャランとMİTの代表者たちは4時間にわたり会談した。トルコ政府は，PKKが停戦に応じた場合は，PKKの幹部をトルコに隣接しない国，ヨーロッパ以外の国ということを条件に，第三国への亡命にも応じる構えを見せた。

(59) 勝又郁子「トルコ——PKKとの新和平交渉」中東研ニューズリポート，2013年1

月11日。

(60) "Müzakere değil araç", *Hürriyet*, 5 Ocak, 2013（http://www.hurriyet.com.tr/gundem/22296160.asp）2013年10月1日閲覧。

(61) "İlk adım Öcalan'ın İmralı'daki pozisyonu değişsin", *Hürriyet*, 5 Ocak, 2013（http://www.hurriyet.com.tr/gundem/22296251.asp）2013年10月1日閲覧。カラウラン，そしてその後を継いだバユクは，オジャランが収監されている現在，実質的にPKKの最高指導者の地位にある。

(62) "Turkey, Ocalan map out steps to end Kurdish conflict", *Reuters*, 8 January, 2013（http://www.reuters.com/article/2013/01/08/us-turkey-kurds-idUSBRE9070NN20130108）2013年10月1日閲覧。

(63) 勝又，前掲リポート。

(64) "BDP visit to Imralı boosts hope for solution, but concerns persist", *Today's Zaman*, 24 February, 2013（http://todayszaman.com/news-308038-.html）2013年10月1日閲覧。

(65) "Devlete göre BDP'liler sızdırdı", *Hürriyet*, 1 Mart, 2013（http://www.hurriyet.com.tr/ gundem/22712261.asp）2013年10月1日閲覧。

(66) "Kışanak'tan açıklama", *Hürriyet*, 5 Mart, 2013（http://www.hurriyet.com.tr/gundem/22891623.asp）2013年10月3日閲覧。

(67) "BDP'den tutanak açıklaması", *Hürriyet*, 1 Mart, 2013（http://www.hurriyet.com.tr/gundem/22794820.asp）2013年10月3日閲覧。これにより，コジャランとバイカラは平和民主党から離党させられ，オズグチュも編集局を解雇された。

(68) "BDP ve DTK heyeti Suleymaniye'de", *Hürriyet*, 1 Mart, 2013（http://www.hurriyet.com.tr/gundem/22712122.asp）2013年10月3日閲覧。

(69) 一方で，より急進的なPKKのメンバー，例えばKCKの最高委員会のデュラン・カルカン（Duran Kalkan）や女性司令官のスルブス・ペリ（Surbuz Peri）などは3月1日時点で停戦する意志はないと発言した。"PKK hawks say they won't agree to peace plan", *Today's Zaman*, 1 March, 2013（http://www.todayszaman.com/news-308516-pkk-hawks-say-they-wont-agree-to-peace-plan.html）2013年10月3日閲覧。

(70) "İşte kandil'deki görüşmenin perde arkası", *Hürriyet*, 6 Mart, 2013（http://www.hurriyet.com.tr/gundem/22750724.asp）2013年10月3日閲覧。

(71) "Teröristin elini sıkmadılar", *Hürriyet*, 13 Mart, 2013（http://www.hurriyet.com.tr/gundem/22802690.asp）2013年10月3日閲覧。

(72) "İşte Öcalan'ın mesajı", *Hürriyet*, 21 Mart, 2013（http://www.hurriyet.com.tr/

(73) "Karayılan: Ateşkes ilan ettik", *Hürriyet*, 24 Mart, 2013（http://www.youtube.com/watch?v=aaUuLXQgUQ8）2013年10月3日閲覧。

(74) Murat Yetkin "Kurdish peace scenarios in Ankara", *Hürriyet Daily News*, 26 March, 2013.（http://www.hurriyetdailynews.com/kurdish-peace-scenarios-in-ankara.aspx?pageID=238&nid=43607）2013年10月3日閲覧。武装解除に関しては，平和民主党やオジャランの発言では第3段階とされており，公正発展党と認識が異なっている。

(75) "Başbakan: Askere direktif yok", *Hürriyet*, 10 Nisan, 2013（http://www.hurriyet.com.tr/gundem/23010394.asp）2013年10月15日閲覧。

(76) "Tarih: 8 Mayıs", *Hürriyet*, 26 Nisan, 2013（http://www.hurriyet.com.tr/gundem/23137640.asp）2013年10月5日閲覧。

(77) "Terrorist PKK says withdrawal from Turkey to begin on May 8", *Today's Zaman*, 25 April, 2013（http://www.todayszaman.com/news-313646-.html）2013年10月15日閲覧。

(78) "PKK begins withdrawing from Turkey as part of settlement process", *Today's Zaman*, 8 May, 2013（http://www.todayszaman.com/news-314825-pkk-begins-withdrawing-from-turkey-as-part-of-settlement-process.html）2013年10月5日閲覧。PKKの撤退に関しては，人権協会（İnsan Hakları Derneği）や虐げられた人々のための団結（MAZLUMDER）などが監視に当たっている。

(79) "BDP'li Demirtaş: Çözüm süreci tıkanmış değil", *Zaman*, 19 Haziran, 2013（http://www.zaman.com.tr/politika_bdpli-demirtas-cozum-sureci-tikanmis-degil_2102136.html）2014年6月5日閲覧。

(80) "PKK yüzde 20 çekildi", *Hürriyet*, 8 Temmuz, 2013（http://www.hurriyet.com.tr/gundem/23675542.asp）2013年10月5日閲覧。

(81) バユクはアンカラ大学でオジャランと出会い，1978年11月28日に18名（1979年に公式にPKKの発足が明るみに出た時点でメンバーは22名）によってPKKが発足されて以来，オジャランと行動を共にしている数少ないメンバーの1人である。

(82) "PKK's Bayık calls on Turkish gov't take action before Sept. 1", *Today's Zaman*, 31, July, 2013（http://www.todayszaman.com/news-322380-pkks-bayik-calls-on-turkish-govt-to-take-action-before-sept-1.html）2013年10月5日閲覧。

(83) "PKK'lılar geri dönüyor", *Hürriyet*, 31 Temmuz, 2013（http://www.hurriyet.com.tr/gundem/24429869.asp）2013年10月5日閲覧。

(84) 澤江，2012，前掲論文，106-107頁。

⑻5 Ergun Özbudun, "The Turkish "Democratization Package"", *Middle East Institute Web site,* 2013（http://www.mei.edu/content/turkish-%E2%80%9Cdemocratization-package%E2%80%9D）2014年1月5日閲覧；"Democratization and Human Rights Package", AK Parti Website（http://www.akparti.org.tr/english/haberler/democratization-and-human-rights-package/52628）2014年1月5日閲覧。

⑻6 ただし，クルド人からは，エルドアンの改革案は2014年の地方選挙を見据えた票取り目的であり，平和民主党などが求めていた，現行の対テロ法案における曖昧なテロ組織とテロリストの宣伝活動の定義に関して改正案が示されなかったこと，過度に長期の拘束と地域行政の権利拡大に関して変更がなかったことに対する不満が見られる。

⑻7 内政に関しては，南東部の治安維持を図り，南東部での開発を進めること，クルド人からの政権支持が見込まれる。

終　章
トルコの中東外交の盛衰

　序章で述べたように，本書は，ポスト冷戦期（1990〜2013年）におけるトルコの中東地域に対する外交を，国際関係論のリアリズムの分析枠組みを用いて危機における対応を検証し，リベラリズムの枠組みに依拠して平時の外交政策を説明する1つのモデルを提示する研究であった。

　第1章で分析枠組みについて論じた後，第2章から第4章にかけては，構造的リアリズムの「脅威の均衡」の枠組みから，湾岸危機，イラク戦争，シリア内戦という危機におけるトルコ外交を検証した。

　続く第5章から第10章にかけては，モラフチークの2段階モデルを修正した枠組みを用いて，特に公正発展党の外交の実態を明らかにしようとした。「脅威の均衡」の枠組みが危機を対象としているのに対し，修正2段階モデルは，特定の事象を検証するのではなく，どのような外交経路によってトルコの外交が展開されたかを明らかにすることに焦点を当てている。端的に述べると，本書の目的は，トルコの中東に対する外交政策の特徴を明らかにすることと，用いた枠組みは何をどこまで明らかにすることができるのかを問うこと，であった。

1　トルコの中東政策

　まず，トルコの中東に対する外交政策の特徴をまとめておきたい。序章で触れたように，サヤルは，冷戦期におけるトルコの中東地域における外交の特徴を，①中東和平問題などの問題には関与しない，または最小限の関与に留める，②地域の全ての国々と良好な関係を保つ，③中東においてイニシアティヴをとり，積極的な役割を果たすことを避ける，④トルコは中東において1948年にイスラエルを承認した最初の国であったが，次第にその立場を親パレスチナへと移した，と

要約していた。また，カラオスマンオールも冷戦期においてトルコのナショナリズムと宗教が，中東への政策と無関係であったことを強調している。繰り返し論じているように，冷戦期のトルコ外交を規定していたのは，ソ連に対する脅威認識であった。それに対し，ポスト冷戦期に新たなアイディアを外交に持ち込んだオザル，エルバカン，ジェム，そしてエルドアンやダーヴトオールといった公正発展党の政策決定者は，冷戦期とはかなり異なる様相の外交を展開した。

　オザル，エルバカン，ジェムのアイディアと政策については，第5章で確認した。オザルは，機能主義的なアイディアを BSEC の構築や ECO の拡大という形で南コーカサスや中央アジアには展開したが，中東に展開することはなかった。しかし，オザルは，湾岸危機とその後の北イラク・クルド人問題によって，中東へ関与せざるを得ない状況に追い込まれていった。一方，エルバカンはイスラーム政党の党首として，イスラームを連帯の核とする D8 を発足させた。D8 にはイランとエジプトという中東の地域大国が含まれていた。また，正道党と連立を組んでいたエルバカンは，意外にもイスラエルとの軍事協定に反対せず，その関係を深めた。ジェムが外務大臣を務める段階となり，ようやく中東地域への機能主義外交が本格的に試みられた。それが，中東における近隣諸国フォーラムであった。ジェムの時代には，国際環境においてトルコが中東地域に積極的に展開する条件となる2つの変化が起こった。まず，1998年10月20日にシリアとの間でアダナ合意に調印し，シリアがオジャランを放逐したことで，敵対していた両国関係が正常化した。次いで，2001年9月11日のアメリカ同時多発テロにより，地理的にも文化的にもヨーロッパと中東を結ぶ「架け橋」の役割を果たしてきたトルコの役割が注目されるようになった。ジェムはこの点に関して自覚的であり，2002年2月12～13日に OIC と EU の共同フォーラムをイスタンブルで開催することに成功し，ムスリムが多数を占める諸国家と西洋の諸国家の和解に，トルコが貢献できることを内外にアピールした。

　公正発展党は，第6章で確認したように，オザル，エルバカン，ジェムの非伝統的な外交アイディアと政策をさらに推し進める。公正発展党が単独与党の座に就いた直後から対応に追われたイラク戦争は，有志連合への派兵が大国民議会で否決されたため，アメリカとの関係が一時的に悪化した。しかし，イラク戦争を始めた正当性が曖昧であったため，ムスリムが多く住む隣国への攻撃を回避でき

たため，公正発展党にとって派兵を実施しなかったことはむしろ中東と国際社会におけるソフトパワーを高めることになった。また，アメリカもイラク戦争後の中東政策に関して，「文明の衝突」を避けるために，親米だが国民の99％がムスリムであり，世俗主義を国是とするがイスラーム政党が単独与党となっているトルコの協力を期待した。また，イラク戦争の結果，中東において「アンチ・アメリカニズム」が高まり，アメリカの中東への関与，その影響力の浸透が弱体化した[1]。BMENAには加担していたが，トルコは「アンチ・アメリカニズム」の影響を受けることなく，むしろ中東地域の覇権の空白を積極的に利用する政策を展開した。それが，第8章から第10章で考察したような，地域に積極的に関わり，軍事力ではなく，貿易，機構・制度構築，調停，仲介，デモンストレーション効果といったリベラリズムの考えを基盤とする諸政策によって，影響力を高めた。この政策を取り仕切ったのが，ダーヴトオールであった。

　第6章で詳述した「ダーヴトオール・ドクトリン」の目的は，地域においては民衆を第1に考え，その保護に努め，ソフトパワーを行使できる条件を失わないこと，一方で，国際社会と行動を共にし，グローバル秩序における影響力も維持することであった。地域秩序が最優先される外交課題であり，地域秩序の安定化または安定化への試みによって，国際社会においても影響力を行使することができ，それは延いてはトルコ自身の国益につながる，というメカニズムであった。これは，エルドアンの2009年の第64回国連総会での発言にも見て取れる。

　「トルコは，その位置している不安定な地域において，平和と安定のための努力を続けている。特に公正発展党政権が与党の座に就いた過去7年において，トルコは全ての異なった近隣諸国と和解するためにあらゆる努力を行ってきた。我々が『近隣諸国とのゼロ・プロブレム政策』と呼ぶこのアプローチのおかげで，トルコは近隣諸国との未解決問題の解決に関して，大きく前進し，2国間関係を改善することができた。我々が住む地域の問題はグローバルな規模で影響力を持つ。そのため，トルコの建設的で平和的な地域政策は，周辺地域だけではなくグローバルな規模で平和に貢献している。しかし，我々はこれに満足していない。トルコは受身の善隣外交政策を，より活発で友好かつ強力なものへと推し進めることを目的としている。このアプローチが地域の平和と世界の

平和に与えるプラスの影響は，全ての近隣諸国から高く評価されるだろう」。

　トルコ外交の基本的な目的は，これまで一貫してケマルがトルコ共和国建国後の1931年に示した「国内平和・世界平和（Yurtta Sulh, Cihanda Sulh）」であり，公正発展党政権下でもこの目的は継続されている。ただし，ケマルが1931年にトルコ外交の目的を明確化した際に想定していた外交戦略は，受身の現状維持政策と西洋化政策であり，「世界平和」というのは，「世界平和に貢献すること」ではなく，「世界で平和裏に生存する」という意味であった。サヤルが冷戦期におけるトルコの中東政策で指摘している，地域の全ての国々と良好な関係を保つ，ということの意味も，平和裏に生存することであった。しかし，外交戦略は，国際システムや地域システムの変化，国内政治の状況，政策決定者の認識や外交思想に影響を受け，時代によって変化するものである。公正発展党も，その認識と意図によって外交戦略を変化させており，次第に「世界平和」という意味が，「平和裏に生存する」から「世界平和に貢献する」ことへと変化してきた。中東はまさにその実践の場であった。

　しかし，近年，特にイスラエルとの関係が悪化した2010年5月もしくは「アラブの春」が起こった2010年末から，「ダーヴトオール・ドクトリン」はそれ以前の時期よりもグローバル秩序をより重視しているように見受けられる。特に第4章で扱ったシリア内戦は，「ダーヴトオール・ドクトリン」の駆動力である地域の秩序安定化政策を破綻させた。また，エジプトで公正発展党が支持していたムスリム同胞団のムルシー（Mohammed Mursi）政権が倒れたことも，トルコの地域における影響力を低下させるものであった。こうした状況下で，公正発展党が展開してきた，貿易国家政策，機構・制度の構築，調停，仲介，デモンストレーション効果といった外交政策のいくつかは機能不全に陥っている。

2　トルコ外交の分析枠組み

　次に，分析枠組みとして使用した，「脅威の均衡」をはじめとする構造的リアリズムの枠組みと，構造的リアリズムとリベラリズムの2段階モデルを修正した枠組みについて評価したい。

終　章　トルコの中東外交の盛衰

　まず,「脅威の均衡」についてまとめる。もう一度確認しておくと,「脅威の均衡」論は,通常,脅威を諸国家の同盟の組み方の起源とする理論である。「脅威の均衡」の考え方は,冷戦体制下において,ソ連という脅威と隣接し,西洋化を目指してきたトルコの国家行動を分析するうえでも有用な枠組みであった。この「脅威の均衡」の考え方がポスト冷戦期においても依然としてトルコ外交の分析に有効な枠組みかを検証するため,本書では,湾岸危機,イラク戦争,PKKに対する北イラクへの越境攻撃,シリア内戦という危機を事例として取り上げた。

　湾岸危機の事例は,「脅威の均衡」の枠組みからうまく説明できるようにみえるが,第2章で確認したように,トルコはイラクを脅威と見なしていたかは疑問である。そのため,イラクという脅威にバランシングしたのではなく,「半大統領制」に近い権力を有して,政策決定のイニシアティヴを握っていたオザルが,冷戦体制の崩壊によってアメリカをはじめとした西側諸国の同盟から見捨てられるかもしれないと考え(「見捨てられる恐怖」),アメリカに対してバンドワゴニングしたという説明の方が妥当だと考えられる。

　イラク戦争は,「脅威の均衡」が当てはまらない事例であった。トルコは湾岸危機に引き続いてイラクを脅威とは捉えていなかった。そのため,アメリカをはじめとした有志連合に加わることもなかった。それでは,この事例は「脅威の均衡」以外の枠組みで説明が可能だろうか。第3章で確認したように,トルコのイラク戦争に関する対応では,イラクの核開発の証拠が不十分であり,新たな国連決議を経ない形でイラク戦争を展開しようとするアメリカの行動に正当性が希薄だったので,トルコがアメリカに対して「ソフト・バランシング」した,と考えるのはこの事例を説明するのに適切である。また,構造的リアリズムの理論の範疇には含まれないが,「湾岸危機の経験が大きくイラク戦争の決定に作用した」という「歴史の教訓」からの説明も可能である。

　イラク戦争後の北イラクへの対応,特に2007年から2008年にかけてのPKKへの越境攻撃は,PKKに対する脅威認識が高かったので,アメリカと協力したと解釈できる。よって,「脅威の均衡」で説明可能な事例である。ただし,PKKは非政府組織なので,構造的リアリズムにおいてはアクターとして想定されていない。また,PKKはたびたびイラクなどに越境しているものの,トルコ国内における脅威という側面が強い。そのため,対外的な脅威を前提とする「脅威の均

衡」だけでなく，国内の脅威への対抗を分析の射程に入れる「オムニ・バランシング」からの説明も検討する余地があった。「オムニ・バランシング」の議論からは，PKK の脅威に対抗するため，アメリカとの同盟関係を強めたという国内脅威は説明できるが，2007年から2008年にかけての時期は，「ゼロ・プロブレム」外交に代表される「ダーヴトオール・ドクトリン」の展開期であり，対外的に明確な脅威は存在しなかった。そのため，「オムニ・バランシング」というよりは，単に国内的な脅威に対抗した事例であった。

　シリア内戦は，湾岸危機やイラク戦争とは異なり，「脅威の均衡」で説明できる。トルコは，アサド政権という脅威にバランシングするため，アメリカへバンドワゴニングした。ただし，トルコにとっては，アサド政権だけではなく，当初は反体制派に加担したものの，その後，独自の動きを展開するジハード主義者や，PYD をはじめとする北シリアのクルド人の独立を目指す運動も脅威の源泉であった。また，クルド人問題，ジハード主義者からの攻撃，難民問題はトルコの内政問題でもあったので，「オムニ・バランシング」も枠組みとなりえたが，国内脅威がトルコ政府を転覆させるような，またそうした意図をもたない脅威であったので，説明の枠組みとしては不十分であった。むしろ，「脅威の均衡」と表裏一帯の関係で説明の枠組みとして有益なのが，アメリカによるトルコをパートナーとした「オフショア・バランシング」であった。直接シリアに介入することに気が進まず，トルコと脅威認識を共有していたアメリカは，2013年9月のシリア攻撃の回避まではトルコを積極的に支援した。

　危機に際しての分析枠組みとして，「脅威の均衡」はトルコのアメリカとの同盟強化を説明するうえで今でも一定程度有用である。ただし，脅威の程度がソ連のようにトルコの核心的利益を脅かすほどのインパクトを持ち，かつ関係国が同様の脅威認識を共有することは現状においてはかなり希なケースである。そのため，脅威だけではなく，他の諸要因も考慮する必要があった。そのため，「バンドワゴニング」，「オムニ・バランシング」，「ソフト・バランシング」，「オフショア・バランシング」は，各事例でトルコの危機における行動の説明を補足するうえで必要不可欠であった。

　次にポスト冷戦期の平時におけるトルコの外交を明らかにするために提示した修正2段階モデルについてまとめたい。このモデルについては，第5章から第10

終　章　トルコの中東外交の盛衰

章で扱ったが，構造的リアリズムの枠組みとは異なり，諸事例を検証するのではなく，トルコの外交政策の道筋を提示することを目指した「ボトム・アップ型」の枠組みであった。冷戦期のように国家行動を分析するうえで，内政をブラックボックスとして扱うことは，「緩やかな双極体系」が崩れ，複雑性が増した現在の国際社会では有益ではない。修正2段階モデルは，内政と国際社会が各国の対外政策形成にどのような影響を与えたか，そしてそれが国家行動にどのように反映されたかを明らかにしようとした。

　第5章と第6章で考察したように，ポスト冷戦期において，一部のトルコの指導者たちは，冷戦体制の崩壊，シリアとの関係改善，9・11テロ，イラク戦争といった国際環境の物理的変化に敏感に反応し，伝統的な外交のアイディアではなく，新しいアイディアを用いて対応しようとした。また，新しいアイディアの採用とともに，とりわけ公正発展党は，過去の教訓を内政と外交を生かした。

　第7章で論じたように，内政の安定も2000年代の積極的な外交の展開を可能にするうえで重要な役割を果たした。公正発展党は，3期連続で単独与党の座を維持するとともに，これまで何度もエルバカンのイスラーム政党を解党させてきた軍部をはじめとする世俗主義勢力を，EU加盟交渉を巧みに利用して無力化させた。これにより，内政と外交の両面で政策決定のイニシアティヴを完全に握った。

　第8章から第10章で論じたように，貿易国家，制度と機構の構築，調停，仲介，デモンストレーション効果という外交戦略によって，公正発展党は中東地域に対して影響力の行使を可能にしてきた。こうした外交戦略は，「ゼロ・プロブレム外交」に代表される，ダーヴトオールが提示した「ダーヴトオール・ドクトリン」の中核であった。

　「脅威の均衡」のような構造的リアリズムの枠組みでは，アイディアや経験・学習，そして内政の安定要因が考慮されないため，国家の意図は著しく限定され，国家の認識については問題とされてこなかった。その一方で，構造的リアリズムが想定するアナーキー下での国家体系と国家間の階層は，社会的環境に影響を及ぼすので，修正2段階モデルにおいても考慮されるべき要因であった。

　2000年代後半，安定した外交を展開してきたトルコだが，2008年末から2009年初頭の第1次ガザ攻撃に端を発するイスラエルとの関係悪化，そして「アラブの春」以降，シリア内政を中心とした中東の混迷によって，内政，地域の安定，国

313

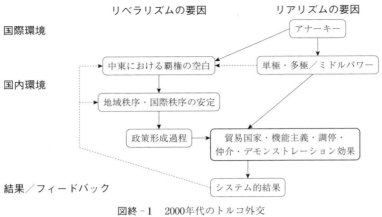

図終-1　2000年代のトルコ外交

（出所）　筆者作成。

際秩序の安定のバランスが崩れることになり，それによってトルコの新たなアイディアに基づいた外交戦略も2014年6月現在，その有効性を失ってきている。公正発展党は，2000年代に安定した内政運営と新しいアイディアの採用で，内政・地域・国際社会の全ての安定に貢献するいわば3レベル・ゲームをうまく展開したが，地域秩序の物理的環境の変化はこれを不可能にした。逆に，第4章で見たように，シリアの内戦に際して「脅威の均衡」による説明が妥当性を帯びるようになり，伝統的な外交戦略に基づいた外交を再び展開するようになっている。内政においても2013年5月末から6月にかけてゲズィ公園問題に端を発する大規模なデモが起こるなど，不安定要素が出てきている。

　本書では，ポスト冷戦期におけるトルコ外交，とりわけ中東地域の政策について論じてきた。本書ではオザル，エルバカン，ジェムから始まり，ダーヴトオール主導の公正発展党政権下で大きな注目を浴びた，外交に関する新しいアイディア，2月28日キャンペーンを中心とした公正発展党の経験と学習，3回の総選挙における勝利と軍部の影響力低下を達成したことによる内政の安定が，トルコの外交戦略に極めて重要な影響を与えたことを論じてきた。「アラブの春」以降の混乱を鑑みると，物理的環境の状況と変化，そしてその変化に柔軟に対応する国家の意図と認識の変化が，中東においては求められることがわかる。今後，新たな状況にどのようにトルコ政府が対応していくのか，考察を続けていきたい。

終　章　トルコの中東外交の盛衰

注

(1) ブラウン（Carl Brown）は，中東の政治構造を「東方問題」システムとして説明する。18世紀後半から始まった東方問題に顕著であるように，西洋諸国家は中東地域の国家や社会を破壊するのではなく，既存の政治構造や国家を使用してその中に西洋の影響力の埋め込みを図ったとされる。埋め込まれ，既存の政治構造に浸透した構造は，地方・国家・地域によって異なるものの，一貫して中東地域に影響を及ぼしているとされた。Carl Brown, *International Politics and the Middle East: Old Rules, Dangerous Game,* London: I. B. Tauris&CL, 1984, pp. 4-7.

(2) *General Debate of the 64th Session,* Turkey H. E. Mr. Recep Tayyip Erdoğan, Prime Minister, 24 September 2009（http://www.un.org/en/ga/64/generaldebate/pdf/TR_en.pdf）2012年2月13日閲覧。

(3) Mesut Özcan and Ali Resul Usul, "Understanding the New Turkish Foreign Policy: Changes within Continuity: Is Turkey Departing from the West ?", *Uluslararası Hukuk ve Politika* Cilt 6, Sayı 21, 2010, p. 110.

(4) Baskın Oran (ed.), *Türk Dış Politikası: Kurtuluş Savaşından Bugüne, Olgular, Belgeler, Yorumlar: CİLT I: 1919-1980,* Istanbul: iletişim, 2001, pp. 46-53.

参 考 文 献

インタビュー

Prof. Dr. İlhan Uzgel（アンカラ大学准教授，2009年4月5日，（於）アンカラ）
Prof. Dr. Çağrı Erhan（アンカラ大学教授，2010年7月5日，（於）東京）
Mr. Suat Kınıklıoğlu（公正発展党外交委員会副議長，2011年1月13日，（於）アンカラ）
Prof. Dr. İhsan Dağı（中東工科大学教授/SETA基金顧問，2011年2月28日，（於）アンカラ）
Ambassador Mr. Rafet Akgünay（大使，2011年3月29日，Eメール）
Mr. Esen Çağlar（TEPAV研究員，2011年4月7日，（於）アンカラ）
（肩書きはインタビュー当時のもの）

法令・官庁公文書または出版資料・国際機関報告書

Briefing, 5 March, 2007.
Milli Savunma Bakanlığı, *Beyaz Kitap: Savunma,* Ankara, 1998.
Ministry of Foreign Affairs of the Republic of Turkey, *Minutes of the Agreement Signed by Turkey and Syria in Adana* (*Unofficial Translation*), 20 October 1999.
――――, *OIC-EU Joint Forum: Civilization and Harmony: The Political Dimension,* Ankara: Etki Yayıncılık, 2002.
Security Council Resolution 660（2 August, 1990）.
――――661（6 August, 1990）.
――――669（24 September, 1990）.
――――678（29 November, 1990）.
――――688（5 April, 1991）.
SIPRI Yearbook 1991: World Armaments and Disarmament, Stockholm: Almqvist & Wiksell, 1991.
T. B. M. M. Tutanak Dergisi, Dönem 18, 5. Yasama Yılı, Cilt 55, 66 ncı Birleşim, 17 Ocak, 1991.
――――, Dönem 20, 4. Yasama Yılı, Cilt 62, 1-inci Birlesim, 1 Ekim, 1998.

―――, Dönem 22, 1. Yasama Yılı, Cilt 4, 32 nci Birleşim, 6 Şubat, 2003.
―――, Dönem 22, 1. Yasama Yılı, Cilt 6, 39 uncu Birleşim, 1 Mart, 2003.
―――, Dönem 22, 2. Yasama Yılı Cilt 27, 3 üncü Birleşim, 7 Ekim, 2003.
―――, Dönem 22, 4. Yasama Yılı, Cilt 127, 124 üncü Birleşim, 5 Eylül, 2006.
―――, Dönem 24, 3. Yasama Yılı 4'üncü Birleşim, 4 Ekim 2012.
T. C. Resmi Gazete, 14 Ağustos, 1990, Sayı 20605, Karar No. 107.
T. C. Resmi Gazete, 5 Eylül, 1990, Sayı 20628, Karar No. 108.
T. C. Resmi Gazete, 13 Ocak, 2003, Sayı 24997, Karar No. 2003/3566.
T. C. Resmi Gazete, 29 Mayıs, 2009. Sayı 5902.
TİKA Annual Report 2009.
UNHCR, *2014 Syria Regional Response Plan: Turkey*, December 2013（http://www.unhcr.org/syriarrp6/docs/syria-rrp6-turkey-response-plan.pdf#A）2014年6月5日閲覧。
U. S. Department of State, *Foreign Relations of the United States（FRUS）: Diplomatic Papers*, 1947, Vol. V: The Near East and Africa（Washington, D. C. 1971）.
U. S. Department of State, *Foreign Relations of the United States（FRUS）: Diplomatic Papers*, 1949, Vol. V: The Near East, South Asia and Africa（Washington, D. C. 1977）.
40th Anniversary of Military Assistance to Turkey, 11 August, 1987, Ankara, Turkey.

政党・政治家・政府アドバイザー関連資料

Akdoğan, Yalçın, "The Meaning of Conservative Democratic Political Identity" in Hakan Yavuz (ed.), *The Emergence of A New Turkey: Democracy and the AK Parti*, Salt Lake City: University of Utah Press, 2006, pp. 49-65.
Bush, George, "Democracy will bring Justice, Freedom, Prosperity", President Bush speaks at Galatasray University in Istanbul, June 29, 2004（http://usa.usembassy.de/etexts/docs/bush040629e.htm）2012年7月22日閲覧。
Çelikkol, Oğuz, *One Minute'ten Mavi Marmara'ya: Türkiye-İsrail Çatışması*, İstanbul: Doğan Kitap, 2014.
Cem, Ismail, *Turkey in the New Century (2nd edition)*, Nicosia: RUSTEM, 2001.
Davutoğlu, Ahmet, *Alternative paradigms: The Impact of Islamic and Western Weltanschauungs on Political Theory*, New York: Lanham, 1994.
―――, "Türk Dış Politikasında Stratejik Teori Yetersizliği ve Sonuçları", *Yeni Türkiye*, Yıl. 1, Sayı. 3, 1995, pp. 497-501.

―――, "Medeniyetlerin Ben-idraki", *Divan*, 1997 No. 1, 1997, pp. 1-53.

―――, "The Clash of Interest: An Explanation of the World (Dis) Order", *Perceptions*, Vol. II, No. 4, 1997/1998 (http://sam.gov.tr/wp-content/uploads/2012/02/AhmetDavutoglu3.pdf) 2012年11月1日閲覧。

―――, "Philosophical and Institutional Dimensions of Secularisation: A Comparative Analysis", in Azzam Tamimi and John Esposito (eds.), *Islam and Secularism in the Middle East*, London: Hurst and Company, 2000, pp. 170-208.

―――, *Stratejik Derinlik*, Istanbul: KÜRE yayınları, 2001.

―――, *Küresel Bunalım: 11 Eylül Konuşmaları*, İstanbul: KÜRE yayınları, 2002.

―――, "Türkiye Merkez Ülke Olmalı", *Radikal*, Şubat, 26, 2004 (http://www.radikal.com.tr/haber.php?haberno=107581) 2012年8月5日閲覧。

―――, "Turkey's Foreign Policy Vision: An Assessment of 2007", *Insight Turkey*, Vol. 10, No. 1, 2008, pp. 77-96.

―――, "Turkish Vision of Regional and Global Order: Theoretical Background and Practical Implementation", *Political Reflection*, Vol. 1, No. 2, 2010, pp. 36-50.

―――, "Global Governance", *SAM Vision papers*, No2, 2012, pp. 1-15 (http://sam.gov.tr/wp-content/uploads/2012/03/vision_paper_ing_02.pdf) 2012年10月31日閲覧。

―――, "Principles of Turkish Foreign Policy and Regional Political Structuring", *SAM Vision Papers*, No. 3, 2012, pp. 1-14 (http://sam.gov.tr/wp-content/uploads/2012/04/vision_paper_TFP2.pdf) 2012年8月5日閲覧。

Ecevit, Bülent, "Bölge-Merkezli Dış Politika", *Yeni Türkiye*, Yıl. 1, Sayı. 3, 1995, pp. 64-70.

Elekdağ, Sükrü, "2 1/2 War Strategy", *Perceptions*, March-May 1996, pp. 33-57.

Erbakan, Necmettin, "Türkiye'nin Dış Politikası Nasıl Olmalı?", *Yeni Türkiye*, Yıl. 1, Sayı. 3, 1995, pp. 58-61.

Erdoğan, Recep Tayyip, "Conservative Democracy and the Globalization of Freedom" in Hakan Yavuz (ed.), *The Emergence of A New Turkey: Democracy and the AK Parti*, Salt Lake City: University of Utah Press, 2006, pp. 333-340.

―――, Turkey H. E. Mr. Recep Tayyip Erdoğan , Prime Minister, General Debate of the 64th Session, 24 September, 2009 (http://www.un.org/en/ga/64/generaldebate/pdf/TR_en.pdf) 2012年2月13日閲覧。

―――, *Küresel Barış Vizyonu: Medeniyetler Ittifakı Enstitüsü*, İstanbul: Medeniyetler Ittifakı Yayınları, 2012.

Erdoğan, Recep Tayyip and Jose Luis Rodrigues Zapatero, "A call for respect and calm", *New York Times,* 5 February, 2006 (http://www.nytimes.com/2006/02/05/opinion/05iht-edprimes.html?_r=1&scp=3&sq=Erdogan%20and%20Zapatero%20%202006&st=cse) 2012年10月 5 日閲覧。

Gül, Abdullah, "An Appeal for Leadership", *The Washington Post,* 3 August, 2006 (http://www.washingtonpost.com/wp-dyn/content/article/2006/08/02/AR2006080201389.html?sub=AR.) 2012年10月10日閲覧。

―――, Cumhurbaşkaı Sayın Abdullah Gül'un USAK Konuşması, *Yeni Dönemde Türk Dış Politikası (Turkish Foreign Policy in the New Era),* Ankara: USAK, 2009.

Kalın, İbrahim, "Turks reconciling with their Ottoman Past", *Today's Zaman,* 19 August, 2010 (http://www.todayszaman.com/columnist-219460-turks-reconciling-with-their-ottoman-past.html) 2012年 6 月15日閲覧。

―――, "Soft Power and Public Diplomacy in Turkey", *Perceptions,* Vol. 16, No. 3, 2011, pp. 5-23 (http://sam.gov.tr/wp-content/uploads/2012/01/ibrahim_kalin.pdf) 2012年 8 月 3 日閲覧。

McGhee, George, *The US-Turkish-NATO Middle East Connection: How the Truman Doctrine and Turkey's NATO Entry Contained the Soviets,* Houndmills: The Macmillan Press, 1990.

Meral, Rızanur, "The least developed countries, Turkish businessmen and TUSKON", *Turkish Review,* Vol. 1, No. 4, 2011, pp. 12-16.

―――, "TUSKON's Role in LDC-IV and our commitment", *Today's Zaman* (Istanbul LDC-IV Summit Supplement), 9-13 May 2011.

Torumtay, Necip, *Orgeneral Torumtay'ın Anıları (2. Baskı),* İstanbul: Milliyet Yayınları, 1994.

Wolfowitz, Paul, Fifth Annual Turgut Ozal Memorial Lecture, 2002 (http://www.washingtoninstitute.org/templateC07.php?CID=140) 2012年 7 月15日閲覧。

外国語論文・書籍

Acar, Feride, "Turgut Özal: Pious Agent of Liberal Transformation" in Metin Heper and Sabri Sayarı (eds.), *Political Leaders and Democracy in Turkey,* Lanham: Lexington Books, 2002, pp. 163-180.

Ahmad, Feroz, "The Late Ottoman Empire" in Marian Kent (ed.), *The Great Powers and the End of the Ottoman Empire,* London: Frank Cass, 1996, p. 5-30.

Akçapar, Burak, Mensur Akgün, Meliha Altunışık, and Ayşe Kadıoğlu, *The Debate on Democratization in the Broader Middle East and North Africa; A Civic Assess-*

ment from Turkey, TESEV publications, 2004.

Akgün, Mensur, Gökçe Perçinoğlu, and Sabiha Seyücel Gündoğar, *Orta Doğu'da Türkiye Algısı*, Istanbul: TESEV Yayınlar, 2009.

Akgün, Mensur, Gökçe Perçinoğlu, Jonathan Levack and Sabiha Seyücel Gündoğar, *The Perception of Turkey in the Middle East 2010*, Istanbul: TESEV Yayınları, 2011.

Akgün, Mensur and Sabiha Senyücel Gündoğar, *The Perception of Turkey in the Middle East 2011*, TESEV Publications, 2012.

Altı, Altay "Businessmen as Diplomats: The Role of Business Associations in Turkey's Foreign Economic Policy", *Insight Turkey*, Vol. 13, No. 1, 2011, pp. 109-128.

Altunışık, Meliha Benli., "Güvenlik Kıskacında Türkiye-Ortadoğu ilişkileri" in Gencer Özcan and Şule Kut (eds.), *Türkiye'nin Ulusal Güvenlik ve Dış Politika Gündeminde Doksanlı Yıllar: En uzun on yıl*, İstanbul: Boyut Kitapları, 1998, pp. 181-215.

―――, "The Turkish-Israeli Rapproachment in the Post-Cold War Era" *Middle Eastern Studies*, Vol. 36, No. 2, 2000, pp. 172-191.

―――, "Turkish-American Security Relations: The Middle East Dimension" in Mustafa Aydın and Cağrı Erhan (eds.), *Turkish-American Relations: Past, Present and Future*, London: Routledge, 2004, pp. 151-180.

―――, "The Turkish Model and Democratization in the Middle East", *Arab Studies Quarterly*, Vol. 27, No. 1 & 2, 2004, pp. 45-63.

―――, "Turkey's Iraq Policy: The War and Beyond", *Journal of Contemporary European Studies*, Vol. 14, No. 2, 2006, pp. 183-196.

―――, *Lübnan Krizi: Nedenleri ve Sonuçları*, Istanbul: TESEV Yayınları, 2007.

―――, "The possibilities and limits of Turkey's soft power in the Middle East", *Insight Turkey*, Vol. 10, No. 2, 2008, pp. 41-54.

―――, "Worldviews and Turkish foreign policy in the Middle East", *New Perspectives on Turkey*, No. 40, 2009, pp. 169-192.

―――, *Turkey: Arab Perspectives*, TESEV Publications, 2010.

―――, *Turkish Foreign Policy and its Regional Implications, Emirates Lecture Series 87*, 2011, pp. 1-41.

Altunışık, Meliha Benli and Esra Çuhadar, "Turkey's search for a third party role in Arab-Israeli conflicts: A neutral facilitator or a principal power mediator?", *Mediterranean Politics*, Vol. 15, No. 3, 2010, pp. 371-392.

Altunışık, Meliha Benli and Özlem Tür, *Turkey: Challenges of continuity and change*, London: Routledge, 2005.

Aras, Bülent and Aylin Görener, "National role conceptions and foreign policy orientation: the ideational bases of the Justice and Development Party's foreign policy activism in the Middle East", *Journal of Balkan and Near Eastern Studies*, Vol. 12, No. 1, 2010, pp. 73-92.

Ataman, Muhittin, "Ozal Leadership and Restructuring of Turkish Ethnic Policy in the 1980s", *Middle Eastern Studies*, Vol. 38, 2002, pp. 123-142.

Aydın, Mustafa, *Ten Years After: Turkey's Gulf Policy (1990-91) Revisited*, London: Frank Cass, 2002.

Aydın, Mustafa and Çağrı Erhan (eds), *Turkish-American Relations: Past, Present and Future*, London: Routledge, 2004.

Aykan, Mahmut Bali, "The Palestinian Question in Turkish Foreign Policy From the 1950s to the 1990s", *Middle East Studies*, Vol. 25, 1993, pp. 91-110.

―――, *Turkey's Role in the Organization of the Islamic Conference: 1960-1992: The Nature of Deviation from the Kemalist Heritage*, New York: Vantage Press, 1994.

―――, "Turkey's Policy in Northern Iraq, 1991-95", *Middle Eastern Studies*, Vol. 32, No. 4, 1996, pp. 343-366.

―――, "The Turkish-Syrian Crisis of October 1998: A Turkish View", *Middle East Policy*, Vol. VI, No. 4, 1999, pp. 174-191.

Ayoob, Mohammed, *The Third World Security Predicament: State Making, Regional Conflict, and the International System*, Boulder: Lynne Rienner, 1995.

―――, "The Arab Spring: Its Geostrategic Significance", *Middle East Policy*, Vol. 19, Issue. 3, 2012, pp. 84-97.

Bağcı, Hüseyin, *ZEITGEIST: Global Politics and Turkey*, Ankara: ORION, 2008.

―――, "Turgut Özal's foreign and security policy revisited" in *ZEITGEIST: Global Politics and Turkey*, Ankara: Orion, 2008, p. 168.

Bağcı, Hüseyin and Şaban Kardaş, "Turkey's Strategic Future: Post-11 September Impact: The Strategic Importance of Turkey Revisited", *European Security Forum: A Joint Initiative of CEPS and the IISS*, London: The International Institute for Strategic Studies, 2003, pp. 19-48.

Balcı, Ali and Murat Yeşiltaş, "Turkey's New Middle East Policy: The Case of the Meeting of the Foreign Ministers of Iraq's Neighboring Countries", *Journal of*

South Asian and Middle Eastern Studies, Vol. XXIX, No. 4, 2006, pp. 18-37.

Balcı, Ali and Nebi Miş, "Turkey's Role in the Alliance of Civilizations: A New Perspective in Turkish Foreign Policy?", *Turkish Studies*, Vol. 9, No. 3, 2008, pp. 387-406.

Baldwin, David, *Neorealism and Neoliberalism: The Contemporary Debate*, New York: Columbia University Press, 1993.

Barkey, Henri J., "The Silent Victor: Turkey's Role in the Gulf War" in Efraim Karsh (ed.), *The Iran-Iraq War: Impact and Implications*, Houndmills: Macmillan, 1987, pp. 133-153.

――――, "Turkey and the Great Powers" in Celia Kerslake, Kerem Öktem, and Philip Robins (ed.), *Turkey's Engagement with Twentieth Century*, London: Palgrave, 2010, pp. 239-257.

Bengio, Ofra, *The Turkish-Israeli Relationship: Changing Ties of Middle Eastern Outsider*, New York: Palgrave, 2004.

Bengio, Ofra and Gencer Özcan, "Old Grievances, New Fears: Arab Perceptions of Turkey and its Alignment with Israel", *Middle Eastern Studies*, Vol. 37, No. 2, 2001, pp. 50-92.

Bercovitch, Jacob, "Mediators and Mediation Strategies in International Relations", *Negotiation Journal*, Vol. 8, No. 3, 1992, pp. 99-112.

――――, "Mediation and Conflict Resolution" in Jacob Bercovitch, Victor Kremenyuk, and William Zartman (ed.), *The SAGE Handbook of Conflict Resolution*, London: Sage Publication, 2008, pp. 340-357.

Boyne, Sean, "Arguments in Favour of Turkey's Continuing Support for Operation Northern Watch", *Perceptions*, Vol. II, No. 4, 1997/1998.

Bozdağlıoğlu, Yücel, *Turkish Foreign Policy and Turkish Identity: A Constructivist Approach*, New York: Routledge, 2003.

Boztaş, Salih, "Bıçak Sırtında Barış Arayışı", *Aksiyon*, 27 January, Sayısı 425, 2003 (http://www.aksiyon.com.tr/aksiyon/haber-10972-34-bicak-sirtinda-baris-arayisi.html) 2012年10月4日閲覧。

Brookings & USAK, *Turkey and Syrian Refugees: The Limits of Hospitality*, November 2013, pp. 1-37.

Brooks, Stephen G. and William C. Wohlforth, "Hard Times for Soft Balancing,", *International Security*, Vol. 30, No. 1, 2005, pp. 72-108.

Brown, Carl, *International Politics and the Middle East: Old Rules, Dangerous Game*,

London: I. B. Tauris, 1984.

Buzan, Barry, *People, States and Fear: An Agenda for International Security Studies in the Post-Cold War Era, 2nd ed.*, Brighton: Harvester Wheatsheaf, 1991.

Buzan, Barry, Ole Wæver, and Jaap de Wilde, *Security: A New Framework for Analysis*, Boulder: Lynne Rienner Publishers, 1998.

Buzan, Barry and Ole Wæver, *Regions and Powers: The Structure of International Security*, Cambridge: Cambridge University Press, 2003.

Canan, Balkir, "The July 2007 Elections in Turkey: A Test for Democracy", *Mediterranean Politics*, Vol. 12, No. 3, 2007, pp. 415-422.

Cemal, Hasan, *Barışa Emanet Olun!: Kürt Sorununa Yeni Bakış*, İstanbul: Everestyayınları, 2011.

Christensen, Thomas J. and Jack Snyder, "Chain Gangs and Passed Bucks: Predicting Alliance Patterns in Multipolarity", *International Organization*, Vol. 44, No. 2, 1990, pp. 137-168.

Cizre, Ümit (ed.), *Secular and Islamic Politics in Turkey: The making of the Justice and Development Party*, London: Routledge, 2008.

Council on Foreign Relations, "Interview: Aronson: Secret Syrian-Israeli Talks Produced Unofficial Agreement" February 5, 2007 (http://www.cfr.org/israel/aronson-secret-syrian-israeli-talks-produced-unofficial-agreement/p12553) 2014年4月30日閲覧。

Criss, Nur Bilge, "U. S. Forces in Turkey" in Simon Duke and Wolfgang Krieger (eds.), *U. S. Military Forces in Europe: The Early Years, 1945-1970*, Boulder. CO: Westview Press, 1993, p. 331-350.

Çağaptay, Soner, "The Impact of Syria's Refugees on Southern Turkey", *The Washington Institute for Near East Policy, Policy Focus 130*, October 2013.

Çandar, Cengiz, "Türkiye, Bosna-Hersek ve "Tarihle Barışmak" ⋯", *Yeni Türkiye*, Yıl. 1, Sayı. 3, 1995, pp. 282-284.

Dağı, İhsan, *Kimlik, söylem ve siyaset: Doğu-Batı Ayrımında Refah Partisi Geleneği*, Ankara: IMGE kitabevi, 1998.

―――, "Human Rights, Democratization and the European Community in Turkish Politics: The Özal Years, 1983-87", *Middle Eastern Studies*, Vol. 37, No. 1, 2001, pp. 17-40.

―――, "Islamic Political Identity in Turkey: Rethinking the West and Westernization", *Central European University Center for Policy Studies*, Open Society Institute, 2002, pp. 1-53.

―――, "Rethinking Human Rights, Democracy, and the West: Post-Islamist Intellectuals in Turkey", *Critique: Critical Middle Eastern Studies*, Vol. 13, No. 2, 2004, pp. 135-151.

―――, "Transformation of Islamic Political Identity in Turkey: Rethinking the West and Westernization", *Turkish Studies*, Vol. 6, No. 1, 2005, pp. 21-37.

David, Steven R. "Explaining Third World Alignment", *World Politics*, Vol. 43, No. 2, 1991, pp. 233-256.

Demir, Ömer, Mustafa Acar and Metin Toprak, "Anatolian Tigers or Islamic Capital: Prospects and Challenges", *Middle Eastern Studies*, Vol. 40, No. 6, 2004, pp. 166-188.

Demircan, Esra Siverekli and İdil Elver, "Organization of the Black Sea Economic Cooperation in Globalization", *Journal of Naval Science and Engineering*, Vol. 2, 2004, pp. 141-148.

Donnelly, Jack, "Human Rights: A new standard of civilization?", *International Affairs*, Vol. 74, No. 1, 1998, pp. 1-23.

Duran, Burhanettin, "JDP and Foreign Policy as an Agent of Transformation" in Hakan Yavuz (ed.), *The Emergence of A New Turkey: Democracy and the AK Parti*, Salt Lake City: University of Utah Press, 2006, pp. 281-305.

Eralp, Atila, "The role of temporality and interaction in the Turkey-EU relationship", *New Perspectives on Turkey*, No. 40, Spring, 2009, pp. 147-168.

Eralp, Atila, Muharrem Tünay, and Birol A Yeşilada (eds.), *The Political and Socio-economic Transformation of Turkey*, Westport: Praeger, 1993.

Erhan, Çağrı and Ömer Kürkçüoğlu, "1990-2001: İsrail İlişkiler" in Baskın Oran (ed.), *Türk Dış Politikası: Kurtuluş Savaşından Bugüne Olgular, Belgeler, Yorumlar, Cilt II*: 1980-2001, Istanbul: Iltişm Yayınları, 2001, pp. 568-579.

Erkmen, Serhat, "Suriye'de Kürt Hareketleri", *ORSAM Rapor* No. 127, 2012, pp. 1-76.

―――, "The Clashes in Northern Syria and the Possible Effects", *ORSAM Report*, No. 164, August 2013, pp. 1-30.

Evans, Gareth and Bruce Grant, *Australia's Foreign Relations: In the World of the 1990s*, Melbourne: Melbourne University Press, 1991.

Evin, Ahmet, "Changing Greek Perspectives on Turkey: An Assessment of the post-Earthquake Rapprochement", *Turkish Studies*, Vol. 5, No. 1, 2004, pp. 4-20.

Fidler, David. P., "The Return of the Standard of Civilization", Brett Bowden (ed.), *Civilization: Critical Concepts in Political Science, Vol. III: Civilization and its Others*, London: Routledge, 2009 (original 2001), pp. 353-373.

Finnemore, Martha and Kathryn Sikkink, "International Norm Dynamics and Political Change" *International Organization*, Vol. 52, No. 4, 1998, pp. 887-917.

Fox, Jonathan and Shmuel Sandler, *Bringing Religion into International Relations*, Palgrave, 2004.

Fuller, Graham E., *Turkey Faces East: New Orientations toward the Middle East and the Old Soviet Union*, Santa Monica: RAND, 1992.

Fuller, Graham E. and Ian Lesser (eds.), *Turkey's New Geopolitics: From the Balkans to Western China*, Boulder: Westview Press, 1993.

Galtung, Johan, "Western Civilization: Anatomy and Pathology", *Alternatives*, Vol. 7, No. 1, 1981, pp. 145-169.

Goldstein, Judith and Robert Keohane, *Ideas and Foreign Policy: Beliefs, Institutions, and Political Change*, Ithaca: Cornell University Press, 1993.

Goldstein, Judith and Robert Keohane, "Ideas and Foreign Policy: An Analytical Framework" in Judith Goldstein and Robert Keohane (eds.), *Ideas and Foreign Policy: Beliefs, Institutions, and Political Change*, Ithaca: Cornell University Press, 1993, pp. 3-30.

Gong, G. W., "The Standard of Civilization", Brett Bowden (ed.), *Civilization: Critical Concepts in Political Science, Vol. III: Civilization and its Others*, London: Routledge, 2009 (original 1984), pp. 312-328.

Gözen, Ramazan, "The Turkish-Iraqi Relations: From Cooperation to Uncertainty", *Foreign Policy (Ankara)*, No. 3/4, 1995, pp. 49-98.

──────, "Causes and Consequences of Turkey's Out-of-War Position in the Iraq War of 2003", *The Turkish Yearbook of International Relations*, Vol. 36, 2005, pp. 73-99.

Gruen, George, "Turkish Plans to Export Water: Their Regional Strategic Significance", *American Foreign Policy Interests*, Vol. 26, 2004, pp. 209-228.

Güçer, Mehmet, Sema Karaca, and Bagadır Dinçer, *Sınırlar Arasında Yaşam Savaşı: Suriyeli Mülteciler Alan Araştırması*, USAK rapor, No. 13-4, Mayıs 2013.

Günay, Niyazi, "Implementing the February 28 Recommendations: A Scorecard", *Research Notes: The Washington Institute for Near East Policy*, No. 10, 2001, pp. 1-20.

Gürkaynak, Esra Çuhadar, "Turkey as a third party in Israeli-Palestinian conflict: Assessment and Reflections" *Perceptions*, Vol. 12, No. 1, 2007, pp. 89-108.

Güzel, Hasan Celal, "21. Asır Türk Asrı Olacaktır", *Yeni Türkiye*, Yıl. 1, Sayı. 3, 1995, pp. 118-126.

Hadar, Leon T., "Orienting Jerusalem toward Ankara or Cairo? Israel's New Geostrategic Debate", *Mediterranean Quarterly*, Vol. 12, No. 3, 2001, pp. 8-30.

Hale, William, "Turkey, the Middle East and the Gulf Crisis" *International Affairs*, Vol. 68, 1992, pp. 679-692.

―――, *Turkish Foreign Policy: 1774-2000 (Second edition)*, London: Frank Cass, 2002.

―――, *Turkey, the US and Iraq*, London: SAQI, 2007.

―――, *Turkish Foreign Policy since 1774 (Third edition)*, New York: Routledge, 2013.

Hansen, Birthe, *Unipolarity and the Middle East*, Richmond: Curzon, 2000.

Hashmi, Sohail H (ed.), *Islamic Political Ethics: Civil Society, Pluralism, and Conflict*, New Jersey: Princeton University Press, 2002.

Henrikson, Alan, "Niche Diplomacy in the World Public Arena: the Global Corners of Canada and Norway" in Jan Melissen (ed.), *The New Public Diplomacy: Soft Power in International Relations*, Hampshire: Palgrave, 2005, pp. 67-87.

Heper, Metin, "The European Union, the Turkish Military and Democracy", *South European Society and Politics*, Vol. 10, No. 1, 2005, pp. 33-44.

―――, "A Democratic-Conservative Government by Pious People: The Justice and Development Party in Turkey" in Ibrahim M. Abu-Rabi (ed.), *The Blackwell Companion to Contemporary Islamic Thought*, Oxford: Blackwell Publishing, 2006, pp. 345-361.

Heper, Metin and Sabri Sayarı (eds.), *Political Leaders and Democracy in Turkey*, Lanham: Lexington Books, 2002.

Hermann, Margaret, "How Decision Units Shape Foreign Policy: A Theoretical Framework". *International Studies Reviews*, Vol. 3, No. 2, 2001, pp. 47-81.

Holbraad, Carsten, *Middle Powers in International Politics*, London: Macmillan Press, 1984.

Holmes, John, *The Better Part of Valour: Essays on Canadian Diplomacy*, Toronto: The Carleton Library No. 49, 1970.

―――, "Is There a Future for Middlepowermanship?" in John Holmes, *The Better Part of Valour: Essays on Canadian Diplomacy*, Toronto: The Carleton Library No. 49, 1970, pp. 16-27.

Huntington, Samuel P., "The Lonely Superpower", *Foreign Affairs*, Vol. 78, No. 2, 1999, pp. 35-49.

Ikenberry, John, "The restructuring of international system after the Cold War" in Melvyn Leffler and Odd Arne Westad (eds.), *The Cambridge History of the Cold War: Volume III*, Cambridge: Cambridge University Press, 2010, pp. 535-556.

International Crisis Group, "Iraq: Allaying Turkey's fears over Kurdish Ambitions: Executive summary and recommendations" *International Crisis Group*, 2005 (http://www.crisisgroup.org/~/media/Files/Middle%20East%20North%20Africa/Iraq%20Syria%20Lebanon/Iraq/Iraq%20Allaying%20Turkeys%20Fears%20Over%20Kurdish%20Ambitions.pdf) 2012年7月23日閲覧。

Ismael, Tareq and Glenn Perry, "Toward a framework for analysis" in Tareq Ismael and Glenn Perry (eds.), *The International Relations of the Contemporary Middle East: Subordination and beyond*, London: Routledge, 2013, pp. 3-38.

────── (eds.), *The International Relations of the Contemporary Middle East: Subordination and beyond*, London: Routledge, 2013.

İlhan, Suat, *Bir Millet Uyanıyor 2: Türklerin Jeopolitiği ve Avrasyacılık*, Ankara: Bilgi Yayınevi, 2005.

İnalcık, Halil, "Turkey between Europe and the Middle East", *Perceptions*, Vol. 3, No. 1, March-May 1998.

Jackson, Robert and George Sorensen, *Introduction to International Relations: Theories and Approaches* (Second edition), Oxford: Oxford University Press, 2003.

Jung, Dietrich, "Turkey and the Arab World: Historical Narratives and New Political Realities", *Mediterranean Politics*, Vol. 10, No. 1, 2005, pp. 1-17.

Kalaycıoğlu, Ersin, "The Motherland Party: The Challenge of Institutionalization in a Charismatic Leader Party" in Barry Rubin and Metin Heper (eds.), *Political Parties in Turkey*, London: Frank Cass, 2002, pp. 41-61.

Kanat, Kiliç Buğra, "Theorizing the Transformation of Turkish Foreign Policy", *Insight Turkey*, Vol. 16, No. 1, 2014, pp. 65-84.

Kaplan, Morton, *System and Process in International Politics*, Colchester: ECPR Press, 2005 (Original 1957).

Kapsis, James, "The Failure of U.S.-Turkish Pre-Iraq War Negotiations: An Overconfident United States, Political Mismanagement, and a Conflicted Military", *Middle East Review of International Affairs*, Vol. 10, No. 3, 2006.

Karaosmanoglu, Ali L., "Turkey's Security and the Middle East", *Foreign Affairs*, Vol. 62, No. 1, 1983, pp. 157-175.

Karatepe, Şükür, "Balkanlar ve Türkiye", *Yeni Türkiye*, Yıl. 1, Sayı. 3, 1995, pp. 269-

271.

Karadaş, Cemalettin, *Mavi Marmara Olayı*, Ankara: USAK Yayınları, 2013.

Kardaş, Şaban, "Turkey and the Iraqi Crisis: JDP Between Identity and Interest" in Hakan Yavuz (ed.), *The Emergence of A New Turkey: Democracy and the AK Parti*, Salt Lake City: The University of Utah Press, 2006, pp. 306-330.

―――, "Türk Dış Politikasında Eksen Kayması Mı?", *Akademik Orta Doğu*, Cilt. 5, Sayı. 2, 2011, pp. 19-42.

Karsh, Efraim (ed.), *The Iran-Iraq War: Impact and Implications*, Houndmills: Macmillan, 1987.

Katzenstein, Peter and Robert Keohane (eds.), *Anti-Americanism in World Politics*, Ithaca: Cornell University Press, 2007.

Katzenstein, Peter, Robert O. Keohane, and Stephen Krasner, "International Organization and the Study of World Politics", *International Organization*, Vol. 52, No. 4, 1998, pp. 645-685.

Keohane, Robert, *After Hegemony: Cooperation and Discord in the World Political Economy*, Princeton: Princeton University Press, 1984.

Keyman, Fuat and Ziya Öniş, *Turkish Politics in a Changing World: Global Dynamics and Domestic Transformations*, Istanbul: İstanbul Bilgi University Press, 2007.

Kirişci, Kemal, "Turkey and the Kurdish Safe-Haven in Northern Iraq", *Journal of South Asian and Middle Eastern Studies*, Vol. XIX, No. 3, Spring, 1996, pp. 21-39.

―――, "The transformation of Turkish foreign: The rise of the trading state", *New Perspectives on Turkey*, Vol. 40, Spring, 2008, pp. 29-56.

―――, "Turkey's Demonstrative Effect and the Transformation of the Middle East", *Insight Turkey*, Vol. 13, No. 2, 2011, pp. 33-55.

Kohei, Imai, *The Possibility and Limit of Liberal Middle Power Policies: The Case of Turkish Foreign Policy toward the Middle East during the AKP Period*, unpublished Ph. D. Dissertation (Middle East Technical University), 2011.

―――, "Turkey's Norm Diffusion Policies toward the Middle East: Turkey's Role of Norm Entrepreneur and Norm Transmitter", *The Turkish Yearbook of International Relations*, Vol. 42, 2012, pp. 27-60.

Kösebalaban, Hasan, *Turkish Foreign Policy: Islam, Nationalism, and Globalization*, New York: Palgrave, 2011.

Kürkçüoğlu, Ömer, *Türkiye'nin Arap Ortadoğu'suna Karşı Politikası (1945-1970)*, Ankara: Sevinç Matbaası, 1972.

Laing, R. D., *The Politics of Experience*, New York: Pantheon, 1967.

Lake, David A., *Hierarchy in International Relations*, New York: Cornell University Press, 2009.

Larrabee, Stephen and Gonul Tol, "Turkey's Kurdish Challenge", *Survival*, Vol. 53, No. 4, 2011, pp. 143-152.

Layne, Christopher, "From Preponderance to Offshore Balancing: America's Future Grand Strategy", *International Security*, Vol. 22, No. 1, 1997, pp. 86-124.

―――, "The Global Power Shift from West to East", *National Interest*, May/June 2012, pp. 21-31.

Leffler, Melvyn and Odd Arne Westad (eds.), *The Cambridge History of the Cold War: Volume III*, Cambridge: Cambridge University Press, 2010.

Legro, Jeffrey W., "Culture and Preferences in the International Cooperation Two-Step", *The American Political Science Review*, Vol. 90, No. 1, 1996, pp. 118-137.

―――, "The Plasticity of Identity under Anarchy", *European Journal of International Relations*, Vol. 15, No. 1, 2009, pp. 37-65.

Lesser, Ian, "Bridge or Barrier? Turkey and the West After the Cold War" in Graham E. Fuller and Ian Lesser (eds.), *Turkey's New Geopolitics: From the Balkans to Western China*, Boulder: Westview Press, 1993, pp. 99-140.

―――, "Beyond 'Bridge or Barrier': Turkey's Evolving Security Relations with the West" in Alan Makovsky and Sabri Sayari (eds.), *Turkey's New World: Changing Dynamics in Turkish Foreign Policy*, Washington, D. C: The Washington Institute for Near East Policy, 2000, pp. 203-221.

―――, "Turkey and the United States: Anatomy of a Strategic Relationship" in Lenore Martin and Dimitris Keridis (eds.), *The Future of Turkish Foreign Policy*, Cambridge: MIT Press, 2002, pp. 83-99.

Levy, Jack, "Learning and Foreign Policy: Sweeping a Conceptual Minefield" *International Organization*, Vol. 48, No. 2, 1994, pp. 279-312.

Liel, Alon and Can Yirik, *Turkish-Israeli Relations 1949-2010*, İstanbul: GPOT, 2010.

Linklater, Andrew, "Norbert Elias and the sociology of international relations", Andrew Linklater, *Critical Theory and World Politics: Citizenship, sovereignty and humanity*, London: Routledge, 2007, pp. 160-177.

Lobell, Steven, Norrin Ripsman, and Jeffery Taliaferro, *Neoclassical Realism, the State, and Foreign Policy*, Cambridge: Cambridge University Press, 2009.

Makovsky, Alan and Sabri Sayarı (eds.), *Turkey's New World: Changing Dynamics in*

Turkish Foreign Policy, Washington, D. C: The Washington Institute for Near East Policy, 2000.

Marcus, Aliza, *Blood and Belief: The PKK and the Kurdish Fight for Independence*, New York: NYU Press, 2007.

Mardin, Şerif, "Center Periphery Relations: A Key to Turkish Politics", *Deadalus*, Vol. 2, No. 1, 1973, pp. 169-190.

Martin, Lenore G. and Dimitris Keridis (eds.), *The Future of Turkish Foreign Policy*, Cambridge: MIT Press, 2002.

Mathews, Basil, *Young Islam on Trek: A Study in the Clash of Civilizations*, Montana: Kessinger Publishing, 2010 (original 1926).

McCain, John, "An Enduring Peace Built on Freedom: Securing America's Future", *Foreign Affairs*, Vol. 86, No. 6, 2007.

Migdalovitz, Carol, "Iraq: The Turkish Factor", *CRS Report for Congress*, October 31, 2002, pp. 1-6 (http://www.fas.org/man/crs/RS21336.pdf) 2012年7月15日閲覧。

Mitrany, David, *A Working Peace System*, Chicago: Quadrangle Books, 1966.

Moravcsik, Andrew, "Taking Preferences Seriously: A Liberal Theory of International Politics", *International Organization*, Vol. 51, No. 4, 1997, pp. 513-553.

―――, "Synthesis in International Relations: Real Not Metaphysical", *International Studies Review*, Vol. 5, No. 1, 2003, pp. 131-136.

Morrow, James D., "Social Choice and System Structure in World Politics", *World Politics*, Vol. 41, No. 1, 1988, pp. 75-97.

Murinson, Alexander, *Turkey's Entente with Israel and Azerbaijan: State identity and security in the Middle East and Caucasus*, London: Routledge, 2010.

Nachmani, Amikam, *Turkey: Facing a New Millennium: Coping with Intertwined Conflicts*, Manchester: Manchester University Press, 2003.

Nye, Joseph S., "Nuclear Learning and U. S-Soviet Security Regimes", *International Organization*, Vol. 41, No. 3, 1987, pp. 371-402.

Oğuzlu, Tarık, "The 'Arab Spring' and the Rise of the 2.0 Version of Turkey's 'zero problems with neighbors' Policy", *SAM papers*, No. 1, 2012, pp. 1-16 (http://sam.gov.tr/wp-content/uploads/2012/02/SAM_Paper_TarikOguzlu2.pdf) 2012年7月3日閲覧。

Oran, Baskın, *Kalkık Horoz: Çekiç Güç ve Kürt Devleti* (*Genişletilmiş İkinci Basın*), Ankara: Bilgi Yayınevi, 1998.

―――(ed.), *Türk Dış Politikası: Kurtuluş Savaşından Bugüne Olgular, Belgeler, Yo-*

rumlar, Cilt I: 1919-1980, İstanbul: Iltişm Yayınları, 2001.

―――― (ed.), *Türk Dış Politikası: Kurtuluş Savaşından Bugüne Olgular, Belgeler, Yorumlar, Cilt II: 1980-2001*, İstanbul: Iltişm Yayınları, 2001.

Organski, A. F. K., *World Politics*, New York: A. A. Knopf, 1958.

Orhan, Oytun, *Suriye'de Güvenli Bölge Tartışmaları: Türkiye Açısından Riskler, Fırsatlar ve Senaryolar*, ORSAM rapor No. 115, 2012（http://www.orsam.org.tr/tr/trUploads/Yazilar/Dosyalar/2012410_115raport%c3%bcrking.pdf）2012年8月5日閲覧。

ORSAM, "AFAD Fresident: Turkey owes success to its experience, systematic work and political will", *ORSAM Interviews on Regional Affairs*, No. 1, March 2014, pp. 1-12.

Öniş, Ziya, "Political Islam at the Crossroads: From hegemony to co-existence", *Contemporary Politics*, Vol. 7, No. 4, 2001, pp. 281-298.

―――― , "Turkey and the Middle East after September 11: The Importance of the EU Dimension", *Turkish Policy Quarterly*, Vol. 2, No. 4, 2003, pp. 1-9.

―――― , "Turgut Özal and his Economic Legacy: Turkish Neo-Liberalism in Critical Perspective" *Middle Eastern Studies*, Vol. 40, No. 4, 2004, pp. 113-134.

―――― , "The Political Economy of Islam and Democracy in Turkey: From the Welfare Party to the AKP", Revised Draft-May, 2005.

―――― , "The Political Economy of Turkey's Justice and Development Party", in Hakan, Yavuz (ed.), *The Emergence of A New Turkey: Democracy and the AK Parti*, Salt Lake City: University of Utah Press, 2006, pp. 207-234.

―――― , "Conservative globalists versus defensive nationalists: political parties and paradoxes of Europeanization in Turkey", *Journal of Southern Europe and the Balkans*, Vol. 9, No. 3, 2007, pp. 247-261.

―――― , "The Triumph of Conservative Globalism: The Political Economy of the AKP Era", *Turkish Studies*, Vol. 13, No. 2, 2012, pp. 135-152.

Öniş, Ziya and Şuhnaz Yılmaz, "Between Europeanization and Euro-Asianism: Foreign Policy Activism in Turkey during the AKP Era", *Turkish Studies*, Vol. 10, No. 1, 2009, pp. 7-24.

Özbudun, Ergun, "The Turkish "Democratization Package"", *Middle East Institute Web site*, 2013（http://www.mei.edu/content/turkish-%E2%80%9Cdemocratization-package%E2%80%9D）2014年1月5日閲覧。

Özcan, Gencer and Şule Kut (eds.), *Türkiye'nin Ulusal Güvenlik ve Dış Politika Gün-*

deminde Doksanlı Yillar: En uzun on yil, İstanbul: Boyut Kitaplari, 1998.

Özcan, Mesut, "Filistin-İsrail Barış Süreci ve Türkiye" in Ahmet Davutoğlu (ed.), *Filisitin Çıkmazdan Çözüme,* KÜRE Yayınları, 2003, pp. 63-99.

Özcan, Mesut and Ali Resul Usul, "Understanding the New Turkish Foreign Policy: Changes within Continuity: Is Turkey Departing from the West?", *Uluslararası Hukuk ve Politika* Cilt. 6, Sayı. 21, 2010, pp. 159-185.

Özel, Soli, "After the Tsunami", *Journal of Democracy,* Vol. 14, No. 2, 2003, pp. 80-94.

Özdamar, Özgür and Zeynep Taydaş, "Turkey" in Richard Sobel, Peter Furia, and Bethany Barratt (eds.), *Public Opinion & International Intervention: Lessons from the Iraq War,* Virginia: Potomac Books, 2012.

Pape, Robert, "Soft Balancing against the United States", *International Security,* Vol. 30, No. 1, 2005, pp. 7-45.

Paul, T. V., "Soft Balancing in the Age of U. S. Primacy", *International Security,* Vol. 30, No. 1, 2005, pp. 46-71.

Philips, David, "Disarming, Demobilizing, and Reintegrating the Kurdistan Worker's Party", *National Committee on American Foreign Policy,* 2007, pp. 1-36 (http://www.acikistihbarat.com/Dosyalar/Kurt-acilim-raporu-david-philips-15102007-english.pdf) 2012年9月13日閲覧。

Putnam, Robert, "Diplomacy and domestic politics: the logic of two-level games", *International Organization,* Vol. 42, No. 3, 1988, pp. 427-460.

Robins, Philip, *Turkey and the Middle East,* New York: Council of Foreign Relations Press, 1991.

―――, "Turkish Foreign Policy under Erbakan", *Survival,* Vol. 39, No. 2, 1997, pp. 82-100.

―――, *Suits and Uniforms: Turkish Foreign Policy since the Cold War,* London: Hurst & Company, 2003.

―――, "The 2005 BRISMES Lecture: A Double Gravity State: Turkish Foreign Policy Reconsidered", *British Journal of Middle Eastern Studies,* Vol. 33, No. 2, 2006, pp. 199-211.

Rose, Gideon, "Neoclassical Realism and Theories of Foreign Policy", *World Politics,* Vol. 51, 1998, pp. 144-172.

Rosecrance, Richard, *The Rise of the Trading State: Commerce and Conquest in the Modern World,* New York: Basic Books, 1986.

Rosenau, James, *The Scientific Study of Foreign Policy,* New York: Nichols Pub Co,

1980.

Roy, Olivier, "The Transformation of the Arab World", *Journal of Democracy*, Vol. 23, No. 3, 2012, pp. 5-18.

Rubin, Barry and Metin Heper (eds.), *Political Parties in Turkey*, London: Frank Cass, 2002.

Sak, Güven, "TOBB Indutry for Peace Initiative: Revitalization of the Palestinian Industrial Free Zone", 2006 (http://www.tepav.org.tr/upload/files/haber/1252506452r5390.TOBB_Industry_for_Peace_Initiative_Revitalization_of_the_Palestinian_Industrial_Free_Zone.pdf) 2012年10月3日閲覧。

Salter, Mark B., *Barbarians and Civilization in International Relations*, London: Pluto Press, 2002.

Sander, Oral, "Turkey and the Turkic world", *Central Asian Survey*, Vol. 13, No. 1, 1994, pp. 37-44.

Sayarı, Sabri, "Turkey and the Middle East in the 1990s", *Journal of Palestine Studies*, Vol. XXVI, No. 3, 1997, pp. 44-55.

―――, "Turkish Foreign Policy in the Post-Cold War Era: The Challenges of Multi-Regionalism", *Journal of International Affairs*, Vol. 54, No. 1, 2000, pp. 169-182.

Schwarzenberger, George, "The Standard of Civilization in International Law", Brett Bowden (ed.), *Civilization: Critical Concepts in Political Science, Vol. III: Civilization and its Others*, London: Routledge, 2009 (original 1955), pp. 293-311.

Schweller, Randall L., "Bandwagoning for Profit: Bringing the Revisionist State Back In", *International Security*, Vol. 19, No. 1, 1994, pp. 72-107.

Sever, Ayşegül, "Turkey's Stance on 'Dual Containment'" *Journal of South Asian and Middle Eastern Studies*, Vol. 26, No. 2, 2001, pp. 52-62.

Snyder, Glenn H., "The Security Dilemma in Alliance", *World Politics*, Vol. 36, No. 4, 1984, pp. 461-495.

Sobel, Richard, Peter Furia, and Bethany Barratt (eds.), *Public Opinion & International Intervention: Lessons from the Iraq War*, Virginia: Potomac Books, 2012.

Taşpınar, Omer, "Turkey's Middle East Policies: Between Neo-Ottomanism and Kemalism", *Carnegie Papers*, No. 10, 2008, pp. 1-29 (http://www.carnegieendowment.org/files/cmec10_taspinar_final.pdf) 2012年6月15日閲覧。

Taydaş, Zeynep and Özgür Özdamar, "A Divided Government, an Ideological Parliament, and an Insecure Leader: Turkey's Indecision about Joining the Iraq War", *Social Science Quarterly*, Vol. 94, Issue. 1, 2012, pp. 217-241.

Touval, Saadia and William Zartman (eds.), *International Mediation in Theory and Practice*, Boulder: Westview Press, 1985.

Türkiye Cumhuriyeti Anayası ve İnsan Hakları, Ankara: Yetkin Yayınları, 2008.

Ural İbrahim, *Bir Emniyet Müdürünün kaleminden OSLO Görüşmeleri*, İstanbul: İleri Yayınları, 2014.

Usul, Ali Resul, "The Justice and Development Party and the European Union: From euro-skepticism to euro-enthusiasm and euro-fatigue" in Ümit Cizre (ed.), *Secular and Islamic Politics in Turkey: The making of the Justice and Development Party*, London: Routledge, 2008, pp. 175-198.

Uzgel, İlhan, "Between Praetorianism and Democracy: The Role of the Military in Turkish Foreign Policy, *The Turkish Yearbook International Relations*, Vol. 34, 2004, pp. 177-211.

Uzgel, İlhan and Bülent Duru (eds), *AKP Kitabı: Bir Dönüşümün Bilançosu*, Ankara: Phoenix, 2009.

Uzgel, İlhan ve Volkan Yaramış, "Özal'dan Davutoğlu'na Türkiye'de Yeni Osmanlıcı Arayışlar", *Doğudan*, Mart-Nisan 2010, pp. 36-49.

Walt, Stephen M., *The Origin of Alliances*, Ithaca: Cornell University Press, 1987.

―――, "Testing theories of alliance formation: the case of South West Asia", *International Organization*, Vol. 42, No. 2, 1988, pp. 275-316.

Waltz, Kenneth N., *Man and the State and War*, New York: Columbia University Press, 1959.

―――, *Theory of International Politics*, New York: Random House, 1979.

Wight, Martin (Hedley Bull and Carsten Holbraad), *Power Politics*, New York: Continuum, 1995.

Wolfers, Arnold, *Discord and Collaboration: Essays on International Politics*, Baltimore: The Johns Hopkins Press, 1962.

Wood, Bernard, *The Middle Powers and the General Interest: Middle Powers in the International System*, Ottawa: The North-South Institute, 1988.

Yalvaç, Faruk, "Strategic Depth or Hegemonic Depth? A Critical Realist Analysis of Turkey's Position in the World System", *International Relations*, Vol. 26, No. 2, 2012, pp. 165-180.

Yanarocak, Hay and Eytan Cohen, "The Red Book: The Bible of Turkish Foreign Policy", *Stratejikboyut*, 11 October, 2010.

Yavuz, Hakan, "Turkish identity and foreign policy in flux: The rise of Neo-Ottomanism", *Middle East Critique*, Vol. 7, Issue. 12, 1998, pp. 19-41.

―――, "Cleansing Islam from the Public Sphere", *Journal of International Affairs*, Vol. 54, No. 1, 2000, pp. 21-42.

―――, *Islamic Political Identity in Turkey*, Oxford: Oxford University Press, 2003.

―――(ed.), *The Emergence of A New Turkey: Democracy and the AK Parti*, Salt Lake City: University of Utah Press, 2006.

―――, *Secularism and Muslim Democracy in Turkey*, Cambridge: Cambridge University Press, 2009.

Yeşilada, Birol A., "Turkish Foreign Policy toward the Middle East" in Atila Eralp, Muharrem Tünay, and Birol A Yeşilada (eds.), *The Political and Socioeconomic Transformation of Turkey*, Westport: Praeger, 1993, pp. 169-192.

Yeşiltaş, Murat, "Soft Balancing in Turkish Foreign Policy: The Case of the 2003 Iraq War", *Perceptions*, Vol. 14, No. 1-2, 2009, pp. 25-51.

Yıldız, Ahmet, "Politico-Religious Discourse of Political Islam in Turkey: The Parties of National Outlook", *The Muslim World*, Vol. 93, 2003, pp. 187-209.

Youngs, Tim and Claire Taylor, *The crisis in Lebanon (Research Paper 07/08)*, House of Commons Library, 2007 (http://www.ukbriefingpapers.co.uk/BriefingPaper/RP07-08) 2012年10月15日閲覧。

Zacher, Mark. W., "The decaying pillars of the Westphalian temple" in James N. Rosenau, and Ernest-Otto Czempiel (eds.), *Governance without Government*, Cambridge: Cambridge University Press, 1992, pp. 58-101.

Zartman, William and Paul Touval, "International Mediation in the Post-Cold War Era" in Chester A. Crocker, Fen Osler Hampson, and Pamela Aall (eds.), *Turbulent Peace: The Challenges of Managing International Conflict*, Washington DC: United States Institute of Peace Press, 2001, pp. 427-443.

Zelikow, Philip, "Foreign Policy Engineering-From Theory to Practice and Back Again-" *International Security*, Vol. 18, No. 4, 1994, pp. 143-171.

Zengin, Gürkan, *Hoca: Türk Dış Politikası'nda "Davutoğlu Etkisi"*, Istanbul: Inkılap, 2010.

Zisser, Eyal, "It's Long Road to Peace with Syria: From the Second Lebanon War to Peace Overtures in Ankara", *Strategic Assessment*, Vol. 11, No. 2, 2008, pp. 107-123.

邦語論文・書籍

青山弘之「シリアにおけるクルド民族主義政党・政治組織(1)」『現代の中東』No. 39, 2005

年，58-84頁。
─── 「シリアにおけるクルド民族主義政党・政治組織(2)」『現代の中東』No. 40, 2006年，20-31頁。
─── 「シリアにおけるクルド民族主義政党・政治組織（補足）──ハリーリー元首相暗殺に伴う政情変化のなかで（2005年）」『現代の中東』No. 41, 2006年, 65-94頁。
─── 「シリアにおけるクルド問題と「アラブの春」」『中東研究』第512号, Vol. 2, 2011年，43-51頁。
─── 『混迷するシリア──歴史と政治構造から読み解く』岩波書店，2012年。
青山弘之・末近浩太『現代シリア・レバノンの政治構造』岩波書店，2009年。
アーネスト・メイ（進藤栄一訳）『歴史の教訓──アメリカ外交はどう作られたか』岩波書店，2004年。
荒井康一「トルコ南東アナトリア開発計画と資源分配構造──大地主制から資本家的農業経営へ」『国際文化研究』第16号，2010年，31-44頁。
新井政美『トルコ近現代史』みすず書房，2001年。
アンツェ・ヴィーナー／トマス・ディーズ編（東野篤子訳）『ヨーロッパ統合の理論』勁草書房，2010年。
アントニー・マッグルー「グローバリゼーションと領域的民主主義」マッグルー編（松下洌監訳）『変容する民主主義』日本経済評論社，2003年，1-33頁。
アンドリュー・モラフチーク／フランク・シメルフェニヒ「リベラル政府間主義」アンツェ・ヴィーナー／トマス・ディーズ編（東野篤子訳）『ヨーロッパ統合の理論』勁草書房，2010年，97-128頁。
石川卓「超大国アメリカにとっての同盟──理論的分析への試論」日本国際問題研究所（監修）『アメリカにとって同盟とは何か』中央公論社，2013年，53-76頁。
泉淳「米国主導の中東民主化構想」吉川元・中村覚編『中東の予防外交』信山社，2012年，81-100頁。
市井吉興「文明化過程としての社会構想──ノルベルト・エリアスの社会学的想像力」『立命館産業社会論集』第35巻第4号，2000年，13-35頁。
逸見勉「アイデア・制度的環境・政策転換──ソ連ゴルバチョフ政権における『新思考』外交の分析」『東京都立大学法学会雑誌』第45巻2号，2005年，275-315頁。
今井宏平「トゥルグット・オザルの外交政策──ポスト冷戦期におけるトルコ外交の指針として」中央大学法学研究科編『大学院研究年報』第36号，2007年，277-293頁。
─── 「ポスト冷戦期におけるトルコの安全保障政策とアメリカ──北イラク・クルド人問題を中心に」『中央大学政策文化研究所年報』第10号，2007年，95-112頁。
─── 「2007年トルコ総選挙レポート」日本トルコ協会『アナトリアニュース』120号，

2007年，34-37頁。

――――「アメリカの中東政策とトルコ外交――「ミドル・パワー」の機能と限界」『国際政治』第150号，2007年，186-202頁。

――――「対外政策分析に関する批判と再考――「理解」型理論の構築に向けて」『法学新報』第115巻第7・8号，2009年3月号，221-255頁。

――――「2009年トルコ地方選挙レポート」日本トルコ協会『アナトリアニュース』124号，2009年，35-37頁。

――――「国別定期報告『トルコ』2009年7～9月」日本エネルギー経済研究所 中東研究センター，2009年10月，1-21頁。

――――「国別定期報告『トルコ』2009年10～12月」日本エネルギー経済研究所 中東研究センター，2010年1月，1-22頁。

――――「解決の糸口が見えないトルコとイスラエルの関係悪化」『情況』情況出版，2010年11月号，70-81頁。

――――「政治的境界を越えるイスラーム」押村高編『政治の発見シリーズ 超える――境界なき政治の予兆』風行社，2010年，221-263頁。

――――「国際関係論における「文明」概念の理念と実践――トルコ外交を事例として」中央大学社会科学研究所年報第15号，2011年，47-63頁。

――――「2011年6月12日総選挙に関する一考察」日本トルコ協会『アナトリアニュース』130号，2011年，58-63頁。

――――「中東地域における国際関係理論の現状と課題――「東方問題」から「西方問題」への転換」『法学新報』第118巻，第11・12号，2012年，65-86頁。

――――「ポスト冷戦期におけるトルコのユーラシア外交――安全保障共同体モデルを枠組みとして」『中央大学政策文化総合研究所年報』第15号，2012年，55-80頁。

――――「『ダーヴトオール・ドクトリン』の理論と実践」『海外事情』第60巻9号，2012年，16-31頁。

――――「イランの核開発問題とトルコ」日本トルコ協会『アナトリアニュース』132号，2012年，52-56頁。

――――「混迷するトルコの対シリア外交」『中東研究』第516号，2012年度 Vol.3，2013年2月，69-82頁。

――――「アラブ諸国の政治変動に対するトルコの影響」平成24年度国際問題調査研究・提言事業「『アラブの春』の将来」報告書，日本国際問題研究所，2013年3月，103-122頁。

――――「接近するトルコとアメリカ――トルコのフロッキングとアメリカのオフショア・バランシング」拓殖大学海外事情研究所『海外事情』第61巻7・8月号，2013年

7月，45-62頁。
─── 「中東地域におけるトルコの仲介政策──シリア・イスラエルの間接協議とイランの核開発問題を事例として」『中央大学社会科学研究所年報』第17号，2013年8月，171-190頁。
岩坂将充「EU加盟プロセスにおけるトルコの政軍関係──軍による民主化改革の受容とアタテュルク主義」上智ヨーロッパ研究，Vol. 1，2008年，81-104頁。
臼杵陽『イスラームはなぜ敵とされたのか』青土社，2009年。
エドワード・サイード（板垣雄三・杉田英明監修・金沢紀子訳）『オリエンタリズム（上・下）』平凡社，1993年。
大塚和夫・小杉泰・小松久男・東長靖・羽田正・山内昌之編集『岩波イスラーム辞典』岩波書店，2002年。
小野沢透「米・中東関係──パクス・アメリカーナの蜃気楼」五十嵐武士編『アメリカ外交と21世紀の世界──冷戦史の背景と地域的多様性をふまえて』昭和堂，2005年，129-173頁。
柿崎正樹「トルコにおける反イラク戦争抗議運動──イベント分析による考察」『国際社会研究』2010年，53-82頁。
勝又郁子「トルコ──PKKとの新和平交渉」中東研ニューズリポート，2013年1月11日。
カール・J・ホルスティ（宮里政玄訳）『国際政治の理論』勁草書房，1972年。
川田侃・大畠英樹『国際政治経済辞典（改訂版）』東京書籍，2003年。
木田元・丸山圭三郎・栗原彬・野家啓一編『コンサイス20世紀思想事典』三省堂，1989年。
吉川元・中村覚編『中東の予防外交』信山社，2012年。
木下郁夫「ミトラニーの機能主義国際機構論──知識政治学からの分析」『早稲田政治公法研究』第59号，1998年，35-56頁。
クリストファー・レイン（奥山真司訳）『幻想の平和──1940年から現在までのアメリカの大戦略』五月書房，2011年。
ケネス・ウォルツ（河野勝・岡垣知子訳）『国際政治の理論』勁草書房，2010年
小杉泰『二一世紀の世界政治五──イスラーム世界』筑摩書房，1998年。
───，「イスラーム政党をめぐる研究視座と方法論的課題──比較政治学と地域研究の交差する地点で」『アジア・アフリカ地域研究』第1号，2001年，231-250頁。
───，『9・11以後のイスラーム政治』岩波現代全書，2014年。
今野茂充「ネオクラシカル・リアリズムの対外政策理論」『法学研究』第83巻3号，2010年，391-421頁。
酒井啓子「イラクにおけるトルコマン民族──民族性に基づく政党化か，政党の脱民族化か」『アジア経済』Vol. 48, No. 5，2007年，21-48頁。

――――「中東の国際政治――他者に規定される地域と紛争」国分良成・酒井啓子・遠藤貢編『日本の国際政治　地域から見た国際政治』有斐閣，2009年，117-135頁。

坂本勉『トルコ民族の世界史』慶應義塾大学出版会，2006年。

佐原徹哉『近代バルカン都市社会史――多元主義空間における宗教とエスニシティ』刀水書房，2003年。

――――「隣国との問題ゼロ――トルコが進める地域的秩序の自立構想」『情況』2008年12月号，6-14頁。

サミュエル・ハンチントン（坪郷實・中道寿一・藪野祐三訳）『第三の波――20世紀後半の民主化』三嶺書房，1995年。

澤江史子『現代トルコの民主政治とイスラーム』ナカニシヤ出版，2005年。

――――「トルコのEU加盟改革過程と内政力学」『中東研究』No. 494, 2006/2007, 94-110頁。

――――「クルド問題をめぐるトルコの外交――紛争制御から包括的予防へ」吉川元・中村覚編『中東の予防外交』信山社，2012年，241-259頁。

――――「煮詰まるトルコのクルド人問題解決策――PKKの要求とトルコ政府の対応」『海外事情』第60巻11号，2012年，104-121頁。

ジル・ケペル（丸岡高弘訳）『ジハード――イスラーム主義の発展と衰退』産業図書，2006年。

ジェトロ「地中海のための連合」として立ち上げられた。詳細は「EU・地中海諸国関係の活性化」JETROユーロトレンド，2008年11月（http://www.jetro.go.jp/jfile/report/05001619/05001619_001_BUP_0.pdf）2012年9月30日閲覧。

ジョセフ・S・ナイ（山岡洋一訳）『ソフト・パワー――21世紀国際政治を制する見えざる力』日本経済新聞社，2004年。

――――（北沢格訳）『リーダー・パワー――21世紀型組織の主導者のために』日本経済新聞出版社，2008年。

ジョセフ・フランケル（河合秀和訳）『外交における政策決定』東京大学出版会，1970年。

――――（河合秀和訳）『国益――外交と内政の結節点』福村出版，1973年。

ジョン・ホームズ（奥田和彦訳）『カナダとアメリカ――同盟国の政治と外交』勁草書房，1987年。

ジョン・ミアシャイマー（奥山真司訳）『大国政治の悲劇――米中は必ず衝突する』五月書房，2007年。

末近浩太「ヒズブッラーの台頭とレバノン紛争――2006年7～8月」青山弘之・末近浩太『現代シリア・レバノンの政治構造』岩波書店，2009年，167-200頁。

――――『イスラーム主義と中東政治――レバノン・ヒズブッラーの抵抗と革命』名古屋

大学出版会，2013年。
鈴木董『オスマン帝国——イスラム世界の「柔らかい専制」』講談社現代新書，1992年。
―――「パクス・イスラミカからバベルの塔へ——イスラーム的世界秩序の崩壊と現代」『国際問題』No. 411, 1994年6月号，18-29頁。
―――『ナショナリズムとイスラム的共存』千倉書房，2007年。
スティーヴン・ウォルト（奥山真司訳）『米国世界戦略の核心：世界は「アメリカン・パワー」を制御できるか？』五月書房，2008年。
スティーヴン・ヴァン・エヴァラ（野口和彦・渡辺紫乃）『政治学のリサーチ・メソッド』勁草書房，2009年。
高岡豊「シリア——反体制武装勢力同士の抗争」中東かわら版，No. 140, 2013年7月16日。
多賀秀俊「後発発展途上国」川田侃・大畠英樹『国際政治経済辞典（改訂版）』東京書籍，2003年，210-211頁。
滝田賢治「冷戦概念と現代国際政治史——日米における議論を基礎に」細谷千博・丸山直起編『ポスト冷戦期の国際政治』有信堂，1993年，2-24頁。
―――「序論 冷戦後世界とアメリカ外交」『国際政治』第150号，2007年，1-17頁。
―――「東ユーラシア国際関係と地政学——歴史的事例と現状分析」滝田賢治編『21世紀東ユーラシアの地政学』中央大学出版部，2012年，1-31頁。
立山良司「二期目のブッシュ政権とその中東政策」福田安志編『情勢分析レポートNo. 2：アメリカ・ブッシュ政権と揺れる中東』アジア経済研究所，2006年，11-29頁。
―――「オバマ政権の「中東離れ」と増大する域内の不安」『国際問題』2014年4月号，16-25頁。
土山實男『安全保障の国際政治学——焦りと傲り（第2版）』有斐閣，2014年。
鶴見直人「トルコ外交の変容とその基軸——「深奥」に沈み行く国益？」『情況』2010年11月号，82-94頁。
中村覚「オムニバランシング論の研究——第三世界諸国の勢力均衡パターンの理論的考察」国際政治学会2010年大会ペーパー。
中村元『中村元選集 第1巻～第4巻』春秋社，1988年／1989年。
長澤栄治「終章：中東地域システムと国際社会の関与」みずほ情報総研株式会社『中東諸国における政治情勢及び経済等の現状と今後の展望』，2006年，112-124頁。
永田雄三・加賀谷寛・勝藤猛『中東現代史Ⅰ』山川出版，1982年。
長場紘「トルコとシリア——対立の構図(2)」『現代の中東』No. 27, 1999年，71-77頁。
夏目高男『シリア大統領アサドの中東外交——1970〜2000』明石書店，2003年。
錦田愛子「ハマースの政権掌握と外交政策」『国際政治』第177号，2014年，98-112頁。
日本国際問題研究所監修／久保文明編『アメリカにとって同盟とは何か』中央公論社，

2013年。

間寧「トルコ──『上からの民主化』の特徴」岸川毅・岩崎正洋編『アクセス　地域研究 I　民主化の多様な姿』日本経済評論社，2004年，117-131頁。

────「加盟交渉過程のトルコ政治への影響」八谷まち子編『EU拡大のフロンティア：トルコとの対話』信山社，2007年，145-172頁。

八谷まち子編『EU拡大のフロンティア──トルコとの対話』信山社，2007年。

八谷まち子「加盟候補国への決定過程──1997年ルクセンブルグ〜1999年ヘルシンキ」八谷まち子編『EU拡大のフロンティア──トルコとの対話』信山社，2007年，15-44頁。

────「加盟交渉のダイナミズム──アクター，争点，支持」八谷まち子編『EU拡大のフロンティア：ルコとの対話』信山社，2007年，45-76頁。

ピーター・バーガー／トーマス・ルックマン（山口節郎訳）『知識社会学論考──現実の社会的構成』新曜社，2003年。

松井芳郎『湾岸戦争と国際連合』日本評論社，1993年。

松森奈津子「文明の系譜学──語義の継承と基準の変遷」『国際関係・比較文化研究』第4巻，第2号，2006年，121-140頁。

溝渕正季「アラブ政変とアメリカ──オバマの現実主義と中東の地政学的変化」『中東研究』513号，2011年度 Vol. III，2012年2月，41-52頁。

マリーズ・リズン（菊池達也訳）『イスラーム』岩波書店，2004年。

六鹿茂夫「広域黒海地域の国際政治」羽場久美子・溝端佐登史編『世界政治叢書　ロシア・拡大EU』ミネルヴァ書房，2011年，265-283頁。

最上敏樹「国連平和体制が終焉する前に」『世界』3月号，2003年2月，51-62頁。

モハンマド・ハタミ（平野次郎訳）『文明の対話』，共同通信社，2001年。

森山央朗「シリア『内戦』とイスラーム主義」平成24年度国際問題調査研究・提言事業「『アラブの春』の将来」報告書，日本国際問題研究所，2013年3月，41-72頁

山崎博久「半大統領制とは何か」片岡寛光編『現代行政国家と政策過程』早稲田大学出版部，1994年，68-86頁。

山田高敬「『複合的なガバナンス』とグローバルな公共秩序の変容：進化論的コンストラクティビズムの視点から」『国際政治』第137号，2004年，45-65頁。

山本吉宣『国際レジームとガバナンス』有斐閣，2008年。

吉川直人・野口和彦編『国際関係理論』勁草書房，2006年。

ランドル・シュウェラー「同盟の概念」船橋洋一編著『同盟の比較研究──冷戦後秩序を求めて』日本評論社，2001年，249-284頁。

リチャード・ニュースタット・アーネスト・メイ（臼井久和・滝田賢治・斎藤元秀・阿部松盛訳）『ハーバード流歴史活用法──政策決定の成功と失敗』三嶺書房，1996年。

参考文献

リチャード・ローゼクランス（土屋政雄訳）『新貿易国家論』中央公論社，1987年。
ロバート・A・ダール（高畠通敏訳）『現代政治分析』岩波書店，1999年。

トルコ語・英語新聞

ビービーシー・ニュース（BBC News）
"Obama to pursue UN sanctions despite Iran nuclear deal", 20 May, 2010（http://www.bbc.co.uk/news/10129674）2012年8月8日閲覧。

シーエヌエヌ・トルコ（CNN Turk）
"El Kaide ve PKK'ye karşı sınır planı", 23 Ağustos, 2012（http://www.cnnturk.com/2012/turkiye/08/23/el.kaide.ve.pkkye.karsi.sinir.plani/673904.0/index.html）2012年12月13日閲覧。

ジュムヒュリエット紙（Cumhuriyet）
"Türkiye resmen arabulcu", 22 Mayıs, 2008（http://www.cumhuriyetarsivi.com/katalog/192/sayfa/2008/5/22/11.xhtml）2012年8月5日閲覧。
（その他 14, 21 Eylül, 11, 14, 19 Ekim, 1990 を参照。）

ドゥンヤ・ブルテン紙（Dünya Bülteni）
"Davutoğlu 'güvenli bölge' isteyecek", 30 Ağustos, 2012（http://www.dunyabulteni.net/?aType=haber&ArticleID=224578）2012年11月22日閲覧。

ハーレツ紙（Haaretz）
Benn Aluf "United States leaving Syrian track to Israel's discretion", 9 January, 2004（http://www.haaretz.com/print-edition/news/united-states-leaving-syrian-track-to-israel-s-discretion-1.61384）2012年8月3日閲覧。
Akiva Eldar "Background: How the convert contacts transpired", 16 January, 2007（http://quakerpi.org/ThenNow/Golan%20qpi.htm）2012年8月3日閲覧。
"Olmert: No government officials involved in secret Syria talks", 16 January, 2007（http://www.haaretz.com/news/olmert-no-government-officials-involved-in-secret-syria-talks-1.210252）2012年8月3日閲覧。
"Excuted spy's widow: PM to ask Turkey to help return body", 13 February, 2007（http://www.haaretz.com/news/executed-spy-s-widow-pm-to-ask-turkey-to-help-return-body-1.212911）2012年8月3日閲覧。

Zvi Bar'el, "Syrian leak/Taking through the press", 24 April, 2008 (http://www.haaretz.com/print-edition/news/syrian-leak-talking-through-the-press-1.244537) 2012年8月3日閲覧。

"Asad says "ready to cooperate" in Turkish Israel-Syria peace bid", 26 April, 2008 (http://www.haaretz.com/news/assad-says-ready-to-cooperate-in-turkish-israel-syria-peace-bid-1.244658) 2012年8月5日閲覧。

"Olmert labels Syria talks "historic breakthrough"", 22 May, 2008 (http://www.haaretz.com/print-edition/news/olmert-labels-syria-talks-historic-breakthrough-1.246321) 2012年8月6日閲覧。

"Israel promises Syria: Talks to proceed despite domestic crises", 16 June, 2008 (http://www.haaretz.com/print-edition/news/israel-promises-syria-talks-to-proceed-despite-domestic-crises-1.247863) 2012年8月6日閲覧。

"Will Olmert and Asad be sitting together at the same table?", 17 June, 2008 (http://www.haaretz.com/news/will-olmert-and-assad-be-sitting-together-at-the-same-table-1.247980) 2012年8月6日閲覧。

"Syria says premature to talk of direct contact with Israel", 4 July, 2008 (http://www.haaretz.com/news/syria-says-premature-to-talk-of-direct-contact-with-israel-1.249113) 2012年8月6日閲覧。

"Turkey to Syria: Talk openly to Israel", 8 July, 2008 (http://www.haaretz.com/print-edition/news/turkey-to-syria-talk-openly-to-israel-1.249279) 2012年8月7日閲覧。

"Syria sources to Haaretz: We'll grant no goodwill gesture to weak Olmert", 14 July, 2008 (http://www.haaretz.com/news/syria-sources-to-haaretz-we-ll-grant-no-goodwill-gestures-to-weak-olmert-1.249691) 2012年8月7日閲覧。

ヒュリエット紙（Hürriyet）

Zeynep Gürcanlı "Suriye'ye de zeytin dalı", 24 Şubat, 1998 (http://webarsiv.hurriyet.com.tr/1998/02/24/30198.asp) 2012年7月30日閲覧。

Zeynep Gürcanlı "Önce Katar sonra Mısır", 1 Mart, 1998 (http://webarsiv.hurriyet.com.tr/1998/03/01/30902.asp) 2012年9月5日閲覧。

Zeynep Gürcanlı "İslam dünyasıyla buzlar eriyor" 19 Mart, 1998 (http://webarsiv.hurriyet.com.tr/1998/03/19/33609.asp) 2012年9月5日閲覧。

"İsmail Cem'in zor Mısır gezisi", 21 Mart, 1998 (http://webarsiv.hurriyet.com.tr/1998/03/21/33973.asp) 2012年9月5日閲覧。

"Sabrımız taşıyor", 2 Ekim, 1998 (http://webarsiv.hurriyet.com.tr/1998/10/02/69673.

asp）2012年7月30日閲覧。

Metehan Demir "İşte gizli barış Mekutubu", 3 Ekim, 1998（http://webarsiv.hurriyet.com.tr/1998/10/03/69858.asp）2012年7月30日閲覧。

"Suriye'den geri adım", 3 Ekim, 1998（http://webarsiv.hurriyet.com.tr/1998/10/03/69861.asp）2012年7月30日閲覧。

"Önce Apo Mübarek...",7 Ekim, 1998（http://webarsiv.hurriyet.com.tr/1998/10/07/70607.asp）2012年7月30日閲覧。

Metehan Demir and Sezai Şengün "İşte sabrımızı taşıran nedenler", 8 Ekim, 1998（http://webarsiv.hurriyet.com.tr/1998/10/08/70805.asp）2012年7月30日閲覧。

"Wolfowitz konferans verdi", 14 Temmuz, 2002（http://webarsiv.hurriyet.com.tr/2002/07/14/152092.asp）2012年7月15日閲覧。

"Ecevit: Irak'a müdahale seçimi eretletmez", 3 Ekim, 2002（http://webarsiv.hurriyet.com.tr/2002/10/03/188831.asp）2012年7月15日閲覧。

"Asker-toprak-liman-üs", 3 Aralık, 2002（http://webarsiv.hurriyet.com.tr/2002/12/03/215774.asp）2012年7月17日閲覧。

"Wolfowitz: Sıra üs seçiminde", 4 Aralık, 2002（http://webarsiv.hurriyet.com.tr/2002/12/04/216232.asp）2012年7月15日閲覧。

"MGK: Barışçı yollarla çözüm aranmalı", 27 Aralık, 2002（http://webarsiv.hurriyet.com.tr/2002/12/27/226810.asp）2012年7月17日閲覧。

"ABD'li uzmanlar Türkiye'de", 13 Ocak, 2003（http://webarsiv.hurriyet.com.tr/2003/01/13/234100.asp）2012年7月17日閲覧。

"Yakış: Önemli olan işbirliğidir", 14 Şubat, 2003（http://webarsiv.hurriyet.com.tr/2003/02/14/248534.asp）2012年7月20日閲覧。

Sedat, Ergin "Düğüm para", 20 Şubat, 2003（http://webarsiv.hurriyet.com.tr/2003/02/20/251098.asp）2012年7月20日閲覧。

Uğur, Ergan, "AB gibi OB Kuralım", 15 Şubat, 2004（http://webarsiv.hurriyet.com.tr/2004/02/15/413547.asp）2012年10月7日閲覧。

"Yararlı tavsiyeler aldık", 16 Şubat, 2006（http://hurarsiv.hurriyet.com.tr/goster/haber.aspx?id=3944460&tarih=2006-02-16）2012年9月7日閲覧。

"Ankara PKK benzetmesinden rahatsız", 17 Şubat, 2006（http://hurarsiv.hurriyet.com.tr/goster/haber.aspx?id=3949077&tarih=2006-02-17）2012年9月7日閲覧。

"Hem tebrik hem taziye", 26 Haziran, 2006（http://hurarsiv.hurriyet.com.tr/goster/haber.aspx?id=4646488&tarih=2006-06-26）2012年8月7日閲覧。

Uğur Ergan "Gül: BM şemsiyesi altında Barış Gücü'ne prensipte katılırız", 27 Temmuz,

2006 (http://hurarsiv.hurriyet.com.tr/goster/haber.aspx?id=4821795&tarih= 2006-07-27) 2012年10月10日閲覧。

Enis Berberoğlu "Sezer: Lübnan'a asker yollanmasına karşıyım", 26 Ağustos, 2006 (http://hurarsiv.hurriyet.com.tr/goster/haber.aspx?id=4983358&tarih=2006-08-26) 2012年10月11日閲覧。

Arzu Çetik "Lübnan'a asker göndermek hükümetin işi", 26 Ağustos, 2006 (http://hurarsiv.hurriyet.com.tr/goster/haber.aspx?id=4983351&tarih=2006-08-26) 2012年10月11日閲覧。

"Meclis'te 368 kişi var iddiası", 27 Nisan, 2007 (http://hurarsiv.hurriyet.com.tr/goster/haber.aspx?id=6414928&tarih=2007-04-27) 2012年8月25日閲覧。

"Genelkurmay'dan çok sert açıklama", 27 Nisan, 2007 (http://hurarsiv.hurriyet.com.tr/goster/haber.aspx?id=6420961&tarih=2007-04-27) 2012年8月25日閲覧。

"Avrupa ve ABD'den tepki", 28 Nisan, 2007 (http://hurarsiv.hurriyet.com.tr/goster/haber.aspx?id=6422401&tarih=2007-04-28) 2012年8月25日閲覧。

"AKP'nin Köşk adayı Gül", 3 Ağustos, 2007 (http://hurarsiv.hurriyet.com.tr/goster/haber.aspx?id=7076907&tarih=2007-08-13) 2012年8月29日閲覧。

"Komutanlar Meclis'e gelmedi", 28 Ağustos, 2007 (http://hurarsiv.hurriyet.com.tr/goster/haber.aspx?id=7171351&tarih=2007-08-28) 2012年8月29日閲覧。

"Ergenekon operasyonunda şok isimler", 7 Ocak, 2009 (http://hurarsiv.hurriyet.com.tr/goster/haber.aspx?id=10722983&tarih=2009-01-07) 2012年9月3日閲覧。

"Benim için Davos bitti", 29 Ocak, 2009 (http://hurarsiv.hurriyet.com.tr/goster/haber.aspx?id=10886978&tarih=2009-01-29), 2012年10月8日閲覧。

"Kabinede köklü revizyon", 1 Mayıs, 2009 (http://hurarsiv.hurriyet.com.tr/goster/haber.aspx?id=11559542&tarih=2009-05-01) 2012年8月29日閲覧。

"TSK'dan 'ihbar mektubu' açıklaması", 17 Kasım, 2009 (http://hurarsiv.hurriyet.com.tr/goster/haber.aspx?id=12973429&tarih=2009-11-17) 2012年9月3日閲覧。

"Iran'dan Türkiye'nin teklifine yeşil ışık", 21 Kasım, 2009 (http://hurarsiv.hurriyet.com.tr/goster/haber.aspx?id=13008309&tarih=2009-11-21) 2012年8月8日閲覧。

"Türk Büyükelçi Çelikkol'a yapılan ayıba İsraillilerden sert tepki", 12 Ocak, 2010 (http://hurarsiv.hurriyet.com.tr/goster/haber.aspx?id=13451693&tarih=2010-01-12) 2012年9月5日閲覧。

"Alçak koltuk krizi çözüldü", 13 Ocak, 2010 (http://hurarsiv.hurriyet.com.tr/goster/haber.aspx?id=13470462&tarih=2010-01-13) 2012年9月5日閲覧。

"Barak: Yapılan hataydı geride kaldı", 17 Ocak, 2010 (http://hurarsiv.hurriyet.com.tr/

goster/haber.aspx?id=13502427&tarih=2010-01-17）2012年9月5日閲覧。

"Genelkurmay'dan darbe açıklaması", 21 Ocak, 2010（http://hurarsiv.hurriyet.com.tr/goster/haber.aspx?id=13544154&tarih=2010-01-21）2012年9月3日閲覧。

"Davutoğlu'nun konuşmasının tam metni, 31 Mayıs, 2010（http://www.hurriyet.com.tr/dunya/14896034.asp?gid=200）2012年9月5日閲覧。

"Başbakan: Türkiye'yi başkalarına benzetmeyin", 1 Haziran, 2010（http://hurarsiv.hurriyet.com.tr/goster/haber.aspx?id=14901622&tarih=2010-06-01）2012年9月5日閲覧。

"Türkiye İsrail'e bir günlük süre verdi", 2 Haziran, 2010（http://www.hurriyet.com.tr/dunya/14912716.asp?gid=373K）2012年9月5日閲覧。

"Kritik YAŞ kararnamesine Köşk'ten onay", 4 Ağustos, 2010（http://www.hurriyet.com.tr/gundem/15487158.asp?gid=373）2012年9月3日閲覧。

"Türkiye'den BM'nin Mavi Marmara raporuna ilk tepki", 22 Eylül, 2010（http://hurarsiv.hurriyet.com.tr/goster/haber.aspx?id=15844996&tarih=2010-09-22）2012年9月5日閲覧。

"Kılıçdaroğlu, PM'nin neredeyse yarısını yeniledi", 18 Aralık, 2010（http://www.hurriyet.com.tr/gundem/16569462.asp）2012年8月29日閲覧。

"Obama Erdoğan'ı aradı", 30 Ocak , 2011（http://hurarsiv.hurriyet.com.tr/goster/haber.aspx?id=16891245&tarih=2011-01-30）2012年10月12日閲覧。

"Başbakan'dan Mübarek'e ilk resmi mesaj", 1 Şubat, 2011（http://www.hurriyet.com.tr/gundem/16905749.asp?gid=373）2012年10月12日閲覧

"İşte CHP'de listeye giremeyen vekiller", 11 Nisan, 2011（http://www.hurriyet.com.tr/gundem/17522160.asp?gid=381）2012年8月29日閲覧。

"MHP'de deprem", 21 Mayıs, 2011（http://hurarsiv.hurriyet.com.tr/goster/haber.aspx?id=17840625&tarih=2011-05-21）2012年8月29日閲覧。

"Bakanlar Kurulu yeniden yapılandırılıyor", 8 Haziran, 2011（http://hurarsiv.hurriyet.com.tr/goster/haber.aspx?id=17982957&tarih=2011-06-08）2012年8月29日閲覧。

"Yeni TBMM Başkanı Cemil Çiçek olacak", 28 Haziran, 2011（http://hurarsiv.hurriyet.com.tr/goster/haber.aspx?id=18130825&tarih=2011-06-28）2012年9月1日閲覧。

"Türkiye-İsrail ilişkilerinde tarihi karar", 2 Eylül, 2011（http://hurarsiv.hurriyet.com.tr/goster/haber.aspx?id=18632049&tarih=2011-09-02）2012年9月7日閲覧。

"Başbuğ tek kişilik geçici koğuşta", 6 Ocak, 2012（http://hurarsiv.hurriyet.com.tr/goster/haber.aspx?id=19619798&tarih=2012-01-06）2012年9月3日閲覧。

"Albay Dursun Çiçek tutuklandı", 30 Haziran, 2012（http://hurarsiv.hurriyet.com.tr/

goster/haber.aspx?id=11976533&tarih=2009-06-30）2012年9月3日閲覧。

"Fransa ve Türkiye'den" özgürleştirilmiş bölge"ler planı", 1 Eylül, 2012（http://hurarsiv.hurriyet.com.tr/goster/haber.aspx?id=21357495&tarih=2012-09-01）2012年12月11日閲覧。

Aysel Alp, "Tezkere oylamasında kim kaç fire Verdi", 4 Ekim, 2012（http://www.hurriyet.com.tr/gundem/21624353.asp）2012年12月11日閲覧。

"Masada 'Silah' var", 31 Aralık, 2012（http://www.hurriyet.com.tr/gundem/22264471.asp）2013年10月1日閲覧。

"Müzakere değil araç", 5 Ocak, 2013（http://www.hurriyet.com.tr/gundem/22296160.asp）2013年10月1日閲覧。

"İlk adım Öcalan'ın İmralı'daki pozisyonu değişsin", 5 Ocak, 2013（http://www.hurriyet.com.tr/gundem/22296251.asp）2013年10月1日閲覧。

"Her Amerikan askerine kimyasal silah korumas", 30 Ocak, 2013（http://hurarsiv.hurriyet.com.tr/goster/haber.aspx?id=22483036&tarih=2013-01-30）2013年6月2日閲覧。

"Barak'ın özür teklifini Netanyahu reddetti", 24 Şubat, 2013（http://hurarsiv.hurriyet.com.tr/goster/haber.aspx?id=22672154&tarih=2013-02-24）2013年4月19日閲覧。

"Erdoğan'ın sözleri İsrail'i çıldırttı", 28 Şubat, 2013（http://hurarsiv.hurriyet.com.tr/goster/ShowNew.aspx?id=22711388）2013年4月19日閲覧。

"Siyonizm çıkışına ABD de tepki gösterdi", 1 Mart, 2013（http://hurarsiv.hurriyet.com.tr/goster/haber.aspx?id=22713067&tarih=2013-03-01）2013年4月19日閲覧。

"Devlete göre BDP'liler sızdırdı", 1 Mart, 2013（http://www.hurriyet.com.tr/gundem/22712261.asp）2013年10月1日閲覧。

"BDP'den tutanak açıklaması", 1 Mart, 2013（http://www.hurriyet.com.tr/gundem/22794820.asp）2013年10月3日閲覧。

"BDP ve DTK heyeti Suleymaniye'de", 1 Mart, 2013（http://www.hurriyet.com.tr/gundem/22712122.asp）2013年10月3日閲覧。

"Kışanak'tan açıklama", 5 Mart, 2013（http://www.hurriyet.com.tr/gundem/22891623.asp）2013年10月3日閲覧。

"İşte kandil'deki görüşmenin perde arkası", 6 Mart, 2013（http://www.hurriyet.com.tr/gundem/22750724.asp）2013年10月3日閲覧。

"Teröristin elini sıkmadılar", 13 Mart, 2013（http://www.hurriyet.com.tr/gundem/22802690.asp）2013年10月3日閲覧。

"İşte Öcalan'ın mesajı", 21 Mart, 2013（http://www.hurriyet.com.tr/gundem/22866213.

asp）2013年10月3日閲覧。

"İsrail Türkiye'den özür diledi", 22 Mart, 2013（http://hurarsiv.hurriyet.com.tr/goster/haber.aspx?id=22875305&tarih=2013-03-22）2013年4月19日閲覧。

"Önce tazminat sonar büyükelçi", 24 Mart, 2013（http://www.hurriyet.com.tr/planet/22884720.asp）2013年4月19日閲覧。

"Karayılan: Ateşkes ilan ettik", 24 Mart, 2013（http://www.youtube.com/watch?v=aaUuLXQgUQ8）2013年10月3日閲覧。

"Başbakan: Askere direktif yok", 10 Nisan, 2013（http://www.hurriyet.com.tr/gundem/23010394.asp）2013年10月15日閲覧。

"Tarih: 8 Mayıs", 26 Nisan, 2013（http://www.hurriyet.com.tr/gundem/23137640.asp）2013年10月5日閲覧。

"Esad halkına karşı kimyasal silah kullandı", 9 Mayıs, 2013（http://www.hurriyet.com.tr/planet/23244990.asp）2013年9月14日閲覧。

"Suçlanan örgütün elebaşı konuştu", 13 Mayıs, 2013（http://hurarsiv.hurriyet.com.tr/goster/haber.aspx?id=23268567&tarih=2013-05-13）2013年9月14日閲覧。

"PKK yüzde 20 çekildi", 8 Temmuz, 2013（http://www.hurriyet.com.tr/gundem/23675542.asp）2013年10月5日閲覧。

"PKK'lılar geri dönüyor", 31 Temmuz, 2013（http://www.hurriyet.com.tr/gundem/24429869.asp）2013年10月5日閲覧。

（その他14 Ağustos, 6 Eylül, 2006）

カリージ・タイムス紙（Khaleej Times）

"Iran urges West to be patient on incentives package, suggests Turkey play mediator", 26 June, 2006.

ミリエット紙（Milliyet）

Aydın, Hasan, "Ortam Gerildi, Koltuk Gitti", 28 Şubat, 2000（http://www.milliyet.com.tr/2000/02/28/haber/hab01.html）2012年11月1日閲覧。

（その他9 Temmuz, 2006 を参照。）

エヌティービー（Ntvmsnbc）

"ABD'nin Gül ile savaş pazarlığı", 18 Mart, 2011（http://www.ntvmsnbc.com/id/25193833/）2012年7月15日閲覧。

"Türkiye sınırı El Kaide'nin kontrolünde", 26 Temmuz, 2012（http://www.ntvmsnbc.

com/id/25369291/）2012年12月13日閲覧。

ラディカル紙（Radikal）

"Hedef Olmert-Esad zirvesi", 27 Nisan, 2008（http://www.radikal.com.tr/haber.php?haberno=254109）2012年8月5日閲覧。

"Bakan Atalay: Kürt açılımı devlet politikası, hedef Türkiye modeli", 30 Temmuz, 2009（http://www.radikal.com.tr/Radikal.aspx?aType=RadikalDetayV3&ArticleID=947344&CategoryID=98）2012年9月13日閲覧。

"Siyasiler altı saat atıştı, Türkiye 'demokratik açılım'ın içeriğini yine öğrenemedi", 14 Kasım, 2009（http://www.radikal.com.tr/Radikal.aspx?aType=RadikalDetayV3&ArticleID=964279&CategoryID=98）2012年9月13日閲覧。

"Erdoğan Obama'yla uranyum takasını konuştu", 20 Mayıs, 2010（http://www.radikal.com.tr/Radikal.aspx?aType=RadikalDetayV3&CategoryID=78&ArticleID=997800）2012年8月8日閲覧。

"Anadilde eğitim beklemeyin", 25 Eylül, 2010（http://www.radikal.com.tr/Radikal.aspx?aType=RadikalDetayV3&ArticleID=1020641&CategoryID=98）2012年9月13日閲覧。

"6.5 Saatlik Görüşmede Bol Sitem", 10 Ağustos, 2011（http://www.radikal.com.tr/Radikal.aspx?aType=RadikalDetayV3&ArticleID=1059464&CategoryID=81）2012年8月12日閲覧。

"Erdoğan Esad'a Sert Mesaj", 24 Ağustos, 2011（http://www.radikal.com.tr/Radikal.aspx?aType=RadikalDetayV3&ArticleID=1061100&CategoryID=77）2012年8月12日閲覧。

"Esad Reformlarda Yavaş, Operasyonlarda hızlı davrandı", 26 Ağustos, 2011（http://www.radikal.com.tr/Radikal.aspx?aType=RadikalDetayV3&CategoryID=81&ArticleID=1061509）2012年8月12日閲覧。

"Suriye'ye Güvenimiz Kayboldu", 28 Ağustos, 2011（http://www.radikal.com.tr/Radikal.aspx?aType=RadikalDetayV3&CategoryID=78&ArticleID=1061622）2012年8月12日閲覧。

"PKK ile organic değil ideolojik bağ var", 25 Temmuz, 2012（http://www.radikal.com.tr/Radikal.aspx?aType=RadikalDetayV3&ArticleID=1095199&CategoryID=81）2012年11月24日閲覧。

"Davutoğlu: Kürt yönetimi mesajımızı aldı", 1 Ağustos, 2012（http://www.radikal.com.tr/Radikal.aspx?aType=RadikalDetayV3&ArticleID=1095954&CategoryID=81）2012年8月14日閲覧。

"6.5 Saatlik Görüşmede Bol Sitem", *Radikal*, 10 Ağustos, 2011.
（その他 31 Temmuz, 5 Ağustos, 6 Kasım, 2009; 5 Ağustos 2010; 2, 9, 23 Ağustos 2011 を参照。）

ロイター通信
"Turkey, Ocalan map out steps to end Kurdish conflict", 8 January, 2013 (http://www.reuters.com/article/2013/01/08/us-turkey-kurds-idUSBRE9070NN20130108) 2013年10月1日閲覧。

サバ紙（Sabah）
"YAŞ kararları açıklandı", 4 Ağustos, 2009 (http://www.sabah.com.tr/Gundem/2009/08/04/yas_kararlari_aciklandi) 2012年9月3日閲覧。
Bostan Yahya, "Başkaları ne yaptıysa onu yapacağız", 11 Nisan, 2012 (http://www.sabah.com.tr/Gundem/2012/04/11/baskalari-ne-yaptiysa-biz-de-onu-yapacagiz) 2012年11月22日閲覧。

タラフ紙（Taraf）
"AKP ve Gülen'i bitirme planı", 12 Haziran, 2009 (http://www.taraf.com.tr/haber/akp-ve-guleni-bitirme-plani.htm) 2012年9月3日閲覧。
"Darbenin adı Balyoz", 20 Ocak, 2010 (http://www.taraf.com.tr/haber/darbenin-adi-balyoz.htm) 2012年9月3日閲覧。
"Gülen İHH'yı eleştirdi", 4 Haziran, 2010 (http://arsiv.taraf.com.tr/haber-gulen-ihh-yi-elestirdi-51199/), 2012年9月7日閲覧。

ガーディアン紙（The Guardian）
Oliver Burkeman, "Neighbours declare support for Syria", April 19, 2003 (http://www.threechords.org/gu-mobile/index.php/browse/article/world_2003_apr_19_iraq.syria) 2012年10月7日閲覧。

ニューヨーク・タイムズ紙（The New York Times）
"Report of the Secretary-General's Panel of Inquiry on the 31 May 2010 Flotilla Incident" (http://graphics8.nytimes.com/packages/pdf/world/Palmer-Committee-Final-report.pdf) 2012年9月7日閲覧。
"Al Qaeda Taking Deadly New Role in Syria's Conflict", 24 July, 2012 (http://www.

nytimes.com/2012/07/25/world/middleeast/al-qaeda-insinuating-its-way-into-syrias-conflict.html?pagewanted=all&_r=0）2012年12月13日閲覧。

ワシントンポスト紙（The Washington Post）
"Secretary Rice Holds a News Conference", 21 July, 2006（http://www.washingtonpost.com/wp-dyn/content/article/2006/07/21/AR2006072100889.html）2012年10月4日閲覧。
（その他 22 September, 1990; 8 April, 1991 を参照。）

トゥデイズ・ザマン紙（Today's Zaman）
"Israel PM Olmert sends envoys to Turkey for more Syria talks", 30 July, 2008（http://www.todayszaman.com/newsDetail_getNewsById.action;jsessionid=686F5F-235285456059735491C0627C8C?pageNo=642&category=&dt=2008&newsId=148881&-columnistId=0）2012年8月7日閲覧。
"The fulltext of informant officer's letter over military plot", 27 October, 2009（http://www.todayszaman.com/news-191233-the-fulltext-of-informant-officers-letter-over-military-plot.html）2012年9月3日閲覧。
"PM Erdoğan says Turkey cannot be indifferent to events in Syria", 29 March, 2011（http://www.todayszaman.com/newsDetail_getNewsById.action;jsessionid=B-00D022AE5DEA40D607F6E5C1603FC67?load=detay&newsId=239470）2012年10月12日閲覧。
"Israel delivers AWACS equipment to Turkey", 17 February, 2013（http://www.todayszaman.com/news-307296-israel-delivers-awacs-equipment-to-turkey.html）2013年4月20日閲覧。
"BDP visit to Imralı boosts hope for solution, but concerns persist", 24 February, 2013（http://todayszaman.com/news-308038-.html）2013年10月1日閲覧。
"PKK hawks say they won't agree to peace plan", 1 March, 2013（http://www.todayszaman.com/news-308516-pkk-hawks-say-they-wont-agree-to-peace-plan.html）2013年10月3日閲覧。
"Terrorist PKK says withdrawal from Turkey to begin on May 8", 25 April, 2013（http://www.todayszaman.com/news-313646-.html）2013年10月15日閲覧。
"PKK begins withdrawing from Turkey as part of settlement process", 8 May, 2013（http://www.todayszaman.com/news-314825-pkk-begins-withdrawing-from-turkey-as-part-of-settlement-process.html）2013年10月5日閲覧。

参考文献

"Turkey's Erdogan says UN must decide on any Syria no-fly zone", 17 May, 2013 (http://www.todayszaman.com/news-315783-turkeys-erdogan-says-un-must-decide-on-any-syria-no-fly-zone.html) 2013年9月20日閲覧。

"PKK's Bayık calls on Turkish gov't take action before Sept. 1", 31 July, 2013 (http://www.todayszaman.com/news-322380-pkks-bayik-calls-on-turkish-govt-to-take-action-before-sept-1.html) 2013年10月5日閲覧。

"Turkey increases defenses against Syrian chemical attack", 23 August, 2013 (http://www.todayszaman.com/news-324392-turkey-increases-defenses-against-syrian-chemical-attack.html) 2014年6月5日閲覧。

ターキッシュ・デイリーニュース／ヒュリエット・デイリーニュース紙（Turkish Daily News ／ Hürriyet Daily News）

"The Joint Declaration of Regional Initiative on Iraq", 25 January, 2003 (http://admin.hurriyetdailynews.com/the-joint-declaration-of-regional-initiative-on-iraq.aspx?pageID=438&n=the-joint-declaration-of-regional-initiative-on-iraq-2003-01-25) 2012年10月7日閲覧。

"Gul urges reforms in Muslim world", 29 May, 2003 (http://admin.hurriyetdailynews.com/gul-urges-reforms-in-muslim-world.aspx?pageID=438&n=gul-urges-reforms-in-muslim-world-2003-05-29) 2012年10月7日閲覧。

"Turkey urges neighbors to assume 'historic role' in Iraqi transition", 4 November, 2003 (http://admin.hurriyetdailynews.com/turkey-urges-neighbors-to-assume-historic-role-in-iraqi-transition.aspx?pageID=438&n=turkey-urges-neighbors-to-assume-historic-role-in-iraqi-transition-2003-11-04) 2012年10月7日閲覧。

Mehmet Ali Birand "Turkish-US strategic cooperation changing", 31 January, 2004 (http://admin.hurriyetdailynews.com/turkish-us-strategic-cooperation-changing.aspx?pageID=438&n=turkish-us-strategic-cooperation-changing-2004-01-31) 2012年7月22日閲覧。

Mehmet Ali Birand "Bush's Turkey warning to Barzani", 27 October, 2005 (http://admin.hurriyetdailynews.com/bushs-turkey-warning-to-barzani.aspx?pageID=438&n=bushs-turkey-warning-to-barzani-2005-10-27) 2012年7月23日閲覧。

Ümit Enginsoy "Turkey to attend today's U. N. meeting on Lebanon force", 31 July, 2006 (http://admin.hurriyetdailynews.com/turkey-to-attend-todays-un-meeting-on-lebanon-force.aspx?pageID=438&n=turkey-to-attend-todays-u.n.-meeting-on-lebanon-force-2006-07-31) 2012年10月10日閲覧。

"Ankara works out details on Lebanon mission", 8 September, 2006 (http://admin.hurriyetdailynews.com/ankara-works-out-details-on-lebanon-mission.aspx?pageID=438&n=ankara-works-out-details-on-lebanon-mission-2006-09-08) 2012年10月11日閲覧。

"US, Turkey, step up work against PKK terrorists", 6 November, 2007 (http://admin.hurriyetdailynews.com/us-turkey-step-up-work-against-pkk-terrorists.aspx?pageID=438&n=us-turkey-step-up-work-against-pkk-terrorists-2007-11-06) 2012年7月23日閲覧。

"Homeward bound", 1 March, 2008 (http://admin.hurriyetdailynews.com/homeward-bound.aspx?pageID=438&n=homeward-bound-2008-03-01) 2012年7月23日閲覧。

"Israel is see Syria talks as a diversion from Ehud Olmert", 23 May, 2008 (http://admin.hurriyetdailynews.com/israelis-see-syria-talks-as-a-diversion-from-olmert.aspx?pageID=438&n=israelis-see-syria-talks-as-a-diversion-from-olmert-2008-05-23) 2012年8月6日閲覧。

"Turkish PM Erdoğan defends 'no' vote on new sanctions against Iran", 11 June, 2010 (http://admin.hurriyetdailynews.com/turkish-pm-erdogan-defends-no-vote-on-new-sanctions-against-iran.aspx?pageID=438&n=erdogan-defends-8216no8217-vote-at-un-meeting-2010-06-10) 2012年8月8日閲覧。

"New rules rankle Turkish Foreign Ministry", 21 December, 2010 (http://admin.hurriyetdailynews.com/new-rules-rankle-turkish-foreign-ministry.aspx?pageID=438&n=the-new-round-of-appointments-in-foreign-ministry-will-be-a-litmus-case-for-concerns-of-cronyism-2010-12-21) 2012年10月13日閲覧。

"Muslim Brotherhood debates Turkey model", 14 September, 2011.

Murat Yetkin, "Neo-laicism by Erdoğan", 16 September, 2011 (http://www.hurriyetdailynews.com/default.aspx?pageid=438&n=neo-laicism-by-erdogan-2011-09-16) 2012年10月12日閲覧。

"US, Turkey in talks to shape post-Assad era", 24 August, 2012 (http://admin.hurriyetdailynews.com/us-turkey-in-talks-to-shape-post-assad-era.aspx?pageID=238&nID=28484&NewsCatID=338) 2012年12月13日閲覧。

Murat Yetkin, "Kurdish peace scenarios in Ankara", 26 March, 2013. (http://www.hurriyetdailynews.com/kurdish-peace-scenarios-in-ankara.aspx?pageID=238&nid=43607) 2013年10月3日閲覧。

"Syrian refugees in Turkish camps live on 80 liras of monthly aid", 28 November, 2013 (http://www.hurriyetdailynews.com/syrian-refugees-in-turkish-camps-live-on-

80-liras-of-monthly-aid.aspx?pageID=238&nID=58693&NewsCatID=352）2014 年 6 月 5 日閲覧。

（その他 19 April, 2003）

トルキエ紙（Türkiye）

Çağrı Erhan, "Türkiye'nin Arabuluculuğuyla ABD ve İran Barışabilir mi?", 22 Kasım, 2008（http://www.turkiyegazetesi.com/makaledetay.aspx?ID=393965）2012年8月7日閲覧。

イェニシャファック紙（Yeni Şafak）

(28 Ekim, 2010)

ザマン紙（Zaman）

"İsrail'in derdi Filistini tamamen işgal etmekse bilmek isteriz", 16 Temmuz, 2006（http://www.zaman.com.tr/politika/israil in-derdi-filistin i-tamamen-isgal-et-mekse-bilmek-isteriz/309472.html）2012年10月10日閲覧。

"Lübnan Başbakanı destek istedi", 16 Temmuz, 2006（http://www.zaman.com.tr/politika/lubnan-basbakani-destek-istedi/309473.html）2012年10月10日閲覧。

"Beşar Esad'dan Erdoğan'a acil yardım telefonu", 20 Temmuz, 2006（http://www.zaman.com.tr/dis-haberler/besar-esad dan-erdogan a-acil-yardim-telefonu/312745.html）2012年10月10日閲覧。

Fatih, Atik "Erdoğan, bölgede ateşkes için Tahran ve Şam dan katkı istedi", 22 Temmuz, 2006（http://www.zaman.com.tr/dis-haberler/erdogan-bolgede-ateskes-icin-tahran-ve-sam dan-katki-istedi/313993.html）2012年10月10日閲覧。

"Lübnandan kaçan üç bin kişi Türkiye yoluyla evlerine döndü", 25 Temmuz, 2006（http://www.zaman.com.tr/dis-haberler/lubnandan-kacan-uc-bin-kisi-turkiye-yoluyla-evlerine-dondu/315632.html）2012年10月10日閲覧。

"Kızılayın yeni yardımı yola çıktı", 4 Ağustos, 2006（http://www.zaman.com.tr/dis-haberler/kizilayin-yeni-yardimi-yola-cikti/322798.html）2012年10月10日閲覧。

"Ankara, asker için şartlarında ısrarlı", 13 Ağustos, 2006（http://www.zaman.com.tr/dis-haberler/ankara-asker-icin-sartlarinda-israrli/329670.html）2012年10月11日閲覧。

Süleyman Kurt "Dışişleri Bakanı Abdullah Gül, Lübnan'a gidiyor", Ağustos 15, 2006（http://www.zaman.com.tr/dis-haberler/disisleri-bakani-abdullah-gul-lubnana-gidiyor/330873.html）2012年10月11日閲覧。

Sezai Kalaycı and Baran Taş "Erdoğan: 22 İslam ülkesi Lübnana asker göndermeli", 4 Eylül, 2006(http://www.zaman.com.tr/politika/erdogan-22-islam-ulkesi-lubnana-asker-gondermeli/343424.html)2012年10月11日閲覧。

"Erdoğan, fanatizme karşı mücadele çağrısı yaptı", 16 Ocak, 2008(http://www.zaman.com.tr/newsDetail_getNewsById.action?haberno=638386&title=erdogan-fanatizme-karsi-mucadele-cagrisi-yapti&haberSayfa=55)2012年10月4日閲覧。

"Tarhan Erdem'den yerel seçim anketi sonuçları", 26 Mart, 2009(http://www.zaman.com.tr/newsDetail_getNewsById.action?haberno=830201&title=tarhan-erdemden-yerel-secim-anketi-sonuclari&haberSayfa=61)2012年7月27日閲覧。

"Tunuslu lider Gannuşi Zaman'a konuştu", 23 Şubat, 2011(http://www.zaman.com.tr/newsDetail_getNewsById.action?haberno=1097480&title=biz-de-muhafaz%C3%A2kar-demokratiz-modelimiz-turkiyenin-demokrasisi)2012年10月12日閲覧。

"ABD: El Kaide Türkiye üzerinden Suriye'ye para ve savaşçı göndermeye çalışıyor", 19 Ekim, 2012(http://www.zaman.com.tr/dis-haberler/abd-el-kaide-turkiye-uzerinden-suriyeye-para-ve-savasci-gondermeye-calisiyor/2004675.html)2012年12月13日閲覧。

"BDP'li Demirtaş: Çözüm süreci tıkanmış değil", 19 Haziran, 2013(http://www.zaman.com.tr/politika_bdpli-demirtas-cozum-sureci-tikanmis-degil_2102136.html)2014年6月5日閲覧。

日本経済新聞
(2010年5月8日)

主なウェブサイト

青山弘之氏ウェブサイト

『シリア・アラブの春(シリア革命2011)顛末記』(http://www.ac.auone-net.jp/~alsham/)2012~13年,定期的に閲覧。

アナトリアの鷲ウェブサイト

HISTORY OF ANATOLIAN EAGLE(http://www.anadolukartali.tsk.tr/default.asp?loc=en&p=tarihce)2012年10月8日閲覧。

アメリカ国務省ウェブサイト

"BMENA"(http://bmena.state.gov/)2012年7月23日閲覧。

参考文献

"Platform for Democratic Governance in the Islamic World"（http://2005-2009-bmena.state.gov/rls/55661.htm）2011年12月27日閲覧。

アメリカ中央情報局（CIA）ウェブサイト
（https://www.cia.gov/library/publications/the-world-factbook/）2013年9月1日閲覧。
"Turkey"（https://www.cia.gov/library/publications/the-world-factbook/geos/tu.html），2014年6月14日閲覧。
"Iraq"（https://www.cia.gov/library/reports/general-reports-1/iraq_wmd_2004/chap2_annxD.Html）2013年9月1日閲覧。

イスラーム諸国会議機構
"PUTRAJAYA DECLARATION ON THE SITUATION IN LEBANON AT THE SPECIAL MEETING OF THE EXTENDED EXECUTIVE COMMITTEE OF THE ORGANISATION OF ISLAMIC CONFERENCE PUTRAJAYA, MALAYSIA", 3 August, 2006（http://www.oic-oci.org/english/conf/exec/PUTRAJAYA-Dec-Leb-en.pdf）2012年10月12日閲覧。

英国ムスリム・イスラモフォービア委員会
"The Runnymade Trust "Islamophobia: a challenge for us all"（http://www.runnymedetrust.org/uploads/publications/pdfs/islamophobia.pdf）2012年10月2日閲覧。

拡大中東・北アフリカ・イニシアティヴ関連ウェブサイト
"Broader Middle East and North Africa Initiative: Democracy Assistance Dialogue"（http://www.g8.utoronto.ca/evaluations/2004seaisland_interim/02_2004_seaisland_interim.pdf）2012年7月23日閲覧。
"BMENA"（http://bmena.state.gov/）2012年7月23日閲覧。
"Democracy Assistance Dialogue: Women's Empowerment in the Broader Middle East and North Africa, 2005-2006 Conference Almanac"（http://www.isn.ethz.ch/isn/Digital-Library/Publications/Detail/?ots591=0c54e3b3-1e9c-be1e-2c24-a6a8c7060233&lng=en&id=92479）2011年7月24日閲覧。
"Platform for Democratic Governance in the Islamic World"（http://2005-2009-bmena.state.gov/rls/55661.htm）2011年12月27日閲覧。

共和人民党ウェブサイト

(http://www.chp.org.tr/) 2012年10月5日閲覧。

公正発展党ウェブサイト

(http://www.akparti.org.tr/) 2012年10月5日閲覧。

"Democratization and Human Rights Package"（http://www.akparti.org.tr/english/haberler/democratization-and-human-rights-package/52628）2014年1月5日閲覧。

国際連合ウェブサイト

"Security Council Resolution 1701"（http://www.un.org/News/Press/docs/2006/sc8808.doc.htm）2012年10月4日閲覧。

General Debate of the 64th Session, Turkey H. E. Mr. Recep Tayyip Erdoğan, Prime Minister, 24 September 2009（http://www.un.org/en/ga/64/generaldebate/pdf/TR_en.pdf）2012年2月13日閲覧。

"Report of the Secretary-General's Panel of Inquiry on the 31 May 2010 Flotilla Incident"（http://graphics8.nytimes.com/packages/pdf/world/Palmer-Committee-Final-report.pdf）2012年9月7日閲覧。

人権と自由に対する人道援助基金（İHH）ウェブサイト

"Suriye'ye yapılan yardımlar"（http://www.ihh.org.tr/tr/main/pages/suriyeye-yapilan-yardimlar/313）2014年6月5日閲覧。

主要国首脳会議（G8）ウェブサイト

"Middle East"（http://en.g8russia.ru/docs/21.html）2010年12月7日閲覧。

ストックホルム平和研究所（SIPRI）ウェブサイト

"Military expenditure of Turkey"（http://milexdata.sipri.org/result.php4）2012年9月10日閲覧。

対外経済関係理事会（DEİK）ウェブサイト

(http://www.turkey-now.org/?mID=110&pgID=939&langid=1) 2012年10月3日閲覧。

(http://www.deik.org.tr/Pages/TR/DEIK_HaberlerDetay.aspx?hDetId=264&IKID=10) 2012年10月3日閲覧。

参考文献

トルコ外務省ウェブサイト

"Joint Communique Given By Turkish And Jordan Sides During; Mr. İsmail Cem's Official Visits to the Hashemite Kingdom of Jordan March 2, 1998" (http://www.mfa.gov.tr/joint-communique-given-by-turkish-and-jordan-sides-during_mr_-ismail-cem_s-official-visit-to-the-hashemite-kingdom-of-jordan_br_march-3_-1998.en.mfa) 2012年9月3日閲覧。

"No: 126 October 1st, 2004, OIC-EU Joint Forum (http://www.mfa.gov.tr/_p_no__126-october-1st_-2004_-eu-oic-joint-forum__p_.en.mfa) 2012年9月3日閲覧。

"No: 182, 12 Ekim 2009, Anadolu Kartalı Tatbikatı Hk." (http://www.mfa.gov.tr/no_-182_-12-ekim-2009_-anadolu-kartali-tatbikati-hk_.tr.mfa) 2012年10月25日閲覧。

"Dış Politika Kronolojisi 2010 Mayıs" (http://www.mfa.gov.tr/mayis_.tr.mfa) 2012年8月8日閲覧。

"Press statement Regarding Measures Adopted vis-à-vis the Syrian Administration, 30 November 2011, Ankara" (http://www.mfa.gov.tr/press-statement-regarding-measures-adopted-vis-vis-the-syrian-administration-30-november-2011.en.mfa) 2012年8月12日閲覧。

"Üçüncü Büyükelçiler Konferansı Sonuç Bildirisi" (http://www.mfa.gov.tr/ucuncu-buyukelciler-konferansi-sonuc-bildirisi.tr.mfa) 2012年7月25日閲覧。

"Dışişleri Bakanı Sayın Ahmet Davutoğlu'nun V. Büyükelçiler Konferansında Yaptığı Konuşma, 2 Ocak 2013, Ankara" (http://www.mfa.gov.tr/disisleri-bakani-sayin-ahmet-davutoglu_nun-v_-buyukelciler-konferansinda-yaptigi-konusma_-2-ocak-2013_-ankara.tr.mfa) 2013年2月7日閲覧。

トルコ企業家実業家連盟（TUSKON）ウェブサイト

"Tuskon Hakkında" (http://www.tuskon.org/?p=content&cl=kurumsal&l=kurumsal) 2012年10月23日閲覧。

トルコ経済政策研究基金（TEPAV）ウェブサイト

"Ankara Forum 2 for Economic Cooperation Between Palestine, Turkey and Israel" (http://www.tepav.org.tr/en/haberler/s/1009) 2012年10月3日閲覧。

"Joint Declaration of the Sixth Meeting of the Ankara Forum East Jerusalem, 4 September 2007" (http://www.tepav.org.tr/upload/files/haber/1252654505r8838.Joint_Declaration_of_the_Sixth_Meeting_of_the_Ankara_Forum_East_Jerusalem.pdf) 2012年10月3日閲覧。

トルコ災害・緊急時対応庁（AFAD）ウェブサイト
"Barınma Merkezlerinde Son Durum"（https://www.afad.gov.tr/TR/IcerikDetay1.aspx?IcerikID=848&ID=16）2013年9月20日閲覧。
"JICA ile Ortak Koordinasyon Komiti Toplantısı"（https://www.afad.gov.tr/TR/HaberDetay.aspx?IcerikID=1662&ID=5）2014年6月5日閲覧。
"Suriye Sıfır Noktasında İnsani Yardım Dağıtımı"（https://www.afad.gov.tr/TR/IcerikDetay1.aspx?ID=16&IcerikID=759）2014年6月15日閲覧。

トルコ商工会議所連合（TOBB）ウェブサイト
ANKARA FORUM（Bilgi Notu）（http://www.tobb.org.tr/AvrupaBirligiDairesi/Dokumanlar/Faaliyetler/ankaraforumu/ankaraforumu.pdf）2014年6月10日閲覧。

トルコ首相府ウェブサイト
"Law No 5982 Amending Certain Provisions of the Constitution"（http://www.abgs.gov.tr/files/BasınMusavirlik/haberler/constituional_amendments.pdf）2012年8月15日閲覧。

トルコ統計協会（TÜIK）ウェブサイト
（http://www.tuik.gov.tr/VeriBilgi.do?alt_id=12）2013年6月2日閲覧。

ピュー・リサーチ・センターウェブサイト
What World Thinks in 2002: How Global Publics View: Their Lives, Their Countries, the World and America, The Pew Global Attitudes Project（http://www.people-press.org/files/legacy-pdf/165.pdf），2013年9月15日閲覧。

フリーダム・ハウス
"Turkey"（http://www.freedomhouse.org/country/turkey）2012年10月23日閲覧。

「文明間の同盟」関連ウェブサイト
"High Level Group"（http://www.unaoc.org/about/high-level-group/）2012年8月17日閲覧。
"Alliance of Civilizations: Report of the High-level Group 13 November 2006"（http://www.unaoc.org/repository/HLG_Report.pdf）2011年1月10日閲覧。
"MALLORCA OPENING STATEMENT BY H. E. Prof. Dr. Mehmet AYDIN"（http://www.unaoc.org/repository/Aydin_firsthlg_statement.doc.pdf）2012年10月1日閲覧。

"Republic of Turkey: National Strategy of Alliance of Civilization" (http://www.unaoc.org/wp-content/uploads/Turkey-National-Strategy1.pdf) 2012年10月 1 日閲覧。

"Action Plan for 2011-2015 implementing the Alliance of Civilizations' Regional Strategy on Intercultural Dialogue and Cooperation for the Mediterranean-prioritized actions for 2011" (http://www.unaoc.org/wp-content/uploads/UNAOC-Action-Plan-for-the-Mediterranean-20-April-2011.pdf) 2012年 9 月15日閲覧。

"SECOND ACTION PLAN1 Implementing the Alliance of Civilizations' Regional Strategy on Intercultural Dialogue and Cooperation in South Eastern Europe, adopted in Sarajevo in December 2009" (http://www.unaoc.org/wp-content/uploads/SEE-2nd-Action-Plan.pdf) 2012年 9 月15日閲覧。

"Alliance of Civilizations' Regional Strategy on Intercultural Dialogue and Cooperation in South Eastern Europe Presented in Sarajevo, 14 December 2009" (http://www.unaoc.org/docs/Sarajevo-Strategy-13december09.pdf) 2012年10月 2 日閲覧。

"Statement by the President of the Government of Spain, HE Mr. Jose Luis Rodriguez Zapatero", At the 59th session of the United Nations General Assembly, New York, 21 September, 2004 (http://www.un.org/webcast/ga/59/statements/spaeng040921.pdf) 2010年12月27日閲覧。

ディー 8 (D8) ウェブサイト

Brief History of D 8 (http://www.developing8.org/About.aspx) 2012年 8 月29日閲覧。

Purpose and Objectives (http://www.developing8.org/MissionStatement.aspx) 2012年 8 月29日閲覧。

ポリシーⅣ

"Authority Trends 1946-2010: Turkey" (http://www.systemicpeace.org/polity/tur2.htm) 2012年10月23日閲覧。

ホワイトハウス・ウェブサイト

Joint Press Conference by President Obama and Prime Minister Erdogan of Turkey (http://www.whitehouse.gov/the-press-office/2013/05/16/joint-press-conference-president-obama-and-prime-minister-erdogan-turkey) 2013年 9 月25日閲覧。

民主統一党 (PYD) ウェブサイト

(http://pydinfo.com/field-reports/171-latest) 2013年 9 月20日閲覧。

(http://pydinfo.com/about-the-pyd）2013年9月24日閲覧。

メトロポール世論調査会社

"Social and Political Situation in Turkey: A Study on Terrorism and Kurdish Issue in Southeast Region in Anatolia", November 2007（http://www.metropoll.com.tr/report/a-study-on-terrorism-and-kurdish-issue-in-southeast-region-of-anatolia-november-2007-en-2）2012年9月13日閲覧。

"İsrail Saldırısı-Haziran 2010"（http://www.metropoll.com.tr/report/israil-saldirisi-haziran-2010）2012年9月7日閲覧。

"Türkiye Siyasal Durum Araştırması-Eylül 2012"（http://www.metropoll.com.tr/report/turkiye-siyasal-durum-arastirmasi-eylul-2012）2012年11月1日閲覧。

ユーエヌエイチシーアール（UNHCR）ウェブサイト

UNHCR, *Turkey Syrian Refugee Daily Sitrep*, 26 December, 2013（http://data.unhcr.org/syrianrefugees/documents.php?page=18&view=grid&Language%5B%5D=1&Country%5B%5D=224）2013年12月28日閲覧。

2014 Syria Regional Response Plan: Turkey, December 2013.（http://data.unhcr.org/syrianrefugees/documents.php?page=1&view=grid&Search=regional+response+plan）2014年6月5日閲覧。

その他のウェブサイト

The Ottoman Constitution（http://www.anayasa.gen.tr/1876constitution.htm）2012年7月9日閲覧。

Kamu Harcamaları İzleme Platformu（http://www.kamuharcamalariniizlemeplatformu.org/）2014年6月5日閲覧。

IMFウェブサイト

UNCTADウェブサイト

World Bankウェブサイト

あとがき

　筆者が国際関係論に興味を持つことになったきっかけは，中学生3年次にニュースで見た，イツハク・ラビン首相の暗殺であった。パレスチナとの和平を推進していたラビン首相が，それまで対立していたパレスチナ人ではなく，同じユダヤ人に殺害されたことに中学生ながら衝撃を受け，中東和平問題を解決することの困難さを知った。その後，中央大学に進学し，国際関係論の基礎ゼミ・専門ゼミを受講する中でも，常に中東和平をはじめとした，中東に関するテーマを取り上げて議論し，ゼミ論文を執筆してきた。
　それでは，数ある中東諸国の中でなぜトルコを選んだのか。そのきっかけは，大学3年次に専門ゼミの担当教授であった滝田賢治先生に，大学院進学，そして大学院では中東の国際関係を本格的に研究したいという相談をさせて頂いたことに端を発している。中東和平問題を研究したいと話した筆者に，滝田先生は「トルコを中心に中東の国際関係を研究すると面白いのではないか」と返答された。先生の予想外の返答に，当初は困惑したが，とりあえずトルコに関連する文献を読んでみると，「文明の十字路」の中心に位置し，国民の99％がイスラーム教徒であるにもかかわらず，世俗主義を国是としているなど，興味深い点をいくつも発見した。それと同時に，トルコの外交，もしくは国際関係を扱う邦語文献が非常に少ないこともわかった。こうしてトルコについて興味を持ち始めた筆者は，大学4年次に塾講師のアルバイトで貯めた資金を使って，1週間のトルコ旅行（イスタンブル・アンカラ）を敢行した。そこで，当時，トルコ語が全くわからなかった筆者を待ち受けていたのは，イスタンブルでバスに乗ることもできず，何とか乗ったタクシーでも過剰請求されるという現実であった。しかし，イスタンブルで宿泊した若いトルコ人スタッフは非常に気さくで，筆者に町を案内してくれた。また，料理はケバブからレンズ豆のスープに至るまで大変美味しかった。トルコ人の温かさ，トルコ料理の美味しさがトルコを研究対象とすることを後押ししたことは疑いの余地がない。しかし，イスタンブルではせっかくトルコに来

たものの，研究に関することは何もできなかった。当時の筆者は知り合いのトルコ研究者もトルコ人もいなかったので，全く伝手がなかったのである。そこで，アンカラでは一念発起して，『地球の歩き方』の地図の端にあるアンカラ大学を訪問し，トルコ外交の専門家を紹介してもらおうと考えた。アンカラ大学は医学部を含めてキャンパスが4ヵ所に点在しているのだが，地図に載っていたクルトゥルシュ・キャンパスは，幸運にも国際関係論を含む社会科学学部（Siyasal Bilgiler Fakultesi）の所在地であった。そこで，持っていたトルコ語の『旅の指さし会話帳』をフル活用して，ようやく国際関係論の准教授を紹介してもらうことができた。その時紹介して頂いたのが，チャール・エルハン（Çağrı Erhan）先生であった。チャール先生には，その後，中東工科大学への留学を勧めて頂いたり，中東工科大学のメリハ・アルトゥンウシュク（Meliha Altunışık）先生を含む多くの研究者を紹介して頂いたりした。あの一人旅でチャール先生と出会っていなければ，今日の自分はなかったかもしれない。このように，筆者がトルコ外交の研究を志した背景には，滝田先生の助言とチャール先生との出会いがあった。

　それでは，なぜポスト冷戦期のトルコの中東外交，特に公正発展党政権下での「ダーヴトオール・ドクトリン」に注目したのか。その理由は，筆者がアンカラに留学していた2006年10月から2011年8月は，「ダーヴトオール・ドクトリン」が花開いた時期であり，アルメニアとの和解交渉，イスラエルとシリアの間接協議，イラン核開発問題の仲介，ガザ支援船団攻撃事件などを現地でつぶさに見てきたためである。この時期の躍動的なトルコ外交は，現代トルコ外交を研究する筆者を魅了するのに十分なインパクトを持っていた。シリアの内戦が激化し，「イスラーム国」がシリアとイラクの国境付近で跋扈するようになったため，「ゼロ・プロブレム外交」は破綻したと見なされているが，本書の第Ⅱ部，第Ⅲ部で論じてきた「ダーヴトオール・ドクトリン」の全てが否定されたわけではない。トルコ政府は，もう一度，意図と認識にもとづき，国内政治，地域秩序の平和と安定，国際社会での影響力行使という3つのレベルの相関関係を再検討する必要があるだろう。

　本書は，2013年3月に中央大学大学院法学研究科に提出した博士論文「トルコ公正発展党政権の中東政策——地域秩序安定化の試みとその挫折」を大幅に加筆・修正したものである。刊行に際しては，独立行政法人日本学術振興会の平成

あとがき

26年度科学研究費補助金（研究成果公開促進費・学術図書・課題番号265142）の支援を受けた。また，本研究を進めるにあたり，日本学術振興会特別研究奨励費（研究課題「トルコ公正発展政権の全方位外交」課題番号25・10342〔PD〕），平成20年度文部科学省・大学教育の国際化加速プログラム（長期海外留学支援プログラム）奨学金（2008年9月～2011年8月），2006年度トルコ政府奨学金，の支援を賜った。ここに記して謝意を表したい。

　これまでの研究，そして本書の刊行に至るまで，数えきれない方々のご指導・お力添えを頂いた。まず，名前をあげさせて頂きたいのが，中央大学の学部1年次の基礎ゼミから，専門ゼミ，修士課程，博士課程とトルコ留学中も含め，足かけ13年間ご指導頂き，トルコ外交の研究のきっかけを与えて下さった滝田賢治先生である。先生の厳しいご指導に発奮し，温かいお言葉に励まされながら，何とかここまでやってこられたというのが本音である。時に生意気で，時に怠惰な筆者をここまで育てて頂いたご恩に報いるためにも今後より一層精進していきたい。
　また，中央大学在学中は，法学部政治学科，法学研究科政治学専攻の多くの先生方にご指導頂いた。その中でも，博士論文審査で副査をお引き受け下さった星野智先生，都留康子先生（現上智大学）には，博士論文をはじめとした研究全般において，多数の貴重なご指導・ご指摘を頂いた。さらに中央大学大学院時代には，臼井久和先生（獨協大学・フェリス女学院大学名誉教授），内田孟男先生（元中央大学教授・元ユネスコ学術官・元国連大学学術官），大隈宏先生（成城大学），奥田和彦先生（フェリス女学院大学名誉教授）から有益なアドヴァイスを賜った。加えて，大学院修士時代には，押村高先生（青山学院大学），新井政美先生（東京外国語大学）の授業を受講させて頂き，国際政治思想，トルコ近現代史の基礎知識を蓄えることができた。受講を許可して頂いた両先生に深く御礼申し上げたい。中央大学大学院の先輩である川久保文紀先生（中央学院大学）には，大学院修士時代から現在に至るまでたびたび有益なアドヴァイスを頂いている。加えて，中央大学の政策文化総合研究所，社会科学研究所のさまざまなプロジェクトでご一緒させて頂いた先生方，留学中お世話になった大学職員の方々にも謝意を述べたい。
　2006年10月から2011年8月にかけてのアンカラ留学においても多くの方々からご支援頂いた。とりわけ，中東工科大学留学中の受け入れ教授であり，Ph. D. dissertation の主査を務めて頂いたメリハ先生には公私ともに大変お世話になっ

た。また，Ph. D. dissertation の副査を務めて頂いた中東工科大学のヒュセイン・バージ（Hüseyin Bağcı）先生，オクタイ・タンルセヴェル（Oktay Tanrısever）先生，アンカラ大学のチャール先生，TOBB 大学のシャーバン・カルダシュ（Şaban Kardaş）先生にも多数の貴重なアドヴァイスを頂いた。加えて，中東工科大学のバシャック・カレ（Başak Kale）先生，ジェレン・エルゲンチ（Ceren Ergenç）先生，ムスタファ・トゥルケシュ（Mustafa Türkeş）先生，ヌーリ・ユルドゥセヴ（Nuri Yurdusev）先生，オズレム・トゥル（Özlem Tür）先生，ザナ・チタク（Zana Çitak）先生，ビルケント大学のタールク・オーズル（Tarık Oğuzlu）先生（現アンタルヤ大学），ヌル・ビルゲ・クリス（Nur Bilge Criss）先生，アンカラ大学のイルハン・ウズゲル（İlhan Uzgel）先生，ヒュセイン・ジャン・エルキン（Hüseyin Can Erkin）先生，TOBB 大学のバハドゥル・ペヒリヴァントゥルク（Bahadır Pehlivantürk）先生，バシュケント大学のアリ・アクケミック（Ali Akkemik）先生（現カディル・ハス大学），ボアジチ大学のケマル・キリシジ（Kemal Kirişci）先生（現ブルッキングス研究所），西オーストラリア大学のロミット・ダスグプタ（Romit Dasgupta）先生には常々，研究に関するご指導を頂いてきた。

また，ハカン・ギョネン（Hakan Gönen），バイラム・シンカヤ（Bayram Sinkaya）（現イルドゥルム・ベヤズット大学）をはじめとした中東工科大学の研究員，中東工科大学の図書館のスタッフ，筆者の寮とアパートのルームメイトであった中東工科大学の大学院生たち——バラン・メティン（Baran Metin），アジャル・クタイ（Acar Kutay），タイフン・シェン（Tayfun Şen），セミヒ・サプマズ（Semih Sapmaz），レシット・クシュルオール（Resit Kışlıoğlu），フェルハット・ヤラル（Ferhat Yarar），メリヒ・オズトプ（Melih Öztop）にも謝意を表したい。ルームメイトたちは，留学中文字通り，寝食を共にし，研究，スポーツ，何気ない雑談，飲み会を通して友情を育んだ。中東工科大学の図書館の暗い個人閲覧室での孤独な Ph. D. dissertation 執筆の日々に耐えることができたのも，彼らの存在が大きい。中東工科大学には現在でも年に 1 度は訪問する機会を頂いているが，いつも留学時代の辛く楽しい日々が思い出される。

トルコ留学時代には，日本・トルコ協会の大曲裕子氏，在トルコ・日本大使館の方々，アンカラに赴任されていた日本企業の方々にも大変お世話になった。心から感謝を伝えたい。

あとがき

　アンカラ留学から日本に帰国した後は，中東地域研究と国際関係論研究の多くの先生方からご指導を頂いている。とりわけ，日本学術振興会特別研究奨励費の受け入れ教員となって頂いている，明治大学の佐原徹哉先生にはさまざまな形でご指導・ご支援を頂いている。明治大学の大変恵まれた環境下で研究を実施することができているのもひとえに先生のおかげである。また，池田明史先生（東洋英和女学院大学），立山良司先生（防衛大学校名誉教授），八谷まち子先生（九州大学），広瀬佳一先生（防衛大学校），中村覚先生（神戸大学），粕谷元先生（日本大学），大中真先生（桜美林大学），高橋良輔先生（佐賀大学），江崎智絵先生（防衛大学校），森山央朗先生（同志社大学），大庭弘継先生（南山大学），池田丈佑先生（富山大学），貫井万里先生（国際問題研究所），髙岡豊先生（中東調査会），三上陽一氏（外務省），小副川琢先生（東京外国語大学），溝渕正季氏（名古屋商科大学），角田和広氏（明治大学大学院・在スーダン日本大使館），村上拓哉氏（中東調査会），千葉悠志氏（日本学術振興会特別研究員），高澤洋志氏（東京大学大学院）をはじめとした諸氏にはさまざまな研究会，プロジェクトにお誘い頂いた。貴重な機会を頂き，深く感謝申し上げたい。特に立山先生，中村先生，角田氏には，本書の草稿に目を通して頂き，貴重なアドヴァイスを賜った。

　現代トルコ研究の先達である，内藤正典先生（同志社大学），柿崎正樹先生（テンプル大学），岩坂将充先生（同志社大学），荒井康一先生（上智大学），平井由貴子氏（外務省）からも常々貴重なご助言を頂いている。中東全般に関しても，国際問題研究所や中東調査会の研究会を通して，長澤栄治先生（東京大学），青山弘之先生（東京外国語大学），末近浩太先生（立命館大学），横田貴之先生（日本大学），錦田愛子先生（東京外国語大学）をはじめとした諸先生方に厳しくも温かいご指摘を頂いている。

　中央大学大学院時代から切磋琢磨してきた杜崎群傑氏（中央大学経済学部），溜和敏氏（日本学術振興会特別研究員），西住祐亮氏（中央大学大学院），志田淳二郎氏（中央大学大学院）をはじめとした大学院時代の友人にも謝意を示したい。

　ここでお世話になった方々のお名前を全て挙げることはできないが，これまで大変多くの先生方，先輩方，大学の職員の方々，友人たちにご指導・ご鞭撻・ご支援・激励を頂いた。この場を借りて皆様にお礼を申し上げたい。

　ミネルヴァ書房編集部の堀川健太郎氏には，格別のご配慮を頂いた。本書の編

集をご快諾頂くとともに，不手際が多かった私の作業を，常に的確なご助言で辛抱強く編集作業を進めて下さった。心から感謝を申し上げたい。

　最後に私事で恐縮であるが，家族に謝意を申し添えることをお許し頂きたい。私が研究者の道に進むことを快諾し，温かく見守ってくれた両親，5年にわたるトルコ留学の間も辛抱強く待ち続けてくれた妻，恵子，そして常に私を元気付けてくれる娘の仁奈の存在なくして研究生活を送ることは不可能であった。心から感謝したい。

　　　2014年12月31日
　　　　　　除夜の鐘が響きはじめた長野の実家にて　　今 井 宏 平

関 連 年 表

年	月・日	関 連 事 項
1989	12・2〜3	マルタ会談により米ソ冷戦が事実上終結
1990	8・2	湾岸危機の勃発
	12・3	トルムタイ参謀総長辞任
1991	1・17	大国民議会で決議126承認，トルコの湾岸戦争派兵が決定的に
	3・2	イラクがクウェートから撤退
	4・9	北イラク・クルド人保護の「セーフ・ヘヴン」の設置が決定
	7・24	OPC Ⅱが開始（96年12月から「北方監視作戦」へ）
	10・20	総選挙で祖国党敗北。正道党が第1党に
	12・25	ソ連邦崩壊
1992	6・25	BSEC発足
1993	4・17	オザル大統領急死。新大統領にデミレルが就任
1995	12・24	総選挙において福祉党が第1党となる
1996	6・28	エルバカンが首相に就任
1997	2・28	軍部による2月28日キャンペーンが起きる
	6・15	D8設立
	6・30	エルバカンが首相を辞任
1998	10・20	トルコとシリアがアダナ合意に調印
1999	2・15	PKK党首のオジャランがケニアのギリシャ大使館で拘束
	4・18	総選挙で民主左派党が第1党となる
	12・10〜11	ヘルシンキ会議においてトルコを加盟交渉国とすることが決定
2001	8・14	公正発展党が設立
	9・11	アメリカ同時多発テロ
2002	2・12	OIC-EUフォーラムがイスタンブルで開催
	11・3	公正発展党が単独与党となる
2003	1・23	第1回イラク周辺国会議が実施される
	3・1	イラク戦争へのトルコの派兵が大国民議会で否決
2004	6・8〜10	シー・アイランド・サミットでBMENA設立
	12・16	EUとトルコが加盟交渉の開始を決定
2005	6・13	トルコが「文明間の同盟」の共同議長国に就任
	10・3	トルコとEUの加盟交渉が開始
2006	7・12	第2次レバノン紛争の勃発
	9・5	UNIFILへの参加が大国民議会で可決（〜2013年8月）

2007	7・22	前倒しの総選挙で公正発展党が単独与党の座を維持
	8・28	ギュルが大統領に選出
	12・1	トルコ軍がPKKに対して大規模攻撃
2008	2・21〜29	トルコ軍が再びPKKに対して大規模攻撃
	4・29	トルコの仲介によるイスラエルとシリアの間接協議の実施が決定
	12・27	イスラエルによる大規模なガザ攻撃（〜2009年1月18日）
2009	8・12	クルド問題に関する「民主的イニシアティヴ」を発表
2010	5・16〜17	トルコ，ブラジル，イランによってイラン核開発妥協案が発表
	5・30	ガザ支援船団攻撃事件勃発
	9・12	憲法改正案が国民投票により可決
	12・3	「レバント・カルテット」が立ち上げられる
	12・17	チュニジアでジャスミン革命始まる（「アラブの春」の勃発）
2011	1・14	チュニジアでベン・アリー政権崩壊
	2・11	エジプトでムバラク政権崩壊
	5・9〜13	第4回LDC会議がイスタンブルで開催
	6・12	総選挙において再度公正発展党が単独与党の座を維持
	8・9	トルコがアサド政権の説得に失敗し，関係が悪化
	8・23	トルコが公式にシリア国民評議会を支持
	8・24	リビアでカッザーフィー政権崩壊
	9・11	ガザ支援船団攻撃事件に関する国連の「パーマー報告」発表
	9・12〜15	エルドアンがリビア，チュニジア，エジプトを訪問
2012	1・6	公正発展党転覆計画に関与した疑いでバシュブー元参謀総長逮捕
	6・22	シリアによるトルコ軍機撃墜事件
	10・3	シリア軍によるアクチャカレの砲撃で住民5名が死亡
	12・4	NATOがトルコへのパトリオット・ミサイルの配備を決定
2013	3・21	PKKがトルコ政府との停戦に合意
	3・22	アメリカの仲介により，イスラエルとトルコが和解
	5・12	ハタイ県のレイハンル地区で爆破が起こり，50名が死亡
	5・16	エルドアンがアメリカを訪問し，オバマと会談
	5・27	ゲズィ公園の木々の伐採に反対する運動に端を発し，トルコで大規模な反政府デモが勃発

図表一覧

図

序-1	トルコ政治を牽引するエルドアン氏	2
序-2	公正発展党の外交を取り仕切ってきたダーヴトオール氏	3
1-1	構造的リアリズムの理論的アプローチ	27
1-2	戦間期から現在までの国際体系	28
1-3	モラフチークの2段階モデル	37
1-4	修正2段階モデル	39
1-5	政策決定過程の概念図	41
2-1	アクブルト首相（左），オザル大統領（中央），トルムタイ統合参謀総長（右）	61
2-2	セーフ・ヘヴンの施行範囲	67
3-1	エジェヴィト首相とブッシュ大統領	84
3-2	2003年3月1日の議会におけるエルドアンとギュル	87
4-1	2011年8月のアサド大統領とダーヴトオール外相の会談	105
4-2	アンカラにあるAFADのオフィス	109
4-3	2011年4月から2013年12月までのトルコに流入したシリア難民	113
4-4	2012年におけるトルコ・シリア国境の安全保障地帯構想	117
5-1	セーヴル条約によるトルコの分割案	138
5-2	OIC-EU共同フォーラムのエンブレム	148
6-1	EUとトルコの加盟交渉開始決定を報じた記事	161
6-2	ダーヴトオールが執筆した『戦略の深層』	167
7-1	「Eクーデタ」の文書	192
7-2	公正発展党の本部	194
8-1	「文明間の同盟」のロゴマーク	222
9-1	トルコの仲介による間接協議（概念図）	250
9-2	イラン核開発に関するトルコの妥協案	257
9-3	妥協案の調印を祝う各国首脳	258
10-1	ガラタサライ大学付近を歩くブッシュ大統領	270
10-2	BMENAにおける規範伝播の流れの理念型	272

10-3	エルドアン首相の訪問に沸くエジプト市民	277
10-4	「アラブの春」における規範伝播の流れの理念型	278
10-5	ダヴォス会議でイスラエルを非難するエルドアン首相とそれを聞くペレス大統領	283
10-6	マーヴィ・マルマラ号	286
終-1	2000年代のトルコ外交	314

表

1-1	バランシングとバンドワゴニングによる同盟形成	32
1-2	構造的リアリズムの国家行動の分類	36
2-1	トルコへのアメリカの軍事援助・経済援助（1980～1991年）	59
2-2	ポスト冷戦期におけるトルコのGDPとその順位	61
2-3	ポスト冷戦期におけるトルコの軍事費とその順位	61
2-4	湾岸危機における主要な国連安保理決議	63
2-5	湾岸危機後のトルコに対する各国の支援	69
2-6	トルコの対イラク貿易（1985～1991年）	70
2-7	1991年総選挙の結果	71
2-8	1982～1990年にかけてのイラクとトルコの軍事支出	75
3-1	各国のイラクに対する脅威認識	95
4-1	トルコ国内の難民キャンプの状況	112
4-2	シリア領内での一時的なキャンプ	113
4-3	各県の難民キャンプと難民キャンプ以外で生活する人の数	114
4-4	2008～2012年にかけてのシリアとトルコの軍事支出	121
4-5	2008～2012年にかけてのシリアとトルコのGDP	121
6-1	公正発展党政権の首相・外相・首相の外交アドバイザー	158
6-2	対外政策のアイディアとしての「ダーヴトオール・ドクトリン」	165
7-1	2002年・2007年・2011年総選挙における得票率	190
7-2	公正発展党と共和人民党のマニフェストの比較	196
7-3	トルコ共和国第61代内閣	198
7-4	2005年度と2010年度の国家安全保障政策大綱の比較	201
7-5	1990年代以降のトルコの参謀総長	204
7-6	2009～2011年度のYAŞの議題と政軍関係の動向	205
8-1	トルコのGDP，1人当たりのGDP，海外直接投資の流入，海外直接投資	214
8-2	GDPにおける軍事費・教育費・保険費の割合	215
8-3	アンカラ・フォーラムの概要	216

8-4	2003～2012年のトルコの対シリア貿易	217
8-5	「文明間の同盟」ハイレベル・グループ会議の概要	223
9-1	イスラエルとシリアの間接協議の日程と議題	251
9-2	情報伝達者としてのトルコ	253
9-3	手続き推進者としてのトルコ（イスラエルとシリアの間接協議）	253
9-4	2002～2010年までのイランの核開発疑惑に関する年表	255
9-5	2010年4～5月におけるトルコのイラン核開発に関する動向	256
9-6	手続き推進者としてのトルコ（イラン核開発）	259
9-7	マニピュレーターとしてのトルコ	259
10-1	トルコとエジプト・チュニジアの政府間関係	274
10-2	公正発展党政権期におけるトルコとリビアの経済関係	275
10-3	4つの「トルコ・モデル」の比較	276
10-4	2001～2010年の「アナトリアの鷲」軍事演習の日程と参加国	284

略 語 一 覧

AFAD（Afet ve Acil Durum Yönetimi Başkanlığı）：トルコ災害・緊急時対応庁
AK Parti（Adalet Kalkınma Partisi／Justice and Development Party）：公正発展党
AMAT（American Mission for Aid to Turkey）：トルコ援助アメリカ使節団
APEC（Asia-Pacific Economic Cooperation）：アジア太平洋経済協力会議
BMENA（Broader Middle East and North Africa Initiative）：拡大中東・北アフリカ・イニシアティヴ
BSEC（Black Sea Economic Cooperation）：黒海経済協力機構
BTC（Bakü-Tiflis-Ceyhan）：バクー・トリビシ・ジェイハン（パイプライン）
CAMAT（Chief of the American Mission for Aid to Turkey）：トルコ援助アメリカ使節団本部
CHP（Cumhuriyet Halk Partisi／Republican People's Party）：共和人民党
CIA（Central Intelligence Agency）：アメリカ中央情報局
CSCE（Conference on Security and Co-operation in Europe）：欧州安全保障協力会議
DECA（Defense and Economic Cooperation Agreements）：防衛と経済に関する協力協定
DEİK（Dış Ekonomik İlişkiler Kurulu／Foreign Economic Relations Board）：対外経済関係理事会
EC（European Community）：欧州共同体
ECO（Economic Cooperation Organization）：経済協力機構
ESDP（European Security and Defence Policy）：欧州安全保障・防衛政策
ESF（Economic Support Fund）：経済支援基金プログラム
EU（European Union）：欧州連合
FMF（Foreign Military Sales Financing）：対外軍事売却融資プログラム
FTA（Free Trade Agreement）：自由貿易協定
GAP（Güneydoğu Anadou Projesi／Southeast Anatolia Project）：南東部アナトリア計画
GCC（Gulf Cooperation Council）：湾岸協力会議
GDP（Gross Domestic Product）：国内総生産
GNP（Gross National Product）：国民総生産
IAEA（International Atomic Energy Agency）：国際原子力機関

略語一覧

IMET（International Military Education and Training）：国際軍事教育・訓練
IMF（International Monetary Fund）：国際通貨基金
İHH（İnsan Hak ve Hürriyetleri İnsani Yardım Vakfı）：人権と自由に対する人道援助基金
JAMMAT：（Joint American Military Mission for Aid to Turkey）：トルコに対するアメリカ軍事援助合同使節団
JUSMMAT（Joint U. S. Military Mission for Aid to Turkey）：トルコに対するアメリカ合衆国軍事援助合同使節団
KCK（Koma Civaken Kurdistan）：クルディスタン共同体同盟
KDP（Kurdistan Democratic Party）：クルディスタン民主党
KDPI（Kurdistan Democratic Party of Iran）：イラン・クルディスタン民主党
KRG（Kurdistan Regional Government）：クルディスタン地域政府
LDC（Least Developed Country）：後発開発途上国
MAP（Military Assistance Program）：軍事援助プログラム
MEC（Middle East Command）：中東司令部
MEDO（Middle East Defense Organization）：中東防衛機構
MEPI（Middle East Partnership Initiative）：中東パートナーシップ・イニシアティヴ
MGK（Milli Güvenlik Kurulu／National Security Council）：国家安全保障会議
MHP（Milliyetçi Hareket Partisi／Nationalist Action Party）：民族主義者行動党
MİT（Millî İstihbarat Teşkilâtı）：国家情報局
MÜSİAD（Müstakil Sanayici ve İş Adamları Derneği／Independent Industrialists and Businessmen's Association）：自主独立産業家・企業家協会
NAFTA（North American Free Trade Agreement）：北米自由貿易協定
NATO（North Atlantic Treaty Organization）：北大西洋条約機構
NGO（Non-Governmental Organization）：非政府組織
OECD（Organization for Economic Co-operation and Development）：経済協力開発機構
OIC（Organization of the Islamic Conference）：イスラーム諸国会議機構
OPC（Operation Provide Comfort）：安寧供給作戦
ORSAM（Ortadoğu Stratejik Araştırmalar Merkezi）：中東研究センター
PKK（Partiye Karkeran Kürdistan／Kurdistan Worker's Party）：クルディスタン労働者党
PLO（Palestine Liberation Organization）：パレスチナ解放機構
PUK（Patriotic Union of Kurdistan）：クルディスタン愛国者連合
PYD（Partiya Yetkitiya Demokrat／Democratic Union Party）：（クルド）民主統一党
SIPRI（Stockholm International Peace Research Institute）：ストックホルム平和研究所

SWNCC（State-War-Navy Coordinating Committee）：国務・陸軍・海軍三省調整委員会
TEPAV（Türkiye Ekonomi Politikaları Araştırma Vakfı ／ Economic Policy Research Foundation of Turkey）：トルコ経済政策研究基金
TESEV（Türkiye Economik ve Sosyal Etüdler Vakfı ／ Turkish Economic and Social Studies Foundation）：トルコ経済社会研究所
TİKA（Türk İşbirliği ve Kalkınma İdaresi Baskanlığı ／ Turkish International Cooperation Agency）：トルコ国際協力機構
TOBB（Türkiye Odalar ve Borsalar Biriigi ／ The Union of chamber and commodity exchanges of Turkey）：トルコ商工会議所連合
TUSKON（Türkiye İşadamları ve Sanayiciler Konfederasyonu ／ Turkish Confederation of Businessmen and Industrialists）：トルコ企業家・実業家連盟
TÜSİAD（Türkiye Sanayici ve İş Adamları Derneği ／ Turkish Industrialists and Businessmen's Association）：トルコ産業家・企業家協会
UNIFIL（United Nations Interim Force in Lebanon）：国連レバノン暫定駐留軍
USAK（Uluslararası Stratejik Araştırmalar Kurumu）：国際戦略研究所
YAŞ（Yüksek Askeri Şura）：高等軍事評議会

人名索引

あ 行

アイケンベリー，ジョン 59
アイドゥン，メフメット 222, 224, 236
アイハン，イブラヒム 197
アイユーブ，モハメッド 7
アヴィヴィ，ピンハス 248
アカト，アイラ 291
アクギュナイ，ラフェット 235
アクサイ，ハサン 203
アクシェネル，メラル 182
アクス，アブドゥルカディル 99
アクタシュ，ケマル 197
アクタシュ，ヌレッティン 263
アクドアン，ヤルチン 163, 291
アクブルト，イルドゥルム 64, 65
アサド，ハーフィズ 2, 137, 151
アサド，バッシャール 2, 104, 122, 137, 217, 243, 248, 249, 251, 252, 257
アシュカル，イブラヒム・ハック 263
アタチ，メティン 203
アタライ，アルペル 292
アタライ，ベシル 114, 290, 294
アッバス，マフムード 216
アディル，ハダッド 266
アナン，コフィー 221
アフガーニー，ジャマールッディーン 176
アブデュルハミト2世 137, 175, 176, 180
アブドゥッラー 2
アブドゥッラー，アイシェ 109
アフマディネジャド 2, 243, 255, 257, 266
アモリン，セルソ 256, 257
アヤタ，センジェル 195
アヤロン，ダニー 283, 300
アラスル，オヤ 195
アラット，ネジュラ 195
アラファート，ヤーシル 281
アリー，ベン 273

アリソン，グレアム 38
アルトゥンウシュク，メリハ 8, 9, 10
アルプテキン，イスマイル 159
アルプテモチ，アフメット・クルトジェベ 64
アルンチ，ビュレント 128, 144, 246
アロンソン，ジョフェリー 264
イィート，エシェレフ・ウール 203
イェシルタシュ，ムラト 8–11, 95
イチリ，タイフン 193
イノニュ，イスメット 138, 163, 197, 207
イルドゥズ，タネル 128
イルドゥルム，ギュルセレン 197
イルドゥルム，ピナル 99
イルマズ，イスメット 128
ヴィエトール，トミー 128
ヴィトリア 220
ヴィルヘルム2世 30
ウースズ，ハサン 203, 205
ウォルツ，ケネス 25–29, 31, 134
ウォルト，スティーヴン 25, 26, 29–31, 57, 74
ウォルファーズ，アーノルド 31, 39
ウォルフォヴィッツ，ポール 84, 85, 87, 98, 270
ウォルフォース，ウィリアム 95
ウザン，ジェム 190
ウズゲル，イルハン 8
ウッド，バーナード 60
ウナクタン，ケマル 99
ウリベ，アルヴァロ 285
ウルマック，セルマ 197
エウリピデス 219
エヴレン，ケナン 207
エキシ，オクタイ 199
エキジ，メフメット 195
エジェヴィト，ビュレント 6, 84, 90, 98, 133, 149, 281
エスポジート，ジョン 222
エムレ，スレイマン・アーリフ 153
エリアス，ノルベルト 221

377

エルカヤ, ギュベン　182
エルギン, サドゥッラー　294
エルドアン, レジェップ・タイイップ　5, 10, 14, 83, 84, 86, 87, 93, 97, 104, 105, 107, 108, 116, 117, 118, 128, 144, 159, 164, 169, 191-193, 196-198, 207, 217, 218, 225, 227, 236, 243, 244, 246, 248, 249, 251, 255-259, 272, 274, 277, 281-284, 287, 288, 289, 292, 293, 297, 305, 308, 309
エルバカン, ネジメッティン　6, 8, 10, 15, 73, 78, 133, 143, 144, 145, 150, 153, 158, 161, 182, 196, 308, 314
エルハン, チャール　254
エレクダー, シュクル　34, 246
オイメン, オヌル　245, 246
オーガンスキー, A. F. K　27
オーズル, タールク　11
オカイ, ハック・スーハ　195
オクタイ, ファット　114
オザル, トゥルグット　5, 6, 8, 10, 15, 16, 42, 44, 59, 62-66, 68, 70-72, 75-77, 80, 89, 133, 139-143, 150, 163, 164, 174, 176, 178, 179, 191, 207, 214, 276, 308, 311, 314
オジャラン, アブドゥッラー　4, 11, 92, 136, 137, 151, 160, 162, 190, 287, 291, 292, 294, 302, 304, 308
オズキョク, ヒルミ　90, 98, 244
オズグチュ, アリ　292
オズジャン, ニハト・アリ　90
オゼル, ソリ　190
オゼル, ネジデット　204
オタリ, ナジ　249
オニシュ, ジィヤ　160, 189, 213, 215
オバマ, バラク　1, 118, 119, 256, 258, 289
オムラン, アドナン　135
オルメルト, エフード　241, 248, 249, 251, 261, 281
オンデル, スル・スレヤ　292

か 行

カッザーフィー（カダフィ）　30, 274
カナト, キリチ・ブーウラ　8, 10
カフェソール, イブラヒム　177
カプラン, モートン　27
カヤ, ハリル　263
カラウラン, ムラト　291-293
カラオスマンオール, アリ　3, 308
カラダユ, イスマイル・ハック　182
カラテペ, シュクル　177, 178
カルカン, デュラン　303
カルダシュ, シャーバン　8, 9
ガルトゥング, ヨハン　166
カルン, イブラヒム　168, 181, 184
ガンヌーシ, モハメッド　273
ギシン, ラーナン　287
ギュゼル, ハサン・ジェラル　177, 178
ギュネル, アスラン　203
ギュル, アブドゥッラー　14, 83, 84, 86, 87, 97-99, 105, 117, 144, 164, 191-194, 196, 207, 228-230, 233, 243, 244, 246, 255, 266, 272, 281, 287, 293
ギュルセル, ジェマル　207
ギュレル, ヒルミ　99
ギュレン, フェトゥフッラー　159, 301
キョクサル, ヒクメット　182
ギョクチェク, メリヒ　144, 153
キョセバラバン, ハサン　12
ギョニュル, ヴェジディ　98, 99, 281
ギライ, サファ　64
キリシジ, ケマル　8, 9, 44
クゥルトゥルムシュ, ヌマン　196
クシャナク, ギュルタン　292
クタン, レジャイ　159
クトゥブ, サイード　17
クヌクルオール, スアット　236
クブルクオール, ヒュセイン　90
クリステンセン, トーマス　32
クリントン, ヒラリー　256, 257
クリントン, ビル　74
クルチダールオール, ケマル　194
クルチュ, イルハン　182
クルンチ, トゥンジェル　202
グロスマン, マーク　85, 98
ケイマン, フアット　189, 213
ゲーツ, ロバート　94
ケマル, ムスタファ　3, 138, 163, 207, 296, 310
ケリー, ジョン　104, 117, 123, 288
コーヘン, エリ　249

人名索引

ゴールドステイン, ジュディス　40
コシャネル, ウシュク　204
コジャマン, ラウフ　292
コチュ, ハルック　195
ゴッホ, テオ・ヴァン　226
コヘイン, ロバート　40
コマン, テオマン　182
コルテュルク, フェハリ　207
ゴルバチョフ, ミハイル　1, 40
ゴング, ゲリット　220

さ 行

ザートマン, ウィリアム　45, 46
サック, ギュベン　216
サッチャー, マーガレット　141
ザナ, レイナ　196
サパテロ, ホセ・ルイス　221, 222, 227, 235, 261
サブ, オンデル　195
ザプス, ジュネイド　84
サヤル, サブリ　3, 307
サルコジ, ニコラ　162, 251, 265
ザワーヒリー, アイマン　1
サンベルク, オズデム　285
ジェイランオール, エルダル　205
シェネル, エルダル　202
ジェム, イスマイル　8, 10, 15, 133, 136, 146-150, 160, 308, 314
シニルオール, フェリドゥン　248-250, 252
ジャーシム, ハマド・ビン　256
ジャクソン, ロバート　43
シャヒン, スレイマン　292
シャフィック, ウミット　195
ジャボティンスキー, ゼエブ　281
シャロン, アリエル　241, 280, 281
シュウェラー, ランドール　31-32
シュワルツェンバーガー, ゲオルグ　219, 220
ジョーンズ, エリザベス　125
ジョシュクン, アリ　99
シルバ, デズモンド・デ　285
スィニューラ, フアード　243
スナイ, ジェブデット　207
スナイダー, ジャック　32
スナイダー, リチャード　38

スパイクマン, ニコラス　167
スレイマン, イブラヒム　248, 263
セゼル, アフメット・ネジデット　89, 207, 245, 281
ゼバリ, ホシュヤール　229, 230
ゼリコー, フィリップ　41
ソイサル, チェティン　195
ソーレンセン, ジョージ　43
ソラナ, ハビエル　255

た 行

ダーヴトオール, アフメット　3, 5, 8-11, 16, 17, 43, 86, 89, 92, 97, 104, 105, 116, 117, 122-124, 128, 133, 134, 148, 163-174, 179-181, 184, 217, 224, 228, 233, 235, 236, 245, 249-251, 254, 256, 259, 260, 266, 273, 279, 285, 288, 308, 309, 313, 314
タイタック, メフメット　196
タイミーヤ, イブン　17
ダイリアム, マリー・シャンティ　285
ダオウディ, リアド　250
タシュデレル, ヌスレット　203
タシュプナル, オメル　181
タヤン, トゥルハン　182
タラバーニー, ジェラル　71-73, 292
タラバーニー, ヒロ　292
タン, アルタン　292
チェイニー, ディック　84
チェヴィク, ハリト　125
チェティルゲ, アイクット　135
チェリク, オメル　84
チェリックコル, アフメット・アーズ　283, 300
チカノーバー, ジョセフ　285
チチェキ, ドゥルスン　203
チチェキ, ジェミル　96, 199
チャーラヤン, ザフェル　128
チャクマクオール, サバハッティン　193
チャクル, オスマン　195
チャクル, ハルン　123
チャンダル, ジェンギズ　177, 178
チョメズ, トゥラン　263
チョレキジ, アフメット　182
チルレル, タンス　70, 72, 182, 280

379

ディジレ，ハーティップ　197, 199
デーヴィッド，スティーヴン　7, 13, 33
デミルタシュ，セラハッティン　292, 293
デミレル，スレイマン　70, 72, 77, 135, 136, 182, 207
デュラン，ブルハネッティン　7
テュルクメン，アリ　153
デルヴィシュ，ケマル　89, 214
デンブシー，マーチン　116
ドアン，チェティン　204
ドアン，ヒュスニュ　64
トゥーヴァル，サアディア　45, 46
トゥールク，アイセル　292
トゥラース，マナーフ　106
トゥルク，アフメット　291, 292
トゥルジェマン，シャローム　249, 252
トゥルボウィッツ，ヨラム　249, 252
ドネリー，ジャック　220
トブラック，ビナーズ　195
トルムタイ，ネジェップ　64, 65, 75

な 行

ナイ，ジョセフ　9, 41, 165, 169
中曽根康弘　141
ヌランド，ヴィクトリア　107, 125
ネタニヤーフ，ベンヤミン　118, 128, 283, 288, 289

は 行

バーコヴィッチ，ジェイコブ　46, 253, 258
バーシュ，エゲメン　84, 128
ハータミー，モハンマド　221, 222
パーマー，ジェフリー　285
ハーマン，マーガレット　41
バイカラ，レスル　292
バイカル，デニス　191, 194, 245
バシュブー，イルケル　204, 205
パチャジ，ムスタファ・ジハン　195
ハックタヌル，コルクアズ　135
パットナム，ロバート　12
パップ，ロバート　34, 35
バディーウ，ムハンマド　273
ババオール，アイドアン　203

ババジャン，アリ　88, 249
バフチェリ，デヴレット　245
ハペラル，メフメット　195
パムク，オルハン　203
バヤル，ジェラル　207
バユク，ジェミル　294, 304
バラク，エフード　283
バルザーニー，マスード　71, 73, 92, 108, 124
バルズィ，アリ　227
バルバイ，ムスタファ　195
パンガロス，テオドロス　160
ハンセン，ビルセ　29
ハンチントン，サミュエル　9, 29, 147, 165, 167, 180, 269
パンドレウ，ゲオルギアス　160
ヒサルジクオール，リファット　215
ヒトラー，アドルフ　30
ビュウクアヌト，ヤシャル　93, 191, 194, 244, 245
ヒューム，デーヴィッド　219
ビランド，メフメット・アリ　91
ビルギチュ，メフメット・エミン　263
ビンギョル，テキン　195
ファドフリ，ムフシン・アル　110
ファビウス，ローラン　116
フィダン，ハカン　104
フィッシャー，ヨシュカ　228
フィドラー，デーヴィッド　220
フィリップス，カール・ハドソン　285
プーチン　258
フクヤマ，フランシス　167, 175, 180
フセイン，サッダーム　62, 68, 84
フセイン1世　2
ブッシュ，ジョージ・H・W　1, 62
ブッシュ，ジョージ・W　84, 93, 94, 251, 261, 270
フラー，グラハム　177, 178
ブラチ，アリ　159
フランケル，ジョセフ　39
ブルダン，ペルヴィン　292
ブルックス，スティーヴン　95
ブレア，トニー　261
プロソール，ロン　281
ベーカー，ジェームズ　63
ペリ，スルブス　303

ペレス，シモン　216, 282
ホームズ，ジョン　44
ポール，T.V.　34
ボズダールオール，ユジェル　12
ボゼル，アリ　63, 64
ホメイニー，アヤトッラー　226
ボリュクバシュ，デニズ　195
ホルブラード，カルステン　60

ま 行

マグルー，アンソニー　58
マケイン，ジョン　220
マシュアル，ハーリド　123, 245, 281, 287
マシューズ，バシル　165
マッキンダー，ハルフォード　167
ミアシャイマー，ジョン　26, 28, 59, 134
ミシュ，ネビ　227
ミトラニー，デーヴィッド　44
ミル，ジョン・スチュワート　219
ムアッリム，ワリード　123, 251
ムスリム，サリフ　109
ムバーラク，ホスニ　118, 136, 273
ムンジュ，エルカン　99
メイ，アーネスト　41
メンギュ，シャヒン　195
メンデレス，アドナン　163
モッタキ，マヌーチェフル　255, 256, 266
モラフチーク，アンドリュー　12, 25, 37, 38, 40, 42, 48

や・ら・わ行

ヤクシュ，ヤシャル　87, 89, 98, 228
ヤクット，サドゥク　263
ヤブズ，ケマル　202
ヤラムシュ，ヴォルカン　8
ヤルチンバイル，エルトゥールル　263
ユルマズ，メスト　136
ラーディン，ウサーマ・ビン　1
ライス，コンドリーサ　242
ラシュディ，サルマン　226
ラスムセン，アナス・フォー　274
ラビン，イツハク　250
ラフサンジャーニー，ハーシェミー　266
ラムズフェルド，ドナルド　84
ラリジャニ，アリー　255, 266
リーベルマン，アヴィグドール　117, 288
リヴニィ，ツウィピ　282
リエル，アロン　248, 263
リンクレーター，アンドリュー　221
ルーラ，ダ・シルヴァ　257, 266
ルソー，ジャン・ジャック　219
レイク，デーヴィッド　27
レイン，クリストファー　35, 36, 134, 157
レヴィ，ジャック　157
レーガン，ロナルド　141
レッセー，イアン　177-179
レビィ，ガビィ　287
ローオール，ファルク　86
ローズ，ギディオン　13
ローズクランス，リチャード　9, 43
ロビンス，フィリップ　9, 145
ロワ，オリヴィエ　277
ワイト，マーティン　60

事項索引

あ 行

アイディア　40, 308
アイデンティティ　12
　外交——　41
アサド政権　104-106
アタテュルク主義　164
アダナ合意　136, 137, 150
新しい中東　242
アナーキー　26
アナトリアの虎　142, 162
アナトリアの鷲　282
アナトリア文明　147
アメリカ　62, 64, 76, 93, 94, 118
アラブの春　1, 15, 47, 103, 104, 269, 275, 276, 278, 310, 313
アルアクサ・インティファーダ　279, 280
アンカラ・フォーラム　16, 215, 216
安全保障地帯　116
アンチ・アメリカニズム　272, 273
安寧供給作戦（OPC/OPCII）　68, 71-74
イスラーム主義　176
イスラーム文明　165-167
イスラエル　104, 117, 118, 242, 247-250, 288
イスラモフォービア　226
イラク　62, 69, 91
イラク周辺国会議　16, 45, 86, 213, 228-231
イラク戦争　1, 83-85, 87, 228
イラクとシャームのイスラーム国　110, 111
イラン　254, 258
イラン核開発　256
インターネット・メモ事件　203
ヴィザ・フリー政策　172
上からの民主化　163, 276
ウェスタンフォービア　227
ウラニウム移送案　256
ウルデレ事件　291
エルゲネコン事件　202

欧州委員会　143
大国民議会　63
オスマン主義　176
　新——　4, 8, 16, 157, 174, 176, 177, 179-181
オスマン帝国　146-148, 180
オスロ過程　291, 292

か 行

外交
　価値を基盤とした——　173
　積極的な予防——　171
　ゼロ・プロブレム——　170
　他国から自立した——　173
　地域中心——　6, 133, 149
　マルチ・トラック——　10
　リズム——　170
化学兵器　108
核開発協議　254
学習　40
　政治的——　157
拡大中東・北アフリカ・イニシアティヴ（BMENA）　17, 269-272, 276
架け橋　179
ガザ支援船団攻撃事件　117, 118, 283, 285, 287, 289
賢い国家　173
環境
　社会的——　39
　物理的——　39, 134
緩衝地帯　116
危機管理と見通し管理のバランス　173
基軸国家　5
北イラク　66, 68, 92, 94
北イラク・クルド人　71, 90
北大西洋条約機構（NATO）　4, 274
機能主義　44, 133, 213
　——アプローチ　7
キプロス共和国　162

事項索引

キムセ・ヨク・ム基金　115
9・11テロ　147, 148
ギュレン運動　203
脅威の均衡（Blance of Threat）　5, 11, 13, 14, 25, 26, 29, 48, 57, 74, 76, 94, 120-122, 137, 307, 311, 314
協議
　間接——　247, 250-252
　直接——　250
共通のトルコ性　42, 177
恐怖
　巻き込まれる——　33
　見捨てられる——　14, 33, 75, 76, 96, 311
共和人民党　194, 197
　——の改革　195
極性　27
ギリシャ　143
金融危機　89
クルディスタン愛国者連合（PUK）　71-73
クルディスタン地域政府（KRG）　83, 91, 92
クルディスタン民主党（KDP）　71-73, 90
クルディスタン労働者党（PKK）　4, 72, 83, 92-94, 109, 135, 136, 289-292, 294
グローバリゼーション　189, 190, 193
軍部　90, 158, 200-203
経済援助　70
経済協力機構（ECO）　141, 150
経済制裁　70
ゲズィ公園問題　314
現状維持　137, 138
憲法改正　198
攻撃能力　30
公正発展党　2, 84, 89, 189, 190, 193, 197, 203, 228, 276, 277, 308
好戦的な意図　30
構造的リアリスト　26
　——リアリズム（ネオリアリズム）　5, 38
高等軍事評議会（YAŞ）　90, 203, 204
国際機構　44
国際社会　254, 258
国際政治の体系　27
国際秩序　170
国民投票　198

国民の視座　144
国連安保理決議1441　88
　——1701　243, 246
　——661　62
　——678　65
　——688　67
国連レバノン駐留軍（UNIFIL）　243, 244, 246
国家安全保障会議　201
国家安全保障政策大綱　201-202
黒海経済協力機構（BSEC）　42, 139, 140, 141, 150
コペンハーゲン基準　161
コンストラクティヴィズム　6

さ　行

ジハード主義者　108, 110
自由と安全保障のバランス　169
自由貿易協定（FTA）　217
情報伝達者　46, 253
シリア　135, 136, 247-250
シリア国民評議会　105, 106
シリア内戦　103
シリア難民　111, 114
シリア民主連合（PYD）　103, 107-110
人権と自由に対する人道援助基金（İHH）　115, 285
新自由主義　141, 214, 276
人道外交　174
ズィンミー制度　175
政策形成過程　41
正道党　70
西洋化　137, 138
西洋文明　166, 167
勢力均衡　29
セーヴル症候群　138
セーフ・ヘヴン　67, 68
世界イスラーム連盟　144
世界国家　133, 146
責任転嫁　32
石油　68, 69
世俗主義　277
ゼロポイント作戦　112
選好　37

383

戦略的要地　167
『戦略の深層』　9, 134, 168
戦略文化　40
相互依存　43
総合的な能力（aggregate power）　29
祖国党　70
ソ連の崩壊　134

た　行

ダーヴトオール・ドクトリン　3, 11, 16, 157, 164, 224, 231, 273, 309, 310, 313
大イスラエル主義　281
第1次ガザ攻撃　252
対外経済関理事会　218
大国民議会　65, 87, 88, 93, 245
大使会合　174
第2次レバノン紛争　241, 243
第4回国連後発開発途上国（Least Developed Country, 略称LDC）会議　16, 213, 231
ダヴォス会議　282, 287
多極　28, 29, 59
多国籍軍　63
多様なトラック　170
単極　28, 29, 59
地域秩序　169, 170, 172
地政学　11, 165, 168
地中海のための連合　251
中央アジア　139
仲介　45, 241, 248, 258
仲介者　252, 254
中心国　178
中東　1
中東における近隣諸国フォーラム　133, 149
調停　45, 241
地理的近接性　30
地理的連続性　171
強い経済に向けたプログラム　214
停戦　293
撤退　293, 295
手続き推進者　46, 253, 258
デモンストレーション効果　7, 47, 269
統合参謀総長　64
トランスミッター　272, 273, 278

トルコ　2, 60, 69, 91, 92, 104, 117, 118, 248, 250, 254, 258, 288
トルコ＝イスラーム統合論　177
トルコ・モデル　17, 269, 273, 275, 277
トルコ企業家・実業家連盟（TUSKON）　231, 232
トルコ軍機撃墜事件　106
トルコ経済社会研究所（TESEV）　85, 271
トルコ経済政策研究基金（TEPAV）　215, 216
トルコ国際協力機構（TİKA）　42, 213, 232
トルコ災害・緊急時対応庁（AFAD）　112, 114, 115
トルコ商工会議所連合（TOBB）　16, 215, 231
トルコ赤新月社　244

な　行

難民キャンプ　113
2月28日キャンペーン　15, 157-160
二重封じ込め　74
2段階モデル　12, 25, 38, 48
　修正――　14, 25, 48, 307, 312
ヌスラ戦線　110, 111
ネオ・ネオ統合　12, 36

は　行

ハーブール事件　290
パーマー報告　286, 289
ハイレベル戦略協議会議　172
パクス・オットマニカ　175
パトリオット・ミサイル　107, 108
ハマース　287
バランシング　32
　オフショア・――　15, 35, 36, 103, 121, 122, 312
　オムニ・――　13, 15, 33, 34, 96, 121, 312
　ソフト・――　9, 10, 15, 34, 35, 96, 311
　ハード・――　9, 34
バルカン諸国　140
バルヨズ計画　204
パワー
　ソフト――　47, 165, 168, 169
　ミドル――　60
半大統領制　75, 311
バンドワゴニング　31, 32, 66, 76, 312

384

飛行禁止区域　274
ヒズブッラー　242
非伝統主義者　8, 10
美徳党　159
フィードバック　41
福祉党　144, 158, 159
武装解除　293, 295
双子の危機　214
ブラック・テュルク　190
フランス　162
文明化の過程　221
文明間の対話　221
文明間の同盟　16, 45, 149, 172, 213, 219, 221-225, 227
文明の基準　148, 220
文明の衝突　45, 147, 225, 227
平和パイプライン計画　142
平和民主党　196, 292
ヘルシンキ会議　160, 161
貿易国家　43, 213
　　──アプローチ　7
防波堤　4
ポスト冷戦期　1, 307
北方監視作戦　73

ま行

マーヴィ・マルマラ号　284, 286
マニピュレーター　46, 258
ミサック・ミッリー　178
南コーカサス　139, 140
民主化パッケージ　295

民主主義　270, 271
　トルコ型──　16, 157, 164
　保守──　8, 163, 164
民主的イニシアティヴ　290
民族主義者行動党　193, 195, 197
目的
　環境──　39
　所有──　39

や・ら・わ行

緩やかな双極（体系）　27, 28, 57
リーダーシップ　169
リクード党　280
リベラリズム　5, 6, 36, 37, 38, 42
冷戦体制の崩壊　58
歴史的責任　165, 168, 171
歴史の教訓　96
レバノン　244
レバント・カルテット　16, 217-219
レリアント・マーメイド　280
連鎖的行動　32
湾岸危機　57, 62, 64, 70, 74
　　──シンドローム　88

欧文

D8（Developing 8）　145, 150
EC加盟交渉　142, 143
EU加盟交渉　157, 160-162, 200
Eクーデタ　192
OIC-EU共同フォーラム　133, 147, 148, 150

《著者紹介》

今井宏平（いまい・こうへい）

1981年　長野県生まれ。
　　　　中東工科大学（トルコ）国際関係学部博士課程修了。Ph. D.（International Relations）。
　　　　中央大学大学院法学研究科政治学専攻博士後期課程修了。博士（政治学）。
現　在　日本学術振興会特別研究員PD
主　著　「アメリカの中東政策とトルコ外交――『ミドル・パワー』の機能と限界」『国際政治』第150号，2007年。
　　　　「中東地域における国際関係理論の現状と課題――東方問題から西方問題への転換」『法学新報』第118巻，第11・12号，2012年。
　　　　"Turkey's Norm Diffusion Policies toward the Middle East: Turkey's Role of Norm Entrepreneur and Norm Transmitter", *The Turkish Yearbook of International Relations,* Vol. 42, July 2012.
　　　　「混迷するトルコの対シリア外交」『中東研究』第516号，2012年度 Vol. 3，2013年。
　　　　「第2次世界大戦とアメリカ」滝田賢治編著『アメリカがつくる国際秩序』ミネルヴァ書房，2014年，ほか。
翻　訳　ジョセフ・ナイ／ロバート・コヘイン（滝田賢治監訳）『パワーと相互依存』第9章・10章，ミネルヴァ書房，2012年。

MINERVA 人文・社会科学叢書⑳

中東秩序をめぐる現代トルコ外交
――平和と安定の模索――

2015年2月28日　初版第1刷発行　　〈検印省略〉

定価はカバーに表示しています

著　者　　今　井　宏　平
発行者　　杉　田　啓　三
印刷者　　江　戸　宏　介

発行所　株式会社　ミネルヴァ書房
607-8494 京都市山科区日ノ岡堤谷町1
電話代表　（075）581-5191
振替口座　01020-0-8076

© 今井宏平，2015　　　　共同印刷工業・兼文堂

ISBN978-4-623-07300-9
Printed in Japan

ロバート・O・コヘイン／ジョセフ・S・ナイ 著
滝田賢治 監訳・訳
パワーと相互依存　　　　　　　　　　　Ａ５判／504頁／本体4800円

内藤正典／岡野八代 編著
グローバル・ジャスティス　　　　　　　Ａ５判／258頁／本体2800円
●新たな正義論への招待

江崎智絵 著
イスラエル・パレスチナの和平交渉の政治過程　Ａ５判／304頁／本体6500円
●オスロ・プロセスの展開と挫折

佐野東生 著
近代イラン知識人の系譜　　　　　　　　四六判／400頁／本体3800円
●タキーザーデ・その生涯とナショナリズム

T・ポグントケ／P・ウェブ 編
岩崎正洋 監訳
民主政治はなぜ「大統領制化」するのか　Ａ５判／556頁／本体8000円
●現代民主主義国家の比較研究

──────── Minervaグローバル・スタディーズ（全3巻）────────

① 大芝 亮 編著
ヨーロッパがつくる国際秩序　　　　　　Ａ５判／256頁／本体3000円

② 滝田賢治 編著
アメリカがつくる国際秩序　　　　　　　Ａ５判／264頁／本体3000円

③ 中園和仁 編著
中国がつくる国際秩序　　　　　　　　　Ａ５判／272頁／本体3000円

──────── ミネルヴァ書房 ────────

http://www.minervashobo.co.jp/